Hidra Vocal

ESTUDOS SOBRE RETÓRICA E POÉTICA

Apoio CNPq

EDITOR
Plinio Martins Filho

CONSELHO EDITORIAL
Gustavo Piqueira – João Angelo Oliva Neto
José de Paula Ramos Jr. – Lincoln Secco
Luiz Tatit – Marcelino Freire
Marcus Vinicius Mazzari – Marisa Midori Deaecto
Paulo Franchetti – Solange Fiúza
Vagner Camilo

Hidra Vocal

ESTUDOS SOBRE RETÓRICA E POÉTICA
(EM HOMENAGEM A JOÃO ADOLFO HANSEN)

Organização

Maria do Socorro Fernandes de Carvalho
Marcelo Lachat
Lavinia Silvares

Copyright © 2020 by Autores

Direitos reservados e protegidos pela Lei 9.610 de 19.02.1998.
É proibida a reprodução total ou parcial sem autorização, por escrito, da editora.

Dados Internacionais de Catalogação na Publicação (CIP)
(Câmara Brasileira do Livro, SP, Brasil)

Hidra Vocal: Estudos sobre Retórica e Poética (Em Homenagem a João Adolfo Hansen) / organização Maria do Socorro Fernandes de Carvalho, Marcelo Lachat, Lavinia Silvares. – Cotia, SP: Ateliê Editorial, 2020.

ISBN: 978-65-5580-002-9
Vários autores.
Bibliografia

1. Narrativa (Retórica) 2. Poesia (Literatura) 3. Retórica 4. Retórica – Estudo e ensino   I. Carvalho, Maria do Socorro Fernandes de.   II. Lachat, Marcelo.   III. Silvares, Lavinia.

20-38167	CDD-808

Índices para catálogo sistemático:
1. Retórica: Literatura   808

Maria Alice Ferreira - Bibliotecária - CRB-8/7964

Direitos reservados à

ATELIÊ EDITORIAL
Estrada da Aldeia de Carapicuíba, 897
06709-300 – Granja Viana – Cotia – SP
Tel.: (11) 4702-5915
www.atelie.com.br | contato@atelie.com.br
facebook.com/atelieeditorial | blog.atelie.com.br

Printed in Brazil   2020
Foi feito o depósito legal

Sumário

Apresentação 9

1. *Artes e Letras no Brasil Anteriores ao Século XVIII* – João Adolfo Hansen. 11

2. *Avivando o Juízo ao Doce Estudo: A Poesia de Camões e a Tradição do Comentário* – Isabel Almeida 37

   Tempo e Sistema. 37

   O Comentário dos Modernos: Linhas Gerais 38

   Camões. 40

   A Écloga dos Faunos 46

   Dissonâncias. 49

   Silenos 55

   Referências Bibliográficas. 58

3. *Viola e Harpa: A Harmonia Poética de Violante do Céu e Gregório de Matos* – Maria do Socorro Fernandes de Carvalho. 61

   Referências Bibliográficas. 75

4. *A Ordem do Discurso e a Materialidade dos Textos* – Roger Chartier. 77

5. *João Adolfo Hansen e a Reorientação da "Crítica Literária"* – Jean Pierre Chauvin. 95

   Exodium 95

   Narratio 96

   Argumentatio 98

   Conclusio. 101

   Referências Bibliográficas. 104

6. *"Esperanças" Sebastianistas em um "Papel" Vieirense: Autoria e Apocrifia em Manuscritos Proféticos Atribuídos a Antônio Vieira* – Luís Filipe Silvério Lima 107

   Apocrifia e Autoria. 110

Apócrifos Vieirianos e a Questão da Autoria *113*
Quinto Império, Textos Proféticos e Apocrifia........................... *116*
O "Papel sobre a Esperança" e os Textos Vieirenses *119*
O "Papel" e suas Fontes... *122*
Autoria, Apocrifia, Códices Manuscritos e Gênero Profético (Agora Também
no Mundo Digital).. *130*
Referências Bibliográficas.. *133*

7. *Do Ser Discreto ou Néscio com Gregório de Matos* – Pedro Marques *137*
   I... *137*
   II *139*
   III.. *144*
   Referências Bibliográficas.. *146*

8. *O Jesuíta Diante dos Juízes: Algumas Questões Retóricas Sobre os Autos
do Processo de Padre Antônio Vieira na Inquisição* – Marcus De Martini ... *147*
   Referências Bibliográficas.. *167*

9. *O Cornélio Galo de Propércio:* Unus Fiat e Pluribus – Paulo Martins..... *169*
   Questões Iniciais.. *169*
   Estrutura Editorial Possível do *Monobiblos* *172*
   No Rastro dos Comentários *177*
   Contra a Corrente.. *182*
   The Turning Point.. *188*
   Referências Bibliográficas.. *189*

10. *Espelho de uma Vida Humana* – Adma Muhana...................... *193*
   Referências Bibliográficas.. *209*

11. *O Príncipe Excelente:* O Clarimundo *de João de Barros como Modelo
Régio Dirigido ao Futuro Rei D. João III* – Flávio A. F. Reis *211*
   Referências Bibliográficas.. *219*

12. *O Autorretrato de Montaigne* – Elaine C. Sartorelli *221*
   Referências Bibliográficas.. *237*

13. *A "Visão Imaginária": Apontamentos Sobre Imaginação e Retórica
na Inglaterra de William Shakespeare* – Lavinia Silvares *239*
   Referências Bibliográficas.. *249*

14. *Tratado Político (1715), de Sebastião da Rocha Pita, e o Gênero
Histórico dos Séculos XVII/XVIII* – Eduardo Sinkevisque *251*
   Referências Bibliográficas.. *261*

Apresentação

Este livro resulta do encontro de estudiosos brasileiros e estrangeiros em um evento sobre os campos da retórica e da poética, realizado na Escola de Filosofia, Letras e Ciências Humanas da Universidade Federal de São Paulo (EFLCH-Unifesp) em setembro de 2018: o I Panorama dos Estudos Poéticos e Retóricos no Brasil. Abarcando um amplo escopo temático e temporal, os trabalhos apresentados ao longo de três dias versaram sobre poesia, música, narrativas em prosa, arquitetura e outras artes e campos do saber em sua relação com o domínio técnico e inventivo da retórica – disciplina mestra que por séculos a fio fundamentou as produções discursivas e artísticas em diversas línguas, espaços geográficos e momentos históricos. Contando com a presença de grandes pesquisadores e professores, o encontro também homenageou os pioneiros trabalhos acadêmicos do professor João Adolfo Hansen (Universidade de São Paulo), fundamentais para o desenvolvimento dos estudos retóricos e poéticos no Brasil. Assim, nesta obra, reúnem-se textos inéditos produzidos pelos conferencistas convidados, consistindo ela em um arco de reflexões contemporâneas acerca de retórica, poética, história, arte e cultura em diferentes matizes e nuances teóricas e críticas.

Nos ensaios aqui reunidos, evidencia-se, entre outras coisas, a importância dos estudos precursores feitos por João Adolfo Hansen. Desde a publicação de sua obra *A Sátira e o Engenho: Gregório de Matos e a Bahia do Século XVII* (a primeira edição é de 1989 e a segunda de 2004), os trabalhos sobre as letras luso-brasileiras dos séculos XVI a XVIII e as diversas formas de representação produzidas antes das guinadas iluminista e romântica, na segunda metade do século XVIII, nunca mais foram os mesmos. Termos como engenho, agudeza, discrição, juízo, prudência, representação mimética, arte retórica e poética ganharam, a partir da potência intelectual e inovadora das investigações de Hansen, novos contornos e novas possibilidades de significação pautados por uma abordagem que historiciza – sem jamais engessar – os complexos objetos do mundo das letras produzidos em uma alteridade histórica que definitivamente não é a nossa. Ao longo do mencionado evento que originou este livro, diversos ex-orientandos, estudantes e colegas do professor Hansen enfatizaram a importância de seus trabalhos para as renovadas pesquisas que surgiram – e continuam a surgir – nos amplos horizontes da retórica e da poética. Os que tiveram a sorte de conviver com Hansen atestam, ainda, a enorme generosidade com que sempre ajudou seus interlocutores, seja por meio da leitura atenta dos trabalhos iniciantes, de suas sugestões de pesquisa, indicações e empréstimos de livros, seja pela imprescindível motivação para investigações acadêmicas que nem sempre carregam o selo de um utilitarismo imediatista ou de uma adesão a discursos nacionalistas panfletários. O resultado dos profícuos diálogos de Hansen com gerações de pesquisadores de diversas regiões do Brasil também se faz notar neste livro, não apenas nas referências bibliográficas dos textos, mas nas diversas citações ao professor – algumas, inclusive, de ordem pessoal.

Conforme Baltasar Gracián, "es hidra bocal una dicción, que a más de su directa significación, si la cortan o la trastruecan, de cada sílaba renace una prontitud, y de cada acento un concepto"[1]. Por isso, como insuficiente homenagem, não a essa de Gracián, mas àquela humaníssima hidra vocal que é toda generosa prontidão e agudo conceito, propõe-se, enfim, este livro: um panorama dos estudos retóricos e poéticos no Brasil.

Maria do Socorro Fernandes de Carvalho
Marcelo Lachat
Lavinia Silvares

---

1. Baltasar Gracián, "Discurso XXIIII", *Arte de Ingenio, Tratado de la Agudeza*, 1642.

1

Artes e Letras no Brasil Anteriores ao Século XVIII

João Adolfo Hansen
UNIVERSIDADE DE SÃO PAULO

nec spe nec metu.

Sou extremamente agradecido a todos os caros amigos que, neste evento, vêm-se lembrando do meu trabalho. A amizade de todos me põe alegre, além de mim, e ao mesmo tempo aquém, constrangido por não poder corresponder, como gostaria, a tanta generosidade sem reservas. É nesta posição instável que vou lhes falar sobre o tema que me foi proposto, as pesquisas que vêm sendo feitas no Brasil a respeito de letras e artes anteriores ao século XVIII iluminista-romântico.

Antes de qualquer coisa, quero inscrever minha fala e o que já fiz, faço e espero ainda fazer numa empresa, que tem por corpo ou imagem um livro antigo roído de bichos, como metáfora e síntese das condições brasileiras dos estudos sobre as letras e artes anteriores ao século XVIII iluminista-romântico. Por alma, a empresa tem a sentença *nec spe nec metu*, "nem com esperança nem com medo", que peço emprestada como sentido do que faço à divisa de um italiano do século XV.

Em 1984, depois de ter defendido em 1983 uma dissertação de mestrado sobre *Grande Sertão: Veredas,* eu era professor na área de Literatura Brasileira da USP. Estava inscrito no doutorado e, como tinha ficado chato ser moderno e não podia ser eterno e de modo algum queria ser pós-moderno, resolvi estudar uma ruína, a poesia satírica atribuída ao poeta colonial Gregório de Matos e Guerra. Ela era classificada como poesia de estilo barroco cultista e conceptista

e não fazia parte do cânone literário organizado segundo o conceito romântico-
-nacionalista de *Bildung*, formação. Eu não tinha a mínima ideia do que fosse
"barroco", a não ser as generalidades romântico-positivistas dos livros didáticos.
Naquele tempo, por aqui não havia computação nem Internet. As bibliotecas
eram as brasileiras que vocês conhecem e a miséria bibliográfica era brasileira,
extrema. Adquiri os sete volumes da edição dos poemas atribuídos a Gregório
de Matos feita em Salvador em 1968 por James Amado e Maria da Conceição
Paranhos. Li então, não sei onde, que Lévi-Strauss tinha mandado construir
dois varais de aço paralelos numa sala do Musée de l' Homme, em Paris, onde
pendurou folhas de cartolina contendo, cada uma, um mitema ou unidade de
mito, que ele obteve aplicando a narrativas de índios sul-americanos as categorias das análises que Propp tinha feito de contos populares russos. Olhando as
cartolinas de uma das pontas do varal, ele conseguia visualizar, espacializada,
a estrutura dos mitos. Eu não era Lévi Strauss, infelizmente, nem estava em
Paris, mas, inspirado nele, comprei doze cadernos de 300 páginas cada e abri
um arquivo neles, de A, *Abaeté*, até Z, *Zote*, transcrevendo títulos, didascálias,
lugares comuns, metáforas, nomes próprios, versos, rimas, insultos, obscenida-
des etc. dos poemas. Flaubert dizia que é preciso estar triste para reconstruir
Cartago. Para reconstruir a Cartago colonial, eu li os poemas muitas e muitas
vezes e, depois, o que fui conseguindo encontrar principalmente na Biblioteca
Nacional do Rio de Janeiro e em sebos: tratados de retórica latinos, italianos e
espanhóis, atas e cartas da Câmara Municipal de Salvador entre 1640 e 1740,
tratados teológico-políticos italianos e ibéricos, cartas de jesuítas dos séculos
XVI e XVII, poetas portugueses e espanhóis do século XVII, denúncias ao Santo
Ofício da Inquisição, manuais de inquisidores, trechos e trechos da *Suma
Teológica*, de Santo Tomás de Aquino, textos de Francisco Suárez e Giovanni
Botero, a poesia satírica de Horácio e Juvenal, poemas do Cancioneiro Geral
de Garcia de Resende etc. Sempre com alegria, uma alegria guerreira, a de
descobrir o que não conhecia e, simultaneamente, a de produzir conceitos,
categorias e procedimentos úteis para criticar periodizações e classificações
anacrônicas das representações coloniais herdadas do século XIX e reproduzidas nas histórias literárias brasileiras. Li os sete volumes de poemas muitas
e muitas vezes, sempre ouvindo uma voz que me comove, Billie Holiday;
com isso, depois de algum tempo, passei a ter uma visão sistêmica daquela
poesia. Uma oposição idealista que ainda hoje se ensina na universidade e na
escola secundária para classificar a poesia do século XVII, *cultismo/conceptismo*,
ficava totalmente inútil e descartável. Depois, também ficaram inúteis todas
as outras oposições idealistas, românticas e positivistas, anacrônicas, das
histórias literárias brasileiras.

O que eu precisava era conhecer a doutrina ou as doutrinas poéticas dos diversos gêneros daquela poesia. Em 1986, procurando textos sobre as doutrinas greco-latinas do cômico, encontrei, na seção de livros raros da Biblioteca Nacional do Rio de Janeiro, uma edição veneziana datada de 1685 da obra do conde e jesuíta italiano, Emanuele Tesauro, *Il Cannocchiale Aristotelico*. O livro tinha pertencido ao retor português Francisco Leitão Ferreira e veio para os tristes trópicos na biblioteca de D. João VI, em 1808. Quando o acharam, os bichos brasileiros demonstraram o magnífico empenho que sempre demonstram na sua arte de roer. Coisa de dar muita inveja a qualquer ministro da cultura brasileiro, as mais de quinhentas páginas do livro tinham centenas de furos e, na grande maioria, cheguei a verificar isso no capítulo doze, "Tratatto dei Ridicoli" (Tratado dos ridículos), que naquele momento era o que mais me interessava, pelo menos uns 80% dos buracos coincidiam com as vogais das sílabas italianas e latinas de Tesauro. *Ridicolo,* por exemplo, era legível como *rdcl.* Minha leitura foi muito facilitada por uma lupa que me foi emprestada por dois funcionários da Biblioteca Nacional, Waldyr da Cunha e Raymundo Carneiro. Nela, li fazendo hipóteses sobre as vogais que deviam preencher os buracos. Anos depois, quando contei essa história dos bichos num seminário que fiz sobre a poesia que leva o nome de Gregório de Matos, Roger Chartier me disse, com seu humor ácido e fino de sempre, que os bichos que comeram vogais não eram brasileiros, mas portugueses, porque são os portugueses que comem as vogais da língua. É divertido; mas, como vocês sabem na sua pele de bugres das baixas latitudes, o Brasil é insuperável nas artes da destruição e, tenho total certeza, os bichos que comeram as vogais eram mesmo autenticamente nacionais.

De todo modo, foi emblemático das dificuldades de fazer o que eu tentava naquele momento e também depois, desde que defendi o doutorado, em 1988, até 2012, quando me aposentei, na área de Literatura Brasileira da USP, onde outros bichos de duas patas continuaram a corroer e a sabotar meu trabalho. Foi ruim sentir nojo aguentando durante tanto tempo baixarias formativas de psicopatas e arrivistas puxa-sacos repetidores de ideias fora do lugar. Mas sobrevivi, felizmente, sempre repetindo para mim mesmo os versos de Lope, "a mis soledades voy, de mis soledades vengo, que para andar conmigo mi bastan mis pensamientos". Sobrevivi, tendo a sorte de sempre encontrar vida inteligente fora da área de Literatura Brasileira da USP, principalmente naquelas fronteiras do Paraguai com a Finlândia onde o pensamento é sempre uma liberdade livre. Esse humor quase sempre negro foi fundamental para mim em todos os lugares onde estive, no Brasil, na Colômbia, no Peru, no Chile, no México, nos Estados Unidos, na Inglaterra, na França, na Alemanha, na Itália, em Portugal etc. E é nessa posição instável de professor brasileiro que deu algum sentido sempre precário a várias espécies de buracos e que agora está alegre e comovido com a amizade de vocês que vou tentar lhes falar sobre o tema que me foi proposto, os estudos brasileiros contemporâneos de artes e letras anteriores ao século XVIII iluminista-romântico.

Para isso, lembro que a pesquisa que venho fazendo desde o meu doutorado tem a forma particular de uma atividade histórica que, sendo condicionada institucionalmente, trata de códigos linguísticos, principalmente os retórico-poéticos e teológico-políticos; de códigos bibliográficos, como a manuscritura, o impresso e questões filológicas, e de condicionamentos materiais e institucionais das representações luso-brasileiras dos séculos XVI, XVII e XVIII, relacionando-os com questões críticas da cultura do presente neoliberal. A pesquisa pressupõe, assim, a dupla articulação temporal de passado e presente, operando-a como a correlação referida por Michel de Certeau em seu estudo sobre o Padre Surin. A correlação é um dispositivo dramático que põe em cena duas estruturas verossímeis de ação discursiva, a da minha enunciação presente sobre as representações coloniais, e a das enunciações passadas delas. Estabelecendo traduções entre a estrutura, a função, a comunicação e os valores que as enunciações tiveram em seu tempo e os valores de uso produzidos nas apropriações de que as enunciações foram e vêm sendo objeto desde os primeiros românticos brasileiros, no século XIX, e a crítica e a historiografia literárias brasileiras nos séculos XX e XXI, a enunciação presente toma posição em um lugar institucional, que é o da prática profissional de seu autor na universidade neoliberal, lugar evidentemente mediado por tensões e contradições. Assim, meu trabalho transforma restos ou resíduos do passado, dando-lhes uma ordenação determinada, não para reconstituir o seu antigo presente como a positividade factual de algo efetivamente acontecido, mas para compor o lugar do morto, ou seja, a sua metáfora, como um lugar de vozes múltiplas onde a ficção do morto é posta a falar segundo a especificidade arqueologicamente constituída da duração em que ela se inclui. Evidentemente, a operação não é natural e pressupõe que a enunciação presente também relativize e critique os passos que a constituem, pois usualmente eles são ocultados e naturalizados na própria construção e exposição dos resultados.

Desde os anos 1980, meu amigo Leon Kossovitch, professor do Departamento de Filosofia da USP, e eu, do Departamento de Letras Clássicas e Vernáculas da USP, vimos propondo outras possibilidades de entendimento e estudo das letras e artes anteriores ao século XIX romântico. Tais possibilidades pressupõem a radical impureza dos processos contingentes de invenção, circulação e consumo das artes e letras e passam ao largo da concepção de tempo histórico definido como o contínuo evolutivo idealista do século XIX, que é naturalizado e reproduzido nas histórias literárias e histórias da arte brasileiras dos séculos XX e XXI ensinadas na universidade e repetidas e diluídas no ensino médio e nos *media*. Elas são possibilidades de trabalho que definem o tempo e o espaço de um modo que aproxima a operação das operações de Nietzsche, Freud e Marx, que não pressupõem o tempo kantianamente como *a priori* das práticas, nem hegelianamente, como evolução, nem fundam a diferença histórica num fundo impensável, como Foucault, mas remetem a historicidade da história à materialidade contingente dos múltiplos processos das práticas produtivas particulares, situadas e datadas. A consideração de tais processos pode evitar a universalização de modelos interpretativos idealistas, o romantismo, a teleologia, o etapismo, o nacionalismo, a formação, a unidade preconstituída e universalizada do sujeito da prática simbólica antiga como sujeito burguês liberal, a descontinuidade meramente instrumental e as classificações apenas dedutivas, evolutivas e exteriores das artes, como "O Clássico", "O Barroco" etc.

Nesse trabalho felizmente sempre pude também contar com a inteligência, a lucidez e a crítica da minha mulher, Marta Maria Chagas de Carvalho, a presença de extraordinários amigos da área de Latim da USP, do meu grande amigo da Unicamp, Alcir Pécora, com quem discuti Vieira e escrevi sobre Hilda Hilst, de um ex-aluno que me ensinou muita coisa, Marcello Moreira e seu grande conhecimento de filologia, de minha amiga Adma Fadul Muhana e sua precisão rigorosa, de Dirce Côrtes Riedel e Luiz Costa Lima, de Roger Chartier, de Jean Hebrard, de Peter Burke, de Luisa López Grigera... Citar é ser injusto, vocês sabem, sempre há um amigo tão próximo e familiar que a gente sem querer esquece. Seria melhor não citar porque muitos e tantos foram participando desse trabalho de maneira fundamental para mim. Sou grato a todos.

Entre 1993 e 2012, nas férias de janeiro e julho, praticamente todos os anos, com um intervalo acredito de uns dois ou três, dei aulas sobre letras e artes dos séculos XVI, XVII e XVIII num curso de extensão que devia ter sido transformado num curso de pós, no IFAC, Instituto de Filosofia, Arte e Cultura da Universidade Federal de Ouro Preto, Minas Gerais. Lá orientei mais de uma dúzia de pesquisas que poderiam ter sido mestrados e mesmo doutorados sobre diversos temas coloniais dos séculos XVII e XVIII. Todas as pesquisas que orientei descartaram as categorias dedutivas e idealistas das histórias da arte e concentraram-se no levantamento de documentação da materialidade das práticas estudadas, tratando por exemplo da arquitetura, da pintura e da escultura coloniais, como as das igrejas do Pilar e de São Francisco, em Ouro Preto, as da Sé de Mariana e de outras igrejas mineiras e de outros lugares do Brasil; de figurações alegóricas do poder real em oratórios e sacrários; de livros de emblemas; de ex-votos coloniais; do uso de *apoggiaturas* em músicas dos séculos XVII e XVIII escritas para violino; do tratado do cardeal Borromeu sobre a arquitetura sacra; de inventários do século XVIII da região de Diamantina; de inscrições latinas em fitas falantes da Igreja de São Francisco etc. etc. Acredito que os autores desses trabalhos deram continuidade às pesquisas com os pressupostos do meu trabalho em seus diversos lugares de origem.

Lembro ainda o trabalho de um ex-orientando e amigo, infelizmente morto, o Ivan Teixeira, que mudou radicalmente o estado da questão dos estudos sobre a poesia dita neoclássica ou árcade do século XVIII com seu brilhante e extremamente bem documentado doutorado sobre o mecenato pombalino, a poesia neoclássica e *O Uraguai*, de Basílio da Gama.

Na Pós-Graduação em Literatura Brasileira da USP, orientei e ainda oriento mestrados e doutorados sobre autores e temas coloniais, entre outros. Na USP, ano a ano os estudos sobre temas coloniais foram diminuindo e agora tendem a desaparecer. Há mais de vinte anos, a transformação da disciplina obrigatória sobre as letras coloniais numa optativa que é fornecida no último ano da Graduação em Literatura Brasileira vem fazendo com que muitas vezes ela não seja ministrada. Disciplinas optativas estão destinadas à desaparição. A maioria dos alunos da Graduação terminam o quarto ano das Letras sem ter notícia da existência das coisas coloniais. Estou aposentado desde 2012. A última vez que dei um curso de pós na USP sobre as letras coloniais dos séculos XVI, XVII e XVIII foi em 2016. Não sei se a optativa ainda é ministrada na Graduação. E, se for, como é.

Muitos ex-orientandos meus que desenvolveram trabalhos sobre temas, obras e autores coloniais hoje orientam pesquisas sobre tais referências com os pressupostos do meu trabalho em diversas universidades do país. Assim, fora da USP, sei que vêm sendo feitas outras pesquisas que têm por referência objetos anteriores ao século XIX romântico que também passam fora de pressupostos, categorias e conceitos kantiano-hegelianos nacionalistas da *Bildung*, formação. As pesquisas pressupõem a materialidade situada e datada das práticas produtivas das letras e artes coloniais, pondo de lado classificações dedutivas idealistas e evolutivas de épocas e estilos. Também trabalham com preceptivas retóricas de vários tempos e pressupõem a historicidade do trinômio *autor-obra-público*, não universalizando a concepção romântico-modernista do mesmo.

Lembro algumas instituições onde há ex-orientandos meus ou colegas, amigos e conhecidos desenvolvendo e orientando pesquisas sobre assuntos referentes às letras coloniais e outras letras e artes antigas que incorporam os pressupostos e procedimentos do meu trabalho. Por exemplo, o Departamento de Letras da Universidade Federal de Santa Maria, no Rio Grande do

Sul; o Departamento de Letras da Universidade do Estado do Rio de Janeiro, o Departamento de Letras da Universidade Federal de Niterói, Gragoatá; o Instituto de Filosofia, Arte e Cultura da Universidade Federal de Ouro Preto; o Departamento de Letras da UFOP em Mariana; o Departamento de Letras da Universidade Federal do Sudoeste da Bahia, em Vitória da Conquista; o Instituto de Estudos da Linguagem da Unicamp; cursos de Letras e História da Unifesp, *campus* de Guarulhos; pesquisas na área de arquitetura e artes feitas por colegas e estudantes da USP, da Universidade Federal de Minas Gerais, da Universidade Federal de Santa Catarina etc. Deve haver mais, não tenho conhecimento de tudo e provavelmente esqueço muita coisa.

Os pesquisadores desses lugares que têm por objeto letras e artes anteriores ao século XIX costumam passar ao largo das histórias literárias e histórias da arte romântico-nacionalistas. Têm outros pressupostos historiográficos, outros procedimentos críticos e outros conceitos de tempo histórico, de linguagem, de práticas de representação, de imitação, de emulação, de apropriação, de transmissão de matérias sociais, de códigos linguísticos, retórico-poéticos, jurídicos, teológico-políticos, e de códigos bibliográficos, a oralidade, a manuscritura, o texto impresso, de crítica dos pressupostos e procedimentos da filologia lachmaniana fundamentada em ideias românticas de primeira intenção autoral, genuinidade, autenticidade, originalidade, e pressupostos e procedimentos da chamada nova filologia, atenta à materialidade das práticas de escrita e dos processos de transmissão de discursos orais e escritos, e também definições de condicionamentos materiais e institucionais das práticas de representação, além do conhecimento das doutrinas retórico-poéticas das muitas artes, desde os gregos do século IV a.C. até, pelo menos, a primeira metade do século XVIII, e também conhecimento dos pressupostos e procedimentos das interpretações da historiografia romântico-nacionalista das letras e artes coloniais vigentes em cursos da universidade e no ensino secundário brasileiros etc. Não posso me ocupar de nenhuma dessas pesquisas em particular; aqui, vou falar *genericamente* de pressupostos, categorias, conceitos e procedimentos que fundamentam e ordenam o que fazem.

Como sabem, nas histórias literárias e histórias da arte brasileiras a descontinuidade tem o papel fundamental de delimitar os períodos e os estilos artísticos. Num texto decisivo sobre a arte parta e a arte romana que apresentou num evento do Museu do Louvre e que foi publicado em Paris e depois saiu aqui, traduzido na revista *Tiraz*, n. 2, do Departamento de Línguas Orientais da USP, Leon Kossovitch demonstra que a descontinuidade garante a positividade da existência das unidades estanques e evolutivamente irreversíveis aplicadas nas histórias literárias e histórias da arte como classificação dedutiva dos estilos: a

Antiguidade, a Idade Média, o Renascimento, o Classicismo, o Maneirismo, o Barroco, o Neoclassicismo etc. Nessas histórias, a própria descontinuidade que separa e classifica tempos artísticos, ela mesma, é não pensada, pois é aplicada pelos historiadores literários e historiadores da arte como noção meramente instrumental e exterior à história que classificam com ela. Por exemplo, por aqui o Barroco começa em 1601 e termina em 1768. Em janeiro ou dezembro de 1601? E por que não 1600 ou 1770? A própria descontinuidade é aplicada pelos historiadores, digamos assim, de fora. E os estilos artísticos de cada unidade isolada pela descontinuidade são propostos como invariantes dedutivas que se realizam ou atualizam em ocorrências positivas de obras particulares que os exemplificam, circularmente: o poema x é "barroco" porque tem características estilísticas "barrocas" que encarnam e ilustram a essência que o classifica dedutivamente, "O Barroco", que, positiva e circularmente, é exemplificada pelas características "barrocas" dele etc. E assim por diante, de círculo em círculo, ou petição de princípio em petição de princípio.

Diversas vezes, em conversas, aulas, palestras, conferências, textos, bancas de concursos, defesas de tese etc., Leon e eu propusemos que, em todos os casos, a descontinuidade é o princípio de alternância que garante o retorno sucessivo de um estilo após outro, como ocorre exemplarmente na oposição de *clássico/ barroco*, de Heinrich Wölfflin, ou na oposição de vontades expressivas ligadas à abstração e à empatia, de Worringer. A aplicação das oposições de estilos ou de vontades não considera as diferenças históricas das múltiplas temporalidades heterogêneas que coexistem nos atos particulares de invenção das práticas simbólicas que são dedutivamente unificadas pelas etiquetas, pois é justamente a historicidade que impede o retorno das formas estilísticas superadas.

Leon demonstrou muitíssimas vezes que o mesmo *a priori* da descontinuidade aplicada nas histórias literárias e histórias da arte caudatárias da historiografia idealista do século XIX se encontra como neokantismo em histórias não teleológicas, como a história arqueológica da loucura e a história genealógica da verdade, de Michel Foucault, que funda os discursos não mais sobre o contínuo evolutivo, mas sobre a própria descontinuidade. Como sabem, Foucault elimina as positividades e as idealidades subjetivas, factuais e estilísticas da historiografia fundamentada no contínuo e na consciência. A eliminação remete as práticas a um fundo inacessível, *an-arkhé*, não origem ou não princípio, cuja eficácia decorre justamente de que, como fundo, ele é suposto como impensável, indizível e invisível. Com Foucault, a descontinuidade é estabelecida por condições de possibilidade formalmente puras, que são as da linguagem em sua definição estruturalista como estrutura que se pensa a si mesma nos homens.

Leon demonstra que uma história de tipo neokantiano, como a de Foucault, só pode se traduzir como história de obras arqueologicamente puras que excluem o impuro. Ou seja, como história que exclui os domínios contingentes das práticas produtivas e consumidoras das obras poéticas e artísticas, domínios em que multiplicidades sempre intotalizáveis de condicionamentos materiais, de escolhas táticas, de matérias simbólicas transformadas e de procedimentos técnicos aparecem artisticamente executadas sem nenhuma consideração por condições puras. Quando se trata de categorias puras, tanto em Foucault quanto nas histórias teleológicas caudatárias do idealismo alemão do século XIX orientadas pela noção de *Bildung, formação*, a redução classificatória dos períodos históricos e seus estilos artísticos se impõe *a priori*, como ocorre no caso, que referi, da oposição de *clássico* e *barroco* corrente nas histórias literárias que se ocupam das letras e belas letras luso-brasileiras dos séculos XVII e XVIII.

Desde 1984, no meu trabalho sobre as letras e as artes coloniais dos séculos XVI, XVII e XVIII, propus constituir os sistemas de representação que regulavam as representações discursivas, pictóricas e plásticas. Para isso, também propus estabelecer homologias entre elas e outras práticas letradas e não letradas não ficcionais, contemporâneas e anteriores, como discursos, atas e cartas das câmaras municipais; regimentos de governadores; ordens-régias, bandos, processos, pleitos e agravos dos tribunais; livros de alfândegas, contratos de compra e venda de escravos, inventários, tratados de direito canônico e textos teológico-políticos apologéticos do catolicismo, como *Raggion di Stato*, de Giovanni Botero, e *Defensio Fidei*, de Francisco Suárez; processos inquisitoriais, espelhos de príncipe e muitos outros. As homologias funcionam como unidades de tópicas hierárquicas representadas em registros discursivos, pictóricos e plásticos diversos. Por meio das homologias estabelecidas entre os vários gêneros de discursos e as representações pictóricas e plásticas, os vários meios materiais e institucionais e os vários modelos aplicados, foi possível definir uma forma cultural específica do absolutismo católico português desse tempo. Ela é aristotélica e escolástica, devendo ter suas operações especificadas na colônia brasileira, onde evidentemente sofre adaptações.

Assim, a conceituação dessas categorias e conceitos segundo a estrutura, a função e o valor que tinham em seu tempo me permitiu construir um diferencial histórico da representação para demonstrar que era outra a concepção de tempo histórico, de autoria, de obra e de público nesses séculos, o que também me permitiu afirmar a radical descontinuidade das formas culturais coloniais e dos programas historiográficos, críticos e artísticos iluministas e pós-iluministas que se apropriaram dela desde principalmente o século XIX. Hoje, esses programas continuam se apropriando das representações coloniais repetindo as categorias da crítica romântica do século XIX como se fossem universais transistóricos ou simplesmente afirmando a pós-modernidade a-histórica da interpretação. Meu trabalho me permitiu estabelecer regimes de representação discursiva e não discursiva ordenados pela retórica aristotélica e latina e interpretados pela teologia-política católica; com isso, me permitiu evidenciar que as formas da pessoalidade, "eu"/"tu", que definem o contrato enunciativo das representações, são efeitos da aplicação retórica de caracteres e afetos precodificados, ou seja, não são categorias psicológicas expressivas, pois nessas práticas "eu" e "tu" não correspondem a representações de individualidades psicologicamente subjetivadas e dotadas de direitos humanos na livre-concorrência do mercado capitalista de bens culturais. Ou seja: "eu" e "tu" são representações efetuadas por meio da aplicação de preceitos de uma racionalidade não psicológica e não expressiva, uma racionalidade mimética, típica de padrões culturais coletivos e anônimos da sociedade de Corte portuguesa transplantada para o trópico. Muitas pesquisas que vêm sendo feitas hoje em vários lugares do país adotam esses pressupostos.

Reinhart Koselleck propôs que a relação de "experiência do passado" e "horizonte de expectativa do futuro" pode ser um critério historiográfico útil para especificar o modo como os homens vivem a experiência histórica de seu tempo. Quando se faz a questão acerca dos modos de representar a experiência do passado e a expectativa de futuro para os resíduos coloniais que chegaram até nós, algumas especificidades aparecem. A principal delas é, como penso, o modo qualitativo de conceber a temporalidade como emanação ou figura de Deus que inclui a história como projeto providencialista. Para os católicos vivendo no Brasil, no Maranhão e Grão-Pará nos tempos coloniais e também em Angola, Goa ou Portugal, Deus era a Causa Primeira de tudo quanto é. Assim, a representação colonial propõe que a natureza e a história são simultaneamente efeitos criados por essa Causa e signos reflexos dessa Coisa, não se achando em nenhum momento as noções iluministas de "progresso", "evolução", "crítica", "revolução", nem as de "estética", "originalidade", "ruptura", "autonomia estética", "formação" etc. Nem um novo regime discursivo, a "literatura", oposto a outros regimes, como "ciência", "filosofia" e "história". Nem as noções de "autor", como individualidade psicológica, originalidade, crítica e propriedade de direitos sobre as obras concorrendo no mercado. Nem mercado de arte ou "público", como "opinião pública" etc. Então, a postulação da existência da Causa Primeira, Deus, faz ler a natureza e a história como livros em que a Providência escreve a intenção secreta da sua Vontade. Lembro os cronistas portugueses, no Estado do Brasil dos séculos XVI e XVII, interpretando a disposição em cruz das sementes da banana como signo profético da destinação cristã da terra. Da mesma maneira, a interpretação figural da história feita por Vieira, que estabelece especularidade entre eventos bíblicos e eventos de seu tempo, por exemplo as guerras holandesas e a política dos reis Bragança, a descoberta da América, a missão jesuítica e a catequese dos índios, afirmando a destinação essencialmente providencialista da história portuguesa. Quando constituímos essas categorias e esses modos de ordenar a experiência do tempo, as categorias iluministas universalizadas transistoricamente na história literária e na história da arte para a sua compreensão, como "evolução", "progresso", "crítica", "ideologia" etc., revelam-se totalmente anacrônicas.

O reconhecimento do anacronismo deveria impedir que se continue a universalizar a particularidade de categorias estéticas e sociológicas e, com isso, deveria levar a rever a historiografia literária e a historiografia da arte brasileiras. Não seria preciso dizer, o trabalho de construção arqueológica dessas particularidades não é uma atividade apenas antiquária, no sentido arcaizante e regressivo do termo "antiquário" usado por Nietzsche e repetido agora por adeptos do chamado "pós-moderno" para classificar pejorativamente uma espécie de historiador reacionário que só teria interesse pelo passado. Afirmo aqui, como já fiz outras vezes, que o passado só pode interessar porque está morto para sempre. É justamente o diferencial da sua morte arqueologicamente construída que pode interessar como material para uma intervenção no presente, aqui e agora, em que noções idealistas aplicadas aos restos coloniais inventam tradições localistas, fundamentalistas e nacionalistas que, por definição, são dúbias e discutíveis, quando se lembra a particularidade conservadora politicamente interessada delas.

As representações coloniais concebem a temporalidade e a história providencialmente, relacionando a experiência do passado e a expectativa do futuro como previsibilidade, pois afirmam que a identidade de Deus, Causa Primeira, repete-se em todas as diferenças do tempo, tornando todos os seus momentos análogos e semelhantes. Assim, a repetição da Identidade divina no tempo é um evento que faz previsível o intervalo entre experiência do passado e expectativa do futuro. Vocês sabem, em 1664 Vieira publicou uma *História do Futuro*, título que ficou paradoxal desde a segunda metade do século XVIII, quando o substancialismo das sociedades de Antigo Regime se tornou ruína e a disciplina da história passou a ser realizada como a ciência do que não mais se repete, substituindo as antigas práticas de escrita da história como gênero epidítico. Assim, quando estudei as coisas coloniais, achei pertinente tratar do modo como se define nelas o acontecimento da repetição de Deus na história, que encontramos em Vieira e em outros autores, para especificar a natureza das representações coloniais.

Nelas, todos os diferentes passados são dados como acontecimentos análogos de Deus e, por isso, semelhantes uns aos outros. Eles são armazenados pela memória dos intérpretes, que os comentam orientados pelo conselho da luz da Graça. O modelo de inteligibilidade do tempo é figural, pois os intérpretes estabelecem especularidade entre dois homens, dois acontecimentos ou duas coisas, um deles sempre do *Velho Testamento*, outro sempre do *Novo*, afirmando que, por meio da presença da Identidade divina em ambos, aquilo que está latente como *antitipo* no *Velho* fica patente como *tipo* revelador do Protótipo no *Novo Testamento*. Vieira também afirma que o mesmo nexo profético se aplica aos eventos antigos e contemporâneos da história portuguesa. Do ponto de vista da profecia, o futuro é e será uma imagem que já foi anunciada na repetição da Identidade divina em vários momentos anteriores. Logo, a atualidade do necessário e a potência do contingente de todos os tempos impregnam a presença histórica do presente do intérprete como Presença substancial eterna.

Um lugar-comum teológico articulado a essas práticas, nas preceptivas e em outros discursos do século XVII que estudei, foi discutido por Robert Klein quando tratou dos tratados italianos de emblemas e empresas do século XVI: o lugar-comum do conhecimento angélico. Ele é aplicado na *Summa Theologica* por Santo Tomás de Aquino e foi debatido inumeráveis vezes nos colégios jesuíticos do Brasil e do Maranhão e Grão-Pará e nos cursos da Universidade de Coimbra. O anjo é puro espírito, por isso se comunica com os próprios conceitos, não com signos deles; sem nenhum instrumento e sem representação, o anjo produz em outros seres a imagem espiritual de seu pensamento. Nenhum anjo conhece a representação, diferentemente do intelecto humano, que necessita de signos. Embora hoje a tópica pareça bizantina, é fundamental no caso das artes coloniais, porque era por meio dela ou em contraposição a ela que então se fazia a doutrina do conhecimento humano como conhecimento análogo ou indireto, mediado por signos e imagens preferencialmente agudos.

Nas doutrinas artísticas italianas do século XVI difundidas em Portugal e em suas colônias, o *disegno interno* ou o desenho interno do conceito na mente humana era definido como *segno di Dio, signo de Deus*, e doutrinado como a iluminação da luz natural da Graça que aconselhava o juízo ou o desígnio de poetas e artesãos no ato intelectivo que produzia a representação. No século XVII, em Portugal, o desenho interno era a base da agudeza. Como forma produzida na mente pela participação da alma na substância metafísica de Deus, a agudeza funde *lógica* (como *anatomia*, *dialética* ou técnica analítica do juízo que opera definições e contradefinições quando faz a classificação das matérias da representação) e *retórica* (como técnica das *res*, as coisas ou os lugares comuns da invenção, e das *verba*, as palavras da elocução). No caso, a representação era uma mediação, quero dizer, ela aparecia interposta ou posta entre a percepção dos objetos, os fantasmas ou conceitos produzidos na mente, o ato do juízo silogístico com que o autor os analisava e a presença da luz divina que iluminava o ato e a técnica que os representava exteriormente. A representação sempre aludia à sua causa divina, por isso era sempre tendencialmente sublime, mesmo quando era representação de gênero baixo, como a sátira atribuída a Gregório de Matos e Guerra, pois sua Causa eficiente e final era Deus.

Podemos dizer, de modo sumário, que a linguagem das artes dos tempos coloniais era antes de tudo uma jurisprudência ou usos autorizados como bons usos dos signos, prescrevendo que todas as imagens – discursivas, pictóricas, plásticas, musicais, gestuais – deviam ser *boas* imagens, reguladas ou controladas em regimes analógicos de adequações verossímeis e decorosas. Aqui, eram atuantes a *mimesis* aristotélico-escolástica e seus efeitos, a semelhança e a diferença, efetuadas por participação analógica. Deus, Causa Primeira e Final da natureza e da história, fazia com que as imagens estabelecessem relações simpáticas e antipáticas entre si, produzindo também relações de prazer ou desprazer regradas segundo os decoros específicos da hierarquia. Sendo escolástica e não cartesiana, essa jurisprudência não subordinava a representação a uma razão suficiente, como o *Cogito* cartesiano, mas aos *fantasmas* ou imagens mentais da fantasia. Diferentemente do cartesianismo, não distinguia *ideia* de *imagem*, como conceito *inteligível* e imagem *sensível*, mas definia a imagem como formulação e visualização *simultaneamente intelectual e sensível da ideia*. Por isso, antes mesmo de sua representação exterior, as imagens mentais eram *definições ilustradas*, como afirma Cesare Ripa no "Proêmio" do seu livro *Iconologia*, de 1593: elas tornavam os conceitos intelectualmente visíveis como entimemas, antes da sua representação exterior.

A forma-matriz de qualquer imagem seiscentista é a metáfora, pois é produzida associativamente, condensando imagens fornecidas pela memória à imaginação que estabelece associações imaginárias com outras. Sempre definida como emanação da luz divina na consciência, segundo as analogias de atribuição, de proporção e de proporcionalidade, a imagem faz ver seu pressuposto metafísico e lógico: o atributo do Ser se aplica a todas as coisas da natureza e eventos da história, fazendo-os convenientes entre si; por isso mesmo, diversos e diferentes. Todos os seres são semelhantes *per ordinem ad unum* ou *ad maximum*, como diz Santo Tomás de Aquino. Em todos os análogos, enquanto análogos, sempre se põe o Um como definição de todos os outros.

No caso, é útil lembrar, com Kantorowicz, que, sob a autoridade do papa como *princeps* e *verus imperator*, nos séculos XVI e XVII o aparelho hierárquico da Igreja romana mostrou uma tendência a se tornar o protótipo perfeito de uma monarquia absoluta e racional sobre uma base mística, enquanto o Estado manifestou mais e mais uma tendência a tornar-se uma quase-Igreja e uma monarquia mística sobre uma base racional. Nesse Estado da "política católica", a concepção do signo era outra, diferente das concepções linguísticas contemporâneas datadas de Saussure ou Troubetskoy, que propõem a arbitrariedade e a imotivação do signo. A representação definia-se como uma estrutura quádrupla, em que a substância da expressão e a substância do conteúdo também significavam, porque a substância sonora da palavra e a substância espiritual da alma eram tidas como signos e efeitos reflexos da sua Causa divina. Propondo a dupla legibilidade das coisas e palavras, legibilidade factual e legibilidade verbal, a íntima fusão de teologia e política afirmava então que também a empiria era racional, pois apresentava as marcas da racionalidade eterna que deviam ser interpretadas por hermeneutas autorizados que dominavam a verdade dos textos canônicos e da *traditio* confirmados na sessão de 8 de abril de 1548 do Concílio de Trento, diferentemente dos lugares maquiavélicos, luteranos, calvinistas ou hobbesianos, onde a luz natural da Graça inata estava ausente. Quero dizer, nenhuma representação católica dos tempos coloniais deixa de incluir, como termo especificador de sua autoridade, teologemas testamentários que definem sua eficácia como manifestação da luz da Graça da sua Causa. Os tratadistas que estudei que doutrinaram o *desenho interno* nos séculos XVI, XVII e XVIII, como Gilio, Possevino, Ripa, Zuccari, Peregrini, Pallavicino, Tesauro, Gracián, Francisco Leitão Ferreira afirmam que a imaginação cria as imagens dos objetos ausentes operando sobre os fantasmas da mente. Para isso, a imaginação seleciona tópicos e tropos adequados em uma memória de usos autorizados do signo, produzindo uma representação ou uma visualização que torna o objeto ou a referência intelectualmente conhecidos.

A imaginação autêntica é acompanhada do juízo, que o intelecto aciona dialeticamente, fazendo *anatomias*, análises, definições, contradefinições, enquanto faz predicações, produzindo a metáfora do objeto, que é conhecido intelectualmente. Aqui observamos imediatamente a abstração intelectualista do aristotelismo característico do processo mimético dessas práticas: nos fantasmas da mente, o intelecto agente, guiado pela luz da Graça, ilumina os aspectos inteligíveis dos objetos materiais, imprimindo as espécies deles no intelecto cognoscitivo na forma de uma imagem que é, como disse, metáfora. Tesauro a chama de *ornato dialético*; Gracián, de *silogismo retórico* e *entimema*. Outros falam de *conceito engenhoso*. Todos falam de *agudeza*, pois a abstração é uma iluminação que estabelece a relação inesperada de dois conceitos, como diz Aristóteles, ou ainda, como escreve Cajetano, uma iluminação da mente participada que, incidindo sobre o objeto, também faz que a iluminação se irradie dele, demonstrando relações semânticas inesperadas.

Os principais tratados retórico-poéticos do século XVII ibérico e italiano e textos de poetas e oradores contemporâneos, como Vieira, ao especificarem os modos mais adequados de figurar exteriormente a Presença transcendente que brilha como luz da Graça no interior da consciência, doutrinam as artes como *theatrum sacrum*. Não se trata de *representação* no sentido empirista ou mecanicista do reflexo realista, mas de um *pôr em cena* dos rastros fugidios da Presença. Um pôr em cena não só do definido da forma, no sentido do desenho wölffliniano, mas também da sua labilidade e porosidade, interstícios e átomos, em que a forma tangencia outras formas, como espaços qualificados pela Presença.

★ ★ ★

Como disse, não tenho conhecimento de todos os estudos que vêm sendo feitos no país sobre esse assunto tão vasto e difuso das letras e artes coloniais anteriores ao século XVIII iluminista-romântico, mas só referências parciais de pesquisas desenvolvidas principalmente em áreas de letras, história, história da arte, música, filosofia e arquitetura.

As pesquisas que conheço no campo das letras incluem muitos dos pressupostos e procedimentos de que falei, propondo que são formas particulares de uma atividade histórica condicionada institucionalmente como prática que se ocupa de códigos linguísticos, principalmente os retórico-poéticos e teológico-políticos; e também de códigos bibliográficos, como a manuscritura e as teorias filológicas de estabelecimento de textos, e, ainda, do estudo de condicionamentos materiais e institucionais das representações luso-brasileiras produzidas entre 1549, data da chegada à Bahia da missão jesuítica chefiada pelo Padre Manuel da Nóbrega, e 1822, a Independência.

Eu diria que, de modo geral, essas pesquisas costumam pressupor a dupla articulação temporal do passado das obras e do presente em que elas são apropriadas e transformadas como a *correlação*, referida por Michel de Certeau em seu estudo sobre o Padre Surin e também em seu livro *L'Absent de l'Histoire*, o ausente da história. Esquematicamente, a correlação é, como disse, um dispositivo dramático que põe em cena duas estruturas verossímeis de ação discursiva, a da enunciação da pesquisa sobre as representações coloniais, enunciação feita no presente de uma instituição pública ou privada, e a das enunciações e enunciados dos muitos discursos passados. No caso da arquitetura, da escultura e da pintura, há trabalhos fundamentais que têm diversas conexões com o trabalho que desenvolvi, como o magnífico livro de Rodrigo Bastos sobre a arquitetura colonial mineira do século XVIII, *A Maravilhosa Fábrica de Virtudes*.

Falando de retórica, lembro que algumas das pesquisas que conheço fazem a distinção que Leon Kossovitch e eu costumamos fazer, a de *instituição retórica* e *arte retórica*, pondo de lado a ignorância idealista dos que vão falando de retórica como artificialismo, ornamento ou discurso identificado a bla-bla-blá de político baiano. A instituição, ou seja, *consuetudo,* costume de longa duração, que dura mais ou menos do século V a.C. até o final do século XVIII europeu, de inventar as artes, em geral, como *mimesis* ou imitação superior, *aemulatio, emulação,* de modelos da excelência dos muitos gêneros. E retórica como técnica ou arte retórica, como por exemplo a *Técnica Retórica*, de Aristóteles, ou a *Retórica para Herênio*, do anônimo romano, ou os textos de Cícero, ou a *Institutio Oratoria*, de Quintiliano, ou os *Progymnasmata,* de Aftônio e de Hermógenes, ou *Artificio y Arte de Ingenio*, de Baltasar Gracián, ou *Il Cannocchiale Aristotelico*, de Emanuele Tesauro etc. etc.

No presente em que a pesquisa é feita, aqui-agora, a enunciação dos pesquisadores toma posição no lugar institucional da prática profissional deles, a universidade, que é, como dizia Hegel, reino animal do espírito mediado por tensões e contradições que vão da falta de verbas à sabotagem do trabalho por aparelhos ideológicos. No presente da operação, a enunciação da pesquisa estabelece traduções entre a estrutura, a função, a comunicação e os valores que as artes e os discursos estudados tinham em seu tempo e os valores de uso produzidos nas apropriações de que eles foram sendo objeto desde os primeiros românticos brasileiros, no século XIX, que os utilizaram ou excluíram do cânone literário ou cânone artístico na invenção de tradições nacionais e nacionalistas, e na crítica e na historiografia literárias e artísticas brasileiras dos séculos XX e XXI, que deram continuidade aos programas românticos.

Assim, as pesquisas transformam restos ou resíduos do passado, dando-lhes uma ordenação temporal e política determinada, não para reconstituir o seu antigo presente como a positividade factual de algo efetivamente acontecido, mas, como na fórmula de Michel de Certeau, para inventar o *lugar do morto,* ou seja, a metáfora verossímil do que foi ou terá sido o presente dos resíduos em seu tempo como lugar de vozes múltiplas no qual a ficção do morto é posta a falar segundo a especificidade arqueológica dos modelos retórico-poéticos da duração em que ela se inclui. A operação não é natural, evidentemente, e pressupõe que a enunciação da pesquisa também relativize e critique os passos que a constituem, pois eles usualmente são ocultados na própria exposição dos resultados. Obviamente, o tempo, o espaço e o trabalho que constituíam o presente do passado estão mortos e só existem como resíduos guardados em arquivos ou como textos publicados a partir de programas historiográficos dos primeiros românticos do século XIX. Lembrando-se a ausência do presente do passado que é metonimizada nos resíduos, o presente do passado deles não é algo dado, positivo ou objetivo, a ser "resgatado", como se diz com positivismo, ou salvo de supostos "sequestros" canônicos perpetrados por críticos acusados de tê-lo excluído do cânone literário por outros críticos que disputam o poder na assim chamada República das Letras, como é o caso de Antonio Candido, acusado por Haroldo de Campos de ter sequestrado o assim chamado Barroco da assim chamada formação da literatura brasileira.

Morto, o presente hoje passado das representações coloniais continua a passar, interminavelmente e, como aquela flor ausente de todos os buquês de que fala Mallarmé, só adquire ser vicário na metáfora produzida por uma enunciação que compõe enunciados prováveis sobre ele recorrendo a seus mesmos restos. Os restos do passado colonial são uma matéria morta, arruinada, fragmentária, dispersa, descontínua, sem nenhuma unidade; simultaneamente, quando são constituídos como documentos, tornam-se um filtro semântico e pragmático da plausibilidade do que se afirma sobre o seu tempo, quando a morte ainda não tinha império total sobre eles e não eram restos, mas integravam-se em práticas constitutivas da realidade do presente da sua história, tempo, espaço e trabalho, que chamamos "luso-brasileiro" ou "colonial". Como matéria morta, os restos são absolutamente mudos: não determinam o que se deva dizer sobre eles; mas, como filtros, podem constituir séries que delineiam e limitam o dizível, e, como lembrou Koselleck, impedem que se diga muita coisa arbitrária.

Assim, a operação crítica dos pesquisadores sobre letras e artes anteriores ao século XVIII que conheço é orientada pela opção teórica, crítica e política de evitar os anacronismos. Para isso, os pesquisadores constroem com verossimilhança o funcionamento das representações segundo critérios do tempo delas. O procedimento é poético, produtor do passado; porém não é como na poesia, pois pressupõe que a plausibilidade do que diz é definida e limitada pela particularidade dos restos, que a fazem operação provável no seu lugar institucional, as diversas áreas universitárias de letras, artes, arquitetura, história etc., que são, como já disse, lugares contraditórios e, quase sempre, ou pelo menos muitas vezes, inercialmente hostis ao pensamento e à pesquisa.

A fabricação do morto passado produz o sujeito de enunciação do discurso que se ocupa dele como signo homólogo da sua ausência. Inventado como agente que opera a relação da morte passada com seus eventuais destinatários hoje, o sujeito de enunciação das pesquisas é puramente funcional e não se confunde com o "eu" suposto dos seus autores. Ele é um sujeito que se define como operador de correlações inventadas segundo o empenho arqueológico de constituição do seu objeto com cacos do arquivo. Assim, tratando de um morto há muito arruinado, que destinatário as pesquisas vêm construindo nos últimos trinta anos? Quase sempre, é destinatário sem rosto definido, embora as pesquisas tenham que inventá-lo mediado por interpretações nacionalistas, românticas, católicas, realistas, positivistas, deterministas, liberais, marxistas, sociológicas, vanguardistas, concretistas, pós-modernas, pós-utópicas etc. Assim, a correlação de *passado/presente* é lida no presente das pesquisas evidenciando que a presença do que falta do passado hoje é o diferencial do estudo verossímil dele. De modo geral, os estudos que conheço compõem o destinatário com o mesmo diferencial como tipo situado no lugar do morto que é, como sabem, o não lugar de um inacabamento perpétuo.

Nas pesquisas que venho fazendo desde os anos 1980 sobre as práticas letradas coloniais sempre afirmei a possibilidade de dizer algo plausível sobre o passado fabricando o morto por meio da conceituação dos modos retórico--poéticos e teológico-políticos, historicamente determinados, de representação de temas contemporâneos e de avaliação deles nas práticas simbólicas de seu tempo. Muitas das pesquisas que conheço fazem o mesmo hoje, recorrendo à noção de *prática*, como faço na minha pesquisa. No caso, entendo por "prática" o trabalho particular definido por Marx como *Aneignung,* apropriação, o trabalho que, numa situação discursiva particular, transforma materiais simbólicos de diversas durações históricas, imprimindo neles a perspectiva de uma posição particular situada num campo simbólico particular em que produz valores de uso do passado. Dizendo de outro modo, o termo "prática" nomeia e define o trabalho contingente de apropriação de determinada matéria social por um agente histórico determinado que, ao transformar tal matéria segundo uma perspectiva particular, quando inventa a representação, produz valores de uso particulares dela, compondo um sujeito de enunciação que a efetua e um destinatário que a recebe numa circunstância particular ficcionalmente determinada. No caso das letras antigas, as práticas pressupõem a *mimesis* ou a imitação feita como emulação, ou seja, como variação elocutiva de predicados de obras imitadas.

Com o conceito de "prática", meu trabalho e algumas pesquisas que conheço põem de lado a unificação cronológica e estilística implicada em noções classificatórias idealistas, kantianas e hegelianas, apenas dedutivas, genéricas e evolucionistas, das histórias literárias e histórias da arte, como "Barroco", que desistoricizam a especificidade histórica das muitíssimas temporalidades heterogêneas que coexistem no tempo da prática particular que é estudada. Algumas pesquisas que fiz e outras que hoje estão sendo feitas por outros propõem que a desistoricização decorre de as classificações generalizarem dedutiva e transistoricamente, para todos os tempos, as categorias e os valores do contínuo evolutivo idealista do século XIX, como o nacionalismo, e da subjetividade burguesa, como a psicologia, e da concepção romântica de arte como intuição e expressão informal. As pesquisas que fiz e faço e outras que vêm sendo feitas retomando pressupostos e procedimentos do meu trabalho tornam evidente que uma teoria que se objetiva a si mesma como esquema dedutivo aplicado aos objetos não pode ser usada em nenhum trabalho de análise histórica. Logo, a maior parte das pesquisas que conheço não operam com as categorias teleológicas e dedutivas do contínuo romântico-modernista das histórias literárias brasileiras feitas desde o *Parnaso Brasileiro*, do Cônego Januário da Cunha Barbosa, em 1829, até as obras de Afrânio Coutinho, Antonio Candido, José Aderaldo Castello, Alfredo Bosi etc., no século XX, pois o romantismo e o modernismo que as compõem e orientam são exteriores aos objetos de que as pesquisas se ocupam.

Pressupondo que nenhum trabalho de análise histórica é factível sem uma progressiva sistematização simultânea das informações documentais, as pesquisas também implicam um pensamento crítico em contínua (auto)verificação. Logo, a operação das pesquisas formula enunciados por definição relativos, pois eles também são mediados pelas práticas do lugar institucional em que as pesquisas se exercem, estando sempre sujeitos à crítica por meio de novas evidências que também são caracterizadas por acasos e descontinuidades. As pesquisas apostam na possibilidade de entender as representações coloniais que chegaram ao presente como resíduos de práticas, lembrando que toda prática é por definição regrada e que é possível, quando se estabelecem homologias formais e funcionais entre resíduos fictícios e não fictícios dos diversos gêneros retórico-poéticos do passado, constituir unidades estruturais, unidades formais e unidades funcionais que, em seu tempo, garantiam a sua coerência, sua verossimilhança e seu decoro como práticas regradas.

Certamente não é possível *dizer* o *fazer* da prática, mas, como venho propondo desde 1984 em minha pesquisa, é possível descrever a prática e analisá-la arqueologicamente em seu presente, segundo a especificidade dos seus sistemas de representação ou seus códigos linguísticos e bibliográficos atestados por seus mesmos restos. Assim, as pesquisas que fiz e faço e as que orientei e que conheço vêm propondo os resíduos coloniais como uma matéria estudada segundo três grandes grupos e articulações:

1. O dos modelos retórico-poéticos dos gêneros oratórios e poéticos e do gênero histórico da longuíssima duração da instituição retórica greco-latina e da teologia-política da "política católica" ibérica dos séculos XVI, XVII e XVIII;

2. O do referencial colonial ou das representações de práticas administrativas, judiciárias, econômicas, religiosas, militares, bélicas, suntuárias, educacionais, artísticas etc.; ou, por outras palavras, os discursos formais das instituições portuguesas e de seus representantes particulares no Estado do Brasil, desde 1549, e no Estado do Maranhão e Grão-Pará, a partir de 1615, além da murmuração informal da população, passível de ser rastreada nas entrelinhas de diversas espécies de resíduos constituídos como documentos;

3. O das posições sociais figuradas nas representações segundo os critérios hierárquicos ou institucionais da teologia-política portuguesa que definia a sociedade colonial como corpo místico de ordens sociais subordinadas à cabeça real no exclusivo metropolitano e concebia a representação como *theatrum sacrum*, teatro sacro, encenação da sacralidade católica do poder real como totalidade do "bem comum" do Império Português governado pela "razão de Estado" no pacto de sujeição dos súditos ao monarca em luta contra Maquiavel, Lutero, Calvino, o mundo árabe, o mundo judeu e, na África e na América, a afirmada barbárie de povos negros e indígenas.

Algumas pesquisas sobre as letras e as artes coloniais especificam os modos como as práticas coloniais de representação produziam sujeitos de enunciação, no caso dos discursos, e também destinatários e valores de uso de matérias contemporâneas e antigas, particularizando seus processos de construção de significação e sentido. Para tanto, evitam descrever as obras coloniais como fatos exclusivos de língua e de estilo; também não as reduzem a exemplos de uma estilística psicologista. Em todos os casos, pressupõem que a constituição de modelos e preceitos retórico-teológico-políticos das representações coloniais sempre deve prever três procedimentos.

Pelo primeiro deles, não se separam os conteúdos da representação da realidade material do signo. Pelo segundo, não se isola o signo das formas materiais da sua comunicação social. Pelo terceiro, não se isolam a comunicação e suas formas das práticas sociais das quais elas são contemporâneas.

Recusando generalizar transistoricamente as categorias estéticas e críticas da historiografia literária idealista-romântica, muitas pesquisas pressupõem a questão feita anos atrás pelo historiador francês Christian Jouhaud: faz-se história do quê quando se toma a ficção como objeto de análise histórica? Jouhaud lembrou que as abordagens contemporâneas da ficção feitas pela estética da recepção de Jauss, Iser e Weimann; pela sociologia e psicologia da leitura de McKenzie; pela história cultural de Roger Chartier; pelo *new historicism* norte-americano; pela *New Philology* inglesa etc. têm em comum o fato de não oporem reservas à historicização da ficção como categoria, como valor e como produção. Tal historicização implica ter em mente duas coisas básicas: de um lado, considerar a ficção – no caso colonial, as "belas letras", pois não há "literatura colonial" – como uma forma de mediação entre produtores e receptores em momentos e situações particulares; de outro, não negligenciar nenhuma das modalidades de sua valorização, o que também inclui a questão do processo de produção, de perenização e transformação do cânone literário.

Neste sentido, no meu trabalho – e algumas pesquisas fazem o mesmo – eu pressupus e pressuponho, como fez Daniel Roche ao estudar a sociabilidade letrada na França do século XVIII, que a avaliação histórica da produção luso-brasileira das letras coloniais deve estabelecer séries e classificações que ponham de lado, programaticamente, a hierarquia prefixada dos séculos, dos estilos de época, das obras, dos gêneros, das formas e dos autores do cânone das histórias literárias correntes. Na linha de Roche, suponho que o estabelecimento do que a sociedade colonial ouvia e lia, escrevia ou compunha oralmente exige, inicialmente, a substituição da análise apenas estilística das grandes obras portadoras de significação intelectual, política e poética, como é o caso de Vieira, por uma perspectiva que tenta atingir menos as ideias isoladas das obras que sua ocorrência em meios sociais onde elas puderam circular em usos múltiplos, muitas vezes secundários e relegáveis com toda justiça ao esquecimento segundo seus próprios critérios de excelência artística, devido à sua incipiência, má qualidade e diluição, como ocorre exemplarmente na versalhada das academias baianas e cariocas fundadas a partir de 1724 que, apesar da péssima qualidade artística, evidenciam outras coisas úteis para o estudo das práticas letradas coloniais.

A constituição das condições materiais e institucionais da invenção das representações coloniais e dos dispositivos retórico-poéticos e teológico-políticos que as regulam extrapola a área especificamente "literária" da interpretação estilística, *new criticism, close reading*, imanentista, estruturalista, vanguardista, sociológica, "estudos culturais" etc. das abordagens contemporâneas. Ela sempre pressupõe a determinação do valor artístico das representações coloniais em seu tempo como critério determinante, diferencial, para estabelecer as significações e os sentidos dos seus usos e valores de uso nas cadeias das apropriações delas desde o século XIX. Evidentemente, *representação* é uma categoria histórica.

Pelo termo *representação*, como propus em alguns textos que escrevi, como "A Categoria 'Representação' nas Festas Coloniais", "Barroco, Neobarroco e Outras Ruínas", "Representações da Cidade de São Salvador de Todos os Santos em Atas e Cartas do Senado da Câmara-Bahia, Século XVII", entendo quatro articulações operacionais complementares:

1ª. o uso particular, mimético, em situação material e institucionalmente condicionada, de signos linguísticos, pictóricos e plásticos, no lugar de uma "coisa", *res* ou *topos*, ou lugar comum, da invenção retórica de um gênero particular;

2ª. a produção do efeito de presença das coisas figuradas pelos signos;

3ª. a forma retórico-poética da presença composta segundo os preceitos elocutivos de um gênero específico;

4ª. a posição hierárquica encenada na forma como posição social ou representação hierárquica testemunhada pelo destinatário constituído na representação *como* representação.

Em todos os casos coloniais, a representação é substancialista e pressupõe, escolasticamente, a Identidade indeterminada do conceito de Deus como Causa Primeira e Causa Final da natureza e da história; também pressupõe a analogia de atribuição e a analogia de proporção dos seres e eventos em relação a Deus, como participação hierarquizada no divino que faz natural a desigualdade dos seres e eventos; ainda, a semelhança (diferença) dos seres e eventos como seres criados; e a predicação do juízo nos conceitos iluminados pela luz natural da Graça e na representação deles por signos retoricamente adequados a tópicas, pessoas e circunstâncias hierárquicas.

As pesquisas que conheço evidenciam que, assim articulada, a representação colonial acumula duas funções simultâneas e complementares, como as que Robert Weimann propôs para o teatro de Shakespeare: ela é *mimética* ou *representativa*, figurando matérias ou assuntos do referencial do seu tempo segundo usos particulares de preceitos da instituição retórico-poética; e é *judicativa* ou *avaliativa*, especificando para o destinatário, no estilo que o constitui como representação subordinada que testemunha a representação, a posição interpretativa que deve assumir para receber o discurso adequadamente.

Neste sentido, as pesquisas vêm demonstrando que as representações coloniais encenam temas contemporâneos e, simultaneamente, os critérios técnicos aplicados à encenação deles, permitindo estabelecer imediatamente dois tipos de destinatários textuais, *discretos* e *vulgares*, que são figurados como tipos intelectuais conhecedores dos preceitos aplicados (*discretos*) e ignorantes dos mesmos (*vulgares*). Assim, por exemplo, no caso das representações hoje unificadas e classificadas dedutivamente como "Barroco" de um século XVII que dura mais de cem anos, as agudezas típicas dos estilos evidenciam justamente a capacidade intelectual de operar *distinguos* dialético-retóricos que especifica a superioridade do juízo de destinatários discretos, capazes de entendê-las e fruí-las do mesmo modo que os sujeitos de enunciação das representações em que elas aparecem.

Nesse sentido, muitas pesquisas que vêm sendo feitas em diversas universidades do país evidenciam, quando o discurso da poesia é cruzado com outros discursos não poéticos contemporâneos, como os de livros de civilidade, "espelhos de príncipes", tratados teológico-políticos, livros de emblemas, cartas de Câmaras, bandos, ordens régias, pragmáticas hierárquicas de tratamento, precedência e trajes etc., muitas pesquisas evidenciam, enfim, que as agudezas dos estilos, desclassificadas como "afetação", "futilidade", "excesso", "jogo de palavras", "cultismo", "conceptismo" etc. desde principalmente as obras ilustradas de Luís Antônio Verney e Cândido Lusitano, no século XVIII, retomadas e reproduzidas em críticas e textos de história literária dos séculos XIX e XX, tinham função política específica, no seu tempo, a função de conferir e negar distinção social, como elemento ativamente constitutivo da hierarquia que era apropriado, imitado, macaqueado e deformado por todos os membros do corpo místico do Estado português, principalmente por plebeus e vulgares que, assim como na formulação aguda de Le Roy Ladurie, subiam como trutas a cascata dos desprezos dos "melhores".

Na minha pesquisa, propus construir as estruturas retórico-poéticas e teológico-políticas a partir dos usos coloniais de vários tempos, nos séculos XVI, XVII e XVIII, definidos como práticas situadas de transformação das matérias tradicionais e contemporâneas. Pressuponho na minha pesquisa, como disse, que toda prática é obviamente ordenada por regras explícitas e implícitas e que a construção das mesmas permite chegar às estruturas. A construção pressupõe a necessidade de cruzar as representações de registros institucionais, estilísticos e materiais diversos, para estabelecer com verossimilhança sua estrutura, seu valor e sua função. Muitas pesquisas que estão sendo feitas hoje fazem esses cruzamentos.

Se é evidente que toda leitura coincide com o tempo da enunciação do discurso e que o lugar semiótico do destinatário como leitor implícito coincide com o lugar semiótico do sujeito de enunciação, é também evidente que, ao ler, ocupamos imaginariamente o lugar do destinatário, refazendo no intervalo os processos inventivos do ato discursivo representado no discurso. No caso das letras coloniais, isto implica duas coisas: a primeira é que a particularização das normas que constituem o destinatário como personagem da interlocução do discurso permite construir os critérios ordenadores dos atos de fala, de audição, de visão e de comunicação representados nela. O ato de fala transforma o referencial das práticas coloniais e, para fazê-lo, assume posição, imitando a *auctoritas* do gênero do discurso por meio de preceitos técnicos do todo social objetivo. Em todos os casos, a enunciação é uma intencionalidade não psicológica construída como particularidade de uma iniciativa individual que repete padrões sociais do todo social objetivo na variação elocutiva da sua emulação particular.

A segunda coisa é que, considerando essa particularidade, também é possível estabelecer a especificidade da iniciativa individual dos autores como um uso diferencial da norma técnica, que pode ser comparado com outros usos contemporâneos da mesma em discursos do mesmo gênero, para estabelecer a especificidade do seu valor. A iniciativa individual consiste em um posicionamento adequado da enunciação nos preceitos do gênero e no referencial formal e informal do lugar da enunciação. Mesmo quando se trata de discursos em que a enunciação é autorreferencial, como ocorre na poesia lírica, a forma do *eu* não é psicológica ou expressiva, porque é forma recebida do todo social objetivo e modelada por padrões institucionais da hierarquia.

No meu trabalho, não entendo as representações coloniais como produtos esteticamente autonomizados, que se diferenciam autoral e concorrencialmente de outros, técnicos, filosóficos, científicos, judiciários, religiosos, como ocorre hoje. Nas práticas luso-brasileiras de representação, não existe a divisão do trabalho intelectual e o trabalho intelectual da divisão das sociedades de classes que a razão instrumental iluminista passou a fundamentar na Europa a partir da segunda metade do século XVIII. Por exemplo, quando Vieira inventa em seus sermões as alegorias de uma profecia revelada historicamente pela Providência como universalidade do tempo português do V Império, ele cita sistematicamente textos poéticos e dramáticos que hoje lemos como literários, como os de Virgílio e Plauto, ou textos de moralistas e retores, que hoje entendemos como não literários quando os classificamos como filosofia, política e história, como os de Sêneca, Cícero, Tito Lívio e Tácito. Na hermenêutica que aplica aos sucessos do seu tempo, Vieira estabelece concordâncias analógicas entre os discursos que cita, interpretando-os como casos, sombras, vestígios, rastros, índices analógicos ou *exempla*, exemplos, que alegorizam profeticamente as realidades figuradas pelo conceito predicável que ele extrai da Escritura e que é matéria do seu sermão. No caso da oratória, sua exegese certamente faz distinção entre "ficção" e "teologia", mas não, como fazemos hoje, entre "texto *literário* profano", "texto *religioso* sagrado", "texto *filosófico* profano" ou "texto *histórico* profano" e outros. Na sua prática, ele define a história humana como processo subordinado à finitude do tempo definido teologicamente como ente criado com qualidade análoga da infinitude indeterminada da Identidade divina. Logo, interpreta a heterogeneidade dos eventos como diferenças temporais em que é sempre atual a Identidade indeterminada do divino. Pressupondo que a mesma substância eterna se revela neles, Vieira constitui os discursos em que a encontra como *casos* exemplares e guias seguros do livre-arbítrio orientado providencialmente para os futuros contingentes. Por outras palavras, em seus sermões ainda não se constituiu a história definida como o processo meramente humano e quantitativo, condicionado ou determinado por estruturas econômicas e políticas anônimas e coletivas; nem como a disciplina que se ocupa daquilo que passou e não mais se repete, a não ser como farsa da tragédia que foi na primeira vez. O elemento repetido nos seus discursos e nos discursos de seus contemporâneos como analogia da Identidade divina faz parte do costume, a *consuetudo* latina, encontrando-se proposto nos seus estilos como doutrina do juízo prudencial e agudo que constitui destinatários segundo convenções hierárquicas do corpo místico do Império.

De novo, muitas pesquisas que estão em curso, como a de um orientando meu da USP sobre a correspondência de Vieira e questões relacionadas à escravidão de negros e índios, ou outra, também de orientando meu, sobre poesia colonial do final do século XVIII, pressupõem essas definições. O meu orientando que faz seu doutorado sobre as cartas de Vieira pressupõe que discursos hoje classificados como "literatura", "filosofia", "história", como os de Ovídio, Sêneca e Tácito, são emulados e ouvidos por Vieira antes de tudo como *autoridades* que profetizam e testemunham a realização necessária de uma profecia. Não há autonomia estética deles como objetos de contemplação desinteressada. O letrado colonial representa-se a si mesmo como artífice que emula o costume anônimo. Ele é senhor de um *saber-fazer* fundamentado como ciência de técnicas produtoras de artefatos práticos imediatamente públicos ou subordinados ao "bem comum" (num tempo em que a distinção de *público/privado* só existe como matéria do poder ordinário, não como matéria da "razão de Estado"); sem direitos autorais (num tempo em que, embora tenha a *posse*, o letrado não tem a *propriedade* do discurso como "direitos autorais"); sem originalidade (num tempo em que a diferença da obra particular é a novidade de uma emulação de preceitos anônimos que repõe padrões autorizados na variação elocutiva dos predicados de coisas já conhecidas, não a expressão das ideias de uma subjetividade autônoma concorrendo no mercado dos bens culturais com a mercadoria "originalidade" buscada, como dizia Baudelaire, "au fond de l' inconnu").

No caso, a *auctoritas* oratória Vieira constitui como contemporâneas do ato da sua emulação as *auctoritates* de diversos tempos, como Nóbrega e Vitoria, no século XVI; Santo Tomás de Aquino, no século XIII; Hermógenes, no século IV; Cícero, no século I a.C. No Maranhão e Grão-Pará dos anos 1651-1661, na defesa do monopólio da administração dos índios aldeados pela Companhia de Jesus, os sermões de Vieira emulam as diretivas contra Martinho Lutero e Juan Ginés de Sepúlveda estabelecidas por Nóbrega em sua quinta carta e no *Diálogo sobre a Conversão do Gentio*, de 1556. Combatendo a tese luterana de que a legitimidade das instituições das sociedades humanas depende diretamente do conhecimento da Revelação, combate a tese semelhante a ela, defendida pelos coloniais escravistas desde o século XVI, a tese da servidão natural do selvagem desconhecedor de Cristo, que foi declarada herética pela Igreja em 1537 na bula *Sublimis Deus*. Para fazê-lo, Vieira emula os *distinguos* escolásticos de Santo Tomás na análise dialética das matérias do sermão. E, na disposição das suas partes, as várias espécies de exórdio doutrinadas por Hermógenes. E ainda, na elocução deles, os longos períodos redondos, asiáticos, da eloquência judicial e deliberativa de Cícero. No caso, não há progresso em relação às *auctoritates* anteriores, mas emulação, cuja particularidade se acumula na longa duração do gênero.

Muitas pesquisas que trabalham com as letras coloniais incorporam esses pressupostos e procedimentos. Evidentemente, há mais coisas para falar. Mas paro por aqui, agradecendo a todos vocês por sua imensa generosidade e não menor paciência.

2

Avivando o Juízo ao Doce Estudo
A Poesia de Camões e a Tradição do Comentário[1]

Isabel Almeida
UNIVERSIDADE DE LISBOA

TEMPO E SISTEMA

Num muro de Lisboa, alguém quis lembrar a epígrafe do *Ensaio sobre a Cegueira*, de José Saramago: "Se podes olhar, vê; se podes ver, repara". Sem ser novo, o conselho é para sempre. Antes e depois de Saramago, outros – propagando máximas universais, guias de vida e lições de trabalho – formularam avisos similares, que não custará alargar ao estudo da poética e da retórica. A arte da palavra exige atenção e demora. Precisamos "poisar os olhos nas coisas", ensinou Sophia de Mello Breyner Andresen[2].

Ver e reparar é, desde logo, o que este congresso, ancorado na figura de um Mestre como João Adolfo Hansen, nos convida proveitosamente a fazer. Damo-nos conta de que não há matérias irrelevantes nem questões despiciendas. O que cada um tem para partilhar, a todos interessa e a todos estimula e esclarece, porque quando falamos de *Literatura* (tolere-se o eventual anacro-

---

1. A Maria do Socorro Fernandes, Lavinia Silvares e Marcelo Lachat agradeço vivamente a honra e o gosto de poder participar nesta homenagem ao Professor João Adolfo Hansen.
2. Sophia de Mello Breyner Andresen, "A Viagem", p. 107.

HIDRA VOCAL: ESTUDOS SOBRE RETÓRICA E POÉTICA...

nismo[3]), falamos, para lá de um mistério que se não explica, de um sistema de relações ou de múltiplos sistemas em conexão – um "polissistema"[4] –, com seu dinamismo sincrônico e diacrônico. Nenhuma obra, nenhum autor, nenhuma ideia, nenhuma circunstância existe exclusivamente por si ou para si; tudo nasce e funciona como parte de um tecido maior.

Fixemos, pois, os eixos deste polissistema tal como em 1990 Itamar Even--Zohar o gizou. Retomando o esquema que, havia cerca de três décadas, Roman Jakobson traçara para caracterizar as funções da linguagem, Even-Zohar destacou as noções de "produtor/autor", "consumidor/leitor" e "produto" onde o linguista russo considerara as de emissor, receptor e mensagem; e no lugar de código, canal e contexto – segundo a teoria da comunicação –, fez sobressair, articulando-as, as categorias de repertoire ("the aggregate of rules and materials which govern both the making and the use of any given product"[5]), "mercado" e "instituição".

Sabemo-lo bem: um modelo abstracto testa a sua pertinência quando aplicado ao conhecimento do real. Cumpre atender à historicidade dos fenômenos e às mutações que afetam qualquer sistema. Por exemplo, comparados com os que nos nossos dias vêm sendo comuns, os contornos e as expressões da "instituição", nos remotos séculos XVI e XVII, parecem larvares. Um gênero ressaltou então, porém, entre os fatores que, conferindo um estatuto sociocultural à *Literatura*, não menos concorreram para a formação de uma poética, *i.e.*, de um conceito do que essa *Literatura* era ou poderia ser[6]: o comentário ou "comento", não raro designado "glosa", "declaração", "escólio". Nele nos deteremos.

O COMENTÁRIO DOS MODERNOS: LINHAS GERAIS

Nos séculos XVI e XVII, ao lado do comentário latino, neolatino ou vulgar dos clássicos antigos, desenvolve-se o comentário vernáculo sobre textos modernos. Quem o tece, com ele ambiciona, mais do que interpretar uma obra, moldar o que será a sua compreensão por um público curioso. Integrado nas malhas

---

3. Só a partir do século XVIII a palavra "Literatura" foi ocupando o lugar até aí pertencente ao que, *lato sensu*, era apelidado de "poesia" (ver Vítor Manuel de Aguiar e Silva, *Teoria da Literatura*, pp. 1-13).
4. Itamar Even-Zohar, "Polysystem Studies", pp. 9-44.
5. *Idem*, p. 39.
6. Itamar Even-Zohar assinala: "In specific terms, the institution includes at least part of the producers, 'critics' (in whatever form), publishing houses, periodicals, clubs, groups of writers, government bodies (like ministerial offices and academies), educational institutions (schools of whatever level, including universities), the mass media in all its facets, and more" ("Polysystem Studies", p. 37).

da *respublica litterarum*; inserido num processo de recepção e competindo com iniciativas afins (o que faz avultar a natureza agônica da leitura, animada por razões e por paixões), todo comentário implica um horizonte de expectativa. Melhor, cada um reflete a preparação, o mundo e a *verdade* de quem o elabora: o que esse sujeito logra ou quer mobilizar, os códigos e paradigmas por que se rege, os valores que está decidido a defender e o que pretende discutir e transformar, num quadro mais pacífico ou mais controverso, mais conservador ou mais instigante.

O comentário evidencia aspectos do mercado: cotação, tipo e qualidade dos testemunhos disponíveis; condições de acesso a bibliografia; contatos entre agentes do sistema; tensões e alianças. Não só. Porque alimenta e renova a oferta do texto em causa (tipicamente, acompanha-o), desencadeia, até pela polêmica que é capaz de acender, surtos de procura. Porque confere protagonismo e dignidade, nobilita alguns nomes e alguns títulos, com uma dupla e porventura díspar consequência. Se é inegável que por este viés chegam a gerar-se imunidades a poderes censórios, não é menos certo que daqui resultam restrições tocantes à definição de um *corpus* ou de uma obra. O que está – ou não – à altura da imagem consagrada de um autor? Que exclusões ou silêncios traz consigo esta pergunta?

Ao legitimar ou reprovar, isolar ou associar, o comentário sanciona ou engendra relações, situa elementos, desenha um campo, contribuindo para a institucionalização da *Literatura*. Assente num entendimento da poética e da retórica; norteado por convicções políticas, éticas, morais ou religiosas; sem fronteiras nem barreiras, no seu polimorfismo tudo acolhe e incorpora. Incidindo, por norma, no que ocupa o centro do sistema (*v.g.*, um gênero prestigiado); construído em prol da canonização de um autor e da sua obra, o comentário serve, sem dúvida, ao estabelecimento daquilo a que Even-Zohar chamou *repertoire*: põe a nu alicerces e meandros da *poiesis*; patenteia ora escolhas que esta envolve ora reações que desperta. Só é comentado – não esqueçamos – o que se crê ser valioso, *i.e.* o que se crê conter riquezas, sutis ou ostensivas, merecedoras de exposição e aplauso.

Daí a estratégia seguida: parafrasear; com escrúpulo filológico, remover obstáculos à apreensão da palavra – literal ou figurada; inscrever o texto na vasta galáxia da *scientia* (amiúde recorrendo – ainda que nem sempre se confesse fazê-lo – a repertórios enciclopédicos como a *Officina* de Ravisius Textor ou a *Polianthea Nova* de Joseph Lange); pesar a observância da *doxa* e de padrões de decoro; iluminar o que é ínvio, oblíquo, discreto ou dissimulado – a erudição, o "artifício de retórica"[7], a *imitatio*, a alegoria, em suma, o "infinito recôndito"[8].

---

7. *Os Lusiadas do Grande Luis de Camoens* [...] *Commentados pelo Licenciado Manoel Correa*, fls. 7-7v.
8. "Prologo", *Lusiadas de Luís de Camões Comentadas por Manuel de Faria e Sousa*, I, col. 14.

CAMÕES

Em Espanha, entre os séculos XVI e XVII, a lírica de Garcilaso de la Vega atraiu escoliastas como Francisco Sánchez de las Brozas, Fernando Herrera ou Tamayo de Vargas[9]; na Itália, floresciam as *annotazioni* sobre a *Commedia* de Dante e sobre os *Rerum Vulgarium Fragmenta* (ou *Canzoniere*) de Petrarca[10]; em Portugal, o interesse voltou-se predominantemente para o canto épico[11] e para Camões[12].

Sem contar com as notas breves incluídas na tradução castelhana de Luis Gómez de Tapia (*La Lusiada*, 1580), em *Os Lusiadas* de 1584 e de 1591, ou em *Lusiadum Libri Decem Authore Domino Fratre Thoma de Faria* (1622), vários "comentos", entre *c*. 1580 e *c*. 1650, foram arquitetados. Alguns ter-se-ão perdido[13]. Completos, sobreviveram o de Manuel Correia e Pedro de Mariz (Lisboa, 1613)[14], bem como o de Manuel de Faria e Sousa (Madrid, 1639). Inacabados ficaram os de D. Marcos de S. Lourenço[15] (*c*. 1631-1633) e de Manuel Pires de

---

9. Uma edição conjunta destes comentários foi levada a cabo por Antonio Gallego Morell em *Garcilaso de la Vega y sus Comentaristas*.

10. Ver François Lecercle, "La Fabrique du Texte: les Commentaires du *Canzoniere* de Pétrarque à la Renaissance"; Gisèle Mathieu-Castellani et Michel Plaisance (ed.), *Les Commentaires et la Naissance de la Critique Littéraire*; Begoña López Bueno (ed.), *Las "Anotaciones" de Fernando Herrera. Doce Estudios*.

11. Significativa é a distinção que faz sobressair Camões e *Os Lusíadas*. O *Sucesso do Segundo Cerco de Diu*, que Jerónimo Corte-Real se antecipara a divulgar, junto da corte e de patrocinadores potencialmente decisivos, c. 1568, ficou na sua sombra. A Jerónimo Corte-Real têm dedicado atento estudo Hélio J. S. Alves, Aude Plagnard e José Miguel Martínez Torrejón.

12. Ver Maria Lucília Gonçalves Pires, *A Crítica Camoniana no Século XVII*. Sobre a lírica, as "glosas" foram escassas e, com raras exceções, não sobreviveram. Entre essas exceções, sobressaem as *Rimas Varias de Luis de Camoens*, postumamente publicadas em 1685.

13. Por exemplo, D. Francisco Manuel de Melo registra: "Há mais certos comentos manuscritos: um de João Pinto Ribeiro, outro de Aires Correia que depois reduziu a melhor forma Frei Francisco do Monte" (Jean Colomès, *Le Dialogue "Hospital das Letras" de D. Francisco Manuel de Melo*, pp. 10-11). Diogo do Couto registara, na sua *Década* VIII, o pedido, feito pelo próprio Camões, para que "comentasse" "suas Lusiadas", garantindo ter "quatro cantos findos" (Maria Augusta Lima Cruz, *Diogo do Couto e a Década 8ª da Ásia*, vol. I, p. 472).

14. *Os Lvsiadas do Grande Lvis de Camoens. Principe da Poesia Heroica. Commentados pelo Licenciado Manoel Correa* (1613) saíram como obra de um só autor. Todavia, no texto preambular endereçado "Ao estudioso da lição Poética", o responsável pela publicação póstuma – o Padre Pedro de Mariz – não prescindiu de afirmar que interferira nesta "sementeira". De fato, há desencontros nos escólios, e tudo aconselha a considerar uma dupla autoria.

15. No manuscrito que contém este comentário (códice 46-VIII-40 da Biblioteca da Ajuda), canto após canto, a conclusão das etapas de trabalho foi datada: "3 de Abril. 631."; "Fim do 2º canto. 4 de Fev.º 1632, na Torre de Paderne, 11 horas da noite."; "Fim do terceiro canto. Aos 10 de Março de 1633, às 10 da noite na Torre de Paderne" (ver *Os Lusíadas Comentados por D. Marcos de S. Lourenço*, pp. 241, 377, 667).

Almeida (*c.* 1648)[16]. Compostos a Sul ou a Norte, em Portugal ou em Espanha[17], em capitais ou na província, em espaços religiosos ou profanos, atestam a importância atribuída a Camões, cedo aclamado, à semelhança do tutelar Virgílio, como "príncipe dos poetas".

Cada comentador se demarca daquele(s) que o precede(m). Manuel Correia ou Pedro de Mariz zombam de algumas das "declarações" anônimas d'*Os Lusíadas* de 1584 e 1591[18]. D. Marcos de S. Lourenço apregoa o seu desprezo pelo labor de Manuel Correia[19]. Manuel de Faria e Sousa, muito embora sem conhecer a opinião de D. Marcos, mostra-se igualmente sobranceiro, e a essa sobranceria soma um novo desdém[20]: o que vota a Manuel Pires de Almeida, que tampouco se dispensa de lho pagar.

Mais do que uma estratégia de afirmação individual, a conflitualidade desta *aemulatio* radica no dinamismo da poética e para ele concorre. Haverá que analisá-la e cotejá-la com a atividade de academias ou de círculos que gravitaram em torno de personagens influentes – círculos nos quais, durante este período (*i.e.*, durante a Monarquia Dual ou após 1640), se fez de Camões uma referência identitária e da sua obra um manancial de energia simbólica[21]. O mesmo é dizer: o cerne de um discurso apaixonado, não isento de ressonâncias políticas.

É o tempo em que altas personalidades patrocinam sucessivas edições camonianas, recebendo por isso pública homenagem em prólogos e dedicatórias. É o tempo de investimentos e de avanços técnicos que se repercutem na materialidade desses livros – solenemente monumentais ou minusculamente portáteis – lançados no mercado. É o tempo em que cresce uma dinastia de impressores e livreiros como os Craesbeeck, para quem as obras do poeta (mas não todas, ou não de igual modo) seriam uma "presa" apetecida[22].

---

16. *Os Lusiadas de Luis de Camões Commentados por Manuel Pires de Almeida* (ms. Casa de Cadaval, 3, Arquivo Nacional da Torre do Tombo). É possível que a redação dos comentários tenha tido início antes de 1636 (ver Hélio Alves, "Manuel de Faria e Sousa e Manuel Pires de Almeida: uma Contenda Fundamental em torno de Camões", pp. 283-300). Preparo atualmente uma edição desta obra.

17. Em rigor, teríamos de acrescentar "Itália", já que aí viveu Manuel de Faria e Sousa algum tempo e aí terá concebido parte do seu comentário sobre *Os Lusíadas*.

18. Ver *Os Lusiadas do Grande Luis de Camoens* [...] *Commentados pelo Licenciado Manoel Correa*, fls. 145v, 151.

19. *Os Lusiadas Comentados por D. Marcos de S. Lourenço*, pp. 1-2.

20. "Vida del Poeta", *Lusiadas de Luís de Camões. Comentadas por Manuel de Faria e Sousa*, I, col. 55, 57; II, canto VII, col. 334.

21. Eugenio Asensio, "Los 'Lusíadas' y las 'Rimas' de Camões en la Poesía Española (1580-1640)", p. 44.

22. A metáfora, usa-a Paulo Craesbeck, na dedicatória das *Rimas*, dirigida ao Conde Camareiro Mor, D. João Rodrigues de Sá de Meneses, em 1651.

Expande-se o *corpus* da lírica e o do teatro[23]; em contrapartida, mantêm-se no limbo dos manuscritos as cartas que denunciariam o caráter de um Camões pouco consentâneo com o ideal heroico das *armas* e das *letras*, emblematicamente contido no retrato do vate guerreiro coroado de louro. Só *Os Lusíadas* gozaram de singular estabilidade, com os seus dez cantos. É verdade que sofreram cortes e distorções entre 1584 e 1613; a partir de 1626, porém, recuperada (com pontuais ressalvas) a lição[24] da *editio princeps*, nenhuma censura, inquisitorial ou outra, se atreveu a ferir o poema.

Neste contexto, comentar Camões seria uma empresa honrosa e sedutora. "Declarar" o poema épico (ou a lírica, como fez também Manuel de Faria e Sousa) proporcionou ocasião para que de tudo se falasse. Apoiados nas suas leituras, na experiência e em notícias obtidas por trocas epistolares ou por transmissão oral, os comentadores, mais sóbrios ou mais efusivos, deambulam ao sabor da memória e de movimentos de alma, num discurso que se desdobra *ad libitum*. É assim que D. Marcos de S. Lourenço, arrebatado pelo fervor nacionalista que inunda, destemido e transbordante, o que escreve em pleno reinado de Filipe IV de Espanha, III de Portugal, anuncia "sair do seu instituto" para vituperar a corrupção e o triunfo da cobiça[25]. É assim que, em torrenciais e irônicos excursos, Faria e Sousa desliza dos versos de Camões para temas – autênticos tópicos de sátira – como o trajo e a pintura das damas, a venalidade feminina, a tirania dos senhores ingratos com seus secretários ou o abandono a que em Portugal são votados os restos mortais dos heróis[26].

A permeabilidade à pressão da contingência é indesmentível. Não o é menos, porém, a participação dos comentários no desenvolvimento da poética, tanto da que vinha sendo explicitada e discutida em clave teorizante ou preceptista, como da que animava, implícita, a prática criativa. Elaborados a partir de uma consciência crítica do presente – do que nele circula e se cruza, clássico ou moderno; guiados pelo triplo propósito de defender, exalçar e esclarecer uma obra, os comentários propõem argumentação vária para atingir esse objetivo, o que, revelando bastante acerca de cada autor, faz ressaltar agudas questões que os textos suscitam.

Exemplifiquemos. Junto com elogios ao que na épica de Camões é o acatamento das "regras da Retórica, as quais ele em tudo segue"[27]; junto com elogios

---

23. Ver Vítor Manuel de Aguiar e Silva, *Camões: Labirintos e Fascínios*; Vanda Anastácio, "'El Rei Seleuco', 1645 (Reflexões sobre o 'Corpus' da Obra de Camões)".
24. Aplico o termo na sua acepção filológica.
25. Ver *Os Lusíadas Comentados por D. Marcos de S. Lourenço*, p. 234.
26. Ver *Lusiadas de Luís de Camões. Comentadas por Manuel de Faria e Sousa*, II, canto VI, cols. 113-114, 133-134, 185-186; canto IX, cols. 190-191, 207-208, 343-344.
27. *Os Lusiadas do Grande Luis de Camoens*, f. 9.

à imitação de modelos consensuais (e junto com alguns arrepios diante do que infringiria limites estipulados), Manuel Correia ou Pedro de Mariz acumulam estas citações e *auctoritates* para glosar um célebre trecho da invocação d'*Os Lusíadas*:

> *Dai-me ũa fúria grande*. Ordinário é entre Latinos e Gregos chamarem-se os Poetas furiosos. Donde disse Platão: *In Ione, vel de furore Poetico. Neq[ue] enim Poeta prius canere potest, quam Deo plenus; extra se positus, ac mente alienatus sit*. O Poeta, diz Platão, não pode escrever seus versos, senão estando cheo de Deus, e arrebatado. E no mesmo lugar: *Omnes Poetae insignes non arte, sed divino afflatu, poemata canunt*. Os Poetas insignes não fazem suas obras per arte, mas com espírito, e ajuda divina. E Cícero *lib. 2 de Oratore: Poetae bonum neminem (id quod â Democrito, & Platone in scriptis relictum esse dicunt) sine inflamatione animorũ existere posse, & sine quodam afflatu quasi furoris*. Diz Cicero referindo--se a Platão, e a Demócrito, que nenhum Poeta pode ser grande sem fúria. Polo que, nem a todos os que fazem versos, havemos logo de chamar Poetas. É este um nome mui alto, e que se não deve, senão a quem for excelente, e insigne na Poesia[28].

Tratava-se (ou podia tratar-se) de "matéria perigosa"[29]. No parecer redigido em 1576, sobre *Da Ciência do Desenho*, de Francisco de Holanda, o revedor da Inquisição, Frei Bertolameu Ferreira, sentenciava: "para estar bem difinida a pintura, se há-de declarar que a dita arte ou ciência é natural ou aquirida per meo natural e indústria humana, e nom é dom infuso e sobrenatural"[30]. O mesmo censor, poucos anos antes, apreciara o intróito d'*Os Lusíadas*, sem beliscar o que ali era a expressão de uma ideia afim. Por que motivo se tolera num texto o que noutro se condena, apenas nos resta especular[31]. Percebe-se, no entanto, o que desagradou ao padre revedor: conceder ao artista um estatuto que transcenderia qualquer humano controle, *i.e.* reconhecer-lhe o direito a uma especialíssima liberdade que superava o que o binômio horaciano (*ars* e *ingenium*) resumia e o que a noção aristotélica de mimese abarcava. Repare-se: tudo isso convive nos escólios de 1613.

Muito outro se afigura o olhar de Manuel de Faria e Sousa quando aclama a "industria" do Poeta – a sua perícia retórica, a eficácia das suas escolhas. Para este comentador, descobrir uma cópia manuscrita d'*Os Lusíadas*, rica de variantes relativamente à *editio princeps*, equivaleu a entrar na oficina de

---

28. *Os Lusiadas do Grande Luis de Camoens*, f. 6v.
29. Luís de Camões, *Os Lusíadas*, x, 120.
30. *Apud* Sylvie Deswarte, *Ideias e Imagens em Portugal na Época dos Descobrimentos*, p. 220.
31. O introito d'*Os Lusíadas*, com sua "fúria" platonizante, foi tolerado pelo Santo Ofício – desde logo, na *editio princeps*, revista pelo mesmo dominicano Bertolameu Ferreira.

Camões e a ter enfim uma prova irrefutável do seu esforço[32]. A Faria e Sousa, não seduz uma mera devassa de processos racionais. Se vê no texto uma prodigiosa "máquina", é para com ele se extasiar, saboreando o próprio êxtase. Daí o assombro alardeado perante estrofes como as que, no canto v d'*Os Lusíadas*, narram a história trágica de D. Leonor Coutinho e de Manuel Sousa Sepúlveda:

> Esta estancia no la compuso mi Poeta, sino que se juntaron el dolor, la pena, la lastima, la tristeza, el llanto, el sentimiento, el pasmo, la desgracia, i el alma llagada para componerla. Creedme, que estas son las nueve Musas que le dieron ser. Cada dos versos son una imagen lastimosissima de lastimas; i cada imagen es bastante a hazer retirar la alegria más derramada. Ponderad el numero, los afectos, i las palabras: leelda agora una i otra vez, i cada vez crecerá la armonia flebil, de manera que os dexe tristes para en quanto vivieredes, si es que entendeis, i sentís[33].

Faria e Sousa deslumbra-se em face da construção cheia de "artificio" ou das imagens aplicadas com estupenda destreza: "I ponderad como a cada motivo de lastima echô industriosamente un incentivo que os llevasse más a ella. Para que os duela más [...]." "Reconeceys ya el artificio del dezir deste hombre? Ya. Pues admiraos, aplaudid, venerad, i no es escrivais"[34]. Sem rejeitar (bem pelo contrário) o conceito de furor; frisando que não é poeta quem quer mas sim aquele a quem tal graça é outorgada, o comentador rende-se à engenhosa fusão da arte (técnica) e do *pathos*. O seu entusiasmo não é o puro gosto do espetáculo verbal (os "triques troques" de Góngora[35]); é a *admiratio* perante a representação e a indução de paixões.

Haverá aqui vestígios, não só do intenso debate travado nos séculos XVI e XVII acerca dos afetos, mas igualmente do *Tratado do Sublime*, do pseudo--Longino, que – recorda Marc Fumaroli – impressionou a *respublica litterarum* e andou associado à *Retórica* de Hermógenes[36]. Com base nesta mesma hipótese, compreender-se-á que, em sintonia (direta ou indireta) com o pseudo-Longino, Faria e Sousa encarecesse experiências de hibridismo genológico[37] e a "faci-

---

32. *Lusiadas de Luís de Camões. Comentadas por Manuel de Faria e Sousa*, II, canto VI, col. 193.
33. *Idem*, I, canto v, col. 530.
34. *Idem, ibidem*.
35. "Estos, pues, son sus pensamientos: estas son sus invenciones: i estos son sus misterios. I esto se llama ser gran Poeta: tener mil almas en el cuerpo: que triquestroques de clausulas intricadas, i palabras ventosas, sin invencion, sin juizio, i sin alma, no es Poesia sino tontería" (*Lusiadas de Luís de Camões. Comentadas por Manuel de Faria e Sousa*, II, canto IX, col. 249).
36. Marc Fumaroli, "Rhétorique d'École et Rhétorique Adulte: La Réception Européenne du Traité du Sublime au XVIe et au XVIIe Siècle", pp. 377-398.
37. Sobre os gêneros mistos, veja-se: Adma Muhana, *A Epopéia em Prosa Seiscentista: Uma Definição de Gênero*; Maria do Socorro Fernandes de Carvalho, "Introdução ao Caráter Misto dos Gêneros Poéticos e Retóricos".

lidad dificil [...] de unir lo alto con lo facil" ou de articular a "violencia" e a "suavidad"[38]. Compreender-se-á enfim que, a esta luz, a leitura devesse ser uma deleitada e lúcida fruição.

Aceitar, na esteira de Platão, a "fúria" do poeta, como não deixaram de fazer Manuel Correia e Pedro de Mariz, ou sondar, mais horaciana, mais aristotélica ou mais longinianamente, os retóricos segredos da *poiesis*, como preferiu Faria e Sousa, são rumos que se tocam num ponto: a curiosidade pelo que é ou parece extraordinário. Decerto, a poética dos séculos XVI e XVII é uma poética de imitação, alicerçada em modelos. Mas esse quadro nem tolhe a busca de uma *maneira* pessoal nem diminui a estima pelo que possa constituir um timbre. D. Marcos de S. Lourenço repete que nesta "excelente poesia"[39], Camões "mete cousas suas"[40], até "com mais propriedade"[41]. Manuel Pires de Almeida insistiria: "não imita aos Poetas citados, mas representa sua idea e fantasia com novidade rara"[42]. "Os que carecem de invenção lhes havia de ser proibido escrever Poema, porque não fazem mais do que repetir o que está dito: *idem agere*. Os novos caminhos arguem mais fertilidade de engenho, e cérebro mais temperado"[43].

João Adolfo Hansen adverte-nos: não se espere encontrar rupturas neste sistema[44]. Como quis Vieira, apropriando-se de uma frase de Giordano Bruno, preza-se "uma perpétua novidade sem nenhuma cousa de novo"[45]. Todavia o paradoxo é generoso: por comportar o "não sei quê" graças ao qual um indivíduo brilha na multidão; por pressupor, como nuclear, não a réplica, mas a *relação*, com a infinita deriva e diferença que consente. Talvez ao nosso ouvido ou à nossa memória escape muito do que, nos séculos XVI e XVII, através do constante jogo da *imitatio*, seria valioso para um receptor cúmplice. Nunca, porém, como quando falamos deste período, será tão necessário perceber que é no diálogo com outros que um texto significa e a "perpétua novidade" emerge.

Zelosos no apuramento de fontes, os comentários dos séculos XVI e XVII oferecem informação essencial sobre matrizes e formas de transmutação do canto poético. Tanto basta para que permaneçam indispensáveis.

---

38. *Lusiadas de Luís de Camões. Comentadas por Manuel de Faria e Sousa*, I, cols. 65, 69.

39. *Os Lusíadas Comentados por D. Marcos de S. Lourenço*, p. 385.

40. *Idem*, p. 560.

41. *Idem*, p. 618.

42. *Os Lusiadas de Luis de Camões Commentados por Manuel Pires de Almeida*, ANTT, Casa Cadaval, 3, fls. 1v-2.

43. *Idem*, f. 13.

44. João Adolfo Hansen, "Barroco, Neobarroco e Outras Ruínas"; Lavínia Silvares, "Prefácio" em *Nenhum Homem É uma Ilha. John Donne e a Poética da Agudeza*.

45. Pe. António Vieira, *Livro Anteprimeiro da História do Futuro*, p. 122.

A ÉCLOGA DOS FAUNOS

Não é só a tradição da *glosa* que cumpre ter presente. Enquanto miúda e atenta indagação, o exercício de comentário guarda hoje, intacta, a sua utilidade, e nada melhor, para o provar, do que o trabalho sobre um caso atípico, gerador de leituras discrepantes. Chegou, pois, o momento de nos concentrarmos na écloga VII ou "dos faunos".

Desde logo, verificar o alcance de cada lexema, sintagma, frase, verso, estrofe, activa um alerta: nem todas as lições deste texto são fiáveis. Melhor lição que a das *Rhythmas* impressas em 1595 (melhor porque de mais fina inteligibilidade[46]) será, em geral, a que as *Rimas* de 1598 transmitem, e por isso a preferiremos. Na sombra ficará um segredo: "Daqui se tiraram duas oitavas", advertem as *Rhythmas* de 1595[47], num passo acerca de Acteon e da sua fatal intrusão na intimidade de Diana. Que oitavas foram suprimidas? E como explicar este anúncio, quando por norma a censura se finge muda e opera sem alarde? Ignoramos. Seja como for, não faltam motivos para que a écloga, lida pelas *Rimas* de 1598, fascine quem a contempla com lente de escoliasta.

Pelos cálculos de Manuel de Faria e Sousa, tratar-se-á de uma composição de *c.* 1552-1553[48] – uma composição do tempo em que Camões, prestes a partir para a Índia, era "homem mancebo" (solteiro, rondando os trinta anos). A confirmar-se esta hipótese, mais impressiona a audácia do jovem poeta e mais impressionam as questões que arrisca sugerir: além do platônico "desejo imenso" que gasta "as nódoas do terreno manto"[49], que outra vontade serpenteia na sua escrita? Quantas máscaras se moldam num discurso? Como se conjuga *palavra* e *ser*?

Ao invés do que é comum no género bucólico, desta écloga estão ausentes personagens de pastores ou de pescadores, já entregues a solilóquios já conversando, num sossego só brandamente ou tarde interrompido. São os "semicapros deuses", cuja presença na lírica de Camões costuma reduzir-se à de efêmeros e nebulosos figurantes[50], quem recebe, com o papel principal, invulgar destaque: dois oradores inflamados, perseguem ninfas esquivas, visando, numa argumentação vertiginosa, convencê-las a cessar a fuga e a abandonar-se ao que lhes garantem ser amor.

---

46. Vítor Manuel de Aguiar e Silva, "Erotismo, Petrarquismo e Neoplatonismo na 'Écloga dos Faunos' de Camões", pp. 183-186.
47. *Rhythmas de Luis de Camoes*, f. 131v.
48. *Rimas Várias de Luís de Camões Comentadas por Manuel de Faria e Sousa*, II (t. IV, parte II), f. 300.
49. "Ode VI", em Luís de Camões, *Rimas. Reprodução Fac-Similada da Edição de 1598*, f. 59v.
50. Vejam-se as éclogas I, II, III e VI.

Insucesso e frustração é o saldo desse esforço. Sensíveis ao efeito grotesco que o desempenho dos faunos provoca, Vítor Manuel de Aguiar e Silva e Maria do Céu Fraga encontraram nesta écloga a manifestação de um sentido trágico da existência, muito caro a Camões, e dos "silvestres deuses" retiveram um perfil favorável: espécie de novos Adamastores, feios e brutos no exterior, traídos pelo corpo ("nada dos pés caprinos ajudados"[51]), mas eloquentes e patéticos. Peremptório, Aguiar e Silva escreveu que "em vez de deuses grosseiros, repulsivos, sexualmente vorazes, os Sátiros de Camões são desditosos amantes" que "petrarquistamente" enunciam seus males e "platonicamente concebem o amor". Interpretação idêntica, advogara-a Maria do Céu Fraga[52], não sem lutar com problemas que foi registrando e aos quais regressaremos.

Por um caminho autônomo, mas em larga medida convergente, José Miguel Martínez Torrejón salientou, por seu turno, quatro pontos: "el carácter cósmico del amor, lo perverso de la castidad, la tristeza de que ésta derrote a aquél, la impotencia de la palabra"[53]. Tampouco se furtaria, porém, a admitir algumas causas de "sorpresa y insatisfacción"[54] – causas a que José Carlos Seabra Pereira deu relevo na sua exegese da écloga, nela captando uma "disfórica ambivalência"[55] e uma "ironia estrutural"[56].

A discrepância é iniludível, e não custa adivinhar-lhe a origem: o texto e seus meandros. Quanto mais fundo e próximo o olhar sobre as desvairadas e frequentemente elípticas alusões mitológicas que se somam ou sucedem, a um ritmo acelerado, na écloga dos faunos, mais complexa e desafiante esta se revela.

---

51. Luís de Camões, *Rimas. Reprodução Fac-Similada da Edição de 1598*, f. 144v.
52. Maria do Céu Fraga, *Um Bucolismo Intranquilo*, pp. 103-140. Esta leitura é ainda retomada pela autora em *Os Gêneros Maiores na Poesia Lírica de Camões*, pp. 331-335.
53. José Miguel Martínez Torrejón, "'Ao Vento Estou Palavras Espalhando': La Égloga dos Faunos de Camões", p. 94.
54. "[...S]i atendemos al contenido de esta casuística, se observa inmediatamente que no todos los ejemplos son de seres que amaron cuando fueron personas. Esto causa sorpresa y insatisfacción, pero dependerá de como leamos el conjunto que lo entendamos como incoherencia o como muestra del designio camoniano de presentar una estructura más significativa que la simple enumeratio" (José Miguel Martínez Torrejón, "'Ao Vento Estou Palavras Espalhando': La Égloga dos Faunos de Camões", p. 90). Admitindo que as metamorfoses põem em evidência o castigo para quem não amou ou a imortalidade para quem amou contra tudo e contra todos, o autor acaba por dizer, no entanto, acerca de casos como os de *"Letea y Oleno, Atalanta e Hipómenes, Dafnis, Átis, Pico y Acteón"*: "Son los ejemplos en que con más claridad la transformación se debió al amor, aunque a todas luces rompen o hacen peligrar la coherencia suasoria: cuando se quiere convencer a las ninfas a que se entreguen no es el momento de recordarles que el amor puede ser la causa de su perdición" (*Idem*, pp. 90-91).
55. José Carlos Seabra Pereira, "Ainda Actéon na 'Écloga dos Faunos' e a Cisão na Lírica Camoniana", p. 110.
56. *Idem*, p. 111.

Algumas das alusões acham-se na dedicatória, em que o poeta se dirige ao "senhor D. António" e lhe anuncia, com orgulho, por onde irá e o que deseja; as restantes acumulam-se no discurso dos sátiros (sobretudo no do segundo), tão pletórico quanto avaro, já que, evocando muitos casos, fornece a seu respeito escassa (e desconcertante) informação. Observe-se, por exemplo, este excerto:

Virai os olhos, Ninfas, à Ericina
Espessura, vereis ali mudar-se
Egéria, e em fonte clara e cristalina
Pela morte de Numa destilar-se.
Olhai que a triste Bíblis vos ensina
Com perder-se de todo e transformar-se
Em lágrimas que em fim puderam tanto
Que acrecentaram sempre o verde manto.

E se entre as claras águas houve amores,
Os penedos também foram perdidos,
Olhai os dous conformes amadores
No monte Ida em pedra convertidos,
Letea por cair em vãos errores,
De sua fermosura procedidos,
Oleno porque a culpa em si tomava,
Por não ver castigar quem tanto amava[57].

Um duplo e contraditório impulso é gerado, como se retórica e hermêutica devessem enfrentar-se: a cadeia discursiva empurra o leitor, leva-o a acompanhar precipitadamente o tropel de imagens ou histórias, às quais apenas de relance se acena; em simultâneo, a opacidade ou a densidade dessas alusões ("triste Bíblis", porquê? "Vãos errores", quais?) requer a busca do não dito, a reconstituição do pormenor, próprias de um comentário topológico. Ora, por esse ângulo, a difração impõe-se: não basta escutar as personagens, com seus enredos; há que apreciar na representação fabulosa o *ludus* intertextual, que (ironia das ironias) metamorfoseia as *Metamorfoses* de Ovídio e contrapõe à écloga *Salices*, de Jacopo Sannazzaro, uma alternativa. As incongruências que assim se nos deparam são, tudo indica, sinais. Um terceiro fauno espreita: Camões – o poeta.

---

57. Luís de Camões, *Rimas. Reprodução Fac-similada da Edição de 1598*, fls. 147v-148.

DISSONÂNCIAS

Ninguém negará que, no preâmbulo da écloga, a ênfase no "cuidado" amoroso parece destinada a indiciar a empatia do poeta e a despertar a do leitor relativamente aos "dous silvestres Deuses que traziam / O pensamento em duas [Ninfas] ocupado, / A quem de longe mais que a si queriam":

Não lhe ficava monte, vale ou prado,
Nem árvore por onde quer que andavam,
Que não soubesse deles seu cuidado.
       Quantas vezes os rios que passavam
Detiveram seu curso, ouvindo os danos
Que até os duros montes magoavam.
       Quantas vezes amor de tantos anos
Abrandara qualquer vontade isenta
Se em Ninfas corações houvesse humanos?
       Mas quem de seu cuidado se contenta
Ofereça de longe a paciência,
Que amor de alegres mágoas se sustenta,
       Que o moço Idálio quis nesta ciência
Que se compadecessem dous contrários,
Diga-o quem tiver dele experiência[58].

Ninguém negará, tão-pouco, que, no final do texto, são idênticos os objectivos da ênfase na dor do fauno em desespero:

Mas com que falo, ou que estou gritando,
Pois não há nos penedos sentimento?
Ao vento estou palavras espalhando,
A quem as digo corre mais que o vento,
A voz e a vida, a dor me está tirando,
E não me tira o tempo o pensamento,
Direi enfim as duras esquivanças,
Que só na morte tenho as esperanças.

Aqui o triste Sátiro acabou,
Com soluços que a alma lhe arrancavam,
E os montes insensíveis que abalou

---

58. Luís de Camões, *Rimas. Reprodução Fac-Similada da Edição de 1598*, fls. 143v-144.

Nas últimas repostas o ajudavam,
Quando Febo nas águas s'encerrou,
C'os animais que o mundo alumiavam,
E c'o luzente gado apareceu
A celeste pastora pelo céu[59].

Sem dúvida, o poeta encarece (e com tópicos petrarquistas, o que não será despiciendo) os afetos das personagens. Não prescinde, no entanto, de vincar a sua identidade: "dous silvestres deuses", "o triste Sátiro". Misto de *feritas* e *humanitas*, o sátiro andava conotado com a licença, o instinto natural e a festa; só excepcionalmente (pela morte alheia) com a tristeza e o pranto[60]. O "triste Sátiro" da écloga VII é uma *coincidentia oppositorum* – uma fonte de estranheza –, ou ambos o são pelo discurso contraditório, que oscila entre a súplica e a ameaça.

De acordo com Aristóteles, "Persuade-se pelo carácter [*ethos*] quando o discurso é proferido de tal maneira que deixa a impressão de o orador ser digno de fé"[61]. Ora, que acontece com os sátiros-oradores, tal como o poeta os concebe? Apelando à piedade das "Angélicas donzelas", o primeiro fauno traz à colação, com aforística segurança, princípios filosóficos ("Amor é um brando afeito, / Que Deus no mundo pôs e a natureza") e abona a sua tese com evidências probatórias (*v.g.*, "Entre as ervas dos prados / Não há machos e fêmeas conhecidas / E junto ũa da outra permanece?"[62]). Dir-se--ia inequívoco e sem mácula, este arrazoado. Todavia, assenta em pilares desiguais: o platonismo do *Banquete* e o neoplatonismo cristão, difundido em vulgatas como os *Asolani* de Pietro Bembo ou o *Libro del Cortegiano* de Baldesar Castiglione; o paganismo de Lucrécio, plasmado no heterodoxo *De rerum natura*[63].

Haverá matéria para suspeita? De imediato, num salto do plano terreno para o mitológico, o fauno interroga:

---

59. Luís de Camões, *Rimas. Reprodução Fac-Similada da Edição de 1598*, fls. 152-152v.
60. Ver Fabio Finotti, *Retorica della Diffrazione. Bembo, Aretino, Giulio Romano e Tasso: Letteratura e Scena Cortigiana*.
61. Aristóteles, *Retórica*, p. 96.
62. Luís de Camões, *Rimas. Reprodução Fac-Similada da Edição de 1598*, fls. 146-146v.
63. Recorde-se, por exemplo, o *Diálogo de la Dignidad del Hombre*, de Fernán Pérez de Oliva (*c.* 1530). Duas personagens sustentam discursos antagónicos: Aurelio, o cético epicurista, entende que a Natureza é a força criadora; António, o cristão, vê em Deus o centro de onde toda a vida irradia. Na ordem do diálogo, Aurelio é a personagem claramente derrotada – o seu discurso serve para que o do seu interlocutor possa brilhar.

> Pois lá no Olimpo a quantos cativou
> Cupido, e maltratou?
> Milhor que eu o dirá a sutil donzela
> Que lá na sua tela o dibuxou[64].

"A sutil donzela" é Aracne; a "tela" que urdiu, descreve-a Ovídio nas *Metamorfoses*[65]. É este o grande subtexto da écloga camoniana – subtexto que importa lembrar para que os nomes mencionados sejam mais do que uma fachada vã, e sobretudo para que, no confronto de texto e subtexto, espantosas dissonâncias se tornem audíveis. Que "dibuxou", "lá na sua tela", a "subtil donzela"? O fauno (o mesmo que, num sibilino *carpe diem*, insinua que a virgindade tem por preço a morte: "Olhai a serpe, Ninfas, na erva verde / Quem a condição não perde perde a vida"[66]) compõe a sua versão da história, que distorce e perverte. Nas *Metamorfoses*, Aracne, em competição com Palas, representa numa tapeçaria, não cativos maltratados de amor, não vítimas de Cupido ou de "amor suave", mas deuses luxuriosos que cometem raptos e estupros: – "caelestia crimina", *i.e.*, "malfeitorias dos seres celestes"[67], entre as quais (detalhe de monta) "de que forma Júpiter, disfarçado de sátiro, / engravidou de dois gémeos a bela filha de Nicteu"[68].

O leitor vai tendo motivos para pensar que o primeiro sátiro é um orador de língua fraudulenta, e a extensa fala do segundo sátiro só agrava esta desconfiança. Vemo-lo, no início do assédio, lançar este incitamento, em cuja incoerência têm reparado os leitores da écloga:

> Se vós fostes criadas na espessura
> Onde não houve cousa que se achasse
> Animal, erva verde, ou pedra dura,
> Que em seu tempo passado não amasse,
> Nem a quem a afeição suave e pura
> Nessa presente forma não mudasse,
> Porque não deixareis também memória
> De vós, em namorada e longa história?[69]

---

64. Luís de Camões, *Rimas. Reprodução Fac-Similada da Edição de 1598*, f. 146v.
65. Ver Ovídio, *Metamorfoses*, VI, 1-145.
66. Luís de Camões, *Rimas. Reprodução Fac-Similada da Edição de 1598*, f. 145.
67. Publio Ovidio Nasone, *Metamorfosi*, p. 216 (VI, 131); Ovídios, *Metamorfoses*, p. 153.
68. Ovídio, *Metamorfoses*, p. 152.
69. Luís de Camões, *Rimas. Reprodução Fac-Similada da Edição de 1598*, f. 147v.

Vemo-lo, quase em conclusão, não menos surpreendemente asseverar: "Aqui, ó Ninfas minhas, vos pintei / Todo de amores um jardim suave, / Das aves, pedras, águas, vos contei,/ Sem me ficar bonina, fera ou ave"[70].

A intervenção deste sátiro assenta numa ordem de catálogo, pela qual se alinham metamorfoses aquáticas, minerais, vegetais, animais. Mas essa superfície regrada não basta para esconder o absurdo: sob o rótulo de "afeição suave e pura", de "namorada e longa história" ou de "jardim suave", o fauno agrega casos de violência e violação, tormento e luto, transgressão e excesso, exortando as ninfas a integrar o disfórico conjunto.

Decerto, na fugacidade das alusões nada disso é óbvio ou quase tudo isso é ocultado: o discurso prima pela omissão; foca o desenlace dos mitos aflorados, calando ou branqueando o que a esse desfecho conduz. Como o primeiro, o segundo fauno "pinta" (e dadas as suas conotações retóricas, o verbo não será de uso inocente) episódios fabulosos da tradição clássica. Por exemplo, acerca de Aretusa e de Alfeu, fixa a persistência de Alfeu, que "lá na ardente Sicília vai buscando / Por debaixo do mar a Ninfa cara"[71]. Da fuga espavorida de Aretusa, nada conta, mas o leitor recordá-la-á compulsando as *Metamorfoses*, que aqui, numa seleção cirúrgica, são objeto de *imitatio*.

Note-se como na obra de Ovídio, uma comparação, aliás recorrente, sintetiza o movimento de Alfeu e Aretusa:

Sic ego currebam, sic me ferus ille premebat,
ut fugere accipitrem penna trepidante columbae,
ut solet accipiter trepidas urguere columbas.

Assim corria eu, assim me perseguia aquele selvagem, tal
como as pombas de asas trémulas de medo fogem ao gavião,
como o gavião sempre persegue as pombas a tremer de medo[72].

Na dedicatória da écloga dos faunos, o mesmo *simile* é aplicado:

Qual o bando das pombas, quando sente
A fermosa Águia cuja vista pura
Não obedece ao sol resplandecente,
Empresta-lhe o temor da morte dura
Nas asas nova força, e não parando
Cortam o ar e rompem a espessura[73].

---

70. Luís de Camões, *Rimas. Reprodução Fac-Similada da Edição de 1598*, f. 152.
71. *Idem*, f. 147v.
72. Publio Ovidio Nasone, *Metamorfosi*, p. 202 (v, 604-606); Ovídio, *Metamorfoses*, p. 146.
73. Luís de Camões, *Rimas. Reprodução Fac-Similada da Edição de 1598*, fls. 144-144v.

Camões insinua, pois, uma analogia: "semicapros deuses" perseguindo "ninfas" são como predadores perseguindo presas. E continua, na dedicatória: o assédio às ninfas (algumas das quais, haviam já escapado "das mãos [...] do Tegeu Pã"[74], do mesmo modo que Vênus fugira de "petulantes faunos"[75]) ocorre porque uma "futura cilada"[76] fracassa. Mais ainda: por um lado, como atrás observamos, o poeta exprime e suscita empatia para com os "amantes já desesperados"[77]; por outro lado, prepara o terreno para que o leitor deles se distancie. Nos seus assomos de fúria, os faunos desviam-se do modelo petrarquista do perfeito amador, contente com a *voluptas dolendi*; e, sobretudo, o seu *logos* não cessa de causar estranheza.

Na dedicatória, diz o poeta: "Progne triste o sentimento / Da corrompida irmã c'o pranto ajuda"[78]. Dirá, mais à frente, o segundo fauno:

O doce rouxinol, e a andorinha,
De donde elas se foram transformando,
Senão do puro amor que o Trácio tinha,
Que em Poupa ainda a amada anda chamando?
Clama sem culpa a mísera avezinha,
Que na areia de Fásis habitando
Do rio toma o nome, e assi se vai,
Chamando a mãe cruel, e injusto o pai[79].

Na pergunta retórica, apaga-se o desgosto de Progne e a *corrupção* de Filomela; apaga-se o que nas *Metamorfoses* é a insistência na "innata libido", *i.e.* a indomável lascívia de Tereu[80], o rei de Trácia, que, casado com Progne, se apaixona pela cunhada (Filomela), e, na ânsia de a possuir, suborna, alicia e engana, até com "lágrimas" e com "palavras sôfregas" ("A paixão tornara-o eloquente"[81]); dilui-se, enfim, a extrema crueza do mito.

---

74. *Idem*, fls. 143-143v.
75. *Idem*, f. 142v.
76. *Idem*, f. 144.
77. *Idem*, f. 144v.
78. *Idem*, *ibidem*.
79. *Idem*, f. 150.
80. "À vista da jovem, Tereu inflamou-se de paixão amorosa, / tal como quando alguém lança fogo às espigas brancas, / ou quando queima folhas e ervas empilhadas num palheiro. / A sua beleza era merecedora; mas é mais um desejo inato / que o aguilhoa, pois o povo daquelas regiões é propenso / à lascívia: inflama-se por vício do seu povo e dele próprio" (Ovídio, *Metamorfoses*, p. 162 [VI, 455-460]).
81. "Não há nada que não ousasse, tomado pela desenfreada paixão, / E já nem o peito consegue conter as chamas lá dentro dele. / A custo aguenta a demora. Com palavras sôfregas, reitera / O pedido de Procne e perora a sua causa como se dela fosse. / A paixão tornara-o eloquente, e sempre que se

Tereu (também ele comparado a uma ave de rapina[82]) viola Filomela e corta-lhe a língua para que a sua vítima o não acuse; tê-la-á violado Ovídio exclama:

Hoc quoque post facinus (vix ausim credere) fertur
Saepe sua lacerum repetisse libidine corpus

Depois deste crime, diz-se que o rei (quase não ouso crer!)
Buscou vezes sem conta o mutilado corpo na sua lascívia[83].

A narrativa da vingança é terrível. Progne, ao inteirar-se do sucedido, traz a irmã para junto de si, e com ela mata o seu próprio filho, Ítis, dando-o a comer ao pai. Nas *Metamorfoses*, a transformação das duas mulheres serve de escapatória à ira de um Tereu consciente do horror:

Ille dolore suo poenaeque cupidine velox
vertitur in volucrem, cui stant in vertice cristae,
prominet inmodicum pro longa cuspide rostrum:
nomen epops volucri, facies armata videtur.

Ele correndo bem veloz pela dor e pela ânsia de vingança,
transforma-se em pássaro que tem uma crista na cabeça,
e é um imenso bico que se espeta em vez da longa lança[84].

Acreditar-se-á em quem, ciente dessa tragédia (Ítis "se vai, / chamando a mãe cruel, e injusto o pai"), classifica de "puro amor" um caso como o de Tereu? A écloga VII convida o leitor a responder negativamente, até pelo engenhoso recurso a *mises en abime*. No lote de "amores" referidos pelo segundo fauno, entram Apolo e Dafne, Neptuno e Corónis, Priapo e Lótis, Pã e Siringe. Várias histórias, um mesmo esquema narrativo: deuses (dois deles, Priapo e Pã, da família dos sátiros) cobiçam ninfas arredias.

O movimento destas personagens, como Priapo e Pã, pode ser apenas sugerido num *sfummato*:

---

excedia / Nos pedidos, afirmava que era Procne que assim o queria. / Até juntou lágrimas, como se até isto tivesse sido ordenado. / Ó deuses, que negridão tão escura governa o coração/ dos mortais! E enquanto urde o seu crime, Tereu é tido/ como um homem piedoso, e o crime granjeia-lhe elogios" (Ovídio, *Metamorfoses*, p. 162; VI, 465-474).

82. Ovídio, *Metamorfoses*, VI, 516-518.
83. Publio Ovidio Nasone, *Metamorfosi*, p. 236 (VI, 561-562); Ovídio, *Metamorfoses*, p. 165.
84. Publio Ovidio Nasone, *Metamorfosi*, p. 242 (VI, 671-674); Ovídio, *Metamorfoses*, p. 168.

Mas o Deus do Helesponto não dormia,
Que um novo amor o sono lhe impedia.

Mas ela enfim os braços estendendo,
Em ramos se lhe foram transformando,
Em raízes os pés se vão torcendo,
E o nome Loto só lhe vai ficando.
Vede, Napeias, este caso horrendo,
Que vos está de longe ameaçando,
Que assi também daquela a quem seguia
O sacro Pã a forma se perdia[85].

Como sempre, na écloga VII, a informação é lacunar. À luz das *Metamorfoses*, porém, as alusões adquirem redobrado interesse. Entende-se o que fica omisso: a "obscena paixão" de Priapo, que repugna a Lótis[86]; o imperioso desejo de Pã[87]; o facto de, excepto Priapo, os deuses serem (como Tereu) eloquentes quando os move o desejo. Afinal, Netuno começa por "gastar / tempo, inutilmente, a suplic[ar Corónis], e com palavras doces", antes de resolver tomá-la "à força"[88]; Apolo e Pã, cuja conduta é análoga para com Dafne e Siringe, são também eles exímios, num primeiro tempo, nas "palavras de sedução" e nas "preces"[89]. A semelhança entre os deuses de Ovídio e os "silvestres deuses" de Camões é flagrante. A confirmá-la, ecos do discurso atribuído nas *Metamorfoses* a Apolo ressoam no arrazoado do primeiro fauno.

SILENOS

A imagem destes "semicapros deuses" perseguindo ninfas não destoa do que noutras éclogas, de modo fugaz, é o perfil ligeiro dos sátiros. Mais, é uma imagem afim quer da que a iconografia quinhentista propôs (faunos *voyeurs*, lúbricos, "index Luxuriae", como o dos *Emblemmata* de Alciato, os dos frescos de Giulio Romano, no Pallazzo Té, em Mântua, ou mesmo o de "Júpiter e Antíope", de Antonio Correggio[90]) quer daquela que se achava em alguns lugares da

---

85. Luís de Camões, *Rimas. Reprodução Fac-Similada da Edição de 1598*, f. 149.
86. Ovídio, *Metamorfoses*, p. 232 (IX, 346-348).
87. *Idem*, I, 689-712.
88. *Idem*, p. 74 (II, 574-576).
89. *Idem*, p. 55 (I, 700-701); pp. 49-50 (I, 490-542).
90. Ver Fabio Finotti, *Retorica della Diffrazione*, pp. 267-300; Vítor Aguiar e Silva, "Erotismo, Petrarquismo e Neoplatonismo na 'Écloga dos Faunos' de Camões", pp. 196-197).

obra de Jacopo Sannazzaro – confinada à *ecphrasis*, na *Arcadia*[91], ou dominando toda uma écloga, em *Salices*.

Exploremos agora esta relação. Não há dúvida de que o texto de Camões se enraiza no do mestre italiano, mas para dele divergir[92]: o que *Salices* tem de óbvio, a écloga VII tem de ambíguo. No texto de Sannazzaro, os faunos levam as ninfas a consentir no seu avanço: um logro, já que a máscara benigna logo cai e a "insana libidine"[93] dita a lei. Só uma penosa metamorfose permite às figuras femininas furtarem-se a tal assédio. Os faunos camonianos, esses, são fustigados pelo insucesso e por isso tristemente lacrimosos; até o fim, porém, o poeta prodigaliza indícios de que, por trás ou apesar da súplica e do choro, a tática dos "silvestres deuses" é a da "cilada".

Apeteceria comparar este texto com as Oitavas "ao desconcerto do mundo", também dedicadas a D. António de Noronha e também provavelmente redigidas *c.* 1552-1553. A disparidade das duas composições mostraria um poeta decidido a ensaiar registros, a experimentar possibilidades ou a exibir-se como um Proteu de mil rostos. Nos antípodas dos sábios sátiros da écloga "Andres", de Sá de Miranda, severos no juízo moral sobre os delírios do mundo[94]; inconfundíveis com o fauno que Jerónimo Corte-Real inventaria no canto IX do *Naufrágio de Sepúlveda* – um "Pã" que tanto é o avatar da *libido* como de uma autodisciplina vivida em inefável tormento[95] – os "semicapros deuses" de Camões parecem protagonistas de uma aventura singular. Com eles, em jeito de *scherzo*, o poeta, a quem sempre fascinaria o problema do engano dos "nomes", entra num território minado: o discurso da fraude.

Sagaz, Faria e Sousa escreveu: "aqui no habla él, sino un Satiro"[96]. Eleger estas personagens, encontrar para ambas a fala adequada, exigiria a capacidade de ser im-

---

91. Jacopo Sannazzaro, *Arcadia*, pp. 76-77, 90 (III e IV). Paralelamente, na ficção urdida por Sanazzaro, faunos, sátiros e Pã povoam o espaço natural e fazem parte da ordem sagrada do mundo.

92. *Rimas Várias de Luís de Camões Comentadas por Manuel de Faria e Sousa*, II (t. IV, parte II), pp. 310-311, 313; Vítor Aguiar e Silva, "Erotismo, Petrarquismo e Neoplatonismo na 'Écloga dos Faunos' de Camões", p. 196.

93. Jacopo Sannazzaro, "Li Salici". Disponível em: https://it.wikisource.org/wiki/Pescatorie/Li_Salici

94. Ver Vítor Aguiar e Silva, "Erotismo, Petrarquismo e Neoplatonismo na 'Écloga dos Faunos' de Camões", p. 199.

95. "Viu a bela Lianor ao sono entregue,/ E vendo a conjunção ditosa chega/ Com passo duvidoso acovardado,/ Os olhos na beleza adormecida/ Com mais atrevimento os firma, e nota/ Ocultas perfeições, que Amor de novo/ Polo mais namorar lhe descobria./ Já deseja acordá-la brandamente/ Com adúltera paz, todo afrontado/ Quasi por obra o põe, e num momento/ De propósito tal, logo se muda./ Atrevido se vê, mas constrangido/ De não sei que vileza, atrás se torna:/ Parece-lhe que estando assi dormida/ O sente, vê, entende, e que se anoja" (Jerónimo Corte-Real, *Naufrágio de Sepúlveda* em *Obras* [...], p. 672).

96. *Rimas Várias de Luís de Camões Comentadas por Manuel de Faria e Sousa*, II (t. IV, parte II), p. 324.

perfeito e duplo, como retóricos clássicos – Hermógenes ou Quintiliano – ensinaram. Com efeito, na falhada tentativa de persuasão dos "silvestres deuses", detectam-se traços do *"discours fautif"*[97] ou do *"genus [...] in quo per quandam suspicionem, quod non dicimus, accipi volumus, non utique contrarium, ut in εἰρωνεία, sed aliud latens et auditori quasi inveniendum"*[98]. Camões dá a ver o fingimento das suas criaturas – Silenos, que compete ao leitor abrir. Não à maneira dos de Platão ou Virgílio, aos quais se ajustava uma chave de decifração absoluta e consoladora (aparência feia, interior belo), mas ao modo definido por Erasmo, no *Encomium Moriae*[99], que era o da inquietante incerteza. Abrir o fauno é descobrir o contrário do que ele mostra.

Quando, no mais extraordinário episódio d'*Os Lusíadas* – o da ilha namorada, cantos IX e X –, Camões projectou a memória da écloga VII[100], não quis repeti-la, mas antes sublimá-la. Se os nautas que desembarcam na ilha de Vénus têm muito de faunos-Apolos[101] na caça a que se entregam e na bestialidade que então encarnam, há uma figura ímpar, a única que, pelas "namoradas mágoas que dizia"[102], conquista a sua ninfa: Leonardo, um *alter ego* do poeta[103], de cuja lírica há rasto no seu *ethos* de fiel amador petrarquista; um Orfeu, cujo *pathos* encanta aquela que persegue, que, sem resistir, "Volvendo o rosto, já sereno e santo,/ Toda banhada em riso e alegria,/ Cair se deixa aos pés do vencedor, / Que todo se desfaz em puro amor"[104].

O canto épico incorporava assim, transfigurada como o gênero heroico requeria, a voz do fauno que Camões, audaz, cedo ensaiara e porventura assu-

---

97. "Le style fautif naît de l'impossibilité, de l'inconséquence, qui est aussi la contradiction, de la vilenie, de l'impiété, de l'injustice ou de ce qui est contre nature; ce sont les principaux critères pour contester les récits et les rejeter comme incroyables" (Hermogène, *L'Art Rhétorique*, p. 310).

98. "[...U]n genre de figure [... qui] consiste, au moyen de certaines insinuations, à faire entendre autre chose que ce que nous disons, pas forcément le contraire, comme dans l'ironie, mais autre chose, qui est caché et que l'auditeur doit pour ainsi dire trouver" (Quintilien, *Institution Oratoire*, vol. III [livres VII-IX], pp. 302-303 [IX, 65]).

99. "D'abord, il est clair que toutes les choses humaines ont, comme les Silènes d'Alcibiade, deux faces tout à fait différentes. Vous voyez d'abord l'extérieur des choses; mais tournez la médaille, le blanc deviendra noir, le noir vous paraîtra blanc; vous verrez la laideur au lieu de la beauté, la misère au lieu de l'opulence, la gloire au lieu de l'infamie, l'ignorance au lieu de la science; vous prendrez la faiblesse pour la force, la bassesse pour la grandeur d'âme, la tristesse pour la gaieté, la disgrâce pour la faveur, la haine pour l'amitié; vous verrez enfin toutes les choses changer à chaque instant, selon le côté qu'il vous plaira de les envisager" (Érasme, *Éloge de la Folie*, pp. 40-41).

100. A relação entre a écloga VII e o episódio da Ilha Namorada foi explorada já por Manuel de Faria e Sousa, que nos seus escólios, quer das *Rimas* quer d'*Os Lusíadas*, faz esse cruzamento.

101. Os nautas são comparados com cães (*Os Lusíadas*, IX, 70, 74), tal como Apolo perseguindo Dafne (*Metamorfoses*, I, 533-538).

102. Luís de Camões, *Os Lusíadas*, IX, 82.

103. *Lusiadas de Luís de Camões. Comentadas por Manuel de Faria e Sousa*, II, canto IX, col. 236.

104. Luís de Camões, *Os Lusíadas*, IX, 82.

mira, como quem se diverte a desenhar a sua própria caricatura. Seguir este percurso obriga-nos a ver e a reparar. Não é esta a condição maior dos estudos de poética e de retórica?

REFERÊNCIAS BIBLIOGRÁFICAS

ACIATO. *Emblemas*. Edición y comentario de Santiago Sebastián. Prólogo de Aurora Egido. Traducción actualizada de los Emblemas por Pilar Pedraza. Madrid, Akal, 1985.

ALVES, Hélio. "Manuel de Faria e Sousa e Manuel Pires de Almeida: uma Contenda Fundamental em torno de Camões". *In:* RAMOS, Francisco Martins; SILVA, Carlos Alberto da & MARUJO, Maria Noémi (coord.). *Homenagem ao Professor Augusto da Silva*. Évora, Universidade de Évora/Departamento de Sociologia, 2000, pp. 283-300.

ANASTÁCIO, Vanda. "'El Rei Seleuco', 1645 (Reflexões sobre o 'Corpus' da Obra de Camões)". *Península. Revista de Estudos Ibéricos*, vol. 2, 2005, pp. 327-342.

ARISTÓTELES. *Retórica*. 4. ed. Prefácio e introdução de Manuel Alexandre Júnior. Tradução e notas de Manuel Alexandre Júnior, Paulo Farmhouse Alberto e Abel do Nascimento Pena. Lisboa, Centro de Filosofia da Universidade de Lisboa/Imprensa Nacional-Casa da Moeda, 2010.

ANDRESEN, Sophia de Mello Breyner. "A Viagem". *Contos Exemplares*. 15. ed. Porto, Figueirinhas, 1985, pp. 105-127.

ASENSIO, Eugenio. "Los 'Lusíadas' y las 'Rimas' de Camões en la Poesía Española (1580-1640)". *In:* ASENSIO, Eugenio & MARTINS, José V. de Pina. *Luís de Camões. El Humanismo en su Obra Poética. Los Lusíadas y las Rimas en la Poesía Española (1580-1640)*. Paris, Fundação Calouste Gulbenkian/Centro Cultural Português, 1982, pp. 41-94.

BEMBO, Pietro, *Prose della Volgar Lingua. Gli Asolani. Rime*. A cura di Carlo Dionisotti. Milano, TEA, 1989.

CAMÕES, Luís de. *Rhythmas de Luys de Camoes. Divididas em Cinco Partes*. […]. Lisboa, Manoel de Lyra, 1595.

_____. *Rimas de Lvis de Camões Primeira Parte a Dom Ioam Rodriguez de Sà de Meneses, Conde de Penaguião, etc*. […]. Lisboa, Paulo Craesbeck, 1651.

_____. *Os Lusíadas* […]. Leitura, prefácio e notas de Álvaro Júlio da Costa Pimpão. Apresentação de Aníbal Pinto de Castro. Lisboa, Instituto de Cultura, 1989.

_____. *Rimas*. Reprodução fac-similada da edição de 1598. Estudo Introdutório de Vítor Manuel de Aguiar e Silva. Braga, Universidade do Minho, 1598.

CARVALHO, Maria do Socorro Fernandes de. "Introdução ao Caráter Misto dos Gêneros Poéticos e Retóricos". *Matraga. Estudos Linguísticos e Literários. Revista do Programa de Pós-Graduação em Letras da UERF*, vol. 20, n. 33, jul.-dez. 2013, pp. 111-136.

CASTIGLIONE, Baldesar. *Il Libro del Cortegiano*. A cura di Walter Barberis. Torino, Einaudi, 1998.

COLOMÈS, Jean. *Le Dialogue "Hospital das Letras" de D. Francisco Manuel de Melo*. Texte établi d'après l'édition princeps et les manuscrits, variantes et notes. Paris, F. Calouste Gulbenkian/Centro Cultural Português, 1970

CORTE REAL, Jerónimo. *Obras* […]. Introdução e revisão de M. Lopes de Almeida. Porto, Lello & Irmão, 1979.

CRUZ, Maria Augusta Lima. *Diogo do Couto e a Década 8ª da Ásia. Edição Crítica e Comentada de uma Versão Inédita*. Lisboa, Comissão Nacional para a Comemoração dos Descobrimentos Portugueses/Imprensa Nacional-Casa da Moeda, 1993, vol. 1.

DESWARTE, Sylvie. *Ideias e Imagens em Portugal na Época dos Descobrimentos*. Lisboa, Difel, 1992.

ÉRASME. *Éloge de la Folie*. Paris, Éditions de Cluny, 1937.

EVEN-ZOHAR, Itamar. "Polysystem Studies". *Poetics Today*, vol. 11, n. 1, Spring 1990, pp. 9-44.

FINOTTI, Fabio. *Retorica della Diffrazione. Bembo, Aretino, Giulio Romano e Tasso: Letteratura e Scena Cortigiana*. Firenze, Leo S. Olschki, 2004.

FRAGA, Maria do Céu. *Camões: Um Bucolismo Intranquilo*. Coimbra, Almedina, 1989.

_____. *Os Géneros Maiores na Poesia Lírica de Camões*. Coimbra, Centro Interuniversitário de Estudos Camonianos, 2003.

FUMAROLI, Marc. "Rhétorique d'École et Rhétorique Adulte: La Réception Européenne du Traité du Sublime au XVIᵉ et au XVIIᵉ Siècle". *Héros et Orateurs. Rhétorique et Dramaturgie Cornéliennes*, Genève, Droz, 1996, pp. 377-398.

GALLEGO MORELL, Antonio. *Garcilaso de la Vega y sus Comentaristas. Obras Completas del Poeta Acompañadas de los Textos Íntegros de los Comentarios de El Brocense, Fernando de Herrera, Tamayo de Vargas y Azara*. Segunda edición revisada y adicionada. Edición, Introducción, Notas, Cronología, Bibliografía e Índices de Autores Citados por Antonio Gallego Morell. Madrid, Gredos, 1972.

HANSEN, João Adolfo. "Barroco, Neobarroco e Outras Ruínas". *Teresa*, 2001, pp. 11-66.

HERMOGÈNE. *L'Art Rhétorique*. Première traduction française intégrale, introduction et notes par Michel Patillon. Préface de Pierre Laurens. Paris, L'Âge de l'Homme, 1997.

JENNERET, Michel. "La Glose, le Commentaire, l'Essai à la Renaissance". *Histoire de la France Littéraire. Naissances, Rennaissances. Moyen Âge – XVIᵉ Siècle*. Volume dirigé par Frank Lestringant et Michel Zink. Paris, PUF, 2006, pp. 1025-1053.

LECERCLE, François. "La Fabrique du Texte: les Commentaires du *Canzoniere* de Pétrarque à la Renaissance". *Le Texte et ses Représentations*. Textes réunis par Philippe Hoffmann, Jean Lallot, Alain Le Boulluec. Paris, Presses de l'École Normale Supérieure, 1987, pp. 167-180.

LÓPEZ BUENO, Begoña (ed.). *Las "Anotaciones" de Fernando Herrera. Doce Estudios*. Sevilla, Universidad de Sevilla, 1997.

LOURENÇO, D. Marcos de S. *Os Lusíadas Comentados por D. Marcos de S. Lourenço*. Transcrição e fixação do texto por Isabel Almeida, Filipa Araújo, Manuel Ferro, Teresa Nascimento, Marcelo Vieira. Notas por Isabel Almeida, Filipa Araújo, Marcelo Vieira. Nota introdutória, índices e revisão por Isabel Almeida. Coimbra, Centro Interuniversitário de Estudos Camonianos, 2014.

MARTÍNEZ TORREJÓN, José Miguel. " 'Ao Vento Estou Palavras Espalhando': La Égloga dos Faunos de Camões". *In:* SANTOS, João Camilo dos & WILLIAMS, Frederick G. *O Amor das Letras e das Gentes. In Honor of Maria de Lourdes Belchior Pontes*. Santa Barbara, Center for Portuguese Studies/University of California at Santa Barbara, 1995, pp. 84-99.

MATHIEU-CASTELLANI, Gisèle & PLAISANCE, Michel (ed.). "Les Commentaires et la Naissance de la Critique Littéraire. France/Italie (XIVᵉ-XVIᵉ Siècles)". *Actes du Colloque International sur le Commentaire*. Paris, Aux Amateurs de Livres, 1990.

MIRANDA, Francisco de Sá de. *Obras*. Edição Fac-Símile da Edição de 1595. Estudo introdutório de Vítor Aguiar e Silva. Braga, Universidade do Minho, 1994.

MUHANA, Adma. *A Epopeia em Prosa Seiscentista: Uma Definição de Gênero*. São Paulo, Editora da Unesp, 1997.

OLIVEIRA, Custódio José de. *Tratado do Sublime de Dionísio Longino*. Introdução e actualização do texto por Maria Leonor Carvalhão Buescu. Lisboa, Imprensa Nacional-Casa da Moeda, 1984.

OVÍDIO. *Metamorfoses*. Tradução de Paulo Farmhouse Alberto. Lisboa, Cotovia, 2007.

OVIDIO NASONE, Publio. *Metamorfosi*. A cura di Piero Bernardini Marzolla. Con un scritto di Italo Calvino. Torino, Einaudi, 1994.

PEREIRA, José Carlos Seabra. "Ainda Actéon na 'Écloga dos Faunos' e a Cisão na Lírica Camoniana". *In:* PEREIRA, Seabra & FERRO, Manuel (coord.). *Actas da VI Reunião Internacional de Camonistas*. Coimbra, Imprensa da Universidade de Coimbra, 2012, pp. 109-119.

PÉREZ DE OLIVA, Fernán, *Diálogo de la Dignidad del Hombre. Razonamientos. Ejercicios*. Edición de Maria Luísa Cerrón Puga. Madrid, Cátedra, 1995.

PIRES, Maria Lucília Gonçalves. *A Crítica Camoniana no Século XVII*. Lisboa, Instituto de Língua Portuguesa, 1982.

PLATON. *Le Banquet*. Traduction et notes de Mario Meunier. Présentation et dossier de Jean-Louis Poirier. Paris, Pocket, 1992.

QUINTILIEN. *Institution Oratoire*. Texte revu et traduit avec introduction et notes par Henri Bornecque, vol. III (livres VII-IX). Paris, Classiques Garnier, 1934.

SANNAZZARO, Jacopo. *Arcadia*. A cura di Francesco Erspamer. Milano, Mursia, 1990.

_____. "Li Salici". Disponível em: https://it.wikisource.org/wiki/Pescatorie/Li_Salici

SILVA, Vítor Manuel de Aguiar e. *Teoria da Literatura*. 5. ed. Coimbra, Almedina, 1983, vol. I.

_____. *Camões: Labirintos e Fascínios*. Lisboa, Cotovia, 1994.

_____. "Erotismo, Petrarquismo e Neoplatonismo na 'Écloga dos Faunos' de Camões". *A Lira Dourada e a Tuba Canora: Novos Ensaios Camonianos*. Lisboa, Cotovia, 2008, pp. 183-204.

SILVARES, Lavínia. *Nenhum Homem É uma Ilha. John Donne e a Poética da Agudeza*. São Paulo, FAP-Unifesp, 2015.

SOUSA, Manuel de Faria e. *Lusiadas de Luís de Camões. Comentadas por* [...]. Reprodução fac-similada da edição de 1639. Lisboa, Imprensa Nacional-Casa da Moeda, 1972, 2 vols.

VEGA, Garcilaso de la. *Obras Completas*. Madrid, [s. ed.], 1995.

SOUSA, Manuel de Faria e. *Lusiadas de Luís de Camões. Comentadas por* [...]. Reprodução fac-similada da edição de 1639. Lisboa, Imprensa Nacional-Casa da Moeda, 1972, 2 vols.

SOUSA, Manuel de Faria, *Rimas Várias de Luís de Camões Comentadas por* [...]. Reprodução fac-similada da edição de 1685. Nota introdutória do Prof. F. Rebelo Gonçalves, Prefácio do Prof. Jorge de Sena. Lisboa, Imprensa Nacional-Casa da Moeda, 1972, 2 vols.

VIEIRA, Pe. António. *Livro Anteprimeiro da História do Futuro*. Nova leitura, introdução e notas por José van den Besselaar. Lisboa, [s. ed.], 1983.

3

Viola e Harpa
A Harmonia Poética de Violante do Céu e Gregório de Matos

Maria do Socorro Fernandes de Carvalho
UNIVERSIDADE FEDERAL DE SÃO PAULO

O que poderia haver em comum entre a produção poética de uma freira que recebeu o nome religioso de Violante do Céu e um poeta conhecido no Brasil pela alcunha de Boca do Inferno? Sabe-se que o diálogo entre as duas poesias era não apenas possível como proveitoso e agradável para o leitor ou ouvinte da poesia escrita, falada ou tocada do século XVII.

Antes de tudo, para nós, interessa que esse diálogo existiu de fato, segundo a assertiva da didascália do *Solilóquio da Madre Violante do Céu ao Diviníssimo Sacramento: Glosado pelo Poeta, para Testemunho de sua Devoção, e Crédito da Venerável Religiosa*. Trata-se de um conjunto admirável de glosas elaborado por Gregório de Matos, ou a ele atribuído, a 24 motes imputados a Violante do Céu, glosas que praticamente abrem a exímia edição intitulada *Gregório de Matos e Guerra: Poemas Atribuídos: Códice Asensio-Cunha*, elaborada pelos professores João Adolfo Hansen e Marcello Moreira, distribuída em cinco volumes e publicada no ano de 2013.

Mais que um quiasmo prodigioso, pode-se propor que a viola tocada supostamente pelo Boca do Inferno era homóloga à harpa dedilhada pela poeta do Céu[1]. Certames, disputas poéticas e trocas de textos entre poetas eram

---

1. Constitui informação repassada por vários estudiosos a notícia de que Violante do Céu era música e tocava harpa. O cancioneiro reputado a Gregório de Matos, por sua vez, alude a poemas cuja performance é acompanhada de viola tangida pelo próprio poeta.

comuns neste universo letrado, em que as versões dos poemas escritos à mão costumavam circular na manuscritura do papel avulso por bastante tempo antes de serem impressas em livro, se o fossem algum dia. Do ponto de vista da arte do verso, a manuscritura favorecia a emulação entre pares, que aprendiam na formação retórica ser a poesia fingimento de caracteres discursivos, os quais eram alternados continuamente a depender da alteração do gênero em que era escolhido compor a individualidade de qualquer poema.

Isso fica claro quando comparamos esse *Solilóquio* com as *Rimas Várias*, livro que, publicado na França em 1646, consolidou o prestígio da poeta portuguesa, chamada de "a décima musa" por homens de letras da corte lisboeta em meados do século XVII. As *Rimas Várias* são na verdade quase exclusivamente hendecassílabos heroicos – dos 364 hendecassílabos perfeitos do livro, 353 são heroicos e apenas onze são sáficos. Em todo o livro lê-se apenas cinco glosas e uma volta, o que nos leva a inferir que os 24 motes do *Solilóquio* devem ser posteriores a esse livro que é rara publicação de poesia lírica, editada fora de Portugal e que, de toda forma, certamente ficariam de fora de tal publicação pela predileção dada nela ao verso herdeiro do heroico hexâmetro antigo.

As glosas desse solilóquio constituem o primeiro conjunto de poemas do Códice Asensio-Cunha, antecedido na sua disposição apenas por uma *Vida do Doutor Gregório de Mattos Guerra* e por alguns poucos poemas. Diz-se que constituem um conjunto no interior do códice no sentido de que trazem uma unidade: compõem-se de um grupo de décimas elaboradas por Gregório de Matos a 24 motes de quatro versos e as correspondentes glosas em quatro estrofes de dez versos, o que soma o total de 1056 versos!

O que primeiro salta à vista na leitura das glosas é a definição autopostulada de solilóquio dada ao conjunto dos textos a partir da didascália. Ora, a didascália constitui um protocolo de escrita e leitura de poemas seiscentistas que oferece ao leitor sentidos tomados da referencialidade, pressupostos à argumentação de cada poema que encima[2]. O caminho para construção de sentido expresso na didascália não se propõe como a única possibilidade semântica a ser entendida do texto, até porque ela pode ser tão construída na ficcionalidade quanto a própria matéria inventada pelo texto, mas efetivamente constitui uma força indutora de sentido em larga escala conferida pelo leitor no ato da leitura do poema. A didascália desse conjunto de poe-

---

2. Cf. João Adolfo Hansen e Marcello Moreira, *Para que Todos Entendais: Poesia Atribuída a Gregório de Matos e Guerra: Letrados, Manuscritura, Retórica, Autoria, Obra e Público na Bahia dos séculos XVII e XVIII*, vol. 5.

mas afirma que ele é um solilóquio feito para aferir "testemunho, glória e crédito" a partir de uma poetização do rito sagrado do sacramento, tomado como instituto diviníssimo. Portanto, esse índice de referencialidade afirma o gênero do conjunto poético.

Sabemos que o solilóquio é um gênero antigo, definido por ser a representação de um discurso cujo interlocutor primário é o próprio locutor, alguém que fala para si, enquanto o leitor como que assiste a essa espécie de autorreflexão expressa em palavras. Falar uma pessoa consigo, fazendo-se perguntas e respostas, constitui um lugar incômodo para a interpretação textual porque é um lugar de um eu que, embora fictício, tem uma voz que discorre para si e, ao mesmo tempo, para o leitor. Tecnicamente solilóquios são conversações a sós entre o autor e sua razão, precisamente como Santo Agostinho (354-430) ficcionalizou estes dois institutos, transformando-os em personagens no seu livro *Solilóquios*, notadamente um modelo textual para ambos os poetas. Como ficção, o leitor "escuta" todo o arrazoado autoexpresso na locução. A grandeza insubstituível do diálogo como superior método de investigação da verdade reside em ser efetivado por meio de perguntas e respostas a que duas razões concorrem alternadamente.

No caso dessas glosas, quando Gregório de Matos responde à proposta dos motes, ocorre uma passagem do solilóquio a certo "diálogo", na medida em que, ao discurso primeiramente composto, o glosador corresponde uma interlocução a dois, a que tudo o leitor assiste. Todos os argumentos desse (agora) diálogo poético são variações em torno ao mistério do sacramento. Pensemos, assim, primeiramente a partir da invenção dos motes.

Segundo afirma a didascália desse conjunto de poemas, o exercício de glosa efetuado pelo poeta é dito "para" fazer o *testemunho da devoção* à doutrina nele contida e com a finalidade segunda de prover *crédito* à autoridade piedosa da já bastante influente religiosa do Convento da Rosa de Lisboa, Violante do Céu. A expressão dessa finalidade de *testemunho* e *crédito* à matéria, dado manifestamente logo na frente do texto, omite aquela que o leitor sabe ser efetivamente a finalidade primeira do gênero poético: o deleite dado pelo conhecimento da obra, que opera na verdade como veículo da doutrina. A devoção aparece na longa variação em torno ao tema do sacramento. De maneira simples, podemos entender o sacramento como sinal da ligação entre o homem e Deus, relação que se torna visível por meio de um índice dessa ligação nos sete ritos sacramentais que a Igreja cristã católica aceita e determina como canônicos. Segundo ensina a história da teologia, a partir de alguns doutores da Igreja como Santo Agostinho, entre outros, "o termo sacramento passa a designar uma realidade litúrgica: o sinal sensível que manifesta a presença atuante e salvadora de Deus no meio de seu povo"[3]. Dentre eles, precisamente a eucaristia é tomada como o "sinal da unidade dos cristãos em Jesus morto e ressuscitado". Entendido originalmente no Velho Testamento como "mistério", no exercício da religiosidade cristã o sacramento é absoluto artigo de fé.

O mote do *Texto Primeiro* propõe uma analogia entre a Glória, que é sempre de Deus, e o entendimento do homem:

> Soberano Rei da Glória
> que nesse doce sustento
> sendo todo entendimento
> quiseste ficar memória.

A glosa de Gregório de Matos responde ao pretexto do mote com as noções de morte e eucaristia. O que a memória humana pode é recontar no palco do sacramento a história da morte e tormento de Cristo, intensificada pateticamente quanto ao aspecto salvífico, como ato de amor perfeito. No que diz respeito ao filho de Deus feito homem, os termos relativos são *glória, luz, corpo divino* e *disfarce* do sacramento; no que concerne ao homem, temos as três faculdades da pessoa com o entendimento, a memória – aqui relatada pela *história* – e a vontade, que, neste caso, é aquilo que pode advir de um *querer*. A história relatada no poema é a da possibilidade deixada ao homem por Cristo por meio do sacramento da eucaristia, revivido no culto da comunhão do *doce* – a hóstia, cujo análogo humano, por sua vez, é a poesia, aquela que pode discorrer com doçura e amenidade sobre essa possibilidade de fé, construindo sua memória com palavras deleitosas.

Todos os conceitos suscitados pela proporção *memória : eucaristia :: o doce : poesia* nos motes são amplificados sucessivamente no decurso das glosas a partir de lugares-comuns retirados da invenção dos sacramentos, como se disse, mormente do sacramento da eucaristia, e de outras tópicas afins, caso das metáforas alimentares, correntes na poesia *a lo divino* do Seiscentos. O *doce* que aparece acima no primeiro mote é, por um lado, no campo semântico alimentar, análogo da hóstia; mas *doce* remete também à finalidade retórica do discurso poético da lírica, conforme atesta a tratadística desta matéria, posto que produz amenidade, doçura e deleite como efeitos elocutivos do gênero poético. O presente *Solilóquio* não explora muito a tópica alimentar, pois seu argumento sacramental é construído sobre outros dois conceitos, de que trataremos na sequência deste artigo.

---

3. *Dicionário Cultural da Bíblia, s.v.* "Sacramento".

O *Texto Segundo* traz elocução bastante diversa da primeira glosa: trata-se de uma descrição pictórica. Bem mais alusiva, essa imitação toma do mote de Violante do Céu a sugestão do artifício da luz do sol e elabora uma descrição visual por meio de certo ornato bastante convencional à poesia seiscentista: a metáfora do sol como o poder do mandatário: Deus. A composição imaginária concebe o leitor num lugar de observação da máquina do mundo, qualificada de *fera*, mas, em compensação, mecanismo suficiente para representar a *fineza* do amor de Deus. O caráter concessivo da ação divina em prover à criatura dispositivos que indiciem seu plano providencial estende-se mesmo à ação poética de representação, podendo a poesia também ela ser tomada como índice daquele poder:

Nascem desempenhos tais
Desses divinos primores,

Empenhado Deus, desempenha a poesia do homem a finalidade de demonstrar o esplendor da máquina amorosa que se encontra no céu. Como se vê, a poesia é, tal como na glosa do *Texto Primeiro*, matéria desta imitação. Cada estrofe dessa glosa aciona uma figuração conhecida no fazer poético do século XVII. A primeira traz a já referida máquina do mundo, lugar-comum letrado presente por exemplo no canto nono de *Os Lusíadas*, por ocasião do episódio em que Vasco da Gama, na companhia de Tétis, sobe a um promontório para vislumbrar a alegoria da máquina do mundo perfeitamente católico e português. Fora do estilo sublime do poema épico, nesta imitação Gregório de Matos alude rapidamente à máquina do mundo para logo em seguida ajuntá-la a outro lugar igualmente comum no Seiscentos: a imagem do círculo menor que anela o maior. Esse tópos foi eminentemente interpretado no sofisticado *Sermão de Nossa Senhora do Ó*, do padre Antônio Vieira, cuja argumentação tem início com uma definição protocientífica da figura geométrica da esfera, cuja circularidade é refigurada na barriga de Maria, no redondo da boca num momento de interjeição da vogal *o*, nos círculos concêntricos que um peso provoca ao ser atirado à água, e noutros círculos naturais ou conceituais. No caso do *Texto Segundo*, é a imagem de um sol breve como aparece no céu, capaz de, em perspectiva, ser cingido pela mão humana, num qualquer momento da brevidade do dia, aquele círculo capaz de ostentar a imensidade adimensional do amor sem medida de Deus ao homem. Em cascata, essa metáfora do sol breve como amor sem medida deriva para outra metáfora convencional na poesia amorosa na representação das antíteses provocadas pela paixão nos corações humanos: "amor é brasa", – mas aqui também é *neve*, que abrasa ao mesmo tempo em que refrigera os corações cristãos. O argumento é provado pela consecução da fineza do amor de Deus. A propósito do conceito de fineza vale a pena deter-nos. Fineza é um termo de funda repercussão na poesia lírica em torno às paixões amorosas. Alguns séculos antes dos versos seiscentistas serem elaborados, o *fin'amors* já preenchia rimas de trovadores. No livro *Tratado do Amor Cortês* (*De Amore*), atribuído a certo André Capelão, ele é tomado como "fonte de todo o bem, raiz de toda cortesia". Quer dizer, o *fin'amors* é fonte de todas as virtudes. Conceito presente nas artes amatórias antigas, nomeadamente na de Ovídio, aparece por entre os séculos XIII e XIV como coadjuvante na expressão da tensão perpétua que envolve o desejo: como fonte de aperfeiçoamento da alma e como anseio. Na cortesia amorosa, a arte de amar insere o *fin'amors* no núcleo do embelezamento do desejo erótico e da disciplina das paixões. Na poesia do "amor cortês", o conceito aparece apropriado pelo código da vassalagem amorosa como conjunto de lugares-comuns, dos quais talvez o mais conhecido seja o da elevação do ser amado análogo ao *Senhor*. No *Tratado* referido, o amor é a raiz de toda cortesia, a fonte de todo o bem, constituindo no âmbito das letras cultivadas como que certo discurso de um código civilizatório da humanidade na medida da educação dos sentidos.

No século XVII temos a fineza como perfeição da coisa, ou agudeza. É ação feita com primor, galantaria, cortesania, com sutileza e destreza. Com esse sentido costuma aparecer em alguns textos do padre Antônio Vieira, aparece por exemplo na expressão "finezas de fidelidade" para significar certa afeição no coração dos índios brasileiros e, elaboradamente, aparece no *Sermão da Primeira Sexta-Feira da Quaresma*, de 1644, que traz como tema os extremos do amor e do ódio humanos, afetos cujo domínio depende, segundo o argumentação do sermão, da vontade dos homens. Como é comum nos sermões de Antônio Vieira, o orador oferece argumentos a partir de variadas *personas*, no caso trata-se de uma prova vivida por José:

> A egípcia, como vil, acusou a José, e o que começou amor, degenerou em vingança; José, pelo contrário, como honrado, estando inocente, não se desculpou, e o que parecia desamor, mostrou que era fineza. Fino com Deus, porque não quis pecar, fino com seu senhor, porque o não quis ofender, e mais fino com a mesma que o amou [...] Tão impossível é que o amor, ainda na terra mais dura e mais estéril, e ainda rejeitado e rebatido, não produza amor.

Por outro lado, o *Vocabulário Latino* de Raphael Bluteau afirma que o termo fineza, em sentido corrente em sociedades de corte, portava certa galantaria e exprimia feitos de homem de valor e de honrado fim. Com o mesmo sentido de certa ação com que se mostra o grande amor que se tem a alguém, Bluteau arrebata um exemplo em Cícero: "com fineza em latim diz-se *officiose, amanter*". Assim, nos domínios da ética e da arte mimética amatória, fineza é completude a que se chega, e nessa perfeição (termo vindo do étimo *perfectio*), está igualmente a elocução das paixões. Fino é coisa que, em sua espécie, tem conseguido seu fim, como o grau ótimo de um poema, de um discurso; no século XVII, é adjetivo para o que é perfeito e acabado. Acontece que o mesmo sentido de perfeição e completude, de algo que alcançou seu fim, vai compor também o domínio da devoção, e esse uso o que nossos poemas portam. Fineza é então aproveitado como conceito no âmbito devocional.

O *Texto Segundo* traz no sintagma *fino amor abrasado* o efeito do poder do sol que, como vimos, é análogo dos *divinos primores*. Nessa segunda glosa, é efeito da perfeição de Deus. O poema finaliza com uma figuração visual desenvolvida a partir de uma metáfora bastante curiosa: a perfeição do menino Jesus que aparece com galas de um traje vermelho que ele teria tomado emprestado ao véu da própria Maria para ostentar com total fineza os efeitos daquele amor divino. Efetivamente na prática da pintura, pode-se ver telas em que o menino Jesus é pintado ostentando todo um aparato decorativo das galas, como é o caso do quadro *O Menino Jesus Salvador do Mundo*, de Josefa d'Óbidos, que faz parte do acervo do Convento do Carmo, em Coimbra. Assim, a última estrofe de nossa visual glosa segunda é uma fina *ecphrase* de pinturas como essa.

Destaca-se que essa glosa de Gregório de Matos seguiu um rumo totalmente figurativo, embora o mote proposto pudesse facilmente conduzir a uma resposta política da questão de ostentação de poder ali proposta. Essa opção sujeita o surgimento da mesma noção de fineza em algumas outras das glosas, como as de números 18, 21 e 13, pois toca na questão da unidade do conjunto destes poemas. Sem dúvidas que a unidade dos poemas do *Solilóquio* é dada pela disposição numerada das 24 glosas, mas essa organização imediata e manifesta traduz a organicidade dada pela invenção de todos os textos, o verdadeiro alicerce deste edifício de poesia. De fato, nas 24 glosas, há um leque de conceitos, tópicas e imagens poéticas que envolvem o rito sacramental. A propósito da disposição, ela é facilmente observável, é mesmo transparente no exercício da organização desse conjunto de textos. A preceituação retórica afirma que é finalidade da disposição dar ordem às ideias, pensamentos e argumentos escolhidos pela invenção das coisas, mas tudo nela converge para fornecer ao solilóquio a noção de um todo, considerando sua inteireza e suas partes; as coisas inventadas e as palavras escolhidas. E tudo em razão de uma causa, que na poesia pode ser entendida pela construção de determinado sentido concebido à leitura do texto.

É precisamente um elemento da disposição dos poemas, a sequência ou ordem, que nos mostra a importância desse componente discursivo do *Texto Terceiro*, pois é a fineza de um retrato seu objeto. Como o anterior, permanece a elocução fortemente visual na especulação sobre o mistério do sudário, entendido como um *emblema do amor mais puro* do Senhor. O leitor logo percebe que o sudário é atrativo para o debate mais amplo sobre o mistério de todo o sacramental da eucaristia que, "mais que um emblema, é total *enigma*" à capacidade de compreensão do homem, o qual no entanto crê e, pela fé, penetra na *maravilha* do *mistério*, entendido como ação da perfeição do amor fino de Deus. Estendendo para essa glosa a figuração pictórica da anterior, nela o procedimento da arte da pintura conhecido como claro-escuro, artifício de luz e sombra aplicado pelos pintores, gerador de efeitos que evidenciam volumes, movimentos e caracteres às imagens, é, do ponto de vista da pintura com palavras, do discurso poético, o que todas as figuras são para o poema: *disfarce*. Seja retratado por cores ou palavras, luzes e sombras apenas revelam o que somente o amor de Deus faz entender: em paralelo, o próprio mistério do sacramento disfarçado em espécies que o entendimento humano é capaz de inferir. Na verdade, Gregório de Matos aplica na terceira glosa a tópica de *Deus artifex*, o argumento de que toda imitação humana é glosa da invenção divina do mundo elaborada pelo maior artífice, Deus. Esse tópos é frequentado nas letras pelo decorrer dos séculos e tratado em alguns textos importantes, caso do livro *Da Pintura Antiga*, escrito no final do século XVI pelo pintor português Francisco de Holanda. No Livro Primeiro, *Capítolo* I, ele afirma:

> [...] onde podemos dizer ser Deos pintor evidentíssimo, e nas suas obras se conter todo o exemplo e sustância de tal arte [da pintura]. Porque de duas cousas a pintura é formada, sem as quaes não se poderia pintar alguma obra; a primeira é lux ou claro, a segunda he escuro ou sombra, e como deixa de ser sombra, logo vem o claro, e no fim do claro começa a sombra [...][4].

Com efeito, como disse, é o mistério do sacramento revelado ao homem pelo amor perfeito de Deus o argumento de todo este conjunto de poemas. As glosas seguem variando os artifícios ao passo em que explicam todo esse mistério. A respeito do amor, convém trazer algumas notas a partir da história da filosofia. Importantes filósofos trataram do conceito do amor nas sociedades. Como distintivo primário, o amor significa prioritariamente relações humanas com solidariedade e concórdia. Para os gregos antigos, o amor queria dizer

---

4. Francisco de Holanda, *Da Pintura Antiga*, p. 23.

certa força unificadora, harmonizadora dos âmbitos do sexo, da política e da amizade. Segundo a filosofia cristã, o Amor passa a ser um conceito teológico, moral e religioso. "Amar a Deus significa amar o Amor", e também é uma espécie de relação que liga um ser a outro. Portanto, trata-se de uma ideia que envolve os homens entre si e entre si e Deus, e mais: diz respeito à relação de Deus para com os homens. Para São Paulo, é vínculo da comunidade religiosa, condição da vida cristã. A partir de Santo Agostinho, como desenvolvimento de suas reflexões sobre o assunto, o Amor eterno é tomado como a origem e a causa de toda comunicação da essência divina, aspecto muito importante no nosso *Solilóquio*. Para São Tomás de Aquino, o Amor é união ou vínculo (*unio vel nexus*) de natureza afetiva. Mais tarde, no mesmo universo católico, o Amor é compreendido como aquele que elimina a indignidade da natureza corpórea. O que mais concerne ao nosso poema deriva, todavia, da lição primária do agostinianismo: Deus é amado, mas principalmente Deus ama.

Assim, o *Texto Terceiro* instaura definitivamente no conjunto das glosas o argumento de que o Amor é a ação de Deus sobre os homens, ação que lhe aparece via mistério dos sacramentos, que se encontram, contudo, disponíveis aos homens, todos eles, inclusive aos pecadores, dependendo tão somente da atitude libertadora e livre de viverem na virtude cristã. Todo o poema é uma oferta de eucaristia apresentado por meio dos versos redondilhos como imitação poética desses mistérios. A glosa seguinte, a quarta, esmera-se em qualificar o Amor de Deus: *todo, digno, qualificado, subido* etc.

No *Texto Quarto*, entretanto, altera-se o artifício: antes visuais, as imagens são desta vez sonoras, pois a voz que se ouve no poema roga que Deus escute sua prece recitada em pranto. Nessa imitação, a figuração parte de uma hipérbole – morrer de amor – para montar o caráter da *persona* que suplica como amante arrebatado, como é praxe na lírica amorosa, mas o leitor sabe que a referência da figura se encontra na paixão de Cristo, literalmente "morto de amor" pelo homem na cruz. Vários termos manifestam a referência cristológica: *vossa paixão, fineza, ardor mais fino, cordeiro bendito, subido* etc. Além da hipérbole fácil de ser percebida, há também uma analogia na súplica por audição da prece do crente, colocado nessa analogia no lugar mais baixo – *fraco conceito, humilde pecador*, [lugar de] *tormentos, ânsias e dores* – enquanto o lugar de Deus é elevado. Esse argumento é o mesmo da glosa seguinte, o *Texto Quinto*, que expressa a incapacidade da linguagem em dizer o amor do Senhor. Acionando o léxico da filosofia lógica: *língua, qualidade, dificuldade, ponderar, erros, verdade*, essa glosa vai afirmar que os verdadeiros sinais da perfeição de Deus são efeitos do amor divino, conclusão que segue uma ordem analítica plena de toda lógica. Dado que é glosa do sacramento da confissão, o poema parece afirmar que são os conceitos humanos precários face às verdades divinas, no que (também) complementa o texto anterior.

Já o *Texto Sexto* enlaça seu argumento ao da quarta glosa pois, como naquela, a virtude cristã é explicada a partir do domínio dos efeitos do amor de Deus. Aqui a analogia proposta é mais clara: o amor divino corresponde aos "levantados ao alto", ao passo que os enganos humanos se relacionam à imperfeição, que acomete as coisas baixas. No entanto, por ação divina, pode haver entendimento no terreno dos filhos do Pai como premiação advinda da bondade celestial. Nesse texto aparecem, no que diz respeito à elocução, dois equívocos, o que o torna mais jocoso: o termo *cuidados* na primeira estrofe é usado com o significado convencionalmente poético de amores, conforme podemos ler em poemas de cortesia do amor, já referida, e, em seguida, no emprego dado pelo senso comum da palavra zelo. Na última estrofe o mesmo artifício é conferido à fórmula *mar de graça*, que acumula o significado comum de gratuidade e o conceito católico central da graça (*charis/gratia*) como uma força que opera em prol do homem, sem que ele o mereça, oriunda tão somente da ação e bondade de Deus. Graça é um dos principais conceitos da Bíblia e, como tal, apresenta uma série de significados nela embutidos e sobrepostos. Vou sintetizar algumas informações sobre esse conceito teológico muito complexo, de modo a aproveitá-lo na interpretação desses poemas. Inserta no âmbito da relação entre o Senhor e os homens, emerge a ideia de que estes são sempre objeto da graça e dependem de sua manifestação que, em todo caso, constitui-se como iniciativa de Deus na totalidade do tempo. Não é demandada por eles, nem influenciável, pelo contrário, trata-se de um atributo de estabilidade e confiabilidade encontrados tão somente em Deus e dado aos homens por sua bondade; ela é entendida como ação da essência de Deus como força que guarda a vida, que pode ser recebida individualmente e coletivamente como alegria e felicidade. No que diz respeito ao Novo Testamento, a graça foi determinante na práxis de Jesus: além de operante na esfera humana, a graça envolve aqueles que a recebem no seu âmbito de eficácia.

Numerosos poemas seiscentistas trazem como argumento relatos de erros e enganos, da vivência do pecado e seus efeitos maléficos de desespero, desengano e queda. São conhecidos pelos efeitos de atrocidade o terror pelo sofrimento eterno da alma no inferno e muito também pelas súplicas e demandas do pecador à graça de Deus: os textos falam de pecadores, escarmentados, precitos. No Brasil, são conhecidas as rimas de um soneto, atribuído ao mesmo Gregório de Matos:

Pequei, Senhor, mas não porque hei pecado
De vossa alta clemência me despido.

Antes quanto mais tenho delinquido
Vos tenho a perdoar mais empenhado.
[...]

Bem como as cobranças que a *persona* oratória do sermão do padre Antônio Vieira lança ao próprio Deus no brasiliano *Sermão pelo Bom Sucesso das Armas de Portugal contra as de Holanda,* de 1645:

Pois é possível, Senhor, que hão de ser vossas permissões argumentos contra vossa Fé? É possível que se hão de ocasionar de nossos castigos blasfêmias contra vosso nome?! Que diga o herege (o que treme de o pronunciar a língua), que diga o herege, que Deus está holandês?! Oh não permitais tal, Deus meu, não permitais tal, por quem sois! [...] Olhai, Senhor, que vivemos entre gentios, uns que o são, outros que o foram ontem; e estes que dirão? Que dirá o Tapuia bárbaro sem conhecimento de Deus? Que dirá o Índio inconstante, a quem falta a pia afeição da nossa Fé? Que dirá o Etíope boçal, que apenas foi molhado com a água do batismo sem mais doutrina? Não há dúvida que todos estes, como não têm capacidade para sondar o profundo de vossos juízos, beberão o erro pelos olhos. [...] Pois, Senhor meu e Deus meu, se por vosso amor e por vossa Fé, ainda sem perigo de a perder ou arriscar, fazem tais finezas os portugueses: *Quare obliviscceris inopiae nostrae? et tribulationis nostrae?* Por que vos esqueceis de tão religiosas misérias, de tão católicas tribulações? Como é possível que se ponha Vossa Majestade irada contra estes fidelíssimos servos, e favoreça a parte dos infiéis, dos excomungados, dos ímpios? Oh! como nos podemos queixar neste passo, como se queixava lastimado Jó [...] Parece--vos bem, Senhor, parece-vos bem isto? Que a mim, que sou vosso servo, me oprimais e aflijais, e aos ímpios, aos inimigos vossos os favoreçais e ajudeis? Parece-vos bem que sejam eles os prosperados e assistidos de vossa providência, e nós os deixados de vossa mão; nós os esquecidos de vossa memória, nós o exemplo de vossos rigores, nós o despojo de vossa ira? Tão pouco é desterrar-nos por vós e deixar tudo? Tão pouco é padecer trabalhos, pobrezas e os desprezos que elas trazem consigo, por vosso amor? Já a fé não tem merecimento? Já a piedade não tem valor? Já a perseverança não vos agrada? Pois se há tanta diferença entre nós, ainda que maus, e aqueles pérfidos, por que os ajudais a eles e nos desfavoreceis a nós? A vós, que sois a mesma bondade, parece-vos bem isto?

À primeira vista, essas súplicas à graça de Deus podem parecer demasiado exigentes, quase sacrílegas ou, de todo modo, soam muito agudas aos ouvidos mais católicos. No entanto, essas "cobranças" que a voz poética faz ao Senhor têm por base o mesmo conceito da graça, uma espécie de fiança ou confiança provida ao homem. Vê-se como essas três glosas se complementam e explicam mutuamente, efeito da disposição orgânica do conjunto das glosas de Matos: no *Texto Quarto* um *agora* virtuoso, saído do erro, da escuridão, do menos para o *mar* – um mar de graça, enchentes de amor, no *Texto Sexto*. Dos efeitos para a causa: louvor pelo alcançado ou, quando menos, clamor pela audiência que a doutrina assegura que virá.

O *Texto Sétimo* traz os clamores constantes de um eu cujos "ais de contino" se dirigem ao Senhor. Relacionado ainda com o *Texto Sexto*, essa glosa alterna lugares-comuns pela amplificação de ornatos como *fontes* e *peregrinação* para a composição de um caráter todo construído na virtude cristã. Tem-se uma *persona* virtuosa por ter vencido o engano ruinoso, por ter bebido na fonte clara do amor divino, por ter se recolhido e conduzido-se à *virtus* cristã, por ter, enfim, morrido pelo amor de Deus. Tem-se, como um deuteragonista, outro eu que pouco se projeta, apenas o suficiente para se mostrar como o negativo dessa conduta feliz, mas que insta para ser ouvido, para obter o alcance da graça, apesar de não corresponder ao caráter impoluto da *persona* antes descrita. Nos textos citados e em todos os mais, o que garante decoro às "cobranças a Deus" é o dogma da graça.

As glosas nona, décima e décima primeira compõem um subconjunto porque empenham-se em explicar os sacramentos como artigo de fé. O *Texto Nono* traz o artifício do *disfarce* significando o apelo material que a sensibilidade humana é capaz de captar: a roupa encarnada diz a cor e também é figura do dogma. Temos nessa glosa outra *eckphrasis* do ostensório (quarta estrofe) que retoma a curiosa imagem do círculo maior cingido pelo menor, matéria do *Texto Décimo*, que formula uma agudeza do extremo que o dogma solicita. O verso 8 da quarta estrofe, "Um Deus, que tanto se humilha", é inegavelmente imitação muito de perto da poesia de Violante do Céu pela sonoridade, léxico, cesura, bimembramento, antítese, por tudo, enfim.

O *Texto Décimo Primeiro* propõe, a partir do mote que já por si é uma concisa sinopse, uma síntese do mistério sacramental logo na primeira sentença:

Se no pão vos disfarçais,
por cobrir vossa grandeza,
já do pão na natureza
toda a grandeza expressais

A partir do *Texto Décimo Segundo* as glosas alcançam o ponto mais intrincado da invenção da imitação doutrinária que o poema realiza: a representação da Trindade, transformada então em lugar-comum que será amplificado até o final dos textos, desse que talvez seja o dogma mais complexo da teologia cristã, por meio do paralelo entre a falibilidade da alma humana derivada do barro inferior e a sublimidade fina da perfeição de Deus, paralelo sintetizado noutro verso cujo estilo lembra igualmente o de Violante do Céu:

Um Deus, que é todo portento,

arquiteto divino cuja engenhosidade produziu sua obra maior: o homem no mundo. A Trindade é apresentada na curiosa imagem de um "nó sagrado que apertava três" que, uma vez "desatado", traz apenas um Deus. O mote do *Texto Décimo Sexto* vai retomar a explicação da inclusão das três pessoas numa *partícula mais breve*, que pode ser desfrutada pelo homem no ato da comunhão eucarística: esse é o maior portento, derivado da bondade de Deus. Do *Texto Décimo Terceiro* ao *Décimo Sexto*, o leitor tem numerosa variação sobre a eucaristia, apresentada como maravilha dada ao homem pela graça.

Nesta altura das glosas, chega-se ao ponto de interesse na construção do argumento global do texto: toda a *grandeza, delírio, fineza, majestade, sublimidade, excelência* da graça está à disposição do ser cristão pelos sacramentos. Essa é a resultante, quanto à persuasão, que o poema almeja construir. Podemos sintetizar os conceitos articulados por meio dos referidos lugares-comuns: sacramentos, eucaristia, graça, amor de Deus e trindade. Resta observar, todavia, que todos esses conceitos e lugares são articulados repetidamente com base em uma argumentação que depende da ação humana. Com efeito, todas as glosas, acompanhando os motes, ressaltam que o homem, ainda que pecador, é merecedor da graça de Deus e por isso pode obter a redenção dos pecados, dado que possui a graça incutida nele pela bondade do criador. A alma humana possui as potências que podem transformar o barro grosseiro em fineza pela vivência da virtude cristã. Essas potências são as faculdades escolásticas constitutivas da pessoa: vontade, memória e inteligência. Toda a argumentação do poema é construída tendo por base a concepção de a alma racional humana possuir como poder e direito tais faculdades em potência. Os variados relatos lidos nas glosas de *pecado, dor, vileza, indignidade, sofrimento, rudeza, nescedade, humilhação, barro* são francamente superáveis unicamente porque o homem pode transformar em ato essas potências infundidas na criatura pela graça de Deus. Os ornatos da graça são numerosos: *levantado, subido, Sol, luz, fogo, brasa, lince divino, fino amor, cuidado, fineza*. Tudo revelado, porém, pelo disfarce do sacramento.

O que se pode falar com simplicidade a respeito das três potências da alma é que a teologia cristã católica as toma como "participação humana nas ideias divinas", ou seja, as potências constitutivas da pessoa: vontade, memória e inteligência são "vestígios, similitudes" e, principalmente, são "imagem" da divindade, tomada numa unidade dogmática, a do Deus Trino. Para a leitura dessas glosas, o mais importante a considerar é que elas dizem respeito à relação entre Deus e o mundo. Por essa relação, a criatura tornou-se semelhante à Trindade, cujo análogo é o espírito humano. A teologia pressupõe que na parte mais importante da alma as potências compõem a imagem do Deus Trino. Por analogia, inteligência, memória e vontade relacionam-se ao Pai, Filho e Espírito Santo e essa analogia da natureza divina é o que todo o poema aproveita intensivamente.

Pode-se ver que as variações entre baixezas humanas advindas do erro e a glória de Deus derivam diretamente das diversas relações entre as potências. No dístico do *Texto Décimo Quinto*, por exemplo:

Que supre esse entendimento
Os delírios do meu gosto

Apesar de se tratar de assunto complexo, que tem derivado no decorrer dos séculos mais de uma corrente nos estudos filosóficos, podemos tentar inferir algum aprendizado do conhecimento das faculdades constitutivas da pessoa para a interpretação deste *Solilóquio*. Mais uma vez é Santo Agostinho quem propõe a inferência na chamada "tese da identidade da alma": a unidade das faculdades faz da alma (humana) imagem de Deus unitrinitário. Essa tese, embora tenha conhecido adversários no debate filosófico, foi continuamente assimilada e transformada por outros padres da Igreja. Para São Tomás de Aquino, nós humanos possuímos as três faculdades, ao passo que Deus-Pai, Filho e Espírito Santo são as três faculdades. Ele explica que para o homem a igualdade é limitada à relação das partes com um todo potencial: "as partes têm em si a essência do todo potencial". O que elas são? São partes de um todo em que cada uma delas contém a essência do todo. Isso é tudo o que coube aos humanos.

No discurso da poesia, o que aparece de fato é a especulação mimética da unidade e da distinção entre as potências: o homem quer, o homem entende e o homem relembra. O ornato do *Solilóquio* de Gregório de Matos passa e repassa essas possibilidades pela memória do pecado, pela compreensão da glória de Deus e principalmente pela certeza de seu amor aos homens, provado pateticamente no sacrifício do Filho pela salvação da humanidade. Para fazer isto existem os lugares-comuns, que o poeta usa intensamente no conjunto dessas glosas. Mais do que isso, a poesia também é análogo que mostra as relações entre partes e todo, e esse é o efeito buscado por aquela citada proporção *memória : eucaristia : : o doce : poesia*. Cada glosa de todos os motes é parte de um mesmo todo dado pela unidade e relação das potências. A teologia afirma que as potências se relacionam entre si: as glosas exaurem essas relações pela repetição dos mesmos argumentos e pela variação elocutiva dos ornatos do gênero poético. Os versos finais do *Texto décimo nono* dizem:

[...]
fareis do grosseiro o fino,

que isso é glória do saber,
e por timbre do poder
Fareis do humano divino.

O agostinianismo afirma que Deus é objeto de amor, mas principalmente afirma que Deus ama. Sendo as potências imagem de Deus Trino na alma do homem, as relações entre inteligência, memória e vontade são aproveitadas no poema como inúmeras possibilidades da vivência na virtude cristã dadas pela graça de Deus e para a glória dele.

O conceito de glória (*doxa/gloria*) manifesta o esplendor de sua santidade. No Antigo Testamento, luz e fogo são imagens que permitem falar da glória divina, e ela se revela também nas intervenções de Deus e nas teofanias em que o homem toma conhecimento do esplendor do próprio Ser de Deus. No Novo Testamento, a glória de Deus se manifesta na pessoa de Cristo. O Evangelho de João insiste na revelação da glória de Deus por Cristo. Dar glória a Deus é reconhecer quem ele é, em si mesmo e para os homens[5]. No conjunto do poema, o Amor (*agapê*) entendido como entrega de Deus por sua criatura é a mais relevante figura. Reveja-se a síntese proposta ao final da primeira glosa entre estes mil versos luso-brasileiros de proveito e deleite:

Vivas lembranças deixastes
Da vossa morte, Senhor,
E para maior amor
Mesmo em lembrança ficastes:
Numa cea apresentastes
vosso corpo em tanta glória,
que para contar a história
da vossa morte, e tormento,
no divino Sacramento
Quisestes ficar memória.

REFERÊNCIAS BIBLIOGRÁFICAS

AGOSTINHO, Santo. *Solilóquios e A Vida Feliz*. São Paulo, Paulus, 1998 (Patrística, 11).

BLUTEAU, Raphael. *Vocabulario Portuguez, & Latino. Aulico, Anatomico, Architectonico, Bellico, Botanico, Brasilico, Comico, Critico* [...], *Authorizado com Exemplos dos Melhores Escritores Portuguezes, & Latinos* [...]. Lisboa, Pascoal da Sylva, 1712-1728.

---

5. *Dicionário Cultural da Bíblia, s.v.* "Glória".

CAPELÃO, André. *Tratado do Amor Cortês (Tractatus de Amore)*. São Paulo, Martins Fontes, 2000.

CUNHA, Mariana Paolozzi Sérvulo da. "Agostinho e a Polêmica Medieval do Teor das Relações entre a Memória, a Inteligência e a Vontade". *Síntese: Revista de Filosofia*, vol. 30, n. 98, 2003, pp. 351-366.

DICIONÁRIO Cultural da Bíblia. São Paulo, Edição Loyola, 1998.

HANSEN, João Adolfo & MOREIRA, Marcello. *Para que Todos Entendais: Poesia Atribuída a Gregório de Matos e Guerra: Letrados, Manuscritura, Retórica, Autoria, Obra e Público na Bahia dos Séculos XVII e XVIII*. Belo Horizonte, Autêntica, 2013.

_____. *Gregório de Matos e Guerra: Poemas atribuídos: Códice Asensio-Cunha*. Belo Horizonte, Autêntica, 2013, 5 vols.

HOLANDA, Francisco de. *Da Pintura Antiga*. Lisboa, Imprensa Nacional-Casa da Moeda, 1983.

VIEIRA, Padre António. *Sermões*. Porto, Lello & Irmãos, 1959, 5 vols.

VIOLANTE DO CÉU, Sóror. *Rimas Várias*. Introdução, notas e fixação do texto por Margarida V. Mendes. Lisboa Presença, 1993.

4

A Ordem do Discurso
e a Materialidade dos Textos[1]

Roger Chartier
COLLÈGE DE FRANCE

Para compreender as relações entre a materialidade dos textos e as expectativas de seus leitores, é preciso refletir, em primeiro lugar, sobre as descontinuidades fundamentais que transformaram a ordem do discurso, ou a economia da escrita entre a Idade Média e o século XIX. A mais comentada dessas descontinuidades não é necessariamente a mais decisiva. Trata-se, como é sabido, de uma invenção técnica: a invenção da imprensa por Gutenberg, em Mainz, em meados do século XV. Registrar sua importância não implica esquecer que outras revoluções tiveram tanta, se não mais importância, no decorrer da história da cultura escrita no Ocidente. Em primeiro lugar, entre os séculos II e IV, a difusão de um novo tipo de livro, que é ainda o nosso, ou seja, o livro composto de folhas e páginas reunidas dentro de uma mesma encadernação a que chamamos *codex* e que substituiu os rolos da antiguidade grega e romana. Em segundo lugar, no fim da Idade Média, antes da invenção da imprensa, nos séculos XIV e XV, o aparecimento do "livro unitário", quer dizer, a presença em um mesmo livro manuscrito de obras compostas em língua vulgar por um único autor (Petrarca, Boccacio, Christine de Pizan), ainda que essa relação

---

1. Tradução de Marcelo Lachat e revisão de Lavinia Silvares.

caracterizasse, anteriormente, apenas as autoridades canônicas antigas e cristãs e as obras em latim.

Além disso, a vigorosa sobrevivência do manuscrito na era da imprensa obriga-nos a reavaliar as razões que levaram a cópia manuscrita a manter sua importância, mesmo quando a reprodução mecânica de textos parecia possibilitar seu desaparecimento. Os manuscritos permitiam uma difusão controlada e limitada de textos que evitavam a censura prévia, favoreciam uma circulação discreta ou clandestina e afastavam as obras do vulgo, dos leitores incapazes de compreendê-los. Ademais, a própria forma do livro manuscrito, aberto a correções, supressões e adições, em todos os estágios de sua fabricação (composição, cópia, encadernação), permitia juntar textos escritos em vários momentos ou por diversas mãos. Finalmente, a publicação manuscrita constituía uma possível alternativa à imprensa: retirava o comércio das letras dos interesses econômicos (salvo no caso das gazetas manuscritas), protegia as obras das corrupções introduzidas por corretores e tipógrafos ignorantes e constituía uma modalidade importante, talvez dominante, de circulação de alguns gêneros textuais: as obras contrárias à ortodoxia religiosa, à autoridade do monarca ou à moral comum, os libelos difamatórios, os discursos políticos e relatos de acontecimentos militares, as coletâneas de poemas cujos leitores eram frequentemente também seus autores, os "escritos mágicos" ou, ainda, as partituras.

Menos espetacular, porém mais fundamental para a economia da escrita, foi a emergência, durante o século XVIII, do que consideramos como a literatura compreendida como uma modalidade particular do discurso identificada com as belas letras (e não mais, como nas definições dos dicionários do século XVII, com a erudição). Na sua nova definição, a "literatura" se baseia na individualização da escrita, na originalidade das obras e na consagração do escritor. A articulação dessas três noções, decisiva para a definição da propriedade literária, encontrará uma forma acabada no final do século XVIII, na época da consagração do escritor, da "fetichização" do manuscrito autógrafo, da obsessão pela mão do autor, tornada garantia de autenticidade da obra, e da construção de repertórios canônicos.

A literatura se opõe, assim, a uma economia anterior da escrita que se assentava em outras práticas: a escrita em colaboração, o reemprego de histórias já contadas, de lugares-comuns partilhados, de fórmulas consagradas, ou ainda, as contínuas revisões ou numerosas continuações de obras sempre abertas. Foi por meio dessa maneira de escrever as obras teatrais que Shakespeare compôs suas peças e que Cervantes escreveu *Dom Quixote*. Indicar isso não é esquecer que, para um e outro, começa muito cedo o processo que fez de suas obras um monumento. Mas esse processo não apagou, até o final do século XVIII, a forte consciência da dimensão coletiva de todas as produções textuais e o fraco reconhecimento do escritor como tal. Seus manuscritos não merecem conservação, suas obras não são propriedade sua e suas experiências não alimentam nenhuma biografia literária, mas somente coletâneas de anedotas. Esse quadro mudou somente quando a afirmação da originalidade criadora entrelaçou a existência e a escrita, situou as obras na vida e reconheceu os sofrimentos ou alegrias do autor em sua obra.

Desse modo, propor localizar a invenção da literatura e da história literária no século XVIII, na Europa, e talvez no século XIX, nas Américas, é seguir o caminho aberto por João Adolfo Hansen quando sugere a necessária

> [...] revisão de categorias que a nossa história literária de tradição iluminista, hegeliana, romântica, positivista pressupõe que são categorias trans-históricas. [...] Por exemplo, nessa história literária tradicional temos a ideia generalizada de que os textos todos têm uma autoria e que essa autoria se identifica com a expressão subjetiva ou psicológica do indivíduo que os produz; temos uma hipótese estética de leitura como prazer desinteressado, que aplicamos a objetos verbais que, muitas vezes, dependendo da circunstância dos usos, tinham outras finalidades, absolutamente práticas, por exemplo, no seu consumo.

Daí a série de oposições entre o que João Adolfo Hansen designa como "estética" – quer dizer, a literatura no sentido moderno do termo – e como a "representação dos séculos XVII e XVIII" – que é, segundo ele, "mimética, retórica, dependendo da doutrina aristotélica dos estilos que é anônima e coletiva". E é nessa oposição que se enraíza a incompatibilidade entre as noções que definem o discurso literário e as características próprias da retórica e da poética que o precedem:

> [...] a retórica faz que não existe a figura do "autor" – no sentido da subjetividade expressiva romântica –, nem a figura da "originalidade" – no sentido de uma mercadoria competindo com outra no mercado dos bens culturais –, nem a figura de "plágio" – no sentido da apropriação da propriedade privada –, nem, por isso, a figura da "psicologia" – no sentido da expressão emotiva ou subjetiva de impressões de um indivíduo –, nem tampouco a figura do "crítico literário" – no sentido do especialista que define o sentido das obras a partir do momento no qual a mimesis aristotélica se esgotou, no final do século XVIII, e o valor estético se tornou indeterminado.

João Hansen mostra, assim, que a universalização dos critérios românticos, expressivos e psicológicos, forjados nos séculos XVIII e XIX, oculta uma descontinuidade fundamental. No regime de representação do século XVII, que se pode nomear "barroco", os padrões retórico-poéticos e as doutrinas teológico-políticas não conhecem "nem as definições contemporâneas de 'publicação' como edição de textos impressos dotados de intenção autoral, unicidade, originalidade e autenticidade. Nem a noção de 'obra literária' como texto depositário de um sentido invariante, formulado como código linguístico independente dos códigos bibliográficos".

É precisamente contra essa concepção iluminista da "obra literária" – entendida como sempre idêntica a si mesma, como invisível e intangível, como transcendendo todas suas possíveis encarnações – que João Hansen indica, pensando no caso luso-brasileiro dos séculos XVII e XVIII, que "além dos códigos linguísticos ou retórico-poéticos, é básico reconstruir os códigos bibliográficos, lembrando que, na sua forma inicial, grande parte das letras coloniais eram publicadas como manuscritos, sendo realizadas como 'obras' somente quando eram oralizadas em circunstâncias oficiais, cerimoniais, polêmicas e informais".

A constatação de João Hansen revoga a divisão demasiadamente simples entre, por um lado, as obras e, por outro, os livros. Essa clara distinção parecia definir tarefas muito diferentes: aquelas dos historiadores da literatura, dedicadas ao estudo da gênese e dos significados das obras, e aquelas dos historiadores do livro ou da edição, vinculadas à compreensão de modalidades da publicação e da circulação de textos. Clássica, essa distinção foi paradoxalmente reforçada, e não modificada, pela erudição técnica da *New Bibliography* ou "bibliografia material" que analisa, com rigor, os diferentes estados de impressão de uma mesma obra (edições, tiragens, exemplares), a fim de compreender e neutralizar as corrupções infligidas ao texto pelas práticas da oficina tipográfica. Nessa disciplina – que, na maioria das vezes, não pode ou não quer estudar senão os objetos impressos que transmitiram os textos –, a principal obsessão é, no entanto, aquela da obra no seu estado original, como o autor a escreveu ou a desejou. Daí a distinção em cada texto impresso entre *essentials* e *accidentals*, entre os elementos consubstanciais à escrita e as alterações acidentais que relevam preferências ou erros dos editores, corretores ou compositores. Daí, também, a busca do *ideal copy text*, do manuscrito escrito ou corrigido pelo autor, um manuscrito para sempre ausente, mas possivelmente reconstruído ou imaginado a partir dos estados de impressão.

A bibliografia material não é a única disciplina que afirma tal projeto. Isso vale igualmente para a prática filológica quando, como no caso do *Lazarillo de Tormes*, magistralmente estudado e editado por Francisco Rico, ela mostra que práticas específicas relativas ao impresso (página de título, xilogravuras, divisão em capítulos, epígrafes) se impõem em um texto concebido como uma carta pertencente ao gênero da moda nos anos 1530-1540, isto é, as *carte messagiere*, as cartas escritas em língua vulgar – nesse caso, uma carta endereçada por Lázaro (e não Lazarillo como indica o título) a um correspondente anônimo quando ele se tornou pregoeiro em Toledo. Composto como uma epístola sem divisões, tendo muito provavelmente circulado nessa forma por meio de cópias manuscritas, o texto passou mais tarde pelas mãos de um impressor ou de um corretor que o submeteu às regras comuns de folhetos impressos, nos quais se supõem uma página de título, capítulos e rubricas marginais. Mas, como escreveu Francisco Rico, esse editor do texto "por desgracia, apenas entendió nada". Com o *Lazarillo de Tormes*, é de uma maneira extrema que o livro corrompeu a obra, submetendo-a a um tratamento nefasto e obrigando, assim, seus editores modernos a reencontrarem-na (e publicarem-na) em seu primeiro estado, de modo que se apaguem as deformações do impresso.

Mas se deveria ficar satisfeito com essa oposição aguda entre a obra em sua pureza essencial e o livro que, na melhor das hipóteses, não faz mais que transmiti-la como um veículo inerte e, na pior das hipóteses, altera-a e corrompe-a? As metáforas antigas apontavam essa diferença entre obra e livro, utilizando a relação que une, no ser humano, a alma e o corpo. Alonso Víctor de Paredes, impressor em Madri e Sevilha e autor do primeiro manual sobre a arte de imprimir em língua vulgar, intitulado *Institución del Arte de la Imprenta y Reglas Generales para los Componedores*, composto (no duplo sentido textual e tipográfico) por volta de 1680, exprime, com força e sutileza, a dupla natureza do livro: como objeto e como discurso. Ele inverte a metáfora clássica que descreve os corpos e os rostos como livros, e compreende o livro como uma criatura humana porque, como homem, ele tem um corpo e uma alma: "Eu comparo um livro à fabricação de um homem, que tem uma alma racional com a qual Nosso Senhor o criou com todas as graças que sua Divina Majestade quis dar-lhe; e, com a mesma onipotência, Ele formou seu corpo elegante, bonito e harmonioso".

Se o livro pode ser comparado ao homem, é porque Deus criou a criatura humana da mesma maneira que é criado um livro que sai das prensas. Em um memorial, publicado em 1675, para justificar as imunidades fiscais dos impressores madrilenos, um advogado, Melchor de Cabrera, deu a forma mais elaborada a essa comparação fazendo um inventário dos seis livros escritos por Deus. Os cinco primeiros são: o *Céu* estrelado, comparado a um imenso pergaminho cujos astros são o alfabeto; o *Mundo*, que é a soma e o mapa de toda a Criação; a *Vida*, identificada como um registro contendo os nomes de todos os eleitos; o próprio *Cristo*, que é ao mesmo tempo *exemplum* e *exemplar*, um exemplo oferecido a todos os homens e um exemplar de referência para a humanidade; a *Virgem*, enfim, o primeiro de todos os livros, cuja criação no Espírito de Deus preexistiu à do Mundo e dos séculos. Entre os livros de Deus, os quais, segundo Cabrera, referem-se a um ou outro dos objetos da cultura escrita de seu tempo, o homem é uma exceção, pois ele resulta do trabalho de impressão: "Deus colocou sobre a prensa sua imagem e selo, para que a cópia saísse conforme a forma que ela deveria ter [...] e ele quis, ao mesmo tempo, alegrar-se com cópias tão numerosas e tão variadas de seu misterioso original".

Paredes retoma a mesma imagem do livro comparado à criatura humana. Mas (e isto é importante para nosso propósito), para ele, a alma do livro não é somente o texto tal como foi composto, ditado, imaginado por seu criador. Ela é esse texto apresentado em uma disposição adequada, *una acertada disposición*: "um livro perfeitamente acabado consiste em uma boa doutrina, apresentada como se deve graças ao impressor e ao corretor; é isso que eu entendo como a alma do livro; e é uma boa impressão na prensa, limpa e cuidada, que faz com que eu possa compará-lo a um corpo gracioso e elegante". Se o corpo do livro é o resultado do trabalho dos impressores, sua alma não é apenas moldada pelo autor, mas recebe sua forma de todos aqueles (mestre-impressor, compositores e corretores) que cuidam da pontuação, da ortografia e da "disposição na página" (*mise en page*). Paredes rejeita, assim, antecipadamente, qualquer separação entre a substância essencial da obra – tomada sempre como idêntica a si mesma, seja qual for sua forma – e as variações acidentais do texto, resultantes das operações na oficina. Para ele, homem da arte tipográfica, a fábrica do livro é também fábrica da obra.

Essa advertência não foi esquecida pela crítica textual contemporânea. A "sociologia dos textos", como a definiu D. F. McKenzie, tem como ponto de partida o estudo das modalidades de publicação, disseminação e apropriação dos textos. Ela toma o "mundo do texto" como um mundo de objetos e de "performances", e o "mundo do leitor" como o da "comunidade de interpretação" à qual ele pertence e que define um mesmo conjunto de competências, normas e usos. Apoiada na tradição bibliográfica, a "sociologia dos textos" enfatiza, assim, a materialidade do texto e a historicidade do leitor com uma dupla intenção: identificar os efeitos produzidos no *status*, na classificação e na percepção das obras pelas transformações de sua forma material; e mostrar que as modalidades específicas da publicação de textos, antes do século XVIII, colocam em questão a estabilidade e a pertinência das categorias que a crítica associa espontaneamente à "literatura": por exemplo, as noções de "obra", de "autor" e de "*copyright*".

Contra a abstração dos discursos, o estudo da "materialidade do texto" – entendida no sentido que deram a essa expressão Peter Stallybrass e Margreta de Grazia, em 1993 – ressalta que a produção, não apenas dos livros, mas também dos próprios textos, é um processo que implica, além do ato da escrita, diferentes momentos, diferentes técnicas, diferentes intervenções. As transações entre as obras e o mundo social não consistem unicamente na apropriação estética e simbólica de objetos comuns, de linguagens múltiplas e de práticas rituais ou cotidianas, como pretendido pelo *New Historicism*. Elas concernem, mais fundamentalmente, às relações múltiplas, móveis, instáveis, estabelecidas entre a obra e seus textos. O processo de publicação, qualquer que seja sua modalidade, é sempre um processo coletivo, o qual não separa a materialidade do texto da textualidade do livro.

Essa materialidade não é a única que chamou a atenção da *New Bibliography*, preocupada com uma descrição formalizada dos exemplares a fim de reconstituir – graças à colação de assinaturas de diferentes cadernos – o processo de sua impressão; e desejosa de reconhecer – graças à identificação das práticas, das preferências ou do material tipográfico dos compositores que compuseram as diferentes formas ou folhas do livro – as alterações que eles puderam infligir à obra. A "materialidade do texto", de acordo com McKenzie ou com Stallybrass, vincula-se à função expressiva das modalidades de inscrição do texto no livro: o formato, a "disposição na página" (*mise en page*), os caracteres, as escolhas gráficas e ortográficas, a pontuação. Essas decisões, seja quem for o responsável, "fazem o texto" – ao menos para os leitores da edição em que elas se encontram. E é desse modo que *forms affect meaning* (as formas afetam o sentido).

Tal sentença pode ser entendida de maneira bastante genérica e levar a pensar que os efeitos próprios à invenção de Gutenberg não são talvez aqueles que foram mais frequentemente destacados. De fato, eles se referem, fundamentalmente, às relações entre as obras, enquanto textos, e as formas de sua inscrição material. Se o livro impresso herda muitas das estruturas fundamentais do livro manuscrito (*i.e.*, a distribuição do texto entre os cadernos e folhas próprias ao *codex*, independentemente da técnica de sua produção e reprodução), ele propõe inovações que modificam profundamente a relação do leitor com a escrita. Isso implica, então, por exemplo, *paratextos* ou, mais precisamente, na terminologia morfológica de Gérard Genette, *péritextes* que compõem o umbral do livro. Com o impresso, eles adquirem uma identidade imediatamente perceptível por meio de marcas distintivas particulares (itálicas, vogais com til, símbolos) que caracterizam o ou os cadernos que constituem os "preliminares" (ou "preambulares"), sempre impressos, com tabelas e índices, após a conclusão da impressão do corpo do livro e, muitas vezes, redigidos pelo livreiro ou impressor. As metáforas arquitetônicas, que nos séculos XVI e XVII indicam esses "pórticos" que levam à obra propriamente dita, encontram uma tradução material na separação tipograficamente marcada entre a obra e o "vestíbulo" (segundo o termo de Borges) que conduz até ela.

Além disso, o livro impresso torna mais comum do que o manuscrito a reunião, em um mesmo volume, de obras de um mesmo autor, contemporâneo ou quase. A inovação não é absoluta, pois, como mostrou Armando Petrucci, é a partir de meados do século XIV que, para alguns escritores que escrevem em língua vulgar, se afirmou a prática de reunir em um mesmo volume apenas textos cujos autores fossem eles mesmos. Esse gesto rompia com a tradição dominante, aquela das miscelâneas que agrupavam textos de gêneros, datas e autores muito diferentes. Mas a prática se fortalece com o impresso. O *Folio* de 1616, composto pelo próprio Ben Jonson, ou o de 1623, que não deve nada a Shakespeare, mas tudo a seus antigos camaradas e aos *stationers* que possuíam ou que compraram os *rights in copy* de 36 de suas peças, são ilustrações exemplares da ligação fortemente estabelecida entre a materialidade do livro impresso e o conceito de obra atribuída a um nome próprio.

Desse modo, é seguro afirmar que as formas (tipográficas) afetam o sentido (textual). No entanto, a quem se deve imputar essas formas? Um exemplo, em particular, permite compreender melhor, talvez, as concorrências ou as colaborações que as produzem: trata-se da pontuação. Nos séculos XVI e XVII, todas as reformas de ortografia propostas na França ou na Inglaterra visam aproximar-se da perfeição, ou melhor, da menor imperfeição da língua castelhana na qual, como escreveu Antonio de Nebrija na sua *Gramática da Língua Castelhana*, publicada em 1492, "tenemos de escrivir como pronunciamos: i pronunciar como escrivimos". Em todas as línguas europeias, obter tal coincidência entre a dicção e a grafia não é uma coisa fácil. Uma primeira possibilidade, estranha aos usos, seria pronunciar todas as letras das palavras, como se faz em latim. É essa maneira bizarra e pedante de pronunciar o inglês que, na peça *Trabalhos de Amor Perdidos* (*Love's Labour's Lost*), de Shakespeare, torna ridículo o mestre-escola Holoferne, que assim estigmatiza as maneiras de falar, totalmente contrárias às de Don Adriano de Armado:

I abhorre such phanatticall phantasims, such insociable and poynt devise companions, such rackers of ortagriphie, as to speake dout fine, when he should say doubt; det, when he shold pronounce debt; d e b t, not det: he clepeth a Calfe, Caufe: halfe, haufe: neighbour vocatur nebour; neigh abreviated ne: this is abhominable, which he would call abominable[2].

---

2. Trata-se do Ato V, cena I: "Abomino tais fantasistas fanáticos, tais companheiros tão insociáveis e afetadamente precisos; tais torturadores da ortografia, que dizem pronto quando deveriam dizer prompto, p.r.o.m.p.t.o; chama nascer, nacer; calda, cauda; director, diretor. Tudo isso é abominável, que ele chamaria ab-hominável". Tradução de Bárbara Heliodora (N. do T.).

A ORDEM DO DISCURSO E A MATERIALIDADE DOS TEXTOS

Outra solução, menos extravagante, consiste em transformar a própria escrita das palavras para ajustá-las ao modo como elas são pronunciadas. As obras que propõem tal reforma indicam claramente que o objetivo visado, muito mais do que a redução da diversidade de grafias, é a identidade entre o dizer e a escrita. Assim, o tratado publicado por John Hart, em 1596, foi intitulado *An Orthographie, Conteyning the Due Order howe to Write Thimage of Mannes Voice* (*Uma Ortografia, Contendo a Ordem Correta de como Escrever a Imagem da Voz Humana*); e o de William Bullokar, publicado em 1580, também era absolutamente explícito: *Booke at Large, for the Amendment of Orthographie for English Speech* (*Um Livro Inteiramente Destinado a Emendar a Ortografia para a Fala em Língua Inglesa*).

Na França, as reformas que entendem impor, segundo a expressão de Nina Catach, uma "escrita oral", inteiramente comandada pelas maneiras de falar, vão além da transformação de grafias. Ronsard, por exemplo, propõe, no seu *Abrégé de l'Art Poétique François*, suprimir "toda ortografia supérflua" (ou seja, todas as letras que não se pronunciam), transformar a grafia das palavras a fim de aproximá-la do modo como elas são ditas (assim, em francês, *roze, kalité, Franse, langaje*, etc. – o que tornaria inúteis as letras *q* e *c*) e, finalmente, introduzir as letras duplas, à imitação do *ll* ou do *ñ* espanhol, para fixar uma pronúncia mais exata das palavras *orgueilleux* ou *Monseigneur*. A prática dos impressores não seguiu essas propostas radicais. Contudo, ela introduziu uma inovação decisiva para uma adequação mais forte entre maneiras de falar e formas de inscrição dos textos: a saber, a fixação do comprimento das pausas. Nesse sentido, o texto fundamental é o do impressor (e autor) Etienne Dolet, intitulado *La Punctuation de la Langue Françoise*. Ele define, em 1540, as novas convenções tipográficas que devem distinguir, segundo a duração dos silêncios e a posição na frase, o "ponto com cauda ou vírgula", o *"comma"* (ou dois pontos), "o qual se coloca em sentença suspensa e não totalmente finalizada", e o "ponto redondo" (ou ponto final), que "se coloca sempre no fim da sentença".

Os tratados indicam, assim, normas que deveriam se impor tanto aos autores quanto aos impressores. Em 1608, Jérôme Hornschuch, no seu *Orthotypographia c'Est-à-Dire Instruction Utile et Nécessaire pour Ceux qui Vont Corriger les Livres Imprimés*, vilipendia os autores que remetem aos impressores manuscritos que eles redigiram com negligência ou que foram copiados por escribas pouco cuidadosos. O trabalho dos compositores e dos corretores encontra-se, desse modo, profundamente afetado e, por isso, declara Hornschuch: "eu gostaria, então, não tanto em nome dos corretores, mas dos impressores, de admoestar e de suplicar, com insistência, a todos aqueles que publicarão um dia algo, a apresentá-lo [o manuscrito] de tal maneira que não seja necessário perguntar na oficina do impressor como o escravo da comédia: 'As galinhas também têm mãos?'" – alusão a uma réplica da comédia de Plauto, *Pseudolus*. Invertendo os papéis tais como eles são ordinariamente distribuídos, Hornschuch pede ao autor que tenha um cuidado todo particular com a pontuação:

> Além disso, e o que é quase o mais importante de tudo, que ele [o autor] coloque uma pontuação exata. Isso porque, todo dia, numerosos erros são cometidos por muita gente nesse domínio. E, em poesia, nada é mais lamentável e condenável do que o grande número de pessoas que omite a pontuação. Certamente, uma boa pontuação traz uma grande elegância ao texto e, mais do que qualquer outra coisa, permite uma boa compreensão do assunto, ao passo que não se preocupar com isso parece ser conveniente a um espírito dissoluto.

Todos os autores respeitam injunções semelhantes a essas e, mais ainda, eles se lembram de aplicá-las? Não é isso que indicam os textos antigos que, escritos por homens da arte tipográfica, insistem no papel decisivo dos compositores e corretores das impressões. Na Espanha do Século de Ouro, a *puntuación* é uma das tarefas essenciais da preparação editorial ou da composição tipográfica do texto, bem como a colocação de acentos e de parênteses. Em 1619, Gonzalo de Ayala, que era ele próprio corretor de impressão, indica que o corretor "deve conhecer a gramática, a ortografia, as etimologias, a pontuação, a disposição dos acentos". Em 1675, Melchor de Cabrera sublinha que o compositor deve saber "posicionar os pontos de interrogação e de exclamação e os parênteses; porque, frequentemente, a intenção dos escritores torna-se confusa devido à ausência desses elementos, necessários e importantes para a inteligibilidade e a compreensão do que foi escrito ou impresso, pois se um ou outro falhar, o sentido é trocado, invertido e transformado". Alguns anos mais tarde, para Alonso Víctor de Paredes, o corretor deve "compreender a intenção do Autor naquilo que se imprime, não somente para introduzir a pontuação adequada, mas também para ver se ele não cometeu algumas negligências, a fim de adverti--lo a esse respeito". As formas e as disposições do texto impresso não dependem, portanto, do autor, que delega àquele que prepara a cópia ou àqueles que compõem as páginas as decisões sobre a pontuação, a acentuação e as grafias.

Nessa partilha de responsabilidade sobre a pontuação, cada tradição da crítica textual privilegiou um ou outro dos atores engajados no processo de composição e de publicação dos textos à época daquilo que se pode denominar o antigo regime tipográfico. Para a bibliografia material, as escolhas gráficas e ortográficas devem-se aos compositores. Os tipógrafos das antigas oficinas não tinham a mesma maneira de grafar as palavras ou de marcar a pontuação. Daí a recorrência regular das mesmas grafias ou dos mesmos usos de sinais de pontuação nos diferentes cadernos de uma mesma obra, em função das preferências e das práticas do compositor que compôs as páginas. Isso porque as *spelling analysis* permitiram atribuir a composição de um determinado caderno a um determinado compositor e, assim, reconstituir o processo de fabricação do livro, seja *seriatim* (*i. e.*, seguindo a ordem do texto), seja por formas (*i.e.*, compondo, de uma só vez, todas as páginas reunidas em uma mesma forma e impressas sobre o mesmo lado de uma folha de impressão). Este segundo modo de composição permite começar a impressão de uma folha mesmo que todas as páginas de um mesmo caderno ainda não tenham sido compostas, mas ele supõe, também, a calibração prévia e exata da cópia manuscrita, designada em inglês *casting off copy*.

Na perspectiva dos *compositor studies*, fundada no exame meticuloso da materialidade das obras impressas e das modalidades de inscrição dos textos na página, a pontuação é considerada, a exemplo das variações gráficas e ortográficas, como resultado, não das vontades do autor do texto, mas das práticas – ou, às vezes, das obrigações se a calibragem foi mal feita – dos artesãos que compuseram os cadernos para que eles se tornassem um livro impresso. Como graciosamente escreveu Alonso Víctor de Paredes, "no son Angeles los que cuentan" ("não são Anjos os que fazem a calibragem"). Se a divisão da cópia foi mal feita, a composição das últimas páginas de um mesmo caderno exige ajustes que podem chegar até, como afirma Paredes em tom de reprovação, "o emprego de procedimentos feios e que não são permitidos" – ou seja, adições ou supressões de palavras ou frases que nada devem à vontade do autor, mas tudo aos embaraços dos compositores, que podem também jogar com a "disposição na página" (*mise en page*), com o tamanho dos caracteres ou com a pontuação, aligeirada para economizar os espaços em branco ou multiplicada para estirar o texto. Em um tempo caracterizado por uma grande plasticidade fonética, ortográfica e semântica, particularmente no caso da língua inglesa, a margem de decisão deixada aos artesãos tipógrafos é bastante larga; e alguns autores, no contrato assinado com o impressor, delegam, explicitamente, ao juízo dos compositores a pontuação de sua obra.

Em outra perspectiva – neste caso, filológica – o essencial está alhures: na preparação do manuscrito para a composição tal como ela é realizada pelos "corretores" que introduzem letras capitulares, acentos e pontuação, que normatizam a ortografia, que fixam as convenções gráficas e que, frequentemente, são responsáveis pela correção das provas. Se elas são o resultado do trabalho das oficinas, essas escolhas não são mais então atribuídas apenas ou principalmente aos compositores, mas aos humanistas (clérigos, graduados das universidades, mestres-escolas) empregados pelos livreiros e impressores para garantir a maior correção possível de suas edições. Paolo Trovato ressaltou quão importante era, para os editores do *Cinquecento*, insistir na "correção", efetiva ou suposta, de suas edições, afirmada nas páginas de título pela expressão *con ogni diligenza corretto*. Daí o papel decisivo dos "corretores", cujas intervenções se dão em vários momentos do processo de edição: da preparação do manuscrito à correção das provas; das correções no decurso da tiragem, com base na revisão das folhas já impressas, ao estabelecimento das *errata* em suas diversas formas – as correções à pena nos exemplares impressos, as folhas de *errata* adicionadas ao fim do livro ou os convites feitos ao leitor para que ele mesmo corrija seu próprio exemplar. Em cada uma dessas etapas, a pontuação do texto pode ser corrigida, transformada ou enriquecida.

Nos séculos XVI e XVII, os textos assim submetidos à pontuação dos "corretores", que intervêm como *copy editor* ou *proofreader*, pertencem a diferentes repertórios: os textos clássicos, gregos ou latinos; as obras em língua vulgar que tiveram uma circulação manuscrita e às quais a impressão impôs suas próprias normas de apresentação do texto e, em alguns casos, como as edições italianas, uma normatização gráfica e linguística; enfim, os manuscritos de contemporâneos cuja legibilidade bastante medíocre muito irritava Jérôme Hornschuch.

Porém, como sublinhou Francisco Rico a respeito da Espanha do Século de Ouro, os manuscritos da mão dos autores não eram quase nunca utilizados pelos tipógrafos, que compunham com os caracteres móveis as páginas do futuro livro. A cópia que eles utilizavam era o texto depurado por um escriba profissional que havia sido enviado ao Conselho do Rei para receber as aprovações dos censores e, em seguida, a permissão para imprimir e o privilégio do rei. Devolvido ao autor, era esse manuscrito que se remetia ao livreiro-editor e, posteriormente, ao mestre-impressor e a seus artesãos. Um primeiro hiato separa, então, o texto redigido pelo escritor (que Rico designa *borrador*, isto é, o manuscrito rasurado) da *copia en limpio* ou *original*, formalizada por um copista que lhe impõe normas de todo ausentes nos manuscritos do autor. Como se sabe a partir de cartas ou de memórias, os manuscritos dos autores não observam nenhuma regularidade gráfica e ignoram, quase que completamente, a pontuação, ao passo que os "originais" (que, de fato, não o são) deveriam assegurar uma melhor legibilidade do texto submetido ao exame do censor.

Mas *quid* é o autor do texto? No seu dicionário, Furetière propõe, em 1690, dois exemplos de uso do termo "pontuação": "Este Corretor de Impressão entende muito bem a pontuação" e "A exatidão deste Autor decorre de seu cuidado com pontos e vírgulas". Se o primeiro exemplo atribui a pontuação, de fato e corriqueira, à competência técnica própria aos corretores contratados pelos impressores, o segundo – que, implicitamente, remete ao desinteresse comum dos autores pela pontuação – sinaliza, no entanto, que há autores atentos à pontuação de seus textos.

É o caso de Ronsard, por exemplo. Se os impressores, a partir de Etienne Dolet, fixaram as durações variáveis das pausas graças ao uso lógico da vírgula, dos dois pontos e do ponto final, eles não imaginaram semelhante sistema para marcar as diferenças de intensidade ou de altura da voz. Daí o desvio de significado de certos sinais utilizados para indicar ao leitor as frases ou as palavras que era preciso acentuar. Na advertência que Ronsard dirige ao seu leitor, nos preambulares dos quatro primeiros livros da *Franciade*, ele indica: "Eu te suplicarei somente uma coisa, Leitor: pronuncia bem meus versos e acomoda tua voz à sua paixão, e não como alguns os leem, mais à maneira de uma missiva, ou de algumas cartas Reais, do que de um Poema bem pronunciado; e te suplico ainda mais uma vez: quando tu vires esta marca ! eleva um pouco tua voz para dar graça ao que tu lerás". Para Ronsard, o essencial é, portanto, guiar a voz que lerá o texto e manter assim, graças ao controle da pontuação, o forte elo entre a escrita e a oralidade.

Outro exemplo é Molière. É possível encontrar algum traço da "exatidão" evocada por Furetière nas edições impressas das obras de Molière? Seria muito arriscado atribuir-lhe, diretamente, as escolhas de pontuação que foram feitas nas edições originais de suas peças, visto que, como Jeanne Veyrin-Forrer mostrou em relação à edição de 1660 das *Précieuses Ridicules*, essas escolhas variam segundo as diferentes folhas, ou mesmo as diferentes formas, de acordo com as preferências dos compositores ou dos corretores. Todavia, as variações de pontuação que existem entre as primeiras edições das peças, publicadas pouco tempo depois de suas primeiras representações parisienses, e as edições posteriores permitem reconstruir, se não as intenções do autor, ao menos as destinações esperadas do texto impresso.

Conhecem-se as reticências de Molière diante da publicação impressa de suas peças. Antes das *Précieuses Ridicules* e da necessidade de antecipar a publicação do texto por Somaize e Ribou, feita a partir de uma cópia roubada e sob a proteção de um privilégio obtido surpreendentemente, Molière jamais tinha liberado nenhuma de suas comédias para impressão. Havia razões financeiras para isso, já que, uma vez publicada, uma peça pode ser interpretada por qualquer trupe, mas também havia razões estéticas. Efetivamente, para Molière, o efeito do texto de teatro está todo na "ação", ou seja, na representação. A advertência ao leitor que abre a edição de *L'Amour Médecin*, peça representada em Versalhes e depois no teatro do Palácio Real, em 1665, e publicada no ano seguinte, assinala a distância entre o espetáculo e a leitura: "Não é necessário vos advertir que há muitas coisas que dependem da ação: sabe-se bem que as comédias são feitas apenas para ser interpretadas; e eu não aconselho a ler esta aqui senão às pessoas que têm olhos para descobrir na leitura todo o jogo [de cena] do teatro". Por que, então, não pensar que a pontuação é um dos suportes possíveis (assim como a ilustração dos frontispícios e das didascálias) para que seja restituído no texto impresso e na sua leitura algo da "ação" e da fala do teatro?

Se comparada, sistematicamente, àquelas adotadas nas edições posteriores (não somente do século XIX, mas também desde os séculos XVII e XVIII), a pontuação das primeiras edições das peças de Molière atesta, claramente, seu vínculo com a oralidade, seja porque ela destina o texto impresso a uma leitura em voz alta ou a uma recitação, seja porque ela permite ao leitor que lerá em silêncio reconstruir, interiormente, os tempos e as pausas da interpretação dos atores. Como mostrou Gaston Hill, a passagem de uma pontuação a outra está longe de não ter efeitos sobre o próprio sentido das obras. As primeiras pontuações, sempre mais numerosas, caracterizam diferentemente as personagens – por exemplo, a vírgula presente na edição de 1669, e que depois desapareceu, colocada logo após a primeira palavra ("Grande") neste verso mais do que célebre do *Tartuffe*: "Grande, e gordo, a tez fresca, e a boca vermelha" (Ato I, cena 4, verso 233); ou a multiplicação de vírgulas e de capitulares para distinguir as maneiras de falar do professor de filosofia daquelas do professor de dança no *Bourgeois Gentilhomme* (Ato II, cena 3). Essas pontuações originais também colocam em evidência palavras carregadas de um significado particular. Conquanto os dois últimos versos do *Tartuffe* não tenham nenhuma vírgula nas edições modernas, não é isso que se verifica nas edições de 1669 e de 1673: "E por um doce himeneu, coroar em Valério, / A flama de um Amante generoso, & sincero". A última palavra da peça, "sincero", é desse modo claramente designada como o antônimo daquela que figura no título: *Le Tartuffe, ou l'Imposteur* (*O Tartufo, ou o Impostor*).

Essa pontuação abundante, que indica pausas mais numerosas e, geralmente, mais longas do que aquelas que as sucedem, ensina ao leitor como ele deve falar (ou ler) os versos e põe em relevo algumas palavras, normalmente dotadas de capitulares na impressão – elas também suprimidas nas edições posteriores. Seja quem for o responsável por essa pontuação (Molière, um copista, um corretor, os compositores), ela indica uma forte relação com a oralidade: a da representação do teatro ou a da leitura em voz alta das peças para ouvintes que compartilham o prazer do texto.

Acerca do uso musical da pontuação de pausas e do emprego de capitulares como marcas de intensidade, *Les Caractères*, de La Bruyère, são um exemplo magnífico. Voltando-se para a pontuação da edição de 1696, que é a última que La Bruyère pôde revisar, e desembaraçando o texto de uma pontuação anacrônica, pesada e gramatical, Louis Van Delft conseguiu restituir a oralidade tanto da composição quanto da leitura dos *Caractères*. La Bruyère privilegia o uso da vírgula – tratada como um suspiro –, recusa as aspas e, sobretudo, trata cada "ponderação" como uma frase musical única, que alterna as sequências rápidas e agitadas – ritmadas por numerosas cesuras – com períodos mais longos, sem pontuação. Essa composição, na qual a pontuação é distribuída de acordo com a respiração, é um evidente convite a ler o texto em voz alta, para si mesmo ou para os outros. Por seu turno, as maiúsculas colocadas no começo de diversas palavras, no decorrer mesmo do texto, testemunham a acuidade do que se pode chamar a "consciência tipográfica" de La Bruyère, visto que essas capitulares (como apontam os tratados a respeito da impressão, em particular o de Moxon, publicado em 1683-84) marcam a ênfase dada sobre uma palavra, assim destacada para o olho ou acentuada na leitura oral. La Bruyère mostra-se bastante consciente desses efeitos, visuais ou semânticos, produzidos pelas formas dadas ao texto. Por exemplo, colocando em itálico ou cercando com vírgulas as palavras que se relacionam ou os dialetos que são o grande alvo da ironia e da crítica, ou ainda, utilizando as capitulares como "um coeficiente de dignidade", conforme a expressão de Louis Van Delft.

Na Inglaterra dos séculos XVI e XVII, são numerosos os jogos poéticos ou dramáticos com a pontuação, cujas variações transformam ou invertem o sentido de um texto sem alterar uma única palavra. As criações poéticas se apropriam da fórmula propondo diversos significados para um mesmo verso, a depender de como ele é lido, seguindo uma ou outra pontuação. Isso também ocorre na cena do teatro. Nos dois casos, o jogo produz seu efeito apenas se existir uma perfeita concordância entre aquilo que escreveu o poeta ou o dramaturgo, aquilo que diz em voz alta o leitor ou o ator e, caso seja um impresso, o texto tal qual o compôs o compositor e o corrigiu o corretor. Mencionem-se dois exemplos. No último ato de *Sonho de uma Noite de Verão* (*A Midsummer Night's Dream*), Quince abre a representação de Píramo e Tisbe, oferecida pelos artesãos de Atenas à corte de Teseu, com um prólogo que se quer uma *captatio benevolentiae*. Mas, desafortunadamente, ele corta as frases com pausas mal colocadas e o texto enuncia o contrário de sua intenção, o que faz com que Teseu diga: "This fellow does not stand upon points"; e Lisandro: "he knows not the stop". No *Quarto* de 1600, depois no *Folio* de 1623, os impressores respeitaram o cômico desarranjo de Quince ao introduzir os pontos, ou *stops*, nos momentos em que não seria preciso fazê-lo:

If we offend, it is with our good will.
That you should thinke, we come not to offend,
But with good will. To show our simple skill,
That is the true beginning of our end.

A pontuação pretendida desses versos lhes teria dado um sentido oposto, e conformado à sua intenção, sem que uma única palavra fosse trocada:

If we offend, it is with our good will
That you should think, we come not to offend.
But with good will to show our simple skill:
That is the true beginning of our end.

Segundo exemplo, encontrado na tragédia *Edward II* de Marlowe, impressa em 1598. *Edwardum occidere nolite timere bonum est*. São essas as palavras escritas no bilhete remetido por Mortimer a Lightborne, quando ele o envia para junto do rei Eduardo II, aprisionado no castelo de Berkeley e vigiado por Matrevis e Gurney. Seis palavras, mas o que elas ordenam? Se quem as lerá marcar uma pausa após as quatro primeiras, deverá assassinar o rei: "Não temas matar Eduardo, isso é bom"; ou, como traduz o próprio Mortimer: "Fear not to kill the king tis good he die". Mas ele corta a frase em duas partes iguais, posicionando a pausa depois de *nolite*, e não *timere*; a ordem é totalmente alterada e o monarca terá a vida salva: "Kill not the king tis good to feare the worst" ("Não mates o rei [Eduardo], é bom temer o pior"). Da maneira de pontuar a *scriptio continua* da sentença latina depende, então, a vida ou a morte de um soberano, que será imputada, como o diz Mortimer, não àquele que escreveu o bilhete e, de fato, ordenou o assassinato, mas àquele que o terá recebido e lido: "Unpointed as it is, thus shall it goe, / that being dead, if it chaunce to be found, / Matrevis and the rest may bear the blame, / And we be quit that caused it to be done".

Mortimer, o dissimulado, e Quince, o desajeitado, lembram assim que a pontuação constrói o significado e que ela tem uma ligação poderosa com as maneiras de falar. Portanto, dever-se-ia subscrever a tese de William Nelson segundo a qual, no fim do século XVII, uma pontuação gramatical e sintática, afastada da voz, teria substituído uma pontuação de oralidade que indicava pausas e entonações? Ou se deveria considerar, na esteira de Malcolm Pakes, que desde a Renascença o essencial é, para uma mesma época, e até em um mesmo texto, a oscilação entre uma pontuação retórica, que marca a estrutura dos períodos, e outra sintática, que identifica as articulações lógicas do discurso?

É possível supor que todos aqueles a quem a pontuação de um texto antigo pode ser atribuída, nos diferentes momentos de sua trajetória, compartilharam as mesmas normas e as mesmas expectativas? Ou é preciso, como sugere Philip Gaskell a propósito do *masque* de John Milton, intitulado *Comus*, assinalar as variações na pontuação de um "mesmo" texto em seus diversos usos? As diferenças entre a pontuação da edição impressa da peça de Robert Greene, *The*

History of Orlando, publicada em 1594, e aquela do manuscrito referente ao personagem Orlando em posse do comediante Edward Allen, que o interpretava, podem ilustrar tal hipótese.

São essas as questões que podem servir de pano de fundo a uma interrogação sobre o retorno de uma pontuação de oralidade no século XVIII, ilustrado, por exemplo, pela introdução na língua espanhola em 1754 (e apenas em 1754), na segunda edição da *Ortografía de la Lengua Española* da Real Academia, de pontos de interrogação e de exclamação invertidos no início das frases interrogativas e exclamativas; ou ainda, pelo desejo de Benjamin Franklin de construir o novo espaço público com base na fala viva dos oradores, ensinada no colégio e reproduzida graças ao uso de capitulares, de itálicos e (ao menos, assim ele sonhava) de sinais de pontuação utilizados pelos *Spanish printers*, indicando, de antemão, como deveria ser empostada a voz. Tais dispositivos tipográficos visavam fomentar o prazer das leituras compartilhadas e, mais ainda, fundar sobre a fala viva – proferida, trocada ou reproduzida – um espaço público que não se contivesse mais nos limites das cidades antigas.

O caso da pontuação não permite somente repensar a relação entre a escrita e a voz. Ele coloca igualmente em evidência a fragilidade da distinção entre "disposição em texto" (*mise en texte*) e "disposição em livro" (*mise en livre*), bem como a porosidade da fronteira que as separa. Como afirma Malcolm Parkes, "a pontuação impressa pode refletir a do autor, a de quem preparou a cópia para a prensa, a do compositor, ou as três em conjunto". E se poderia acrescentar a essa lista duas outras intervenções: as dos leitores que, frequentemente, modificam a pontuação do livro impresso que eles leem, seja por sua própria iniciativa ou, ainda, seja porque eles foram convidados pelo próprio impressor para corrigir os erros introduzidos na composição impressa; e as intervenções daqueles que, na livraria antiga, "editam" os livros, no duplo sentido do termo "edição", que designa tanto o investimento financeiro exigido para a publicação quanto o estabelecimento do texto publicado.

Em um texto intitulado "Os Dois Pontos, É um Pouco, em Prosa a Poesia" ["Les Deux Points, c'Est un Peu, en Prose la Poésie"], Yves Bonnefoy distingue dois sistemas de pontuação:

A pontuação que deslinda as articulações de um texto é aquela que reclama a sintaxe, eu suponho; e que tende, assim, a coincidir com as estruturas do pensamento? Enquanto aquela que ajudaria a leitura seria mais para compreender as necessidades da voz, ou colocar em evidência ritmos, sons: em suma, não para pensar mas para seduzir?

Ele conclui, decididamente, em favor da primeira ("De minha parte – ao menos é isto que espero –, tendo à pontuação que segue os contornos da reflexão"). Pensando na observação de João Hansen, que afirma que, "na sua forma inicial, grande parte das letras coloniais eram publicadas como manuscritos, sendo realizadas como 'obras' somente quando eram oralizadas em circunstâncias oficiais, cerimoniais, polêmicas e informais", é ao primeiro sistema de pontuação designado por Yves Bonnefoy a que se deve estar atento.

Para Paul Zumthor, na "literatura" medieval, as vozes davam existência às obras. Daí a importância dos "índices de oralidade", definidos do seguinte modo: "Por índice de oralidade, entendo tudo o que, no interior de um texto, nos informa sobre a intervenção da voz humana na publicação, quer dizer, na mutação pela qual esse texto passou, uma ou várias vezes, de um estado virtual à atualidade e, desde então, existiu na atenção e na memória de certo número de indivíduos". Na época de sua reprodução tipográfica e de leituras solitárias, as páginas impressas retiveram algo dessas vozes silenciadas que é preciso, desde então, escutar com os olhos.

5

João Adolfo Hansen e a Reorientação da "Crítica Literária"

Jean Pierre Chauvin

UNIVERSIDADE DE SÃO PAULO

Importa também ter em conta as pessoas ante as quais se faz o elogio.

ARISTÓTELES[1]

Podemos conseguir o favor de nossos ouvintes de quatro maneiras: falando de nós mesmos; sobre nossos adversários, dos ouvintes ou de seus próprios feitos.

RETÓRICA A HERÊNIO[2]

[...] é preciso lembrar o óbvio: Vieira é um letrado. No século XVII, o termo significa mais um éthos, um caráter, que propriamente a individuação autoral do escritor das sociedades de classes constituídas a partir do final do século XVIII.

JOÃO ADOLFO HANSEN[3]

EXORDIUM

Começo dizendo que conheci João Adolfo Hansen em 1990, quando de meu primeiro ingresso no curso de letras, na Universidade de São Paulo. Cinco anos depois, após prestar novo vestibular para o mesmo curso e habilitação (português, período noturno), voltei a frequentar as suas aulas, o que fiz durante três

---

1. Aristóteles, *Retórica*, p. 127.
2. *Retórica a Herenio*, p. 76.
3. João Adolfo Hansen, "Para Ler as Cartas do Pe. Antônio Vieira (1626 – 1697)", p. 266.

semestres. Durante a graduação, convivi com uma turma de aproximadamente trinta colegas que vivia a imitar suas falas e gestos. Foi, decerto, o professor de que mais conversamos, nos tempos em que a Universidade era mais solidária e, talvez, menos careta.

Em 2010, acompanhei as aulas, que pude, de uma disciplina de pós-graduação que ele ministrou na mesma FFLCH. Há dois anos, assisti à aula final do curso de pós. Em 2017, a meu singelo convite, discorreu sobre a poesia setecentista luso-brasileira para os alunos inscritos em uma disciplina sob minha responsabilidade, vinculada ao Programa de Pós-Graduação em Estudos Comparados de Literaturas de Língua Portuguesa, no curso de letras da USP. Afora isso, correspondemo-nos por *e-mail* desde o final da década de 1990.

Digo essas coisas porque redigir um texto que leva, no título, o nome de um ex-professor é tarefa arriscada. Em primeiro lugar, porque não dispomos do mesmo estofo que o nomeado; a segunda razão é que o pequeno empreendimento pode soar pretensioso e reverberar negativamente, como se se tratasse de obra de bajulação. Talvez seja preferível afirmar que não se trata de um encômio voltado à pessoa (ou *persona*) de João Adolfo Hansen, mas de revisitar algumas dentre as categorias e objetos, nos tempos e lugares que pesquisou.

NARRATIO

Em artigo publicado em 2001, o historiador Marco Antonio Silveira advertia para o fato de que "o paradigma da conquista soberana permeou vivamente nossa historiografia, nascida da preocupação em definir e justificar o caráter nacional brasileiro"[4]. Por "paradigma da conquista soberana" ele se referia ao "modelo interpretativo de Diogo de Vasconcelos[5]", em que "a colonização" seria concebida como "embate entre raças conquistadoras e conquistadas", com a presunção de que fosse "legítima", a "vitória da civilização europeia" sobre a barbárie ameríndia[6].

Evoco esse belo texto porque, dentre outras questões, ele relembra que, no campo da historiografia brasileira, o "problema das relações entre a produção

---

4. Marco Antonio Silveira, "Guerra de Usurpação, Guerra de Guerrilhas – Conquista e Soberania nas Minas Setecentistas", p. 126.

5. Nascido em Mariana, no ano de 1843, Diogo de Vasconcelos foi um advogado e político do partido conservador mineiro que ficou conhecido por ter escrito *História Antiga de Minas Gerais* (1904) e *História Média de Minas Gerais* (1918) – textos orientados pela concepção dualista a que alude Marco Antonio Silveira. Em 1927, por ocasião do seu sepultamento, recebeu a alcunha de "Heródoto mineiro" por Francisco Campos, secretário do interior de Minas Gerais.

6. Marco Antonio Silveira, "Guerra de Usurpação, Guerra de Guerrilhas – Conquista e Soberania nas Minas Setecentistas", p. 126.

historiográfica e a afirmação da nacionalidade e da soberania no Brasil vem assumindo novos contornos desde a década de 1990"[7]. Para nós, leitores de *A Sátira e o Engenho* (1988) e do ensaio "Autor" (1992) – afora diversos artigos legados por Hansen – parece mais claro que o método crítico que ele propunha correlacionava-se ao que acontecia na historiografia.

Quer dizer, as pesquisas em letras e história parecem ter percorrido trajetória análoga. Armada com as contribuições da Nova História (História das Mentalidades, Micro-História, *New Historicism* etc), gradativamente passou-se a desconfiar dos grandes panoramas temporais – contados sob a perspectiva unilateral da soberania dos povos e embalados pela visão científica da própria arte historiográfica.

Ao logo do século XIX, o discurso historiográfico se escorava na especialização dos saberes e pretendia revestir-se de caráter positivo, "científico". Especialmente no Brasil, o projeto de uma literatura supostamente identitária foi um projeto institucional. Ela contava com o empuxo da fé em Deus, a crença no império, a heroicização do índio e a negação dos modelos e temas greco-latinos.

Como bem sabemos, a importação do ideário romântico francês, na década de 1830, por Gonçalves de Magalhães, Araújo Porto Alegre e Francisco de Sales Torres Homem, elegeu valores, supostamente representados em seus ensaios e versos: a honestidade do poeta, o caráter patriótico do que escrevia; o abandono das prescrições da poesia neoclássica, praticada durante o Setecentos.

Ora, a crítica literária brasileira nasceu em meados do Oitocentos, ladeada pela onda romântica pseudonacional, executada a partir de Paris – materializada nos dois volumes da *Revista Niterói*, veiculados em 1836 – e as reuniões do IHGB, fundado em 1838, sob a erudição da Igreja (na figura do cônego Januário da Cunha Barbosa), a benção do exército (representado pelo coronel Raimundo José da Cunha Matos) e o patrocínio do império, nas décadas seguintes.

Determinados em seu projeto de brasilidade, a historiografia oficial recorreu ao também coronel e letrado Sebastião da Rocha Pita, reciclado como exemplar nacional, cem anos após circular a primeira edição da sua *História da América Portuguesa*. O ufanismo, no plano da historiografia colonial, repercutiu nos manuais da disciplina, que circularam no moderníssimo Colégio Pedro II. Por sinal, Joaquim Manuel de Macedo, um dos protegidos do imperador, lecionou "História do Brasil" por lá, utilizando o seu próprio manual como fonte de estudo.

Em uma chave mais ampla, as disciplinas de história, literatura e eloquência caminhavam solidárias tanto no Colégio, quanto no IHGB. Recorria-se ao idea-

---

7. *Idem*, p. 127.

lismo de Rocha Pita como lastro para o discurso historiográfico; ensinavam-se preceitos de oratória para os futuros bacharéis em direito; apelava-se para os estudos clássicos de poética e retórica para afirmar a "espontaneidade" dos versos e a a "sinceridade" dos poetas.

Confundia-se o *ethos* fingido do "autor" com suposta boa-fé, saudade da pátria e honestidade dos afetos. A seu turno, os primeiros compiladores de "literatura brasileira", como o próprio Januário da Cunha Barbosa, e Francisco Adolfo de Varnhagen, passaram a aplicar os preceitos defendidos pelos românticos como critérios de valoração (ou desvalorização) das obras produzidas no território, que ainda era "parte" do reino de Portugal.

No final do século XIX, Sílvio Romero negou a relevância de Machado de Assis, porque se tratava da obra "mestiça", com os "tiques de sua raça" de origem. Em 1915, José Veríssimo reverberou boa parte dos critérios sugeridos pela historiografia literária, mas, por ser amigo pessoal de Machado de Assis, ajudou-o a sedimentá-lo como paradigma literário, supondo que se tratasse de alguém para além de seu tempo.

ARGUMENTATIO

Os "valores" perpetrados pelo ideário romântico irradiaram no século XX. Próximos do que Varnhagen dizia no século anterior, João Ribeiro e Silvio Júlio reforçaram o atributo supostamente "doentio" de Gregório de Matos, supondo-o "tarado" e "ressentido" em relação à coroa portuguesa. Manuel Bandeira, em 1946, desprezou quase tudo o que veio antes de Mário de Andrade, com exceção de Gonçalves Dias (sobre quem escreveu uma biografia). As mesmas premissas românticas, irradiadas na década de 1830, parecem ter feito adeptos em Otto Maria Carpeaux e muitos outros.

Em 1959, após dez anos de redação, saiu *Formação da Literatura Brasileira*, de Antonio Candido. Àquela altura, a obra representou considerável avanço em relação aos estudos relacionados ao que se produzira no Brasil. Candido supunha que as raízes do nosso nacionalismo permitiam ver a representação do sentimento antilusitano e a temática indianista na poesia dos árcades.

Dentre outras consequências, o seu manual autorizou considerar que teria havido um "pré-romantismo brasileiro", o que reforçou o caráter supostamente teleológico do que se produziu, na segunda metade do século XVIII, fosse em Vila Rica (com Cláudio Manuel da Costa), fosse em Roma (com Basílio da Gama), ou em Moçambique (com Tomás Antônio Gonzaga).

Trinta anos depois, a tese de Hansen, concluída em 1988 – *A Sátira e o Engenho* – virou livro. Em 1990, a obra conquistou o prêmio Jabuti. No prefácio à segunda edição, publicada em 2004, o pesquisador reforçaria a hipótese de que o "Barroco", como entendido pelos manuais de literatura (dita "brasileira"), fora concebido e instituído por Heinrich Wölfflin e Alois Riegl, na Alemanha[8]. Tratava-se, portanto, de conceito anacrônico, inventado no final do século XIX, com vistas a nomear, classificar e rotular modos heterogêneos de escritura, estilo etc. que teriam circulado no século XVII.

Em 1992, em capítulo que abre a coletânea *Palavras da Crítica*[9], o pesquisador situava limites semânticos e pragmáticos, quanto ao uso de "autoria", "literatura" e "originalidade", antes e depois do Oitocentos. Não haveria cabimento em atribuir caráter "plagiário" a homens letrados que, pelo menos até o final do século XVIII, emulavam textos modelares, aplicando-lhes preceptivas retórico-poéticas.

Por esse mesmo motivo, ele lembrava que o conceito de "originalidade" tinha outra acepção. Até o século XVIII, a palavra reportava às "origens". O autor concebia seus versos como signatário de uma *auctoritas*, tendo em vista legitimar a si mesmo como continuador dos clássicos. No ensaio, Hansen sugere que "originalidade" passou a significar justamente o contrário, a partir do Romantismo – estética que defendia os valores burgueses de "honestidade" (em oposição a fingimento), "naturalidade" (em contraposição a artifício) e "novidade", com o sentido "moderno" de dar nova feição e origem.

Em nova versão do ensaio "*Ut Pictura Poesis* e Verossimilhança na Doutrina do Conceito no Século XVII Colonial", João Adolfo Hansen explicitou a "doutrina neo-escolástica" que institui a "representação como o desenho externo ou a evidência da luz natural da Graça"[10]. Ao refazer a arqueologia dos conceitos em vigor durante o Seiscentos, o crítico recuperou o conceito de "versossimilhança", em Aristóteles; o caráter conceitual/imagético da "representação", com Horácio; e recorreu ao tratado de Possevino, entre outros, para reaproximar a pintura da poesia, em acordo com os preceitos horacianos:

> Por isso, diz Possevino, assim como a pintura lança mão da aritmética, da geometria e da óptica, como *proportio* ou *commensuratio*, para produzir seus efeitos ou o fingimento

---

8. João Adolfo Hansen, *A Sátira e o Engenho: Gregório de Matos e a Bahia do Século XVII*.
9. João Adolfo Hansen, "Autor", em José Luis Jobim, *Palavras da Crítica: Tendências e Conceitos no Estudo de Literatura*, pp. 11-43.
10. João Adolfo Hansen. "*Ut Pictura Poesis* e Verossimilhança na Doutrina do Conceito no Século XVII Colonial", p. 111.

de sombras, cores e volumes, enganando a agudeza da vista pela perspectiva, que faz com que coisas distantes pareçam menores e vice-versa, também a poesia deve calcular com proporção seus efeitos maravilhosos que movem os afetos. Como um pintor, o poeta e o orador devem observar estilisticamente a maior ou menor distância da relação imagem/olho em suas metáforas; a maior ou menor aplicação de ornatos que especificam as clarezas adequadas a cada gênero; o maior ou menor número de vezes que os efeitos deverão ser examinados para serem entendidos[11].

Em estudo sobre a correspondência jesuítica de 1995[12], o crítico chamava atenção para o caráter prescritivo das cartas trocadas entre Manuel da Nóbrega e os irmãos da Companhia de Jesus, sugerindo que elas fossem lidas pragmaticamente, como enunciados que mudariam de tom, modalidade, gênero e registro, conforme os usos que delas se fizeram – antes e depois de serem organizadas segundo a disposição em livro.

Com o perdão do truísmo, os estudos de João Adolfo Hansen, Alcir Pécora e Adma Muhana sugerem que não haveria lugar para o relato maravilhado e o registro espontâneo da parte dos missivistas, ensinados segundo o rigor do Colégio dos Jesuítas, forrados de retórica, poética e tratados dogmáticos. Sob essa perspectiva, como enxergar "naturalidade" na correspondência oficial que os irmãos trocavam?

Como um diálogo, a carta formaliza o destinador e o destinatário segundo as adequações hierárquicas da Companhia e do Império, observando-se nela a permanência dos três decoros das antigas *artes dictaminis*: dirigida a superior, não pode ser jocosa; a igual, não pode ser descortês; a inferior, não pode ser orgulhosa[13].

Em 2001, a revista *Teresa* contou com o artigo "Barroco, Neobarroco e Outras Ruínas", que poderíamos relacionar com o prefácio do autor para a segunda edição de seu livro (2004). No ensaio, o crítico evidencia que, além de se tratar de conceito anacrônico, o termo "Barroco" não poderia ser aplicado indistinta e universalmente às práticas de representação produzidas em um período que se convencionou delimitar sob a mesma forma. Hansen questionava premissas teleológicas e métodos imprecisos que não levavam em conta a "legibilidade" objetivada pelos textos, necessariamente situados em seu tempo e lugar.

---

11. João Adolfo Hansen, "*Ut Pictura Poesis* e Verossimilhança na Doutrina do Conceito no Século XVII Colonial", p. 115.
12. João Adolfo Hansen, "O Nu e a Luz: Cartas Jesuíticas do Brasil – Nóbrega: 1549-1558".
13. *Idem*, p. 93.

Feitos sem crítica documental sobre a produção das letras e artes no século XVII, sem crítica documental dos modos como os resíduos delas foram selecionados, conservados e transmitidos desde o século XVI e, ainda, sem crítica genealógica da invenção da categoria no final do século XIX e das suas apropriações posteriores, os usos de "barroco" na crítica e na história literária não consideram, geralmente, que a noção não tem existência independente do corpus neokantiano aplicado para defini-la no final do século XIX, nem dos lugares institucionais que a aplicam, nem, ainda, dos condicionamentos históricos dos objetos particulares do século XVII a que se aplica[14].

Em 2008, ao discorrer sobre os modos de ler o sermão vieiriano[15], o pesquisador de "coisas coloniais", como diz, reposicionou o lugar do gênero, em acordo com os preceitos vigentes em sua época e lugar:

Para ler as cartas que o jesuíta Antônio Vieira (1608-1697) escreveu e ditou em vários lugares da América Portuguesa e da Europa entre 1626 e 1697, é conveniente especificar a historicidade dos seus regimes discursivos. Elas não são informais. Escritas com preceitos retóricos da mímesis aristotélica, têm interpretação teológico-política fundamentada na Escolástica. E não são "literatura". Em seu tempo, a instituição literária e o conceito iluminista de autonomia da ficção não existem. Também não são as "manifestações literárias" das histórias literárias brasileiras. A teologia-política que determina o tratamento de suas matérias é outra. Não prevê o idealismo alemão, o evolucionismo e o etapismo[16].

CONCLUSIO

Para os fins a que esta fala se destina, digo mal e pouco. Porém, em autodefesa, ressalvo que sendo breve relato das leituras que fiz de João Adolfo Hansen, o objetivo era chamar a atenção para o estímulo de seu trabalho nos estudos que realizo em torno da "literatura" luso-brasileira. Daí não ser desmedido reafirmar o que vai no título desta exposição.

Acredito que graças aos esforços do crítico, pudemos reconfigurar a aproximação dos variados gêneros discursivos produzidos, não exclusivamente, durante o período colonial luso-brasileiro. O seu método, que denomina "arqueológico", induz-nos a repensar o que chama de "ruína", ao reexaminar cartas, sermões, versos e tratados sob as lentes da historiografia, da literatura e de outras artes.

14. João Adolfo Hansen, "Barroco, NeoBarroco e Outras Ruínas", p. 13.
15. João Adolfo Hansen, "Para Ler as Cartas do Pe. Antônio Vieira (1626-1697)".
16. *Idem*, p. 265.

Como recomendava Aristóteles, ao redigir encômios é fundamental calar vícios e apontar virtudes. Não seria demasiado reiterar que *A Sátira e o Engenho* sinaliza para um novo modo de lidar com movimentos supostamente estanques que, até o final da década de 1980, eram configuradas como meras balizas temporais, abordadas sob o viés redutor de um suposto "caráter nacional" brasileiro, e percebidas como "deformação", "exagero" ou "vício", segundo os entendidos do século XIX.

Haveria um tanto mais a lembrar e dizer. Penso, por exemplo, no livro *Alegoria*, publicado em 1986, que nos ensina a reler o *tropo* pela interpretação de emblemas e sinais[17]. Menciono, também, o seu trabalho notável em torno de Guimarães Rosa, *O o* – dissertação de 1983, publicada pela editora Hedra dezessete anos depois –, em que Hansen recobriu extensa fortuna teórica – de Bakhtin a Roland Barthes[18]. Acho exemplar (não digo "sublime", para não errar a medida do elogio e soar bajulatório) os parágrafos com que ele inicia o segundo capítulo:

> O narrador, que já está presente, e que não se sabe ainda quem seja, nem onde esteja, ou quando fale, instala-se a cavaleiro de seu verbo, que sofre e produz um efeito de neutralização de tudo quanto pudesse designar e significar, previamente. No entanto, a coisa ainda, declarando-se pelo avesso um dispositivo de linguagem, máquina de expressão"[19].

Vejo paralelos entre o mestrado em torno de Rosa e o doutorado (e artigos) em torno de Gregório, redigido cinco anos depois. Salvo engano de quem leu e releu seus textos, suponho que a João Adolfo Hansen a linguagem utilizada pela *persona* projetada na carta, do sermão, da sátira, do tratado, do conto ou do romance – seja ela personagem, narrador, celebridade figurada etc. – importa tanto ou mais que os temas abordados no discurso. Isso porque o discurso pressupõe voz, tonalidade, adequação do tema em acordo com o gênero e a modalidade em que inscreve: alta, média ou baixa.

Dentre o que mais e melhor disse, registro também o ensaio que publicou em 2013, em torno da "Instituição Retórica"[20]. No artigo, João Adolfo Hansen

---

17. "[...] frente a um texto que se supõe alegórico, o leitor tem dupla opção: analisar os procedimentos formais que produzem a significação figurada, lendo-a apenas como convenção linguística que ornamenta um discurso próprio, ou analisar a significação figurada nela pesquisando seu sentido primeiro, tido como preexistente nas coisas, nos homens e nos acontecimentos e, assim, revelado na alegoria" (João Adolfo Hansen, *Alegoria: Construção e Interpretação da Metáfora*, p. 9).
18. João Adolfo Hansen, *O o: A Ficção da Literatura em Grande Sertão: Veredas*.
19. *Idem*, p. 43.
20. João Adolfo Hansen, "Instituição Retórica, Técnica Retórica, Discurso".

não apenas situa as origens da arte da persuasão. Sugere que ela resiste àqueles que a confundem com artifício oco e pomposo, sobremodo útil a oradores ao pé da mesa, convivas de salão e bacharéis metidos a oradores sapientíssimos:

A naturalização romântico-positivista da ignorância do simbólico por jornalistas e outros profissionais de Letras que hoje produzem discursos sobre o campo da cultura faz entender *retórica* como "artificialismo", "formalismo", "falsidade", "blablablá", "ornamental", "beletrismo" etc. Deixando essa ingenuidade para os profissionais dela, proponho que o adjetivo "retórico(a)" se aplica a todo e qualquer enunciado produzido intencionalmente em situação, por oposição a "frase", estrutura abstrata da língua estudada pela linguística e pela gramática. O enunciado é produto de um ato singular de enunciação e é irredutível à abstração da frase da gramática e às fórmulas sem sujeito da lógica. Essa singularidade é retórica[21].

Parece ser na linguagem que reside o cerne das principais questões em torno do texto, como ele também mostrou no ensaio sobre o conto "O Imortal", de Machado de Assis, no qual sugere que grande parte dos narradores machadianos soa intencionalmente *kitsch* porque o autor também pretendia estilizar os tiques românticos, vigentes nos escritores de seu tempo[22]. Daí o tom de pastiche, o recurso à paródia da linguagem pomposa, a enfeitar a fala dos homens planos e medíocres. Evidentemente, Machado conhecia alguma retórica para propor o avesso da arte, em plena vigência oficial da Eloquência oficial e oficiosa, nos cafés, redações e salões da Rua do Ouvidor.

Ocorre-me, ainda, o capítulo que integra uma coletânea de estudos em torno de José Saramago[23], em que Hansen discorreu sobre a temporalidade com que o *Memorial do Convento*, de 1982, dialoga. Conhecedor da obra do historiador Reinhart Koselleck[24], o pesquisador observou, com a perspicácia que o caracteriza, que:

A partir do Iluminismo, como sabemos, houve uma inversão radical dessa concepção [providencialista]: o tempo passou-se a subordinar-se à história, entendida esta como o processo apenas quantitativo ou humano de transformações temporais. Desde então, o núcleo da experiência histórica passou a ser a experiência da transformação que deriva do conhecimento da própria história e não mais de Deus[25].

---

21. *Idem*, p. 12.
22. João Adolfo Hansen, "O Imortal e a Verossimilhança".
23. João Adolfo Hansen, "Experiência e Expectativa em Memorial do Convento", em Lilian Lopondo (org.), *Saramago Segundo Terceiros*.
24. Refiro-me a: Reinhart Koselleck, *Futuro Passado: Contribuição à Semântica dos Tempos Históricos*.
25. João Adolfo Hansen, "Experiência e Expectativa em Memorial do Convento", p. 16.

Por esses e outros motivos, tenho dito aos alunos que é preciso reescrever a história da literatura luso-brasileira, à luz dos trabalhos realizados nos últimos trinta anos, o que me leva a reportar à pesquisa de Alcir Pécora, em torno de Vieira; de Adma Muhana, sobre Bento Teixeira; de Joaci Pereira Furtado, em relação aos árcades luso-brasileiros; de Roberto Acízelo de Souza, sobre a eloquência como programa de ensino do Colégio Pedro II, no século XIX; de Ivan Teixeira, em torno de Basílio da Gama e Machado de Assis etc.

Desconfiar do cânone crítico, estabelecido na universidade em que me de-formei, talvez seja a maior lição que pude depreender das aulas e textos do professor Hansen e do diálogo com os pesquisadores que vim a conhecer de 1998 para cá. Também devo a ele o contato com Ivan Teixeira[26] e a tentativa de dar continuidade aos seus estudos em torno do século XVIII.

Como disse Leon Kossovitch, na conferência que abriu este Panorama[27], desde que entrei na "Retórica" e na "Poética", pelas lentes de João Adolfo Hansen, não consegui mais vislumbrar as "coisas coloniais" de outro modo.

REFERÊNCIAS BIBLIOGRÁFICAS

ARISTÓTELES. *Retórica*. 2. ed. Trad. Manuel Alexandre Júnior, Paulo Farmhouse Alberto e Abel do Nascimento Pena. Lisboa, Imprensa Nacional-Casa da Moeda, 2005.

HANSEN, João Adolfo. *A Sátira e o Engenho: Gregório de Matos e a Bahia do Século XVII*. 2. ed. Ateliê/Editora da Unicamp, Cotia/Campinas, 2004.

_____. *Alegoria: Construção e Interpretação da Metáfora*. São Paulo/Campinas, Hedra/Editora da Unicamp, 2006 [Reedição].

_____. "Autor". *In:* JOBIM, José Luis. *Palavras da Crítica: Tendências e Conceitos no Estudo de Literatura*. Rio de Janeiro, Imago, 1992, pp. 11-43.

_____. "Barroco, Neobarroco e Outras Ruínas". *Teresa*, n. 2, pp. 10-67 [Replicado na revista mexicana *Destiempos*, n. 14, 2008].

_____. "Experiência e Expectativa em Memorial do Convento". *In:* LOPONDO, Lilian (org.). *Saramago Segundo Terceiros*. São Paulo, Humanitas, 1998, pp. 15-30.

_____. "Instituição Retórica, Técnica Retórica, Discurso". *Matraga*, vol. 20, n. 33, 2013, pp. 11-46.

_____. "O Imortal e a Verossimilhança". *Teresa*, n. 6/7, 2006, pp. 57-78.

_____. "O Nu e a Luz: Cartas Jesuíticas do Brasil – Nóbrega: 1549-1558". *Revista do Instituto de Estudos Brasileiros (USP)*, n. 38, pp. 87-119.

---

26. Ivan Prado Teixeira nos foi apresentado durante uma aula ministrada por João Adolfo Hansen, na FFLCH, em 1996. Em maio de 2012, reencontrei Ivan na ECA, ocasião em que discutimos seu notável estudo *O Altar & O Trono: Dinâmica do Poder em O Alienista*, que eu havia lido integralmente e anotado. Na ocasião, ele se ofereceu para orientar um projeto a que eu dera início – o que não se concretizou devido a seu falecimento repentino, em janeiro de 2013.

27. "Conferência de Abertura", exposta em 10 de setembro de 2018.

_____. *O O: A Ficção da Literatura em Grande Sertão: Veredas*. São Paulo, Hedra, 2000.

_____. "Para Ler as Cartas do Pe. Antônio Vieira (1626 – 1697)". *Teresa*, n. 8/9, 2008.

_____. "*Ut Pictura Poesis* e Verossimilhança na Doutrina do Conceito no Século XVII Colonial". *Floema (UESB)*, 2006, Ano 2, n. 2, pp. 111-131 [Publicado originalmente na *Revista de Crítica Literária Latinoamericana*, n. 45, 1997].

KOSELLECK, Reinhart. *Futuro Passado: Contribuição à Semântica dos Tempos Históricos*. Trad. Wilma Patrícia Maas & Carlos Almeida Pereira. Rio de Janeiro, Contraponto/PUC-Rio, 2012.

RETÓRICA a Herênio. Trad. Salvador Núñez. Madrid, Gredos, 1997.

SILVEIRA, Marco Antonio. "Guerra de Usurpação, Guerra de Guerrilhas – Conquista e Soberania nas Minas Setecentistas". *Varia Historia*, n. 25, 2001, pp. 123-143.

TEIXEIRA, Ivan. *O Altar & O Trono: Dinâmica do Poder em "O Alienista"*. Cotia (SP), Ateliê Editorial, 2010.

6

"Esperanças" Sebastianistas em um "Papel" Vieirense
Autoria e Apocrifia em Manuscritos Proféticos Atribuídos a Antônio Vieira[1]

Luís Filipe Silvério Lima
Universidade Federal de São Paulo

Como a maior parte dos pesquisadores em busca de fontes sobre o Quinto Império e sobre a profecia em Antônio Vieira, deparei-me com vários documentos sebastianistas atribuídos ao jesuíta nas coleções manuscritas de bibliotecas e arquivos. Se, inicialmente, essas fontes me interessaram marginalmente como curiosidade ou como exemplos que confirmavam a ampla circulação e adaptação de ideias proféticas nos espaços do Império Português, aos poucos, sua recorrência nos catálogos foi me chamando atenção. Num primeiro momento, seguindo as pistas de João Lúcio de Azevedo e José Van Den Besselaar, tratei-os como apócrifos, textos que não eram efetivamente da autoria de Vieira e que se usavam de seu nome para dar autoridade a proposições contrárias ao projeto político-milenarista do jesuíta e, assim, defender a volta de D. Sebastião. Entretanto, quanto mais me aprofundava na leitura das fontes menos as posições filológico-históricas de Lúcio de Azevedo e Besselaar pareciam servir. A leitura de separar o "joio do trigo" em termos da atribuição de autoria fazia

---

1. Uma versão deste texto saiu no livro organizado por Jacqueline Hermann e William de Souza Martins, Poderes do Sagrado. Europa Católica, América Ibérica, África e Oriente Portugueses (Séculos XVI-XVIII), sob o título "Um 'Apócrifo' de Vieira: Discursos Sebastianistas, Leitura de Impressos e Circulação de Manuscritos (Séc. XVII-XVIII)", pp. 53-83. Agradeço a Tiago C.P. dos Reis Miranda e a Ana Karícia Machado Dourado pela leitura e correções. A pesquisa contou com apoio do CNPq.

pouco sentido em cópias manuscritas que operavam ora pela acumulação de lugares e autoridades, ora pela compilação de profecias, ora pela interpolação de diferentes textos criando outros, ora pelo deslocamento das atribuições, ora pela paródia, ora pela paráfrase. Mais do que isso, que operavam pela atualização constante das interpretações das profecias que retiravam seu fundamento, no limite, na própria Palavra. Foi então que resolvi pensar esses "apócrifos" a partir das problematizações sobre autoria na Época Moderna levantadas por João Adolfo Hansen em vários de seus textos, aulas e palestras sobre as práticas letradas das letras coloniais[2]. Nesse sentido, este texto é uma proposta de diálogo com a discussão de Hansen sobre autoria, pensando a dimensão da obra/autor/público, e uma tentativa de, a partir dessa discussão e desse diálogo, refletir sobre, por um lado, a figura de Vieira como autor nos séculos XVII e XVIII ao analisar esse manuscritos proféticos tomados como "apócrifos" e, por outro, pensar o que significa a autoria (e a apocrifia) na produção de textos de cariz profético na Época Moderna.

Entre esses "apócrifos", aquele que mais possui testemunhos e que circulou nos mais diferentes suportes (manuscritos, impresso – e hoje no digital) foi o que depois ficou conhecido como "Discurso em que se prova a vinda de D. Sebastião" ou ainda, em uma versão mais recorrente nos próprios manuscritos, o "Papel ... que fez o Padre Antonio Vieira, sobre a Esperança em El Rei D. Sebastião". Na quase totalidade das 22 versões compulsadas[3], em sua maioria cópias do

---

2. Entre outros: João Adolfo Hansen, "Autor", em José Luís Jobim (org.), *Palavras da Crítica*, pp. 11-43; João Adolfo Hansen, "Vieira: Forma Mentis como Categoria Histórica"; João Adolfo Hansen & Marcello Moreira, *Para que Todos Entendais: Poesia Atribuída a Gregório de Matos e Guerra: Letrados, Manuscritura, Retórica, Autoria, Obra e Público na Bahia dos Séculos XVII e XVIII*, vol. 5; João Adolfo Hansen, "Autoria, Obra e Público na Poesia Colonial Luso-Brasileira Atribuída a Gregório de Matos e Guerra". Para uma visão geral das reflexões de João Adolfo Hansen sobre as "letras coloniais luso-brasileiras", ver: *Floema*, n. 2A (Número Especial: João Adolfo Hansen); João Adolfo Hansen, *Agudezas Seiscentistas e Outros Ensaios*; Jean Pierre Chauvin, Marcelo Lachat, Maria do Socorro Fernandes de Carvalho (org.), *Revista USP*, n. 121 (Dossiê Artes & Letras).

3. Compulsei 21 testemunhos, embora tenha identificado mais dois que não pude consultar – um na BNP (Biblioteca Nacional de Portugal) e outro na BGUC (Biblioteca Geral da Universidade de Coimbra). Além disso consultei um mestrado que transcreve um códice que contém o "Discurso". Provavelmente esses são somente alguns de vários existentes em outros arquivos e bibliotecas públicas e particulares. Arquivo Nacional da Torre do Tombo (ANTT): "Tratado Em que Se Mostra, E Se Confirma A Esperança Da Suspirada Vinda Do Serenissimo Rey O Senhor Dom Sebastião Feito Pello Rmo. Padre Anto. Vieira Da Sagrada Companhia de Jezus", Manuscritos da Livraria, Códice 1172, s.n. [Depois de 1728]; Biblioteca Nacional do Brasil (BN-Rio): "Papel q' fez o Rmo. P. Ant.o Vieyra a favor dos q' esperão por El Rey D. Sebastião", I-13,2,6 n. 26, ff. 432-521 [séc. XVIII]; "O Egrégio Encoberto, Descoberto Papel, ou Discurso Organizado sobre esperança e certeza da vinda do Senhor Rey Dom Sebastião pelo P.e Antonio Vieira" [séc. XVIII] 5,3,7 n. 4, f. 123-141v; Biblioteca do Congresso (LOC): "Papel em q. se prova a vinda de El Rei

século XVIII, com algumas poucas já do XIX e nenhuma do XVII, o manuscrito aparece atribuído a Vieira. A proposta é justamente tratar desse "Papel" para discutir as relações entre apocrifia, autoria e profecia em torno dos escritos e do projeto profético vieirense. Nessa direção, pretendo aqui pensar esses manuscritos no âmbito do projeto do Quinto Império e da produção profética moderna, tendo em vista os conceitos da época de apocrifia e profecia; traçar um panorama do "Discurso", para discutir a relação desses manuscritos com outros textos vieirenses, sebastianistas e messiânicos no império português; e, a partir disso, traçar algumas considerações sobre a questão de autoria nos textos proféticos e no papel de Vieira como autor "sebastianista". Mais do que isso, pretendo mostrar como o "Discurso" dito apócrifo pela crítica era, em verdade, uma colagem de textos "autógrafos" de Vieira.

D. Sebastião pelo Pe. Ant.o Vieira da Companhia de Jezus" [séc. XVIII] Portuguese Manuscripts, P-212, f. 11-34; Biblioteca Nacional da Espanha (BNE): "Discurso sobre a esperança da vinda do rei Dom Sebastião", MSS/6812. [séc. XVIII] Disponível em: <http://bdh-rd.bne.es/viewer. vm?id=0000074671&page=1>; BNP – Seção de Reservados: "Papel do Pe. Antonio Vieira, sobre a Esperança em El Rey D. Sebastião", cod. 798 f. 222r.-252v. [após 1729]; "Papel do Pe. Antonio Vieyra, da Compa. De Hs. Fez sobre a Esperança em El Rey D. Sebastião", cod. 8579, f. 50r-116v. [séc. XVIII]; "Papel que se prova a vinda d'El Rey D. Sebastiao", cod. 8616, f. 240-259r [Meados do séc. XVIII]; "Papel que fes o P.e Antonio Vieyra em que prova a esperança da vinda de el-Rey D. Sebastião perdido na batalha de Africa aos 4 de agosto de 1578 annos", cod. 557, f. 85r-118v [séc. XVIII]; "Papel que fez o Padre Antonio Vieira sobre a esperanca da vinda de el-Rey D. Sebastião", cod. 125, f. 158r-216v. [séc. XVIII]; "Discurso sobre a esperanca da vinda de el-Rey D. Sebastião", cod. 128, f. 2r-59r [séc. XVIII]; "Discurso em q' se prova a vinda de El Rei Dom Sebastião Pello P.e An.to Vieyra da Companhia de JESV", cod. 400, f. 245r-281r [após 1754]; "O egregio encoberto, descoberto no papel, ou discurso organizado sobre a esperança e certeza da vinda do Senhor Rey Dom Sebastião pello P.e Antonio Vieira", cod. 9228, f. 177r-260v [2ª metade do séc. XVIII]; Biblioteca Oliveira Lima, Universidade Católica Americana: "Discurso que fes o Padre Antonio Vieira da Companhia de Jezus sobre a esperança do serenissimo Senhor Rey. D. Sebastião." cod. 59, f. 126v-203. [1ª metade do séc. XVIII?]; Biblioteca Rosenthaliana, Universidade de Amsterdã: "O egregio encuberto. Papel, que fes o Padre Antonio Vieyra, em o qual prova a esperança da vinda do Senhor Rei Dom Sebastião perdido na batalha de Africa aos 4 de agosto do anno de 1578" e "Additamentos que se podem fazer aos fundamentos deste Discurso", HS. Ros. 612, 71ff. [inícios do século XVIII]; Instituto de Estudos Brasileiros da Universidade de São Paulo (IEB-USP): "Papel `q o Pe. Anto. Vra fes sobre a esperanca em El Rey D. Sebastião" [tit. no cat.: "Discurso do padre Antônio Vieira, defendendo o sebastianismo, usando como fundamentos: razões, profecias, revelações, prodígios e prognósticos."] Coleção Lamego, AL-135-002 [séc. XVIII]; "Informação do padre Antônio Vieira, procurando provar que D. Sebastião, rei de Portugal, estava vivo"], Coleção Lamego, AL-096-008. [após 1808]; Biblioteca John Carter Brown, Universidade Brown (JCB): "Tratado da Probabilidade da vinda do Obedientiçimo Filho da Igreja o Senhor Rej Dom Sebastião o 1 de Portugal Composto pelo insigne Hoste alias Historiador do Futuro O Pe Antonio Vieira" (tit. alt.: "Papel que fes o Pe Antonio Vieira Princepe dos Oradores sobre a esperança em El Rey D. Sebastião"). JCB Manuscripts, Codex Port 13, pp. 1-103 [depois de 1718].

APOCRIFIA E AUTORIA

As noções de apocrifia e pseudografia surgiram em contexto específico do estudo bíblico, como modo de autorizar ou não os textos sagrados que circulavam e estabelecer um cânone ortodoxo[4], para depois serem apropriadas pela crítica textual e filológica (especialmente a partir do Renascimento) a fim de definir quais textos eram de fato dos autores nomeados, separando-os das atribuições equívocas e mesmo das tentativas de contrafação. Nesse último sentido, apocrifia tendeu a ser tratada na maior parte das vezes como sinônimo de falsificação, inclusive recentemente por estudiosos dedicados à cultura letrada e do impresso na Época Moderna[5]. Mesmo Anthony Grafton, que mudou a compreensão da "República das Letras" para uma rede de colaborações e detalhou os modos de citação, referência e cópia como práticas dessa "República", defendeu que na tradição ocidental houve de modo relativamente constante a busca pelo texto original ou, melhor dizendo, sempre existiu uma noção mais ou menos estável do que era verdadeiro e do que era uma falsificação[6]. Se é possível concordar com Grafton que em determinados momentos a identificação e individuação do autor de um texto tiveram importância central, é entretanto difícil assumir a decorrência proposta, isto é, por conta da individuação de autoria a falsificação seria consequentemente um delito de propriedade, podendo se culpabilizar, quase criminalmente, os falsificadores[7]. Pesquisas sobre a função do anonimato e dos pseudônimos também nos dão a dimensão de como as noções de autoria e, por consequência, de pseudografia, apocrifia e falsificação operavam de maneiras mais complexas do que o binômio propriedade-furto, inclusive porque muitas vezes o lugar que autorizava o discurso estava fora da "persona" de um autor[8].

---

4. Para isso ver, entre muitos: James R. Davila, "The Old Testament Pseudepigrapha as Background to the New Testament"; Alastair Hamilton, *The Apocryphal Apocalypse: The Reception of the Second Book of Esdras (4 Ezra) from the Renaissance to the Enlightenment*; Lorenzo DiTommaso, *The Book of Daniel and the Apocryphal Daniel Literature*.
5. Robin Myers & Michael Harris (ed.), *Fakes and Frauds. Varieties of Deception in Print and Manuscript*.
6. Anthony Grafton, *Forgers and Critics. Creativity and Duplicity in Western Scholarship*; Anthony Grafton, "A Sketch Map of a Lost Continent: The Republic of Letters", *World Made by Words*, pp. 9-34.
7. Crítica semelhante a Grafton foi feita por Miriam Eliav-Feldon ao estudar os viajantes, exploradores e profetas que personificavam ou inventavam identidades, bastante comuns (e largamente cridos e aceitos) no século XVI (Miriam Eliav-Feldon, "Invented Identities: Credulity in the Age of Prophecy and Exploration", p. 206).
8. Paul Hammond, "Anonymity in Restoration Poetry"; Marcy North, "Ignoto in the Age of Print: The Manipulation of Anonymity in Early Modern England"; Margaret J. M. Ezell, "Reading Pseudonyms in Seventeenth-Century English Coterie Literature"; Robert J. Griffin, "Anonymity and Authorship". Para um balanço da produção recente, ver Andrea Rizzi & John Griffiths, "The Renaissance of Anonymity".

Desse modo, interessa menos pensar a falsificação e mais refletir sobre o que pode revelar a circulação de tantos apócrifos vieirenses nos séculos XVII e XVIII, e mesmo no que o estudo desses manuscritos pode ajudar a refletir sobre as diferentes noções modernas de autoria em sua relação com a produção textual no período, tanto em forma manuscrita como impressa. É preciso se perguntar, como fizeram Chartier e Hansen emulando a pergunta de Foucault, o que era o autor na Época Moderna, agora focando também a materialidade do manuscrito e a cultura escrita ibérica do período[9].

Chartier mostra como no caso de peças, em particular, as de Lope de Vega, a impressão de obras antes encenadas produzia modulações na compreensão do texto da "comédia". Por um lado, alterava a intenção original do texto, feito para ser performatizado para uma audiência (tal qual o sermão, pode-se pensar); mas, por outro, permitia a seu autor indicar quais peças eram suas, restaurando, nos termos de Lope, o texto "original", e quais circulavam como cópias ou versões "bárbaras". O processo de constituição de um corpo autorizado das peças de um autor também significou uma mudança no entendimento de quem era responsável pela peça e uma definição de autoria mais colada a quem a escreveu – e menos a quem a encenou[10]. Vieira fez algo parecido ao refutar os volumes de sermões impressos em espanhol antes da edição príncipe autorizado por ele. Ele conhecia esses volumes castelhanos, pois fez questão de os rechaçar e escrutinar entre os sermões impressos quais eram totalmente "alheios" e quais reconhecia como seus, ainda que "mais pela materia" do que pela "forma"[11]. Se, por um lado, isso aponta para uma ideia autoral, por outro, lembra Chartier, o impresso implicava também um circuito de produção que diluía a autoria como individual. A autoria estava não só no escritor mas era partilhada pelo circuito "editorial" (copistas, revisores, impressores etc.)[12].

Os apócrifos, por essa perspectiva, podem ser entendidos não só como uma subtração (ou falsificação) da autoria, mas também como inseridos num circuito maior de produção e divulgação entre impressos e manuscritos[13], no

---

9. Michel Foucault, "O que É um Autor?", *Ditos e Escritos: Estética – Literatura e Pintura, Música e Cinema*, vol. III; João Adolfo Hansen, "Autor"; Roger Chartier "História Intelectual do Autor e da Autoria", *Autoria e História Cultural da Ciência*.

10. Roger Chartier, *Do Palco à Página*, pp. 73-76.

11. Antônio Vieira, "Sermoens do P. Antonio Vieira [...] Primeyra Parte", *Lista dos Sermões que Andão Impressos com Nome do Author em Varias Línguas, para que se Conheça quaes são Próprios, & Legitimos, & quaes Alheyos, & Suppostos*.

12. Roger Chartier, *Inscrever & Apagar*, pp. 87-92.

13. Ver aqui os trabalhos sobre a cultura manuscrita-oro-visual do Antigo Regime ibérico de Fernando Bouza Alvarez, em especial, *Palabra e Imagen en la Corte: Cultura Oral y Visual de la Nobreza en el Siglo de Oro*.

qual a imitação faz parte do jogo – o que indica possibilidades para se pensar, ao mesmo tempo, o autor na Época Moderna e a preocupação desses com a autoria. Um jogo, entretanto, do qual os autores-escritores cada vez mais ficavam cientes e tentavam controlar, dando autoridade àquela cópia, seja manuscrita – supostamente, de circulação mais restrita e cujo processo de cópia poderia ser acompanhado e, por isso, mais controlado pelo autor –, seja impressa – de maior acesso e entregue a um processo editoral complexo, com muitos agentes, mas que indicava que aquela versão era "autorizada" pois teria a autoridade do autor estampada no frontispício. É o que pretendia Góngora ao não deixar seus poemas serem impressos e ao organizá-los em um volume manuscrito extremamente bem cuidado que ofereceu ao Conde-Duque Olivares. Supunha que sua poesia era para os olhos de leitores agudos e discretos (e cortesãos), e não para vulgares e rústicos que teriam acesso se impressa[14]. É assim importante lembrar que a relação entre manuscrito e impresso na Época Moderna é menos unívoca (e progressiva) do que os primeiros estudos sobre a "revolução do impresso" fizeram crer. Como alertou Bouza para a cultura ibérica (e ibero-americana), não só manuscrito e impresso eram ambos centrais nas dinâmicas culturais como também é difícil defender o pressuposto da mera superação do manuscrito pelo impresso, visto que os agentes do(s) circuito(s) manuscrito-impresso (bem como do oral-visual) operavam com as especificidades e possibilidades dos diferentes suportes, leitores e mensagens nesses circuitos[15].

Ao mesmo tempo, essa preocupação em separar o que é "próprio" do que é "alheio", ou o "original" do "bárbaro", era mediada pela noção de que um autor era antes alguém que "imita *auctores*", como aponta Hansen[16]. Segundo ele, no caso de Vieira, menos do que a noção de autor romântico, criador e original, e burguês, proprietário e individual, temos um autor que mimetiza e emula autores anteriores, considerados como autoridades, que, no limite, por sua vez são pensados como reflexos, porque partícipes, de uma força criadora, idêntica e única, a Causa Divina da qual todos são efeitos e, na melhor das hipóteses, causas segundas da Causa Primeira e Final.

---

14. Sobre este caso e para a questão do controle autoral entre manuscrito e impresso, ver Antonio Carreira, "El Manuscrito como Transmisor de Humanidades en la España del Barroco", em Pedro Aullón de Haro (ed.), *Barroco*, pp. 597-618 (sobre Góngora, v. p. 609-12). Para uma apreciação crítica às hipóteses de Carreira e mesmo as relações entre manuscrito e impresso, ver Trevor J. Dadson, "La Difusión de la Poesía Española Impresa en el Siglo XVII".
15. Fernando Bouza, *Corre Manuscrito. Una Historia Cultural del Siglo de Oro*, especialmente "Introducción" (pp. 16-19).
16. João Adolfo Hansen, "Vieira: Forma Mentis como Categoria Histórica", p. 17.

A questão é que, mesmo operando por essa *forma mentis* da oratória, Vieira preocupou-se em dizer o que era seu, próprio e não "alheio" no momento de impressão[17]. Se pensarmos nos exemplos analisados por Chartier, e no que Vieira fez no fim da sua vida a fim de combater cópias "alheias", podemos supor a construção de uma figura de autoridade (menos do que de autoria, no sentido mais contemporâneo), operada tanto pelo pregador quanto pela sua ordem. Veem-se aqui problemas interessantes sobre a figura "autoral" de Vieira[18], seja no problema da recepção de sua obra, seja na da construção de sua autoria. Esses problemas apontam questionamentos mas também passos para se pensar, no caso do manuscrito em questão, o uso da "autoridade" de Vieira como "autor", ao emular, com sinal invertido, uma interpretação profética.

APÓCRIFOS VIEIRIANOS E A QUESTÃO DA AUTORIA

Apesar da profusão de testemunhos manuscritos existentes e da circulação impressa posterior, os apócrifos sebastianistas não mereceram muitas referências nas bibliografias, exatamente por serem assumidos como espúrios e ilegítimos. João Lúcio de Azevedo foi o primeiro (e um dos poucos) que comentou o "Papel". Em artigo de 1915 sobre "escritos apócrifos, inéditos e menos conhecidos", afirmou que não se podia considerá-lo como sendo de Vieira, pois: "contradiz todo o sebastianismo de Vieira, pois para êle o Encuberto tinha sido primeiramente D. João IV; depois o personificou em D. Pedro II, no primeiro filho deste, e uma vez até em D. Afonso VI. D. Sebastião é que nunca foi"[19]. Isto é, para Azevedo, o "sebastianismo" de Vieira não identificava o rei encoberto e desejado em D. Sebastião. Era um sebastianismo não sebastianista, portanto. Se por um lado isso soa contraditório, por outro, evidencia o que Azevedo entendia – e o que ainda se entende – por sebastianismo: menos a crença exclusiva na volta de D. Sebastião e mais modulação de um messianismo português da Época Moderna sob o qual se podiam abrigar várias vertentes de profetismo régio ou lusitano[20].

---

17. Ver Sheila Moura Hue, "Em Busca do Cânone Perdido. Manuscritos e Impressos Quinhentistas: das Variantes Textuais e das Atribuições Autorais".
18. Tratei da questão da construção da figura "literária" de Vieira, em "As Partes e Gentes da África na Obra de Padre Antônio Vieira: a Construção da Figura Literária e a Idéia do Quinto Império".
19. João Lúcio de Azevedo, "Alguns Escritos Apócrifos, Inéditos e Menos Conhecidos do Padre António Vieira", p. 542.
20. Besselaar e João Francisco Marques, por exemplo, falavam em "sebastianismo heterodoxo" e "ortodoxo". (José van den Besselaar, *Sebastianismo – História Sumária*, p. 99; João Francisco Marques, A Parenética Portuguesa e a Restauração). Jacqueline Hermann propôs o problema em termos da circularidade entre sebastianismo "popular" e "letrado" (Jacqueline Hermann, *No Reino do Desejado*, pp. 219-248, 301-303).

Na mesma senda do artigo de 1915 e em diálogo com *A Evolução do Sebastianismo* de Azevedo, de 1918[21], José van den Besselaar propôs em 1986 uma periodização do sebastianismo, na qual apontou a ressurgência e produção de textos sebastianistas a partir dos anos 1660, datando desta época o "tratado" atribuído a Vieira. Disse sobre as diferentes cópias do texto: "Quase todos os manuscritos que transmitem o texto deste tratado atribuem-no igualmente ao jesuíta, mas tanto as ideias nele expostas, como o estilo pouco polido desmentem tal autoria", também comentando e criticando sua inclusão na edição "mal feita"[22] das obras completas vieirianas, impressas por Seabra e Antunes em 1856[23]. Mais do que isso, ao notar que havia uma ausência das *Trovas* de Bandarra no corpo de referências do "Papel", Besselaar sugere que essa "omissão se explica pelo abuso que os joanistas, aos olhos dos sebastianistas ortodoxos, faziam das trovas do sapateiro", em outras palavras, a omissão das profecias do sapateiro de Trancoso era estratégia para os sebastianistas se distanciarem dos joanistas, i.e., aqueles "sebastianistas heterodoxos" que defenderam ser João IV o Encoberto, sendo Vieira o principal dentre eles[24]. Para Azevedo e Besselaar, não haveria elementos para achar que esse texto seria de Vieira. Pelo contrário. Não só pelo "Discurso" ser sebastianista, mas também por que seus fundamentos pareciam muito distantes dos de Vieira – por exemplo, o fato de não citar Bandarra, amplamente utilizado por Vieira nas suas "Esperanças de Portugal", de 1659, na qual propunha a ressurreição de João IV. Voz um pouco dissonante, o jesuíta Serafim Leite, ao arrolar um inventário da obra de Vieira, colocou o texto entre as de autoria duvidosa, dizendo que o estilo era de Vieira e que poderia tê-la como "instrumento de trabalho"[25].

Essa discussão também se fazia necessária entre vieiristas do século passado, porque a questão da identificação dos manuscritos de Vieira não fora levada em consideração pelos editores oitocentistas. Ao montar o volume de *Obras Inéditas* do jesuíta, Seabra e Antunes incluiram alguns textos depois entendidos como apócrifos como sendo de Vieira sem discutir sua atribuição, e, na introdução ao volume, os editores agradeciam a Bento António de Oliveira Cardoso, jurista de Guimarães, falecido em 1886, que teria oferecido os manuscritos então publicados[26]. Bento Cardoso era jurista importante, mas também um bibliófilo

---

21. João Lúcio de Azevedo, *A Evolução do Sebastianismo*, pp. 121-123.
22. José van den Besselaar, *Sebastianismo – História Sumária*, p. 98
23. Antônio Vieira, *Obras Ineditas do Padre Antonio Vieira*, tomos. I-II, pp. 185-242.
24. José van den Besselaar, *Sebastianismo – História Sumária*, p. 99.
25. Serafim Leite, *História da Companhia de Jesus no Brasil*, tomo IX, p. 513.
26. Antônio Vieira, "Advertencia", *Obras Ineditas do Padre Antonio Vieira*.

famoso na região de Guimarães pela sua vasta biblioteca[27], e era comum no período ter nas coleções diversos códices sobre sebastianismo e textos proféticos de Vieira, muitos deles reunidos e compilados juntos[28]. A edição oitocentista de Seabra e Antunes baseou-se assim em um códice provavelmente muito similar aos que serão tratados aqui, ordenados, entretanto, nos séculos XVII e XVIII por critérios diversos daqueles reclamados no século XX por Azevedo e Besselaar para a atribuição de autoria e edição de obras completas. Vale notar que o "Papel" é praticamente o único "apócrifo sebastianista" de Vieira que mereceu a atenção dos estudiosos vierenses, talvez exata e ironicamente pelo fato de ter sido incluído na edição "mal feita" de Seabra e Antunes. A marca daquela edição foi determinante também por estabelecer no século XX (e mesmo atualmente) o título do manuscrito como "Discurso em que se Prova a Vinda de D. Sebastião", pois provavelmente assim constava no códice pertencente a Bento Cardoso, ainda que "Discurso" com a omissão do termo "Esperança" seja a variante menos encontrada entre os diversos testemunhos compulsados.

Independente dos procedimentos editoriais de Seabra e Antunes, e apesar do apontado por João Lúcio e Besselaar, a percepção de Serafim Leite de um estilo próximo ao de Vieira talvez faça sentido – ainda que não pelas razões supostas pelo historiador da Companhia. Como buscarei mostrar, o apócrifo não é tão distante assim dos textos de Vieira, pelo contrário, é baseado diretamente em escritos do fim de sua vida, na Bahia, impressos em Lisboa no volume *Palavra de Deus Empenhada e Desempenhada*[29]. Com isso, os problemas de "autoria" e "apocrifia" ganham outra dimensão, pois se aponta não somente para a apro-

---

27. Innocencio Francisco da Silva, *Diccionario Bibliographico Portuguez*, vol. 8, pp. 371-372.

28. Um exemplo é a Portuguese Manuscript Collection da Biblioteca do Congresso, coleção formada pela compra em 1927 e 1929 de volumes provenientes de duas bibliotecas de manuscritos constituídas no século XIX, a do Conde de Olivais e de Penha Longa (instituídas em 1886) e a de Antonio Augusto de Carvalho Monteiro (1848-1920). Entre os pontos fortes da Portuguese Manuscript Collection estão os vários cartapácios sebastianistas e os manuscritos relativos a Luís de Camões. Não há muitos detalhes sobre como essas duas bibliotecas se misturaram, mas penso ser provável que Antonio Augusto de Carvalho Monteiro, bibliófilo, colecionador e camonista conhecido, possa ter comprado a coleção de José Pinto Leite (1871-1956), que foi o primeiro a ter tanto o título de Conde de Olivais (herdado de seu pai) como o de Conde de Penha Longa (de seu tio). Para as poucas informações existentes, ver o prefácio de Mary Ellis Kahler em Christopher Lund & Mary Ellis Kahler (org.), *The Portuguese Manuscripts Collection of the Library of Congress: a Guide*, pp. VII-IX.

29. Antonio Vieira, *Palavra de Deos empenhada, e desempenhada. Empenhada no Sermam das Exequias da Rainha N.S. Dona Maria Francisca Isabel de Saboya; Desempenhada no Sermam de Acçam de Graças pelo nascimento do Principe D. João Primogenito de SS. Magestades, que Deos guarde. Prègou hum, & outro O P. Antonio Vieyra da Companhia de Jesu, Prègador de S. Magestade: O primeiro Na Igreja da Misericordia da Bahia em 11 de Setembro, anno de 1684. O segundo Na Catedral da mesma Cidade, em 16. de Dezembro, anno de 1688.*

HIDRA VOCAL: ESTUDOS SOBRE RETÓRICA E POÉTICA...

priação do nome autorizado (como *auctoritas*) de Vieira, mas também para o fato de seus escritos sobre o Quinto Império possuírem objetivos diversos, que inclusive combatera, *i.e.*, a crença na volta de D. Sebastião.

QUINTO IMPÉRIO, TEXTOS PROFÉTICOS E APOCRIFIA

A ideia de Quinto Império não era, por certo, criação de Vieira. Fazia parte de uma tradição de interpretações a partir dos sonhos do livro de Daniel e dos sonhos de Esdras, narrados no livro não canônico Esdras IV, que, em Portugal, estava ligada já aos projetos monárquicos da dinastia de Avis e depois aos imperiais de Manuel I[30]. Na virada do século XVI para o XVII, a ideia foi plasmada com o sebastianismo, por autores como João de Castro, do mesmo modo que, após a Restauração de 1640, na contraface da crença sebástica, foi veiculada como fundamento teológico-político para a nova dinastia de Bragança, esforço profético e retórico do qual Vieira fez parte ativa[31]. Contudo, para além do empenho dinástico, com Vieira, a ideia de Quinto Império (que antes aparecia mais recorrentemente como Quinta Monarquia, em Portugal) ganhou contornos mais amplos ao se pensar os domínios do reino lusitano[32].

Na construção das propostas de Quinto Império e mesmo permeando o milenarismo em termos gerais, havia uma larga prática de uso de textos apócrifos como fundamento daquelas expectativas – não só em Portugal, mas em toda a Europa[33]. Isso ocorreu, por exemplo, na leitura do abade Joaquim de Fiore do Império Português. Até onde se sabe, nos domínios da monarquia lusitana circularam não tanto os textos propriamente do abade, mas sobretudo os textos do pseudo-Joaquim. D. João de Castro, Sebastião de Paiva, Vieira entre outros, quando citaram, citavam os textos joaquimitas (ou compilações deste) e não da própria lavra do Abade Joaquim, como o chamava João de Castro[34].

---

30. Luis Filipe Thomas, "A Ideia Imperial Manuelina", em Andréa Doré *et al.* (org.), *Facetas do Império na História*.

31. Entre outros, ver: João Lucio de Azevedo, *Evolução do Sebastianismo*; José van den Besselaar, *Sebastianismo – uma História Sumária*; Luis R. Torgal, *Ideologia Política e Teoria do Estado na Restauração*, vol. 1; Jacqueline Hermann, *No Reino do Desejado*.

32. Luís Filipe Silvério Lima, *O Império dos Sonhos*, capítulos 5 e 7.

33. José van den Besselaar, "A Profecia Apocalíptica de Pseudo-Metódio".

34. Besselaar tem textos e notas sobre isso nos apêndices de seu livro *Antonio Vieira, Profecia e Polêmica*. Para a leitura de João de Castro, ver os trabalhos de João Carlos Serafim, "Consertar o Reino para Tempos de Paz – D. João de Castro e o 'Discurso fallando com El Rei D. Sebastião', 1588", "Elevar um Rei com Vaticínios – Textos e Pretextos no Caso do Rei D. Sebastião de Veneza (1598-1603)" e *João de Castro, "O Sebastianista"*.

Era muito comum, entre os séculos XVI e XVIII, a circulação de manuscritos e mesmo de alguns impressos que compilavam profecias – a própria fonte em questão não foge muito disso. Nesses cartapácios, arrolavam-se visões, sonhos e oráculos atribuídos a Isidoro de Sevilha, Joaquim de Fiore, Rocacelsa (por sua vez um "apócrifo" ibérico do frade joaquimita Rocquetaillade), Metódio, Sibilas, entre outros, não havendo propriamente uma preocupação filológica com esses textos, mesmo no sentido existente à época[35]. A autoridade vinha menos em referência à atribuição de autoria ou da verificação da autenticidade do manuscrito e mais da suposta verdade revelada como profecia, comprovada nos eventos interpretados, tautológica e teleologicamente, a partir delas mesmas.

Algo similar ocorria com a recepção de Esdras IV, que, mesmo negado como canônico em Trento, era permitido pela tradição e assim passível de ser aceito como profeticamente verdadeiro na argumentação seiscentista e setecentista. Vieira em uma carta de 1679 afirmava brevemente: "Assim parece que se tira de *Esdras*, cujos livros, posto que em alguma parte sejam ou possam ser apócrifos, não tira que em muitas outras contenham verdadeiras revelações e profecias"[36]. De maneira mais detida, Vieira abordara essa questão em sua "Representação" apresentada como defesa ao Santo Ofício:

> Quanto mais que os livros apócrifos ou de incerta autoridade (que isso quer dizer apócrifos) nem por serem tais deixam de poder ter muitas verdades, como é doutrina recebida e praxi de todos os escritores que os alegam. E entre todos os livros apócrifos, nenhuns há de tão grande autoridade, como os de Esdras: e como tais andaram sempre (ao menos em muitas Bíblias) insertos com os outros do mesmo autor: e ainda depois do Concílio Tridentino não foram lançados fora do corpo ou tomo da Bíblia; que é o maior sinal de respeito e veneração que pode ser. E por isso são os ditos livros alegados de muitos Padres, e a mesma Igreja tomou deles vários lugares para o canto e rezo eclesiástico: e o que é mais, S. João Evangelista no seu Apocalipse alude aos mesmos livros, como nota Cornélio Alápide nos Comentários do mesmo Apocalipse[37].

Vieira não se furtava a utilizar textos apócrifos quando se tratasse de questões proféticas e que revelassem (ou fomentassem) seu projeto do Quinto

---

35. Sobre a preocupação filológica do período, ver: Anthony Grafton, *Forgers and Critics*; Carlo Ginzburg, "Lorenzo Valla and the Donation of Constantine"; Stephen Greenblatt, *A Virada: o Nascimento do Mundo Moderno*.

36. Antônio Vieira, "Carta a Duarte Ribeiro Macedo, 1º de Maio de 1679", em *Obras Completas*, tomo I, vol. IV, p. 211.

37. Antônio Vieira, "Representação Primeira" em *Defesa perante o Tribunal do Santo Ofício*, edição de Hêrnani Cidade, vol. 1, § 200 (na edição de Ana Paula Banza, p. 123, § 201).

Império[38]. Mais do que isso, Vieira apontava uma acepção de apocrifia – aqui mais restrito à exegese bíblica – fundada na ideia de uma "incerta autoridade", mais do que um problema de atribuição (indevida ou imprópria) de autoria. Nesse sentido, o uso de apocalipses e profecias apócrifas estava autorizado não só por portarem "verdades", mas também pelo fato que outros autores autorizados os tinham utilizado – e, por consequência, autorizavam sua citação e interpretação. Apresentava-se uma correlação intricada entre ser autorizado e conter verdades. A autoridade do apocalipse apócrifo vinha duplamente de sua matéria, que o confirmava como verdadeira profecia à medida que se interpretava acertadamente a visão revelada pela matéria exposta[39], e das interpretações anteriores que o autorizavam como texto autêntico e válido se estabelecessem uma doutrina a ser citada e referenciada pelas próximas interpretações.

A profecia, sendo uma mensagem figural vinda de Deus, partilharia da autoridade máxima, a do Autor por excelência, e por isso seria fonte de autorização para as interpretações dos eventos históricos; mas só poderia ser assumida como autoritativa se fosse, por sua vez, autorizada pela *auctoritas* de escritores humanos que a utilizaram anteriormente. Portanto, para arrolar e interpretar profecias a fim de confirmar (como autoridade) sua interpretação dos tempos presentes e futuros, era preciso autorizá-las, fosse colocando-as sob o nome de alguém previamente com autoridade ou mostrando que haviam sido citadas por escritores com autoridade.

A estratégia de se atribuir profecias a figuras autorizadas, entretanto, ganha outros contornos para além da discussão da apocrifia de livros bíblicos. Se para usar o apócrifo Esdras IV era preciso se valer da "doutrina" e "praxe" de escritores autorizados, a veiculação de visões sob nomes de pessoas consideradas santas, por exemplo, emprestava da santidade o fundamento que demonstrava a veracidade daquela previsão. Entre os vários graus que, segundo Tomás de Aquino, confirmavam a veracidade de uma visão profética, isto é, sua inspiração por Deus, estava a vida reta de quem via e a presença, como mediador ou intéprete, de algum oráculo autorizado[40], tal qual os sonhos de Daniel guiados pelo Anjo do Senhor. Assim, como, segundo a doutrina da Igreja, somente pessoas autorizadas ou muito cristãs poderiam ter visões[41], era um lugar bastante

---

38. Ver José van den Besselaar, "Erudição, Espírito Crítico e Acribia na *História do Futuro* de Antônio Vieira".

39. Esse é o argumento fundante e central nas "Esperanças de Portugal" para a veracidade das profecias de Bandarra, mero sapateiro e profeta, em princípio não autorizado.

40. Tomás de Aquino, *Suma Teológica*, parte 2a, questão 174.

41. Discuti essa questão, de modo mais detido, ainda que focando no problema dos sonhos proféticos, em *O Império dos Sonhos*, capítulos 1 e 2.

recorrente – e que aparece de maneira repetida no "Papel" – afirmar que aquela profecia fora tida por um santo ou copiada e veiculada por uma pessoa santa. Por decorrência, colocar em um texto profecias de santos (ou mesmo supostamente tidas por santos) atribuía também verossimilhança e autoridade ao que o próprio texto queria afirmar, tal qual a visão cuja veracidade era assegurada pela aparição de uma autoridade.

Para essa recorrência à apocrifia, outra hipótese, complementar à da *autorictas*, relaciona-se ao fato de que a profecia era fenômeno restrito a poucos e, sobretudo, controlado pela Igreja[42]. Assumir a autoria de textos proféticos e milenaristas poderia ser um complicador para a vida de qualquer um; e mesmo interpretá-los, especialmente propondo um reino mundano de felicidades, poderia ser motivo para perseguição pela Igreja. Basta lembrarmos o próprio caso de Vieira, preso pela Inquisição. Nesse sentido, a apocrifia (entendida aqui tanto como "autoridade incerta", como atribuição indevida) operaria em função similar à do anonimato nas produções modernas, que, ao mesmo tempo, escondia e portanto protegia seu autor, como propôs Foucault, de um possível processo e perseguição, e, ao não se individualizar, dava ao texto um caráter coletivo que o autorizava mais do que se atribuído um autor, como têm mostrado os estudos mais recentes sobre anonimato e panfletos populares[43].

De qualquer modo, a recorrência dessas profecias em tratados tanto impressos como manuscritos aponta a eficácia do expediente, utilizado numa lógica de acumulação de lugares de autoridade para efeito de comprovação. A citação e a repetição de lugares servia como esteio argumentativo e repertório a recorrer, especialmente no caso da circulação dos manuscritos. O próprio projeto do Quinto Império vieirense precisa ser pensado sob essas perspectivas.

O "PAPEL SOBRE A ESPERANÇA" E OS TEXTOS VIEIRENSES

Poucos são os impressos pentamonarquistas que saíram das prensas portuguesas no século XVII, em especial da lavra de Vieira. Até 1718, com a impressão da *História do Futuro*, o único impresso de Vieira que tratava diretamente do seu projeto do Quinto Império era o volume *Palavra de Deus Empenhada e Desempenhada* (1690)[44], nomeadamente o sermão de "Ação de Graças pelo Nascimento

---

42. Ver, por exemplo, Juan de Orosco y Covarrubias, *Tratado de la Verdadera e Falsa Prophecia*.

43. Michel Foucault, "O que É um Autor?"); Marcy North, "Ignoto in the Age of Print: The Manipulation of Anonymity in Early Modern England"; Robert J. Griffin, "Anonymity and Authorship"; David Coast, "Speaking for the People in Early Modern England".

44. Antônio Vieira, *Palavra de Deos Empenhada, e Desempenhada*.

do Príncipe D. João" e o "Discurso Apologético" que o seguia e justificava. Também se deve notar que o Sermão de Ação de Graças era o único no qual o termo Quinto Império explicitamente aparecia identificando Portugal como essa nova e última Monarquia Universal, com um príncipe de Bragança como sua cabeça, ainda que a ideia da eleição da Monarquia Lusitana e referências aos cinco reinos permeassem muitos outros sermões.

O Sermão de Ação de Graças, pregado em Salvador em 1688, afirmava que o recém-nascido príncipe seria o imperador do Reino de Cristo na Terra, liderando o povo lusitano e cumprindo as promessas feitas em Ourique e em outras tantas profecias. Entretanto, enquanto as notícias das festas pelo nascimento e da pregação de Vieira iam de navio para Lisboa, voltavam também novas do reino de que o infante havia morrido logo depois de seu nascimento. Vieira então se empenhou em escrever um *Discurso Apologético* para a rainha Maria Sofia de Neuburgo explicando que Deus havia tirado o príncipe, seu primeiro filho, da Terra para que ele fosse imperador já nos Céus, ao mesmo tempo que lhe reafirmava e assegurava a eleição e o destino de Portugal como Quinto Império, com mais profecias e vaticínios, argumentos astrológicos e políticos, exemplos históricos, e mesmo com exemplos dos maometanos, grande inimigo a ser derrotado pelo Último Monarca da Terra.

O *Discurso Apologético* teria sido somente pensado para a rainha, mas, apesar de Vieira ter enviado ordens para que só se publicassem os sermões, o confessor da rainha, o também jesuíta Leopoldo Fuess, ao que parece o encaminhou para a prensa com as prédicas. A circulação e a recepção daquele volume parecem ter causado menor repercussão na corte que o esperado por Vieira; bem como parece ter havido algumas censuras à sua matéria e proposição. Compararam--no, com certa crítica, às "Esperanças de Portugal" (1659). Além disso, Isabel Almeida sugere que foi nas décadas de 1680 e 1690, que Vieira retomou seus escritos proféticos, em particular a *Clavis Prophetarum*. Isso teria ocorrido, em parte, pela pressão de vários de seus interlocutores, ao que parece até mesmo a pedido da rainha Maria Sofia de Neuburgo, para que finalizasse e imprimisse o seu "altíssimo palácio", a *Clavis*. O esforço de síntese do seu projeto do Quinto Império presente no sermão de Ação de Graças e, depois, explicado no "Discurso Apologético", seria resultado tanto dessas demandas quanto da retomada da *Clavis*[45].

Esses detalhes da circulação e recepção do *Palavra Empenhada e Eesempenhada* interessam aqui na medida em que mostram não só a preocupação do

---

45. Isabel Almeida, "O que Dizem as 'Licenças': Ecos da Fama da *Clavis Prophetarum*".

seu autor na acolhida do seu texto (e nos resultados junto à corte), mas também os circuitos de propagação das ideias vieirenses. Primeiro há a recepção em si, relatada na correspondência de Vieira do período. Segundo, há uma aproximação dos impressos *Sermão de Ação de Graças* e *Discurso Apologético* do manuscrito *Esperanças de Portugal*, mostrando relações de leitura e sobreposição ao se construir uma ideia do que seria o Quinto Império vieirense.

Por fim, externa a essa documentação, há uma outra camada de apropriação e recepção: partes significativas do *Discurso Apologético* foram copiadas e transmudadas no apócrifo "Papel Sobre as Esperanças". Assim, se as datações de Besselaar e Azevedo para a feitura do manuscrito estão certas, o "Papel Sobre as Esperanças" foi produzido exatamente na altura que havia uma circulação intensa das ideias vieirenses do Quinto Império por meio das notícias da *Clavis*, podendo, portanto, localizar sua composição também num contexto de veiculação mais ampla das ideias pentamonarquistas vieirenses e de uma retomada do debate sobre o destino profético de Portugal. Em grande medida, as interpretações de Vieira sobre o Quinto Império, para além do *Sermão de Ação de Graças* e do *Discurso Apologético*, circulavam no século XVII (e mesmo no XVIII) em cópias manuscritas, como as várias versões da *Clavis Prophetarum* e de seus resumos, dos textos produzidos como parte de sua "Defesa" no processo do Santo Ofício, da *História do Futuro* (de qual somente o "Livro Anteprimeiro" teria uma impressão, ainda que com cortes e censuras) e da carta *Esperanças de Portugal*. Nesse sentido, a profusão de cópias manuscritas de textos sebastianistas atribuídos a Vieira ganha relevância, ao pensarmos a figura autoral (e de autoridade) em termos do discurso profético. Na BNP, por exemplo, a "Defesa do Livro intitulado Quinto Império" é o manuscrito com teor profético de Vieira com maior número de cópias (25), seguido pelos onze testemunhos da *Esperanças de Portugal*. É significativo que o terceiro texto com mais versões na BNP seja o "Papel... que fez o Padre Antonio Vieira, sobre a Esperança em El Rei D. Sebastião", com dez cópias.

Podemos aqui repassar o circuito das formas do texto a partir do qual se gerou o "Papel sobre as Esperanças": um sermão pregado oralmente, provavelmente a partir de notas previamente organizadas por escrito, como era costume de Vieira, que depois foram transformadas, provavelmente por um terceiro, em um manuscrito, que, junto a uma carta, também manuscrita, foi depois impresso (a carta sem autorização de Vieira). A partir da impressão desse sermão e dessa carta (e, portanto, de sua submissão a uma outra camada de interferências e modificações) e da mescla com outros textos, como o "Tratado da Quinta de Monarquia" de Paiva, foi compilado o "Papel", dando a construção de uma outra obra, mantendo que era de Vieira mesmo que seu teor fosse sebastianista e, assim, contrário ao que Vieira defendera em seu *Sermão de Ação de Graças* e no *Discurso Apologético* para a rainha, mas, ao mesmo tempo, fiel às evidências da sua argumentação e disposição de suas provas. Olhemos com mais detalhe essa disposição e essas provas.

O "PAPEL" E SUAS FONTES

O texto é organizado da seguinte maneira. Há um breve exórdio com os motivos do discurso (provar que Sebastião estava ainda vivo e voltaria), afirmando que mostrará os fundamentos e razões para algo que acreditam tantos (os sebastianistas) mas que tantos outros contrariam. Depois, seguem os oito fundamentos ou razões que sustentariam a vinda de D. Sebastião, e por fim, arrolam-se (como peroração) os doze sinais principais que provam que D. Sebastião voltará e será o rei desse novo império português – que seria o Quinto e Último da Terra. Os oito fundamentos ou razões são: *1.* "Razões e conjecturas", que funciona sobretudo para justificar ou legitimar o argumento central da obra, ao afirmar que é baseado em tudo o que se seguirá; *2.* "Profecias e vaticínios", uma compilação comentada de visões e textos proféticos, entre elas, de Isidoro, Sibilas, Rocacelsa, Frade Bento, Anchieta; *3.* "revelações de santos, e pessoas de conhecida virtude", em que se expõem, sobretudo, episódios de vidas de santos e religiosos; *4.* "Prodígios", entre eles, o aparecimento no Juramento de Afonso Henriques; *5.* "Prognósticos dos mais insignes astrólogos", em especial, o "nosso lusitano Bocarro"; *6.* "Fé dos históricos", que se baseia em Ourique e na história das vitórias militares dos reis portugueses contra os mouros e a intenção de retomar a Terra Santa, como sendo figura do destino de Portugal como império; *7.* "Juízo dos Políticos", baseado em Justo Lípsio e na ideia da inconstância dos reinos e a necessidade de se acabar com os Turcos para fundar um novo império – o último, português; *8.* "tradições dos mesmos maometanos", que arrola notícias e visões que circularam na Europa, indicando o declínio do império otomano; e no fim, emenda, sem muita distinção para a peroração e a listagem dos doze sinais.

Dos oito fundamentos, o primeiro, o quinto, o sexto, o sétimo e o último apresentam um texto argumentativo, sendo os outros um arrolar de provas e excertos pertinentes a cada um dos fundamentos, por vezes, mas nem sempre, entremeados por explicações. Os fundamentos dois, três e quatro são assim constituídos basicamente por listagens de profecias, sinais, prodígios, milagres, que circulavam desde, pelo menos, inícios do século XVII. Essa estrutura em fundamentos dispostos sequencialmente não era algo incomum em textos sebastianistas e mesmo em outros "apócrifos" vieirianos. O "Discurso Sobre a Pessoa do Rei Prometido a Portugal, Ano de 1649", também atribuído a Vieira, era estruturado em doze "sinais", seguidos por comprovações em forma de vaticínios, que demonstrariam que D. Sebastião seria o rei encoberto esperado pelos portugueses. A disposição é bastante similar à do "Papel", indicando um mesmo padrão desses dois textos, sendo que muitas vezes ambos apareciam compilados juntos em um mesmo códice[46].

Como dito, o "Papel" estava inserido numa produção profética lusitana, com debates sobre quem seria o verdadeiro Encoberto que lideraria Portugal como cabeça da Quinta Monarquia. O próprio texto enuncia esse embate logo nas primeiras linhas:

> Hé o asumpto desta obra e discurso huma prova, e huma *defensa*, o provar a vinda de hum vivo reputado por morto [...], e defender huma probabilidade reputada por ignorância [...], provar a vinda do Seveníssimo Rey Dom Sebastião o qual se conserva vivo, apezar dos que o querem morto [...]; e *defender o direito dos Sebastianistas*, que sendo poucos, e tidos em pouca conta, se izentão da conta dos muitos[47].

Para essa prova e defesa, foram elencados seus fundamentos e, nesse esforço, referidos, sem distinção, alguns escritos que pertenciam ao debate dos dois lados da contenda: os sebastianistas, que criam na volta de Sebastião, e os brigantinos ou "joanistas", que apostavam o Desejado ser um dos Bragança. Entre esses autores, os mais citados foram Sebastião de Paiva, cujo *Tratado da Quinta Monarquia* (c. 1650?)[48] permaneceu manuscrito e fora composto como defesa sebastianista contra os esforços restauracionistas; João de Vasconcelos, com o *Restauração de Portugal Prodigiosa* (1643)[49], impresso como fundamento profético da nova dinastia e da Restauração; o sebastianista João de Castro, citado apenas nominalmente, sem indicação de suas obras; e por fim, Manuel Bocarro, autor do poema pentamonarquista e hermético *Anacephaleosis* (1624)[50]. É interessante perceber que são autores que estavam em campos opostos na disputa político-profética: brigantinos (Bocarro e Vasconcelos), e sebastianistas

---

46. Ver, entre outros testemunhos: "Discurso Politico, que fez o P.e Antonio Vieira da Comp.a de Jesus soubre os vaticinios, e profecias do Rey D. Sebastiam encuberto, e prometido a Portugal. Foi feito no ano de 1649", BN-Rio, Manuscritos, I-12, 2, n. 2, pp. 1-40 (anexo ao códice).
47. "Papel que fez o Padre António Vieira sobre a esperança da vinda de el-Rey D. Sebastião", BNP, cod. 125, f. 158r (grifos meus).
48. Sebastião de Paiva, *Tratado da Quinta Monarquia*.
49. Gregório de Almeida [João de Vasconcelos], *Restauração de Portugal Prodigiosa*.
50. Manuel Bocarro Francês, *Anacephaleoses da Monarchia Luzitana*.

(Castro e Paiva). Sebastião de Paiva, inclusive, escreveu seu tratado em parte para rebater e refutar a *Restauração de Portugal Prodigiosa* e o esforço "joanista" de substituir o Encoberto. Embora o *Discurso* cite textos dos dois lados do embate seiscentista sobre o Encoberto, não há nele nenhuma consideração mais larga sobre isso; pelo contrário, usa argumentos dos diversos autores independente de qual fosse sua posição original. A defesa, que pressupõe um ataque aos sebastianistas, a minoria entre os muitos que os tomam em pouca conta, não diferencia a posição das autoridades que elenca, e as usa todas para sua prova. Procedimento, deve-se frisar, bastante comum nas práticas discursivas da época.

Nos fundamentos dois, três e quatro, a estrutura do *Discurso* lembra o *Tratado* de Paiva, e há passagens retiradas de lá e "fundamentos" citados de segunda mão. Muito provavelmente inclusive as próprias referências a João de Castro (usado abundantemente por Paiva) e mesmo Vasconcelos (contra quem Paiva compôs seu tratado) foram retiradas do *Tratado* de Paiva. Por exemplo, no quarto fundamento, dos "Prodígios", o primeiro, o segundo e o terceiro prodígio são uma paráfrase do capítulo xɪ ("Corrobora-se com o juramento d'el Rei Dom Afonso Henriques...") de Paiva, tanto na sequência de prodígios, como na sua fundamentação dando os exemplos do Sebastião de Veneza, retirados por Paiva provavelmente do *Paraphrase et Concordancia de algvas Propheçias de Bandarra* de João de Castro, e do milagre da imagem de Afonso Henriques em Alcobaça, citados por Paiva a partir do *Restauração de Portugal Prodigiosa*, e de umas coplas de um frei Marcos de Guadalajara. O "Papel" narra o mesmo episódio do Sebastião de Veneza, cita o mesmo capítulo do *Restauração* (o nono) e transcreve as coplas de Guadalajara, na mesma ordem e com comentários quase idênticos aos do *Tratado*[51]. Ou seja, o organizador do "Papel" não citou de primeira mão os textos de Castro e Almeida/Vasconcelos, mas os referiu, usando-os como exemplos autorizados, a partir de Paiva, o qual transcreve. A citação de segunda mão era expediente muito comum, como mostrou Besselaar inclusive para o caso de Vieira[52], mas aqui vê-se uma colagem de fontes por meio da cópia de um outro manuscrito sebastianista, este por sua vez listado e explicitado, entretanto, como uma das autoridades citadas que embasariam seus fundamentos.

A grande fonte do papel apócrifo é, entretanto, o *Discurso Apologético* de Vieira retirada do volume impresso *Palavra Empenhada e Desempenhada*. Do mesmo modo que os segundo, terceiro e quarto argumentos remetem ao *Tra-*

---

51. Sebastião de Paiva, *Tratado da Quinta Monarquia*.
52. José van den Besselaar, "Erudição, Espírito Crítico e Acribia na *História do Futuro* de Antônio Vieira".

tado da Quinta Monarquia de Paiva, o primeiro argumento lembra passagens tanto do *Sermão de Ação de Graças* quanto do início do *Discurso Apologético*. Mas mesmo no segundo argumento temos trechos muito similares ao *Discurso Apologético*, além da lista de vaticínios remeter ao texto enviado à rainha. Por exemplo, o "Vaticínio que S. Zacarias", a profecia de Frei Bartolomeu Salutivo ou Salúcio, e o vaticínio em latim de São Frei Gil Português aparecem juntos, com os mesmos trechos e quase na mesma sequência no apócrifo e no *Discurso Apologético*, com a diferença que no último há uma explanação mais detalhada de seus significados. A partir, contudo, do quinto argumento, o que há é praticamente uma cópia de passagens integrais do *Discurso Apologético* de Vieira. Ou seja, mais de metade do "Papel" é uma transcrição do *Discurso Apologético*, obviamente eliminando passagens que apontavam um Bragança como o Encoberto ou que se referissem a 1640 como momento restaurador anunciado em profecias.

Apesar de citar João de Castro, Sebastião de Paiva e mesmo Gregório de Almeida (todos os três amplos comentadores de Bandarra), o manuscrito em questão não menciona nem cita, de fato, em nenhum momento, as *Trovas* de Bandarra, como apontara Besselaar. Aqui, menos do que um sinal da falsa autoria, pode-se pensar ao contrário na referência mais evidente ao texto vieirino do *Discurso Apologético*. Nele Vieira não citou Bandarra, talvez por uma razão: as *Trovas* do sapateiro estavam incluídas no *Index* da Inquisição portuguesa desde 1581, interdição reforçada por um edital de 1665[53], e o próprio Vieira, a esta altura, havia sido processado pelo Santo Ofício, entre outras motivos, por defender Bandarra como "verdadeiro profeta" na carta *Esperanças de Portugal*[54].

A ausência de Bandarra, menos um sinal de que aquele "sebastianismo" não era o de Vieira, como quis Besselaar, era sobretudo um indício dos procedimentos intertextuais de composição do "Papel". Ou seja, em vez de pensarmos em mera apocrifia, poderíamos pensar em um procedimento mimético que subverte o sentido inicial do texto, sem entretanto mexer profundamente na

---

53. *Os do Conselho Geral do Sancto Officio da Inquisição... fazemos saber... a todos os fieis christãos... prohibimos e hauemos por prohibida, a lição, cõmunicação, & retenção das ditas trouas do dito Gonçal*ª*Annes Bandarrra* (Lisboa, 1665). Para uma vista geral sobre a circulação e proibição das *Trovas*, ver: Luís Filipe Silvério Lima, "O Percurso das *Trovas* de Bandarra: Percurso Letrado de um Profeta Iletrado", em Ana Paula Torres Megiani e Leila Mezan Algranti (org.), *Império por Escrito*.

54. Para o processo, ver Adma Fadul Muhana (org.), *Os Autos do Processo de Vieira na Inquisição: 1660-1668*; "O Processo Inquisitorial de Vieira: Aspectos Profético-Argumentativos"; José Pedro Paiva, "Revisitar o Processo Inquisitorial do Padre António Vieira".

sua estrutura e na sua forma. A isso deveríamos somar os princípios da imitação e da emulação, que regiam as práticas poético-retóricas da época[55]. Obviamente, nas lições do "Papel" não há identificado ou nomeado um "imitador"; pelo contrário ele se esconde justamente na persona de um autor que contém autoridade e não tenta se igualar a ele como nos casos de tradução e imitação praticadas e celebradas pelas artes humanistas. Mas esse procedimento imitativo é passível de ser suposto na composição dos testemunhos do "Papel". Tratava--se de partilhar a autoridade de Vieira, que, neste caso, se mostrava emulada também no seu texto.

Entretanto, a discussão sobre ser o texto "alheio" ou "próprio" a Vieira não estava ausente de alguns testemunhos manuscritos. Por um lado, era a própria atribuição a Vieira que legitimava os escritos e retirava deles qualquer possível dúvida quanto à sua pertinência e veracidade. Por exemplo, na dedicatória ao príncipe de uma cópia existente na John Carter Brown Library,

Senhor / Ofereço a v. A este papel q a minha curiozidade pode descubrir e por seu Autor digno de toda a ueneração e uerdade pois [riscado] so elle soube dizer e emte aqui nimguem com mais ventages q elle soube alcancar não necessita de prova este meu pensamento por.q bem o justificaõ os seus Escriptos e quanto estes não fossem tantos bastaria p.a a incredulidade dos que duuidarem do Papel ver do mesmo Autor a sua Historia do futuro e o seu Clavis Prophetarum p.a abrirem os olhos quando menos affetos se mostrem de uerdade de tanta indiuiduação que seu Autor expoem apontando os Autores que o mesmo papel trata e por emtender que v.A. gostara detelho me pus com toda a ponderação a copiallo e com toda a verdade sem diminuição ou acressentamento algum do Original onde o tirei nele achara v. A. recrejo p.a o gosto noticia p.a a sciencia e exemplo para a virtude partes tão nesesarias como uteis pa hum Princepe taõ catholico como v. A. he a quem Deos N Snr conserue a vida pelos annos que elle pode co leaes subditos e criados de v. A. lhe pedimos / Beija os Reaes pes de v. A. seu taõ humilde subdito como fidelicimo criado / D. Jorge de Alm.da Menezes[56].

O argumento de autoridade é o que justifica e legitima a matéria do papel tida, a princípio, para "incredulidade". E o faz duplamente: por ser digno de

---

55. Maria da Penha Campos Fernandes, "Uma Edição Apócrifa da História do Futuro do Pe. Antônio Vieira? Notícia do Manuscrito O Quinto Império, na Tradução de Francisco Sabino Vieira da Obra Anônima *Le Cinquième Empire* (La Haye, 1689)", p. 716; Thiago Saltarelli, "Imitação, Emulação, Modelos e Glosas: o Paradigma da Mímesis na Literatura dos Séculos XVI, XVII e XVIII".

56. "Tratado da Probabilidade da vinda do Obedientiçimo Filho da Igreja o Senhor Rej Dom Sebastião o I de Portugal Composto pelo insigne Hoste alias Historiador do Futuro O Pe Antonio Vieira" (tit. alt.: "Papel que fes o Pe Antonio Vieira Princepe dos Oradores sobre a esperança em El Rey D. Sebastião"). JCB Manuscripts, Codex Port 13.

"veneração e verdade" seu autor, Vieira, por conta de seus outros escritos, *Clavis* e *História do Futuro*; e por esse próprio "Autor" expor seus argumentos baseado em outros "Autores". Para o Jorge de Almeida de Menezes, que assina a dedicatória, não haveria diferença de matéria entre as propostas da *Clavis*, da *História do Futuro* e daquele manuscrito; pelo contrário, os primeiros corroborariam o último, desfazendo qualquer incredulidade, não parecendo lhe fazer diferença que, por exemplo, o *História do Futuro* fosse contrário aos sebastianistas e o *Discurso* fosse inteiro sebastianista. O que importava era que havia um interesse do "Principe taõ catholico" por esse tipo de texto e, além disso, o fato de ser Vieira transformava o manuscrito em digno de cópia e curiosidade.

A dedicatória também apresenta outro aspecto interessante a ser notado. O "Princepe taõ catholico como v. a." possivelmente é o futuro rei D. José i, se o D. Jorge de Almeida de Meneses que assinou a dedicatória for o cavaleiro da Ordem dos Hospitalários, membro da corte, que publicara um poema heroico sobre D. João v e sua família em 1734[57]. O exemplar da jcb é incompleto, pulando vários dos fundamentos, indício de que esse seja uma cópia posterior do manuscrito encomendado por esse Jorge de Almeida de Meneses para ser oferecido ao príncipe[58]. Se for esse o caso, foi presenteado, talvez lido pelo futuro rei e quem sabe fez parte de sua biblioteca – o que aponta, para além da discussão sobre a autoria e veracidade presentes na dedicatória, as possibilidades de circulação e leitura do manuscrito, inclusive em ambientes cortesãos.

Por outro lado, deve se notar que a questão da atribuição a Vieira desses textos era já problematizada àquela altura. Por exemplo, num códice setecentista da Torre do Tombo que integra uma versão em vários tomos manuscritos reunindo a obra de Vieira, o "Papel" pertence ao dos "Papéis Duvidosos", que trazem inclusive outros tantos manuscritos sebastianistas atribuídos a Vieira[59]. Em um outro exemplo, mais tardio, num códice já do século xix, no qual se copiaram tanto o "Papel" quanto uma resposta à carta *Esperanças de Portugal*, o compilador diz que deixa para o leitor decidir qual é mesmo o de Vieira:

57. Jorge de Almeida de Menezes, *Poema Heroyco, a Felicissima Jornada, de elRey D. Joaõ v. Nosso Senhor, nas Plausivens Entregas das Sempre Augustas, e Serenissimas Princezas do Brasil*; Innocencio Francisco da Silva, *Diccionario Bibliographico Portuguez*, vol. 4, p. 160; Rosemarie E. Horch (org.), "Catálogo dos Folhetos da Coleção Barbosa Machado", pp. 226-227.

58. Há um outro texto curto ("Maria do Lado Fundadora da Religiao Revellada do Santissimo Sacramento do Louri[c ou v]al se Achaõ Muitas Reuelações a Favor deste Reyno") nos cadernos, que indica a cópia ser posterior a 1750, pois provavelmente baseada em textos impressos em 1750 ou depois (talvez o *Historia da Fundação do Real Convento do Louriçal de Religiosas Capuchas Escravas do Santissimo Sacramento, e Vida da Veneravel Maria do Lado*, Lisboa, 1750). Observação da ficha catalográfica da jcb.

59. antt, Manuscritos da Livraria, Códice 1172.

Adevertencia

N. B.

O Papel seguinte he tirado de hum mano escripto antigo de donde foraõ taobem tirados os que ficaõ referidos.

O que se segue pelo seu titulo he escrevido pelo P. Antonio Vieyra da Companhia, mas como he do mesmo autor a que fica desde f. 1 ate f. 84 deste tomo, naõ sey que juizo se deva fazer de hum e de outro. Fielmente copiei aquelle, e fielmente copiarei este; e o amigo Leitor lhe dará o valor que bem quizer.

De quantos tenho lido he o mais bem feito.

E no fim:

N. B.

Deste modo finda hum papel que o leitor naõ sabe a quem deva atribuir; mas (torno a dizer) o leitor fará o juizo que quizer[60].

O copista se escusa de atribuir a autoria, deixando o "juízo" para o leitor. Implicitamente indica que aquilo que valoraria o manuscrito era o fato de ser (ou não) de Vieira. Já entrado o século XIX, ser de Vieira interessava menos nesse testemunho que sua matéria. Não sei se aqui, por esse breve trecho, podemos pensar que houvera uma mudança no entendimento do que era autoria e de como era valorizada, mas vale notar a ênfase dada nesse aspecto.

Em um outro manuscrito, da primeira metade do século XVIII, ser de Vieira também era marcado, mas usando um dispositivo que lembrava ao leitor que aquilo fora produzido pelo jesuíta. Em cada um dos fundamentos o copista introduzia o tópico com "Segue agora o P.e Vieira a relatar" ou "a demonstrar...", marcando não só a autoria mas também a intertextualidade presente no fato daquilo ser uma cópia escrita de um original outro (falado ou escrito)[61]. Era um expediente recorrente em cópias de textos antigos, em que esse *caput* servia de didascália e introdução à matéria que antes fora falada, seguindo as regras da oratória. Talvez vejamos aqui uma referência à atividade oratória de Vieira, conhecido também – e por vezes sobretudo – pelos seus sermões, indicando assim que aquilo era uma cópia de um discurso, como se fosse anotações tomadas de um sermão proferido[62].

---

60. "Papel em que se Prova a Vinda do Rey D. Sebastiaõ pelo Padre Antonio Vieyra da Companhia de Jezus", em Dulce Alexandra de Oliveira Lopes Delgado, *Transcrição e Análise de uma Colectânea Sebastianista do Século XIX*, pp. 107, 157.

61. "Papel do Pe. Antonio Vieira, sobre a Esperança em El Rey D. Sebastião", em *Miscellaneas Curiozas e Interessantes em Manuscritos*, tomo 1º, BNP, cod. 798, f. 222r.-252v.

62. Essa prática era muito comum no século XVII, inclusive para os sermões de Vieira. Os sermões "espanhóis" provavelmente serviram-se dessas cópias manuscritas para sua edição. Para isso, ver Margarida Vieira Mendes, *A Oratória Barroca de Vieira*.

Todos as versões têm pequenas variantes entre si, que, entretanto, não permitiram identificar matrizes ou pensar as possíveis árvores textuais. Isso interessaria não para buscar um *Ur-text*[63], mas sobretudo para pensar o processo de cópia, circulação, atribuição e recepção do texto e dos usos da autoridade de Vieira. A única grande variante que encontrei de fato foi entre a transcrição de Seabra e Antunes e os demais testemunhos. O sétimo fundamento ("Do juízo dos políticos") é sensivelmente mais longo na edição oitocentista do que nos diversos manuscritos. Estes terminam com a frase "No Oriente nasceu o primeiro Império e no Ocidente há de parar o último", retirada do *Discurso Apologético* de Vieira e baseada, por sua vez, em Justo Lípsio. A versão de Seabra e Antunes continua; entretanto, fá-lo reproduzindo o restante dos argumentos de Vieira que estão no *Discurso Apologético*. Talvez o manuscrito do jurista e bibliófilo António de Oliveira Cardoso, no qual os editores se basearam, fosse de outra cepa; seu copista ou compilador, sabendo da relação com o texto de Vieira, pode tê-lo complementado com passagens adicionais retiradas do *Palavra de Deus Empenhada e Desempenhada*. O fato de o título desse testemunho ser diferente da maior parte dos outros pode ser um índice de pertencencimento a outra variante. Entretanto, mesmo sendo lição destoante, além de criticada pelos vieiristas, a edição de Seabra e Antunes, por ter sido impressa e ganho, assim, materialmente, uma outra autoridade diferente da do Antigo Regime, estabeleceu o título e mesmo o texto (ainda que considerado posteriormente apócrifo).

Olhar para o título mais recorrente, "Papel" ou "Discurso do Pe. Antonio Vieira, sobre a Esperança em El Rey D. Sebastião", pode, entretanto, apontar outro tipo de autorização e recepção da fonte. A presença do termo "esperança" indica o que enunciou, por outras vias, o compilador oitocentista do "Papel": a proximidade entre as *Esperanças de Portugal* e o "Papel sobre as Esperanças" como estratégia de dar veracidade ao texto ser mesmo da lavra de Vieira. Remeter às esperanças, ainda, deslocava a expectativa, objeto da carta ao bispo do Japão, de João IV, um rei falecido que ressuscitaria para cumprir seu destino e o do reino, para Sebastião I, um rei desaparecido que retornaria para cumprir, ao fim e ao cabo, os mesmos destinos. Essas estratégias de remissão a obras conhecidas de Vieira, por meio de indicação nos títulos, apareceram também em outros manuscritos apócrifos, como o "Diálogo Português", escrito

---

63. Para a crítica à fixação com o manuscrito original, ver Marcelo Moreira, *Critica Textualis in Caelum Revocata?*; João Adolfo Hansen e Marcello Moreira, *Para que Todos Entendais: Poesia Atribuída a Gregório de Matos e Guerra: Letrados, Manuscritura, Retórica, Autoria, Obra e Público na Bahia dos séculos XVII e XVIII*, vol. 5.

supostamente em 1659, ano das *Esperanças de Portugal*[64], e o "Discurso que fes o Muito Reverendo Padre Antonio Vieira sobre a Pessoa do Rey Prometido a Portugal", dito de 1649[65], ano de início da redação da *História do Futuro*. Em suma, os títulos serviam também como elementos para dar um tom verossímil, por analogia, à autoria (e autoridade) de Vieira, ao mesmo tempo em que inseriam, por remissão, o *Discurso* e os outros apócrifos numa produção mais ampla sobre as esperanças proféticas.

De certa maneira, a inserção de muitos desses testemunhos em códices dedicados a escritos tanto de Vieira quanto sebastianistas ou proféticos operava o mesmo efeito. Seis dos testemunhos compulsados estão em códices dedicados somente a textos de Vieira[66], dos quais alguns fazem parte de compilações maiores de escritos vieirenses, em vários volumes. Cinco aparecem em compilações de profecias e textos sebastinistas[67]. A organização desses volumes indicava de partida um tipo de leitura e uma possível recepção dos manuscritos. Foram compilados, seja pelo próprio copista ou por quem montou o volume, dentro de lógicas específicas que direcionavam seu entendimento, seja como texto sebastianista e profético, ou como parte (mesmo que duvidosa) da obra de Vieira. Portanto, devemos lê-los também em relação aos próprios códices nos quais circularam.

AUTORIA, APOCRIFIA, CÓDICES MANUSCRITOS E GÊNERO PROFÉTICO (AGORA TAMBÉM NO MUNDO DIGITAL)

Nesse sentido, a questão da atribuição de autoria pode levar ainda a uma outra reflexão. João Adolfo Hansen e Marcello Moreira têm proposto pensar

---

64. "Dialogo Portuguez De Anonimo utupiense que trata da philozophia do Enconberto, dedicada, e oferecida ao Ex.mo Sno.r Conde de Castanhede por seu verdadeiro Autor, o M. R. D. Mo. Antonio Vieyra da Companhia de Jesus, Pregador de sua Magestade, e Vezitador da Provincia do Brazil; adicionado e notado por hum douto Anonimo seu amigo", IEB, Coleção Lamego, AL-121.

65. "Discurso que fes o muito Reverendo Padre Antonio Vieira sobre a Pessoa do Rey prometido a Portugal Anno de 1649", BNP, cod. 1458, f. 68r-85r (outros testemunhos em COD. 127, cod. 400, cod. 775); "Discurso Politico, que fez o P.e Antonio Vieira da Comp.a de Jesus soubre os vaticinios, e profecias do Rey D. Sebastiam encuberto, e prometido a Portugal. Foi feito no ano de 1649", BN-Rio, Manuscritos, I-12, 2, n. 2, pp. 1-40 (anexo ao códice).

66. Coleção Lamego, AL-135-002; Oliveira Lima Library, cod. 59, f. 126v-203; BNP, cod. 557, f. 85r-118v; BNP, cod. 10693, p. 74-134; BNP, cod. 2673, p. 323-481; ANTT, Manuscritos da Livraria, Códice 1172, s.n.

67. BNP, cod. 8616, f. 240-259r; BNP, cod. 125, f. 158r-216v.; BNP, cod. 128, f. 2r-59r; BNP, cod. 400, f. 245r-281r; BN-Rio, Manuscritos, I-13,2,6 n. 26, f. 432-521. Por fim, um, no IEB, aparece em um códice ligado a textos produzidos contra a invasão francesa, mostrando a re-atualização do tema sebastianista no início do século XIX.

que os códices manuscritos compilados em torno do nome Gregório de Matos eram organizados não pelo critério central de autoria, mas de gênero. Tudo que era lírica, e especialmente sátira, era classificado como Gregório e adicionado aos seus códices de compilações de poemas. Assim, ao ler um volume de Gregório haveria poemas da lavra dele ou não, mas todos pensados dentro de uma classificação de gênero dada pelo nome do poeta[68]. Como já referido, essa prática era suficientemente comum para Lope de Veja, em direção oposta, ter se preocupado em imprimir suas comédias, porque se vira também como sinônimo do gênero "comédia", isto é, muitas comédias circulavam sob seu nome[69].

Em que medida seria possível pensar algo similar para os textos "sebastianistas" atribuídos a Vieira? Em fins do século XVII e até pelo menos fins do XVIII, textos proféticos eram reunidos "genericamente" sob o nome de Vieira, como se usar ou nomear um códice desse autor dissesse sobre o gênero de especulação profético-política[70]. Isso leva a pensar como estes textos proféticos, que circularam manuscritos, propunham assimilações e modulações – não só de autoria/autoridade, mas de possibilidades de constituir gêneros com amplo espectro político. Não significava apenas emprestar a autoridade, mas também classificar a especulação profética.

Houve grande eficácia nessa construção da autoridade profética de Vieira, visto que na *Dedução Cronológica-Analítica*, o jesuíta era acusado de ser autor de várias "maquinações" proféticas. Inclusive foi a ele imputada a autoria das *Trovas* de Bandarra[71], algo depois referendado e legitimado na proibição pela Real Mesa Censória em 1768 à sua "Carta Apologética ao padre Jacome Iquazafigo", impressa postumamente em 1756[72]. O próprio termo "maquinações" usado na *Dedução* e no Edital da Mesa Censória aparece no título de um dos

---

68. João Adolfo Hansen e Marcello Moreira, *Para que Todos Entendais: Poesia Atribuída a Gregório de Matos e Guerra: Letrados, Manuscritura, Retórica, Autoria, Obra e Público na Bahia dos Séculos XVII e XVIII.*

69. Roger Chartier, *Do Palco à Página.*

70. Sobre os discursos especulativos, ver Adma Fadul Muhana, *Recursos Retóricos na Obra Especulativa de Antônio Vieira.*

71. José Seabra da Silva, *Deducção Chronologica E Analytica: Na qual se manifestão pela successiva serie de cada hum dos Reynados da Monarquia Portugueza, que decorrerão desde o governo do Senhor Rey D. João III até o presente, os horrorosos estragos, que a Companhia denominada de Jesus fez em Portugal, e todos seus Dominios por hum Plano, e Systema por ella inalteravelmente seguido desde que entrou neste Reyno, até que foi delle proscripta, e expulsa pela justa, sabia, e providente Ley de 3 de Setembro de 1759,* pp. 213-214, 222-225.

72. "Edital da Real Mesa Censória de 10 de junho de 1768", em *Collecão das Leys, Decretos y Alvarás, que Comprehende o Feliz Reinado Del. Rey Fidelissimo D. Józé o I,* tomo II, pp. 83-86.

códices nos quais está o "Papel Sobre a Esperança"[73]. Se pensarmos sob essa perspectiva, a atribuição de autoria às *Trovas* e a qualquer profetismo "inverossímil" e "fabuloso" como sendo do jesuíta talvez não seja exclusivamente fruto do antijesuítismo do consulado pombalino, mas também reflita, em alguma medida, uma construção póstuma da figura autoral e de autoridade de Vieira como nome máximo de um gênero de produção profética que marcou as letras portuguesas do século XVII até pelo menos meados do XVIII.

Epílogo interessante dessa relação entre o impresso e manuscrito, a atribuição do texto a Vieira acabou por ganhar nova força contemporaneamente. Em 1998, num eco atrasado do terceiro centenário da morte de Vieira, o Senado brasileiro publicou um volume chamado *Profecia e Inquisição*, na qual constava o "Papel", junto a outros apócrifos, todos retirados do exemplar da edição de Seabra e Antunes que existe na biblioteca do Senado. O volume do Senado foi digitalizado e hoje está disponibilizado em vários *sites*[74]. Do mesmo modo, a edição oitocentista de Seabra & Antunes foi disponibilizada na rede, via Google Books e outros portais[75]. Um problema decorrente (e inesperado) desse amplo acesso via rede é que essas versões com a autoria de Vieira têm sido utilizadas e citadas em dissertações e teses brasileiras e portuguesas, nas quais se assume o texto como do jesuíta sem problematizar a produção e circulação do "Papel" e, algumas delas, a partir dessas edições realizaram mesmo uma análise da escrita vieirense[76]. A autoria, que, como mostrado, por umas vezes era posta em dúvida ou, em outras, reclamava uma reafirmação nos manuscritos, a autoria impressa *no* impresso, e agora amplamente acessível *no* digital, não levanta

---

73. "Maquinações de Antonio Vieira", BNP, cod. 2673.

74. "Discurso em que se Prova a Vinda do Senhor Rei D. Sebastião", em Antônio Vieira, *De Profecia e Inquisição*, pp. 111-172. O livro está disponível para *download* gratuito na Biblioteca Digital do Senado Federal (http://www2.senado.leg.br/bdsf/item/id/1021), e seu conteúdo está também reproduzido no portal Biblioteca de Literaturas de Língua Portuguesa do Nupill, da UFSC (http://www.literaturabrasileira.ufsc.br/documentos/?action=download&id=30017).

75. A própria edição oitocentista de Seabra e Antunes está disponível *on-line* via Google Books e Internet Archive. O papel apócrifo também saiu impresso em volume de *Escritos Políticos* das recentes *Obras Completas* de Vieira, publicadas pela Círculo dos Leitores, infelizmente sem muito aviso sobre as questões de autoria envolvidas. "Papel em que se Prova a Vinda de El-Rei Dom Sebastião, pelo Padre António Vieira da Companhia de Jesus", em Antônio Vieira, *Obra Completa*, tomo IV, vol. I: *Escritos Políticos*, pp. 137-192.

76. Karine Vasconcelos Leite, *"Olhos, Espelho e Luz": o Imbricamento de Discursos e a Ironia em Os Autos de Defesa, de Vieira, como Marca de Atualidade Contínua do Escritor*; Joaquim Fernandes da Conceição, *O Imaginário Extraterrestre na Cultura Portuguesa. Do Fim da Modernidade até Meados do Século XIX*, pp. 140-141, 144; Joel Carlos de Souza Andrade, *Os Filhos da Lua: Poéticas Sebastianistas na Ilha dos Lençóis-MA*, pp. 26-27.

mais questionamentos (sequer de ordem "Autoral", conforme queriam Azevedo e Besselaar). Vieira tornou-se definitivamente sebastianista no mundo digital.

REFERÊNCIAS BIBLIOGRÁFICAS

ALMEIDA, Gregório de. [João de Vasconcelos]. *Restauração de Portugal Prodigiosa*. Lisboa, Antonio Aluarez, 1643-1644. 2 vols.

ALMEIDA, Isabel. "O que Dizem as 'Licenças': Ecos da Fama da Clavis Prophetarum". *Românica*, n. 18, 2009, pp. 27-57.

ALMEIDA DE MENEZES, Jorge de. *Poema Heroyco, a Felicissima Jornada, de elRey D. Joaõ V. Nosso Senhor, nas Plausivens Entregas das Sempre Augustas, e Serenissimas Princezas do Brasil*. Lisboa Occidental, Officina da musica, 1734.

ANDRADE, Joel Carlos de Souza. *Os Filhos da Lua: Poéticas Sebastianistas na Ilha dos Lençóis-MA*. Dissertação de Mestrado em História Social, Universidade Federal do Ceará, 2002.

AZEVEDO, João Lúcio de. *A Evolução do Sebastianismo*. Lisboa, Livraria Clássica Editora, 1918.

_____. "Alguns Escritos Apócrifos, Inéditos e Menos Conhecidos do Padre António Vieira". *Boletim de Segunda Classe da Academia de Sciencias de Lisboa*, vol. IX: *1914-1915*, p. 542.

BESSELAAR, José van den. "A Profecia Apocalíptica de Pseudo-Metódio". *Luzo-Brazilian Review*, n. XXVIII, vol. 1, 1991, pp. 5-22.

_____. *Antônio Vieira, Profecia e Polêmica*. Rio de Janeiro, EdUerj, 2003.

_____. "Erudição, Espírito Crítico e Acribia na História do Futuro de Antônio Vieira". *Alfa: Revista de Linguística*, vol. 20-21, 1974-1975, pp. 47-57.

_____. *Sebastianismo – História Sumária*. Lisboa, Icalp, 1987.

BOUZA ALVAREZ, Fernando. *Corre Manuscrito. Una Historia Cultural del Siglo de Oro*. Madrid, Marcial Pons, 2001.

_____. *Palabra e Imagen en la Corte: Cultura Oral y Visual de la Nobreza en el Siglo de Oro*. Madrid, Abada, 2004.

CARREIRA, Antonio. "El Manuscrito como Transmisor de Humanidades en la España del Barroco". *In:* HARO, Pedro Aullón de (ed.). *Barroco*. Madrid, Verbum, 2004, pp. 597-618.

COAST, David. "Speaking for the People in Early Modern England". *Past & Present*, n. 244, vol. 1, 2019, pp. 51-88.

CHARTIER, Roger. *Do Palco à Página*. Rio de Janeiro, Casa da Palavra, 2002.

_____. "História Intelectual do Autor e da Autoria". *Autoria e História Cultural da Ciência*. Org. Pricila Faulhaber & José Sérgio Leite Lopes. Rio de Janeiro, Beco do Azougue, 2012, pp. 37-64.

_____. *Inscrever & Apagar*. São Paulo, Editora da Unesp, 2007.

CHAUVIN, Jean Pierre; LACHAT, Marcelo & CARVALHO, Maria do Socorro Fernandes de (org.). *Revista USP*, n. 121 (*Dossiê Artes & Letras*), 2019.

COLLEÇÃO das Leys, Decretos y Alvarás, que Comprehende o Feliz Reinado Del. Rey Fidelissimo D. Jozé o I, t. II. Lisboa, Officina de Antônio Rodrigues Galhardo, 1770.

CONCEIÇÃO, Joaquim Fernandes da. *O Imaginário Extraterrestre na Cultura Portuguesa. Do Fim da Modernidade até Meados do Século XIX*. Tese de Doutorado em História, Universidade do Porto, 2004.

DADSON, Trevor J. "La Difusión de la Poesía Española Impresa en el Siglo XVII". *Bulletin Hispanique*, n. 113, vol. 1, 2011.

DAVILA, James R. "The Old Testament Pseudepigrapha as Background to the New Testament". *The Expository Times*, vol. 117, n. 2, 2005.

DELGADO, Dulce Alexandra de Oliveira Lopes. *Transcrição e Análise e de uma Colectânea Sebastianista do Século XIX*. Dissertação de Mestrado em Estudos Portugueses Interdisciplinares, Universidade Aberta, Lisboa, 2005.

DITOMMASO, Lorenzo. *The Book of Daniel and the Apocryphal Daniel Literature*. Leiden, Brill, 2005.

ELIAV-FELDON, Miriam. "Invented Identities: Credulity in the Age of Prophecy and Exploration". *Journal of Early Modern History*, vol. 3, n. 3, 1999.

EZELL, Margaret J. M. "Reading Pseudonyms in Seventeenth-Century English Coterie Literature". *Essays in Literature*, vol. 21, n. 1, 1994.

FERNANDES, Maria da Penha Campos. "Uma Edição Apócrifa da História do Futuro do Pe. Antônio Vieira? Notícia do Manuscrito O Quinto Império, na Tradução de Francisco Sabino Vieira da obra anônima Le Cinquième Empire (La Haye, 1689)". *Anais do XXIII Congresso Internacional da Associação Brasileira de Professores de Literatura Portuguesa* (Abralip). São Luís, Abralip, 2011.

FLOEMA, n. 2ª (*Número Especial: João Adolfo Hansen*), 2006.

FOUCAULT, Michel. "O que É um Autor?" *Ditos e Escritos: Estética – Literatura e Pintura, Música e Cinema*. Rio de Janeiro, Forense Universitária, 2001, vol. III, pp. 264-298.

FRANCÊS, Manuel Bocarro. *Anacephaleoses da Monarchia Luzitana*. Lisboa, Antonio Aluarez, 1624.

GINZBURG, Carlo. "Lorenzo Valla and the Donation of Constantine". *History, Rhetoric, and Proof*. Hanover, UPNE, 1999, pp. 56-58.

GRAFTON, Anthony. "A Sketch Map of a Lost Continent: The Republic of Letters". *World Made by Words*. Cambridge, Harvard University Press, 2009, pp. 9-34.

_____. *Forgers and Critics. Creativity and Duplicity in Western Scholarship*. London, Collins & Brown, 1990.

GREENBLATT, Stephen. *A Virada: O Nascimento do Mundo Moderno*. São Paulo, Companhia das Letras, 2011.

GRIFFIN, Robert J. "Anonymity and Authorship". *New Literary History*, vol. 30, n. 4, 1999, pp. 877-895.

HAMILTON, Alastair. *The Apocryphal Apocalypse: The Reception of the Second Book of Esdras (4 Ezra) from the Renaissance to the Enlightenment*. Oxford, Clarendon Press, 1999.

HAMMOND, Paul. "Anonymity in Restoration Poetry". *The Seventeenth Century*, vol. 8, n. 1, 1993.

HANSEN, João Adolfo. *Agudezas Seiscentistas e Outros Ensaios*. Org. Cilaine Alves Cunha & Mayra Laudanna. São Paulo, Edusp, 2019.

_____. "Autor". *In:* JOBIM, José Luís (org.). *Palavras da Crítica*. Rio de Janeiro, Imago, 1992, pp. 11-43.

_____. "Autoria, Obra e Público na Poesia Colonial Luso-Brasileira Atribuída a Gregório de Matos e Guerra". *Ellipsis*, n. 12, 2014, pp. 91-117.

_____. "Vieira: Forma Mentis como Categoria Histórica". *Voz Lusíada*, n. 9, 1997, p. 17.

_____. & Moreira, Marcello. *Para que Todos Entendais: Poesia Atribuída a Gregório de Matos e Guerra: Letrados, Manuscritura, Retórica, Autoria, Obra e Público na Bahia dos Séculos XVII e XVIII.* Belo Horizonte, Autêntica, 2013, vol. 5.

Hermann, Jacqueline. *No Reino do Desejado*. São Paulo, Companhia das Letras, 1998.

_____. & Martins, William de Souza (org.). *Poderes do Sagrado. Europa Católica, América Ibérica, África e Oriente Portugueses (Séculos XVI-XVIII).* Rio de Janeiro, Multifoco, 2016.

Horch, Rosemarie E. (org.). "Catálogo dos Folhetos da Coleção Barbosa Machado". *Anais da Biblioteca Nacional*, vol. 92, n. 4, 1972, pp. 226-227.

Hue, Sheila Moura. "Em Busca do Cânone Perdido. Manuscritos e Impressos Quinhentistas: das Variantes Textuais e das Atribuições Autorais". *REEL – Revista Eletrônica de Estudos Literários*, n. 5, 2009.

Leite, Karine Vasconcelos. *"Olhos, Espelho e Luz": O Imbricamento de Discursos e a Ironia em Os Autos de Defesa, de Vieira, como Marca de Atualidade Contínua do Escritor.* Tese de Doutorado em Letras e Linguística, Universidade Federal de Alagoas, 2012.

Leite, Serafim. *História da Companhia de Jesus no Brasil*. São Paulo, Loyola, 2004.

Lima, Luís Filipe Silvério. "As Partes e Gentes da África na Obra de Padre Antônio Vieira: a Construção da Figura Literária e a Idéia do Quinto Império". *Clio*, n. 27, vol. 2, 2009, pp. 87-116.

_____. *O Império dos Sonhos. Narrativas Proféticas, Sebastianismo e Messianismo Brigantino.* São Paulo, Alameda, 2010.

_____. "O Percurso das Trovas de Bandarra: Percurso Letrado de um Profeta Iletrado". *In:* Megiani, Ana Paula Torres & Algranti, Leila Mezan (org.). *Império por Escrito.* São Paulo, Alameda, 2009.

_____. "Um 'Apócrifo' de Vieira: Discursos Sebastianistas, Leitura de Impressos e Circulação de Manuscritos (Séc. XVII-XVIII)". *In:* Hermann, Jacqueline & Martins, William de Souza. *Poderes do Sagrado. Europa Católica, América Ibérica, África e Oriente Portugueses (Séculos XVI-XVIII).* Rio de Janeiro, Multifoco, 2016, pp. 53-83).

Lund, Christopher & Kahler, Mary Ellis (ed.). *The Portuguese Manuscripts Collection of the Library of Congress: a Guide.* Washington, The Library, 1980.

Marques, João Francisco. *A Parenética Portuguesa e a Restauração*. Porto, Inic, 1989, vol. 1.

Mendes, Margarida Vieira. *A Oratória Barroca de Vieira*. Alfragide, Caminho, 1989.

Moreira, Marcello. *Critica Textualis in Caelum Revocata?* São Paulo, Edusp, 2011.

Muhana, Adma Fadul. "O Processo Inquisitorial de Vieira: Aspectos Profético-Argumentativos". *Semear*, n. 2, 1998, pp. 9-19.

_____. (org.). *Os Autos do Processo de Vieira na Inquisição: 1660-1668.* São Paulo, Edusp, 2008.

_____. *Recursos Retóricos na Obra Especulativa de Antônio Vieira.* Dissertação de Mestrado em Literatura Brasileira, Universidade de São Paulo, 1989.

Myers, Robin & Harris, Michael (ed.). *Fakes and Frauds. Varieties of Deception in Print and Manuscript.* Delaware, Oak Press, 1989.

North, Marcy. "Ignoto in the Age of Print: The Manipulation of Anonymity in Early Modern England". *Studies in Philology*, vol. 91, n. 4, 1994, pp. 390-416.

Orosco y Covarrubias, Juan de. *Tratado de la Verdadera e Falsa Prophecia.* Segovia, Of. de Juan de La Costa, 1588.

Paiva, José Pedro. "Revisitar o Processo Inquisitorial do Padre António Vieira". *Lusitania Sacra*, n. 23, 2011, pp. 151-168.

PAIVA, Sebastião de. *Tratado da Quinta Monarquia*. Lisboa, Imprensa Nacional-Casa da Moeda, 2006.

RIZZI, Andrea & GRIFFITHS, John. "The Renaissance of Anonymity". *Renaissance Quarterly*, vol. 69, 2016, pp. 200-12.

SALTARELLI, Thiago. "Imitação, Emulação, Modelos e Glosas: O Paradigma da Mímesis na Literatura dos Séculos XVI, XVII e XVIII". *Aletria*, vol. 19, jul.-dez. 2009.

SERAFIM, João Carlos. "Consertar o Reino para Tempos de Paz – D. João de Castro e o 'Discurso Fallando com El Rei D. Sebastião', 1588". *VS*, n. 20, 2013, pp. 7-72.

_____. *D. João de Castro, "O Sebastianista"*. Tese de Doutorado, Universidade do Porto, 2004.

_____. "Elevar um Rei com Vaticínios – Textos e Pretextos no Caso do Rei D. Sebastião de Veneza (1598-1603)". *Letras*, vol. 24, n. 49, 2014, pp. 77-96.

SILVA, Innocencio Francisco da. *Diccionario Bibliographico Portuguez*. Lisboa, Imprensa Nacional-Casa da Moeda, 1867.

SILVA, José Seabra da. *Deducção Chronologica E Analytica: Na qual se Manifestão pela Successiva Serie de cada hum dos Reynados da Monarquia Portugueza [...]*. Lisboa, Officina de Miguel Manescal da Costa, 1768.

THOMAS, Luis Filipe. "A Ideia Imperial Manuelina". *In:* DORÉ, Andréa *et al.* (org.). *Facetas do Império na História*. São Paulo, Hucitec, 2008.

TORGAL, Luis R. *Ideologia Política e Teoria do Estado na Restauração*. Coimbra, Biblioteca Geral da Universidade, 1981, vol. 1.

VIEIRA, Antônio. *Defesa Perante o Tribunal do Santo Ofício*. Ed. Hêrnani Cidade. Salvador, Livraria Progresso Editora, 1957, vol. 1.

_____. *De Profecia e Inquisição*. Brasília, Senado Federal, 1998.

_____. *Obras Completas*. Lisboa, Círculo dos Leitores, 2013.

_____. *Obras Ineditas do Padre António Vieira*. Lisboa, J.M.C. Seabra & T.Q. Antunes, 1856.

_____. *Palavra de Deos Empenhada, e Desempenhada [...]*. Lisboa, Officina de Miguel Deslandes, 1690.

_____. "Sermoens do P. Antonio Vieira [...] Primeyra Parte". *Lista dos Sermões que Andão Impressos com Nome do Author em Varias Línguas, para que se Conheça quaes são Próprios, & Legitimos, & quaes Alheyos, & Suppostos*. Lisboa, Ioam da Costa, 1679.

7

Do Ser Discreto ou Néscio com Gregório de Matos

Pedro Marques

UNIVERSIDADE FEDERAL DE SÃO PAULO

I

A obra de Gregório de Matos e Guérra (1636-1695) sempre apresentou dificuldades de leitura, notadamente para os intérpretes do século XIX em diante. É um *corpus* de poemas compostos em diversos gêneros, sob rigores das preceptivas dos séculos XVI e XVII, algo, portanto, bem distinto dos atuais critérios de valoração artística, em grande parte definidos a partir do período romântico. Sobre esse material, ao qual já se atribuiu, desde o século XVIII, um manancial de interpretações, não há sequer a absoluta certeza da autoria única. De um lado, há os trabalhos de *projeção hermenêutica*, isto é, que tomam tal poesia a partir de propósitos presentes à análise e não à produção do objeto literário em si, entendendo, por exemplo, Gregório de Matos como precursor de variantes do nacionalismo brasileiro, desde sua formulação pela primeira geração romântica, passando pela versão modernista, até seus ecos na música popular brasileira comercial. Vale aqui o levantamento e histórico realizados por Jean Pierre Chauvin[1].

---

1. Jean Pierre Chauvin, "Juízo e Perspectiva: a Construção da Imagem de Gregório de Matos e Guerra pela Crítica Literária no Brasil".

Assim, José Miguel Wisnik – ainda um jovem pesquisador que, não sendo especialista em letras colônias, organizou uma relevante antologia gregoriana – projeta em Gregório de Matos o rico que renega as origens para se entregar às experiências de uma vida supostamente livre das convenções sociais. Aumentando alguns pontos à ficção setecentista de Manuel Pereira Rabelo, o estudioso firma quase que a personalidade de um *yuppie* que se convertesse em *hippie*, fantasiando um Gregório que, acometido por um *insight*, "abandona [...] casa, cargo e encargos, e sai pelo Recôncavo [...] como cantador itinerante, convivendo com todas as camadas da população, metendo-se no meio das festas populares, banqueteando-se sempre que convidado"[2]. O letrado discreto e culto, modelo genérico seiscentista, vira nessa leitura um tipo de cancionista desbundado dos anos de 1970 e 1980, como se enfileirado na linhagem de um Belchior (1946-2017), de um Zé Ramalho (1949-) ou, melhor, na de um Cazuza (1958-1990), aquele que, justamente, confessou em letra de *rock*: "e por você eu largo tudo / carreira, dinheiro, canudo"[3].

De outro lado, há estudos que procedem a *restituição hermenêutica*, isto é, tratam de enxergar a produção colonial dentro das categorias históricas e retóricas do tempo, reconstituído a partir de vestígios e evidências com relativa independência dos valores atuais ao analista. Um trabalho de arqueologia que supõe haver um estilo organizado que produz e, ao mesmo tempo, é produzido por aquelas letras. Ambas as linhas, em geral conflitantes, chegam a rendimentos entre interessantes e interessados, revelando a riqueza desse que é um dos pontos desafiadores da cultura brasileira. O primeiro método pode, óbvio, servir ao professor para seduzir os iniciantes mergulhados em pressupostos contemporâneos, os quais, num segundo instante, precisam passar à análise técnica do objeto.

A tese de João Adolfo Hansen *A Sátira e o Engenho: Gregório de Matos e a Bahia do Século XVII*, defendida há trinta anos, contribuiu e tem contribuído justamente para esse passo seguinte, ajudando gerações de pesquisadores a escaparem dos anacronismos românticos e modernistas. Veja-se, cada um a seu modo, os estudos de Alcir Pécora (*Máquina de Gêneros*), de Adma Muhana ("Introdução", em Manuel Botelho de Oliveira, *Poesia do Parnaso. Lira Sacra*), de Maria do Socorro Fernandes Carvalho (*Poesia de Agudeza em Portugal*), o esforço didático promovido por Ivan Teixeira (*Roteiro da Poesia Brasileira – Raízes*), a proposta editorial de Marcello Moreira (*Critica Textualis in Caelum Revocata? Uma Proposta de Edição e Estudo da Tradição de Gregório de Matos e Guerra*) e o trabalho de recuperação textual de Marcelo Lachat (*Saudades de Lídia e Armido, Poema Atribuído a Bernardo Vieira Ravasco: Estudo e Edição*).

---

2. José Miguel Wisnik, "Introdução", em Gregório de Matos, *Poemas Escolhidos*, p. 13.

3. Cazuza, "Exagerado", em *Exagerado*.

DO SER DISCRETO OU NÉSCIO COM GREGÓRIO DE MATOS

A poesia dos séculos XVI e XVII, na Europa ocidental e suas respectivas colônias, retoma e normatiza importantes referências da Antiguidade, tais como Aristóteles (Arte *Poética* e *Retórica*), Cícero (*Do Orador*), Quintiliano (*Instituição Oratória*), Horário (*Arte Poética*), entre outras. Toda uma tradição conceitual que ecoa com mais ou menos força em tratados, gramáticas, epístolas ou diálogos cujo conjunto sedimenta as preceptivas de todo um período, pelo menos entre os renascimentos e as revoluções industriais e liberais. Assim, a *Gramática da Língua Portuguesa com os Mandamentos da Santa Madre Igreja* (1540), João de Barros; *Corte na Aldeia* (1619), Francisco Rodrigues Lobo; *Arte do Engenho e Tratado da Agudeza* (1642), Baltasar Gracián; ou *O Telescópio Aristotélico* (1654), Emanuel Tesauro. São algumas das referências, pensando apenas no *trivium* das artes da linguagem (gramática, retórica e dialética), que João Adolfo Hansen recoloca no radar para aqueles que queira revisitar a cultura letrada luso-brasileira anterior ao século XIX. A partir delas, mas não apenas, vai afastando categorias estranhas ao período, tais como *autoria, nacionalidade, engajamento* ou *intencionalidade*. Para ele, "a poesia engenhosa do século XVII é um *estilo*, no sentido forte do termo, linguagem estereotipada de lugares-comuns retórico-poéticos anônimos e coletivizados como elementos do todo social objetivo repartidos em gêneros e subestilos"[4].

II

Seleciono aqui cinco noções poético-retóricas gerais extraídas do estudo de Hansen, todas constitutivas da norma do período, que podem auxiliar professores e alunos a entenderem a poesia atribuída a Gregório de Matos, na sua diversidade de gêneros (épico, lírico ou satírico) e subgêneros (sonetos, romances, décimas, oitavas, madrigais, silvas etc.). De maneira bem didática, utilizo um único soneto para exemplificar cada uma dessas noções, as quais apenas iniciam o leitor de hoje na preceptística dessa produção, abrindo o horizonte para leituras minimamente especializadas nos ensinos médio e superior.

DESAIRES DA FORMOSURA COM AS PENSÕES DA NATUREZA
PONDERADAS NA MESMA DAMA SONETO

Rubi, concha de perlas peregrina,
Animado cristal, viva escarlata,
Duas safiras sobre lisa prata,
Ouro encrespado sobre prata fina.

---

4. João Adolfo Hansen, "Um Nome por Fazer", *A Sátira e o Engenho: Gregório de Matos e a Bahia do Século XVII*, p. 32.

Este o rostinho é de Caterina;
E porque docemente obriga, e mata,
Não livra o ser divina em ser ingrata,
E raio a raio os corações fulmina.

Viu Fábio uma tarde transportado
Bebendo admirações, e galhardias,
A quem já tanto amor levantou aras:

Disse igualmente amante, e magoado:
Ah muchacha gentil, que tal serias,
Se sendo tão formosa não cagaras![5]

Imitação e Emulação

Num primeiro gesto, o poeta do período reconhece e *imita* os modelos de estilo, assuntos, figuras, tópicas e formas coletivas, anônimas e consagradas pela tradição. Mostra valor aquele que reincorpora, a seu tempo, padrões da Antiguidade greco-latina (Homero, Anacreonte, Horácio, Juvenal, Virgílio etc.) e já do final da Idade Média e começo da Idade Moderna (Francesco Petrarca, Sá de Miranda, Luís de Camões, Luis de Góngora etc.). *Emular* tais modelos significa subir nos andores da tradição, é o segundo gesto do processo de atualização do já realizado, do já eleito como norma a ser perseguida. A autoria e a contribuição do *corpus* gregoriano, dentro do discurso de seu tempo, não se baseia, portanto, na afirmação de uma personalidade ou na intenção de romper com modelos estabelecido, tal como se entende a tarefa do artista segundo o ideário romântico. Ao contrário, mede-se seu valor a partir da capacidade de produzir novos poemas baseados nas tópicas conhecidas e procedimentos consagrados. Esses dois gestos movem o texto selecionado. Mas embora seja difícil, até por falta de dados, falar em Gregório como organização sócio-psicológica, os materiais didáticos reproduzem, claro que sem o mesmo grau de sofisticação, apreciações como as de Alfredo Bosi, segundo o qual "o berço fidalgo e o exercício de profissão liberal prestigiada concorreram para formar em Gregório um ponto de vista bastante peculiar que, porém, não o subtrai de toda à figura do intelectual tradicional desenhada por Antonio Gramsci"[6].

Vejamos. Minerais e metais nobres ajudam a desenhar a beleza feminina, num jogo metafórico formular, comum à tradição lírica desde a Antiguidade,

---

5. Gregório de Matos, *Poemas Escolhidos*, p. 274.
6. Alfredo Bosi, "Do Antigo Estado à Máquina Mercante", *Dialética da Colonização*, p. 100.

notadamente na caraterização de mulheres decentes (virgens, nubentes ou esposas) como encontramos nos fragmentos de Safo, nos cânticos de Salomão, nas canções de Guilhem de Peitieu ou, depois, nos madrigais de Botelho de Oliveira. Quanto à forma, trata-se de um soneto petrarquista, praticado também por Camões e Góngora. Considerada, por gente como Raphael Bluteau, das formas mais "dificultosas da poesia", o soneto apresenta esquema métrico e rímico rigoroso, sendo que, ao longo de seus catorze versos, deve apresentar um assunto genericamente (quartetos), para em seguida particularizá-lo (tercetos) e concluí-lo (chave de ouro), operando como um silogismo poético. Aqui, o primeiro quarteto apresenta o lado mineral e metálico da analogia, frisando a origem aristocrática da *donna*; o segundo projeta a nobreza dos materiais no rosto de Caterina, frisando, então, o poder de fascínio da mulher. O primeiro terceto traz o alvo dos encantos da bela. O segundo terceto é o fecho inusitado do poema, em que Fábio, descortês, decodifica as possibilidades elevadas dos diversos índices amorosos expostos em registro rebaixado.

Engenho e Agudeza

Engenho é a capacidade do poeta em selecionar, aproximar ou distinguir coisas, estabelecendo relações de semelhança e dessemelhança entre as partes de argumentos, palavras, conceitos ou signos. Aptidão natural do juízo humano, pode ser ensinado e aprimorado pelo exercício de suas componentes, tais como a sutileza, a perspicácia, a destreza e a argúcia. Já a *agudeza* surge como a aplicação racional do engenho, materializada em imagens, metáforas, paradoxos, trocadilhos, equívocos, paronomásias, silogismos, dentre outros tropos, que geram efeitos notáveis e peregrinos no texto. No soneto em análise, o visual e até a textura dos materiais minerais e metálico remetem às partes do rosto de maneira engenhosa. A agudeza reside na sobreposição matéria nobre/rosto, em que "rubi" está por lábios; "concha de perlas peregrinas" por boca com dentes excelentes; "animado Cristal, viva escarlata" por pele branca, corada e vistosa; "duas safiras sobre lisa prata" por dois olhos azuis no rosto de pele delicada; "ouro encrespado sobre prata fina" por cabelos louros anelados no pescoço esguio.

Agudeza, ainda, é o fato dos versos três e quatro terminarem em quiasmo, na medida em que temos primeiro "lisa (adjetivo) prata (substantivo)" e, depois o contrário, "prata (substantivo) fina (adjetivo)". Tal estilo engenhoso e agudo só é possível na escrita culta, esteja ela a serviço da sátira ou da lírica. Daí não ter cabimento o retrato de um Gregório de Matos, para lembrar um paradidático do ensino superior por Antonio Candido e José Aderaldo Castello, "cantando à viola", derramando seus versos "com a loquacidade fácil dos trovadores"[7], como se fosse um repentista de feira, o qual, no fundo, também obedece a parâmetros rígidos da oralidade, mas não os da oratória seiscentistas.

Decoro

Adequação da linguagem à voz poética ilustre, aos lugares-comuns do gênero, ao público e às circunstâncias de tempo e lugar. Os lugares discursivos, assim, são todos convencionais, nada espontâneos, o escritor/orador deve saber identificar o momento conveniente para mobilizar as paixões que levam a louvar (lírica) ou vituperar (sátira) algo. As paixões, embora codificadas e formalizadas sobretudo pelo segundo livro da *Retórica* aristotélica, são de natureza humana, por isso as preceptivas dos séculos XVI e XVII prescrevem o decoro como virtude de moderação. Nesse sentido, muitos versos atribuídos a Gregório de Matos encenam, desde as didascálias, essas posições normativas de locução, recepção e até performance vocal. Esse dado convencional, portanto, não resulta do "carácter irreverente e pachola" que se expressaria em "dicção poética brasileira"[8], como acreditava Massaud Moisés e seus diluidores em colégios e cursinhos pré-vestibulares.

A didascália anuncia o assunto central: a derrota ou perda de decoro da beleza ("desaires da formosura") diante da atividade fisiológica do corpo ("pensões da natureza"). Ou seja, a beleza talhada em palavras, tensiona a mulher metafísica, modelar, com a física, constituída de atributos elevados e rebaixados. A voz poética resolve-se, ao final, pela inversão irônica do registro elevado. Sai da idealização, no sentido platônico do termo, da amada convertida em imagem, para a obscenidade do corpo destacada em seu excedente mais repugnante (fezes). Não fosse a última palavra, teríamos talvez mais um produto lírico-amoroso ao modo camoniano. Isso nos leva a reler/ouvir o poema numa chave paródica, porque alterna registro lírico e satírico, da elevação do termo inicial ("rubi", com sentido de boca) passa-se ao vocábulo baixo ao final ("cagara" remete a ânus), figurando o próprio corpo do soneto como começo e fim do trato digestivo. O poeta, entretanto, não falta com o decoro, posto que a sátira, subgênero do cômico (lembremos de Aristóteles e Horácio), prevê a ruptura de registro linguísticos como parte do efeito irônico. A cena em si é

---

7. Antonio Candido e José Aderaldo Castello, "Origens e Barroco", *Das Origens ao Realismo*, p. 44.
8. Massaud Moisés, "Barroco", *A Literatura Brasileira Através dos Textos*, p. 46.

indecorosa, evidente, mas o tratamento poético engendrado não, por isso é, por hipótese, aceita pelo público leitor ou ouvinte.

Discrição

O soneto pressupõe sua própria execução num ambiente aristocrático, em que a voz poética e o público são *discretos*, isto é, conhecem as regras da arte para fruírem e coparticiparem de seus efeitos patéticos, para descobrirem a reconfiguração de conceitos, as sutilezas e agudezas. Neste contexto, ninguém é exclusivamente especialista em poesia, mesmo nas Academias os versos são inventados por padres, juízes, senhores de engenhos, negociantes, traficantes de gente etc. Não encontra eco na época, assim, a opinião de Maria Luiza Abaurre e Marcela Pontara, expressa num dos livros de maior sucesso editorial em nosso ensino médio, de que "fruto de muito estudo e trabalho, a poesia barroca é escrita por poetas para poetas"[9]. O *discreto* ou *entendido* atualiza as virtudes do cortesão ou do cavaleiro cristão, sabe reconhecer o melhor em todas as ocasiões, dada sua prudência na avaliação, sua racionalidade, sua experiência e memória acerca dos eventos históricos e culturais. O discreto é considerado melhor por suas virtudes éticas, modelo e exemplo de homem e não apenas de poeta profissional, carreira criada como especialização somente com o mercado editorial da cidade burguesa.

Ao mesmo tempo, isso faz dele um *desenganado*, pois seu elevado grau de conhecimento o faz ver a vanidade, a transitoriedade, a ilusão das ações mundanas que não conduzem à salvação da alma. Seu oposto é o *néscio* (o vulgo, o populacho), tipificado como sem juízo, rude, confuso, ignóbil e estúpido. Neste poema, e em muito outros do *corpus* gregoriano, Fábio é a *persona* do néscio, na medida em que responde ao gesto gentil da dama, previsto pela perspectiva do jogo amoroso, com uma descortesia completamente fora de lugar. Fosse a dama feia ou desprezível, compreendia-se a grosseria. Mas o néscio é alguém incapaz de reconhecer sua posição nos estamentos do reino, adequar sua fala às personalidades superiores a si no corpo social, identificar a mecânica dessa máquina político-religiosa que era o corpo místico do império colonial português. Sua falha derrisória é dirigir-se a tal dama nobre e formosa com o registro aplicável à época, por exemplo, a prostitutas, índias, negras, judias ou mestiças. É justamente essa indiscrição de Fábio que amplifica, dramaticamente falando, a carga irônica do texto.

---

9. Maria Luiza M. Abaurre e Marcela N. Pontara, "Barroco", *Literatura Brasileira: Tempos, Leitores e Leituras*, p. 166.

Epidítico ou Demonstrativo

Aristóteles, no primeiro livro da *Retórica*, dispõe os discursos argumentativos em três grandes gêneros. O *judiciário*, para tratar de ações no passado, busca a atitude prática, quer convencer o juiz a condenar ou absolver o réu. O *deliberativo*, para planejar as ações de impacto futuro, busca persuadir o interlocutor a votar numa lei ou num candidato. O *demonstrativo*, para cuidar de ações presentes, objetiva apontar matérias da vida mais ou menos práticas para aprovação ou reprovação do ouvinte. Este último fornece, justamente, as estratégias retóricas para os elogios (lírica) e para as invectivas (sátiras) da obra atribuída a Gregório de Matos, sendo que, em alguns casos, como no soneto em análise, mimos e farpas surgem no mesmo lance discursivo. Ou seja, segundo as preceptivas do tempo, por um lado, são dignas de nota a beleza de Caterina e a demonstração aguda do poeta; por outro, é digna de reprova a confusão de Fábio.

Como o soneto além de agradar, por sua musicalidade e agudeza irônicas, também busca convencer, não faz o menor sentido a famigerada divisão – entre cultismo na poesia e conceptismo na prosa – que tem confundido gerações de alunos. Capazes de sistematizarem um grande volume de anacronismo postos a pique pelo trabalho de João Adolfo Hansen, dois dos autores mais presentes nas escolas brasileiras, Carlos Emílio Faraco e Francisco Marto Moura, definem cultismo como "jogo de palavras visando à valorização da forma do texto" e conectam o conceptismo "ao jogo de ideias, à organização da frase com uma lógica que visa a convencer e a ensinar"[10]. Ora, o soneto aqui coloca em marcha, como qualquer sermão ou epístola de António Viera, as três funções retóricas ciceronianas, quais sejam: ensinar (*docere*), agradar (*delectare*) e persuadir (*movere*). Um escritor do período não mira ser culto ou conceitual *per si*. Essas duas categorias, autonomizadas pela visão romântica e pós-romântica que tende a desconectar o texto colonial de suas condições de produção, são consequências ou efeitos submetidos às funções retóricas.

III

Em suma, são apenas alguns índices adequados à época que nos movem na direção de um leitura especializada, sob pena de, assim como a necedade

---

10. Carlos Emílio Faraco e Francisco Marto Moura, "Barroco", *Língua e Literatura*, p. 146.

DO SER DISCRETO OU NÉSCIO COM GREGÓRIO DE MATOS

de Fábio impede que ele seja decoroso diante da beleza e virtude de Caterina, ficarmos tolos diante da poesia do século XVII. Esse talvez seja o principal legado de João Adolfo Hansen, impedir que viremos Fábios na lida com a poesia de Gregório de Matos; criticar com doses mesmo de sátira toda uma tradição de equívocos ainda que criativos e bem-intencionados.

> A partir deste soneto [escreve Hansen] é adequado caracterizar a paródia como inversão irônica de um discurso de estilo alto. Identificar o estilo alto como discurso da classe dominante, contudo, propondo-se a paródia como crítica política pré-nacionalista da mesma ordem dominante supostamente representada de maneira unívoca pelo estilo alto parodiado, embora seja muito piedoso, é muito inexato e anacrônico para a sátira na Colônia[11].

É o que se vê na prática docente superior e média, egressos de faculdades e colégios transformados em néscios da poesia colonial, não pela antiga falta de inteligência ou de nobreza, mas por estagnação epistemológica.

Note-se, por fim, que uma parte dos livros mencionados neste capítulo foram escritos antes da metodologia iniciada por Hansen; assim os trabalhos de Candido e Castello[12], Moisés[13], Wisnik[14] e Faraco e Moura[15]. Mesmo com o sucesso editorial, ou talvez por causa dele, as reimpressões e edições se sucederam sem que os autores, em plena atividade intelectual, absorvessem os avanços científicos. Outra parte, ainda, foi editada posteriormente – Bosi[16] e Abaurre e Pontara[17] – tampouco sem acusar impacto ou sequer diálogo com as novas perspectivas. É como se estivéssemos tratando a gripe com bibliografia da primeira metade do século XX. O trabalho de Hansen possibilita que professores e alunos – mesmo sem a mesmo precisão e abrangência de pesquisadores e especialistas do período – busquem serem discretos. Do contrário, Gregório seguirá sendo o eterno boca suja do inferno, o imaginário ruptor de padrões que, para sua desgraça, caiu nas graças do engajamento mistificador e da interpretação ingênua. Mas em tempos de volta à Terra plana, é o que ainda temos para o momento.

---

11. João Adolfo Hansen, "Um Nome por Fazer", *A Sátira e o Engenho: Gregório de Matos e a Bahia do Século XVII*, p. 88.
12. Antonio Candido e José Aderaldo Castello, "Origens e Barroco", *Das Origens ao Realismo*.
13. Massaud Moisés, "Barroco", *A Literatura Brasileira Através dos Textos*.
14. José Miguel Wisnik, "Introdução", em Gregório de Matos, *Poemas Escolhidos*.
15. Carlos Emílio Faraco e Francisco Marto Moura, "Barroco", *Língua e Literatura*.
16. Alfredo Bosi, "Do Antigo Estado à Máquina Mercante", *Dialética da Colonização*.
17. Maria Luiza M. Abaurre e Marcela N. Pontara, "Barroco", *Literatura Brasileira: Tempos, Leitores e Leituras*.

REFERÊNCIAS BIBLIOGRÁFICAS

ABAURRE, Maria Luiza M. & PONTARA, Marcela N. "Barroco". *Literatura Brasileira: Tempos, Leitores e Leituras*. São Paulo, Moderna, 2005.

BOSI, Alfredo. "Do Antigo Estado à Máquina Mercante". *Dialética da Colonização*. São Paulo, Companhia das Letras, 1992.

CANDIDO, Antonio & CASTELLO, José Aderaldo. "Origens e Barroco". *Das Origens ao Realismo*. Rio de Janeiro, Bertrand Brasil, 1991 (1. ed. 1964).

CARVALHO, Maria do Socorro Fernandes. *Poesia de Agudeza em Portugal*. São Paulo, Humanitas/Edusp/Fapesp, 2007.

CAZUZA. "Exagerado". *Exagerado*. Rio de Janeiro, Som Livre, 1985.

CHAUVIN, Jean Pierre. "Juízo e Perspectiva: a Construção da Imagem de Gregório de Matos e Guerra pela Crítica Literária no Brasil". *Todas as Musas*, n. 2, jan.-jun. 2014, pp. 135-145.

FARACO, Carlos Emílio & MOURA, Francisco Marto. "Barroco". *Língua e Literatura*. São Paulo, Ática, 1999 (1. ed. 1983).

HANSEN, João Adolfo. "Um Nome por Fazer". *A Sátira e o Engenho: Gregório de Matos e a Bahia do Século XVII*. Cotia/Campinas, Ateliê/Editora da Unicamp, 2004 (1. ed. 1988).

LACHAT, Marcelo. *Saudades de Lídia e Armido, Poema Atribuído a Bernardo Vieira Ravasco: Estudo e Edição*. São Paulo, Alameda, 2018

MATOS, Gregório de. *Poemas Escolhidos*. Organização e Introdução de José Miguel Wisnik. São Paulo, Cultrix, 1992 (1. ed. 1975).

MOISÉS, Massaud. *A Literatura Brasileira Através dos Textos*. São Paulo, Cultrix, 1995 (1. ed. 1971).

MOREIRA, Marcello. *Critica Textualis in Caelum Revocata? Uma Proposta de Edição e Estudo da Tradição de Gregório de Matos e Guerra*. São Paulo, Edusp, 2011.

MUHANA, Adma. "Introdução". *In:* OLIVEIRA, Manuel Botelho de. *Música do Parnaso. Lira Sacra*. São Paulo, Martins Fontes, 2005.

PÉCORA, Alcir. *Máquina de Gêneros*. São Paulo, Edusp, 2001.

TEIXEIRA, Ivan (org.). *Roteiro da Poesia Brasileira – Raízes*. São Paulo, Global, 2008.

WISNIK, José Miguel. "Introdução". *In:* MATOS, Gregório de. *Poemas Escolhidos*. São Paulo, Cultrix, 1992 (1. ed. 1975).

8

O Jesuíta Diante dos Juízes
Algumas Questões Retóricas Sobre os Autos do Processo de Padre Antônio Vieira na Inquisição

Marcus De Martini

UNIVERSIDADE FEDERAL DE SANTA MARIA

O processo pelo qual Padre Antônio Vieira passou junto ao Tribunal do Santo Ofício português é já sobejamente conhecido[1]. Denunciado especialmente em virtude de sua carta "Esperanças de Portugal", em que, em suma, anunciava a iminência de um "Quinto Império" e a ressurreição de Dom João IV, a partir de interpretações das *Trovas* de certo Gonçalo Annes Bandarra, à qual se somaram denúncias anteriores de suspeita de heresia, Vieira foi examinado pelos inquisidores em Coimbra, julgado e condenado, entre os anos de 1660 e 1668, quando recebeu um perdão parcial de suas penas por parte do Conselho Geral do Santo Ofício de Lisboa, muito embora conseguisse posteriormente a anulação completa da sentença por intermédio do Papa Clemente X.

Todavia, um ponto sobre o qual, até onde eu sei, pouco se falou, foram as estratégias retóricas de defesa empregadas por Vieira durante o processo[2], mais

---

1. Sobre o tema, ver especialmente João Lúcio de Azevedo, *História de Antônio Vieira*; Adma Muhana, "O Processo Inquisitorial de Vieira: Aspectos Profético-Argumentativos"; Alcir Pécora, "Vieira, a Inquisição e o Capital" e "A Exegese do Capital"; José Pedro Paiva, "Revisitar o Processo Inquisitorial do Padre António Vieira"; Marcus De Martini, *As Chaves do Paraíso: Profecia e Alegoria na Obra de Padre Antônio Vieira*; e Sérgio Augusto Kalil, *Autos do Processo do Padre Antônio Vieira: Elementos Jurídicos e Retóricos da Defesa*.

2. Nesse sentido, ver Adma Muhana, "O Processo Inquisitorial de Vieira: Aspectos Profético-Argumentativos", que mencionaremos no correr deste texto. Tratando especificamente dos estilos de Vieira

especificamente as concernentes à defesa de sua pessoa, à pureza de seus costumes, fundamental para sua alegação de inocência, mas também de um "*ethos* jesuítico*", se assim podemos chamá-lo. Este último, em especial, relaciona-se diretamente àquele que Vieira reputava ser o verdadeiro motivo do processo: o espírito de emulação dos dominicanos, que controlavam o Santo Ofício, em relação à Companhia de Jesus como um todo e a Vieira em particular (no que, aliás, não estava errado)[3]. Para abordar esse tema, vamos recorrer a dois textos pertencentes aos *Autos do Processo de Vieira*, colocados em lugares diametralmente opostos da causa: a "Petição ao Conselho Geral"[4], redigida antes

em sua defesa perante o Tribunal do Santo Ofício, temos os estudos de Janice Theodoro da Silva, "A Retórica do Cativo: Padre Antônio Vieira e a Inquisição", e de Ana Paula Banza, "A 'Retórica Cativa de Vieira': dos Sermões à Representação". Segundo Silva, Vieira teria abandonado sua "retórica barroca" a fim de mostrar, sem equívocos, "sujeição, rendimento e obediência", adequando-se ao discurso esperado pelo Santo Ofício. Tal mudança daria lume ao que Silva chamou de "retórica do cativo". Por outro lado, para Banza, mais do que isso, Vieira seguia os preceitos do *decorum* da Poética clássica: "medida e propriedade, adequação do estilo ao tema e dos processos ao gênero e função do texto" (p. 24). Este seria, portanto, o principal motivo da diferença entre os estilos empregados pelo jesuíta em seus sermões e em suas obras proféticas. No entanto, contrariamente ao que afirma Silva, para Banza, especificamente em se tratando da *Representação*, seu caráter dúplice permitiria ainda a coexistência de elementos do estilo engenhoso encontrado nos sermões de Vieira, ainda que em menor grau e frequência. Tal caráter dúplice seria decorrente da *Representação* ser uma defesa, em primeiro lugar, mas também um tratado teológico e exegético, o qual permitia uma maior flexibilidade estilística. Do mesmo modo, a aparente submissão de Vieira permitiria constatar a "subversão" que o levou ao tribunal. De qualquer forma, fosse como réu, fosse como intérprete de profecias, o discurso empregado por Vieira em seus textos proféticos não poderia ser suscetível a leituras múltiplas. Portanto, para Banza, a retórica da *Representação* seria uma "retórica cativa" de suas circunstâncias de produção.

3. Como bem explica Paiva, enquanto as causas objetivas do processo repousariam nas censuras à carta supracitada e às ideias proféticas de Vieira, haveria ainda as "causas remotas", que seriam: "as contendas e desentendimentos entre a Companhia de Jesus e o Santo Ofício; as posições pessoais de Vieira a propósito da actuação da Inquisição, em particular face aos cristãos-novos; as motivações políticas resultantes do fim da regência de D. Luísa de Gusmão e da subida ao governo de D. Afonso VI, suportado por D. Luís de Sousa de Vasconcelos, 3º conde de Castelo Melhor" (José Pedro Paiva, "Revisitar o Processo Inquisitorial do Padre António Vieira", p. 153). Para mais detalhes, ver *idem*, pp. 153-9.

4. A "Petição" foi objeto de um artigo recente (Wallas Jefferson Lima de & Edson Santos Silva, "'Mostra-me por que me Julgas Assim': A Petição de António Vieira ao Conselho Geral da Inquisição Portuguesa (1665)"). Ao analisar os pedidos constantes do documento, os autores afirmam que "[s]e, como é possível acreditar, tais pedidos são dignos de estudo, eles são igualmente uma *obra de arte da retórica* e merecem ser tratadas [sic] com a devida reverência" (*idem*, p. 212, grifos do original). E concluem: "Mais tarde, em outras ocasiões, Vieira continuará seu esforço de persuasão. Seu objetivo não era apenas convencer a Inquisição de que não defendia interpretações heréticas e judaicas, mas também vencê-las com base em argumentos, no intuito de trazer os judeus para a religião católica. O historiador está, dessa forma, no domínio de uma polêmica que pertence à arte da retórica. Ora, se é possível observar desigualdades nas argumentações entre Vieira e a Inquisição Portuguesa, no

do recolhimento do réu aos cárceres de custódia, a 20 de setembro de 1665, e o "Memorial", composto entre agosto e outubro de 1667, última manifestação sua antes da sentença. Acredito que a análise desses textos possa iluminar alguns aspectos não apenas do processo, mas também do maquinário retórico implicado em sua composição e de algumas nuances do projeto profético vieiriano. Comecemos pelo "Memorial".

★ ★ ★

Apesar de o processo ter se iniciado em 1660, os interrogatórios propriamente ditos começam, espaçadamente, em 1663, e se intensificam depois do recolhimento do réu aos cárceres de custódia, mormente entre 1665 e 1667. Ao final de seu processo, Vieira foi chamado à Mesa do Tribunal do Santo Ofício para uma espécie de "última defesa", já que se estava às vésperas da sentença. Vieira, entretanto, pede para fazê-lo por escrito, alegando estar muito doente para falar em público.

O fato é, como veremos, que a esta altura do processo, Vieira vê-se forçado a mobilizar outros recursos para sair da enrascada em que se havia metido, e seu discurso assume então um caráter marcadamente patético. Se a doença de fato o incapacitava temporariamente ou se isso era mais uma forma de captar a benevolência de seus juízes para protelar ainda mais o processo, não sabemos ao certo. Possivelmente as duas coisas[5]. E é assim, com essa pequena contextualização, que se inicia o exórdio do texto que Adma Muhana corretamente chamou de "Memorial" e que, em outras edições das obras de Vieira, corria com o nome de "Defesa do livro intitulado *Quinto Império*, que é a apologia do livro *Clavis Prophetarum*, e respostas das proposições censuradas pelos senhores

âmbito do manejo das palavras e das interpretações, o mesmo não se pode afirmar com relação à retórica. Para obter sua vitória, António Vieira foi levado a defender suas proposições respectivas, alongando o processo por muitos anos. Por isso e por outros motivos, ele parece simbolizar a luta pela liberdade de expressão no Portugal Seiscentista". (*idem*, p. 213). Concordamos com os autores quanto à importância da "Petição", documento pouco estudado, como notamos neste artigo; no entanto, é preciso ressalvar que, apesar de reconhecerem o caráter retórico do texto, os autores não empreendem uma análise propriamente retórica dele. Ademais, é preciso ter cuidado ao eleger Vieira uma espécie de "paladino da liberdade de expressão", um conceito certamente estranho ao Seiscentos, especialmente em Portugal.

5. Conforme afirma Paiva, Vieira, sabedor do *modus operandi* do tribunal, mobiliza todos os recursos para protelar seu julgamento, esperando alguma reviravolta política ou mesmo apocalíptica, já que acreditava que a chegada do Quinto Império era iminente (José Pedro Paiva, "Revisitar o Processo Inquisitorial do Padre António Vieira"). No mesmo sentido, Sérgio Augusto Kalil, *Autos do Processo do Padre Antônio Vieira: Elementos Jurídicos e Retóricos da Defesa*.

inquisidores: dadas pelo Padre Antônio Vieira, estando recluso nos cárceres do Santo Ofício de Coimbra"[6].

Esse texto, na verdade, é uma ótima e enxuta síntese das ideias proféticas do jesuíta, já maturadas e sopesadas depois dos longos exames por que passou no tribunal, nos dois anos anteriores. Trata-se, a princípio, de um texto do gênero judiciário, como não poderia deixar de ser, pelo contexto no qual se origina. Isso nos traz uma primeira dificuldade, pois pouco se falava de tal gênero nas preceptivas retóricas do período, especialmente as indicadas a pregadores, o caso de Vieira, como se vê, por exemplo, na clássica obra de Frei Luís de Granada[7].

Há, porém, uma relação próxima entre a oratória sacra e a legal. Basta olharmos para a grande suma de Marc Fumaroli (1980) sobre a "era da eloquência" na França, em que, ao lado da retórica jesuítica, elenca o autor a parlamentar, que, de forma significativa, guiava-se frequentemente pelos mesmos princípios[8]. Anne Regent-Susini, por sua vez, argumenta ainda que o Concílio de Trento veio apenas a reforçar essa já existente ligação entre a retórica eclesiástica e a judicial por intermédio de uma maior "judicialização" do modo de proceder da Igreja[9]. É certo, portanto, que, apesar de Vieira ter uma formação retórica voltada à pregação, não lhe eram desconhecidos os fundamentos do gênero

---

6. É o que se encontra a partir da edição das *Obras Inéditas do Padre Antônio Vieira*, em 1856, por J.M.C. Seabra & T.Q. Antunes, de Lisboa, em três tomos, sendo seguidas pelas *Obras escolhidas de Vieira*, publicadas pela Sá da Costa em 1952, e, mais recentemente, pela edição feita pelo crítico literário brasileiro Alfredo Bosi intitulada *De Profecia e Inquisição*, que faz uma seleção de textos retirados da edição de 1856 (Antônio Vieira, *De Profecia e Inquisição*).

7. Em sua *Retórica Eclesiástica*, afirma Granada: *"Mas Aristóteles, que proveyó la retórica de muchas reglas y ornato, juzgó que el oficio del retórico se ejerce en tres géneros de cosas:* demostrativo, deliberativo y judicial. Demostrativo *es el que se emplea em alabanza o vituperio de alguna determinada persona.* Deliberativo *es el que, puesto en disputa o en consultación civil, lleva consigo la pronunciación de la sentencia.* Judicial *es el que, puesto en juicio, contiene acusación y defensa, o petición y recusación. Y en nuestra opinión, es verdadero decir que el arte y facultad del orador se versa en la materia de estos tres géneros.* [...] De estos tres géneros de causas omitiremos el judicial – que fue el que más practicaron los retóricos habiendo inventado el arte de bien decir o de orar para tratar en juicio las causas civiles–, ya que lo consideramos ajeno a nuestro propósito, pues no damos reglas a los abogados, sino a los predicadores. *Así nos contentaremos con el deliberativo – esto es, persuasivo – y con el demostrativo. De aquel nos valemos para persuadir a las virtudes y para disuadir de los vicios; de este, para celebrar las alabanzas de los santos"* (Fray Luis de Granada, *Retórica Eclesiástica*, pp. 88-89, grifo nosso).

8. Marc Fumaroli, *L'Âge de l'Éloquence: Rhétorique et Res Literaria de la Renaissance au Seuil de l'Époque Classique*.

9. Anne Regent-Susini, "Religious Discourse and Legal Discourse in Seventeenth-Century France: The Example of Bossuet", em Nicholas Hammond & Michael Moriarty (ed.), *Evocations of Eloquence*, pp. 28-29. Ainda segundo Regent-Susini, tal ligação seria perceptível, no caso francês, pelo menos, na frequência com que termos e metáforas jurídicas apareceriam na obra de Bossuet, por exemplo (*idem*, p. 29).

forense, como também não lhe eram desconhecidos os trâmites do Santo Ofício e do direito coetâneo, como analisa Kalil[10].

No entanto, nos textos basilares da tradição retórica herdada pelos autores do Seiscentos, o que ocorre é o oposto. Discussões sobre o gênero judicial ocupam a maior parte da *Retórica a Herênio*. Além da obra por tanto tempo atribuída a Cícero, no terceiro livro de sua *Institutio Oratoria*, Quintiliano também se ocupa mais do gênero forense, em relação aos demais. Para este último, o gênero forense basicamente consiste em acusar ou defender[11]. O discurso seria dividido, segundo a maioria das autoridades, em cinco partes: exórdio, exposição dos fatos (*narratio*), prova (*probatio*), refutação e peroração. Esquema esse que, como se vê, é o mesmo da divisão dos demais gêneros.

Quanto a Portugal, a título de exemplo, num tratado em quase cem anos posterior ao processo de Vieira, o *Elementos da Invençam e Locuçam Retorica, ou, Principios da Eloquência*, de 1759, de António Pereira de Figueiredo, percebe-se a mesma lacuna; no entanto, na parte em que trata da *propositio* e da *partitio*, Figueiredo afirma que, no gênero judicial, geralmente a proposição é simples, pois se trata de assumir um lado da questão em disputa. Haveria, porém, outra forma de proposição, mais complexa, em que se dividiria a questão em vários pontos, e que apareceria mais comumente nos demais gêneros. A lição, no entanto, foi colhida do próprio Quintiliano, que divide as causas em simples (*simplex*) e complexas (*coniuncta*)[12]. Vale notar que é o que parece ocorrer no "Memorial", por exemplo.

Assim, começamos a ver que analisar o "Memorial" apenas pelo seu viés forense pode ser algo limitador. Por um lado, a *propositio* desse texto não assume, pretensamente, uma posição de defesa, como era de se esperar, uma vez que Vieira afirma ter abandonado a defesa de suas ideias depois de saber da censura

---

10. Sérgio Augusto Kalil, *Autos do Processo do Padre Antônio Vieira: Elementos Jurídicos e Retóricos da Defesa*.

11. Quintilian, *Institutio Oratoria*, III, p. 9.

12. Quintilian, *Institutio Oratoria*, III, p. x. É curioso que, mesmo nas obras destinadas a bacharéis, como a *Arte de Bacharies, ou Prefeito Juiz: na qual se Descrevem os Requesitos, e Virtudes Necessárias a hum Ministro*, de Jerônimo da Cunha, de 1743, não se mencione explicitamente a necessidade de conhecimento de retórica, nem a necessidade de o juiz, no caso, ter livros sobre o assunto, dentre todos os sugeridos pelo autor, das mais diferentes matérias. Dentre os livros pertencentes a juízes analisados por Camarinhas (2008), também não há menção a livros sobre o assunto (Nuno Camarinhas, "Bibliotecas de Magistrados – Portugal, Século XVIII"). É possível que se considerasse isso um conhecimento básico e anterior. Contudo, vale notar que Cunha não deixa de mencionar, por exemplo, a necessidade de o bacharel escrever "legível, e certo, para que sua letra não seja achaque contra os olhos" (Jerónimo da Cunha, *Arte de Bacharies, ou Prefeito Juiz: na qual se Descrevem os Requesitos, e Virtudes Necessárias a hum Ministro*, p. 157).

que seu papel tivera do sumo pontífice. Esta seria, aliás, uma das estratégias, segundo Paiva, empregadas pelo jesuíta para não ser punido pelo tribunal, já que nunca assume ter feito nada[13]. Juntamente a isso, afirma que não defendia a veracidade de suas ideias, mas apenas sua probabilidade. Portanto, como declara o jesuíta, seu texto seria mais uma espécie de esclarecimento e resumo das questões disputadas durante o processo do que uma defesa delas, muito embora, na prática, o "esclarecimento" seja realmente uma defesa[14].

Ainda no início do "Memorial", por meio de um característico tópico exordial, a *captatio benevolentiae*, o réu marca, segundo suas próprias palavras, sua "fé, resignação e obediência", explicando que as discussões de suas ideias foram resultado de seu "escrúpulo", mais de que de sua recalcitrância, como se verá mais adiante. Para esse último esclarecimento, Vieira divide seu memorial em oito ponderações:

Ponderação 1ª: Acerca do assunto do livro
Ponderação 2ª: Acerca dos papéis
Ponderação 3ª: Acerca das opiniões
Ponderação 4ª: Acerca das suposições
Ponderação 5ª: Acerca das consequências
Ponderação 6ª: Acerca das respostas
Ponderação 7ª: Acerca das denunciações
Ponderação 8ª: Acerca do Réu

Tal partição (*partitio*), que servia, segundo Vieira, para que se visse "brevemente o dilatado, distintamente o confuso, e claramente o escuro, ou mal declarado" por ele[15], é interessante, porque possui uma organização lógica, que obedece a temporalidade do processo. Inicialmente, Vieira explica a ideia de um livro, no qual trataria do "Império consumado de Cristo", sob o nome de "Quinto Império", a ser concomitantemente espiritual, sob a égide de Cristo, e temporal, debaixo de um rei português, que, nessa altura, Vieira afirma que seria o rei D. Afonso VI, substituindo o eleito anterior, o finado D. João IV.

---

13. José Pedro Paiva, "Revisitar o Processo Inquisitorial do Padre António Vieira".
14. A mesma impressão é ressaltada por Kalil: "Vieira afirma [...] que a carta tem como pressuposto a modulação do enunciado pela probabilidade. Contudo, a técnica expositiva utilizada por Vieira, na *Representação*, que a cada proposição apresenta vasta fundamentação na tradição católica e no texto bíblico, e, primordialmente, a relação estabelecida entre o enunciado profético de Bandarra e o fato histórico a ele associado, faz seu discurso soar mais como verdade que probabilidade" (Sérgio Augusto Kalil, *Autos do Processo do Padre Antônio Vieira: Elementos Jurídicos e Retóricos da Defesa*, p. 125).
15. Antônio Vieira, *Os Autos do Processo de Vieira na Inquisição*.

Salienta Vieira que, na verdade, não havia livro algum, pois tal ideia havia ficado para trás, em virtude de seu trabalho nas missões do Maranhão. Esse ponto é importante, pois, como destaca Ronaldo Vainfas[16], um dos membros do Conselho Geral do Santo Ofício, Dom Veríssimo de Lencastre, um antigo partidário da Restauração portuguesa, recomendara inclusive que não se procedesse contra Vieira a respeito de um livro não escrito e que o réu não tinha intento de publicar[17].

É fato que não havia o livro; apenas "ideia de livro", como afirmaria o próprio Vieira. E Adma Muhana mostra muito bem como Vieira aproveitará o processo para, de certo modo, escrevê-lo[18]. Embora a chamada "História do Futuro" tivesse supostamente começado a ser escrita apenas por ordem dos inquisidores, antes ainda do encarceramento do autor, a carta "Esperanças de Portugal", que fora o motor da sua acusação, trazia tais assuntos. Desta, Vieira trata na 2ª ponderação, afirmando que o único erro ali constante era afirmar que Bandarra era verdadeiro profeta, o que, também o sabemos, não é inteiramente verdade. É curioso que Vieira não menciona em nenhum momento do "Memorial" a tese da ressurreição de D. João IV, ponto já arguido pelos inquisidores no início do processo. Além disso, Vieira arrola, entre as causas do seu processo, a sua desastrada "Petição ao Conselho Geral", que teria ofendido os inquisidores. É oportuno retomarmos agora, brevemente, esse "papel" anterior, que, segundo Vieira, a pressa em escrevê-lo teria lhe custado cuspir sangue novamente[19].

$$\star \ \star \ \star$$

Na "Petição ao Conselho Geral", em 1665, Vieira já reclamava do cerceamento de sua defesa, entendida esta como, primeiramente, a falta de compaixão quanto a sua enfermidade, a qual, por sua vez, impedia-lhe de se dedicar plenamente ao que lhe ordena o tribunal. Por isso, a falta de tempo para defender-se

---

16. Ronaldo Vainfas, *Antônio Vieira: Jesuíta do Rei*, p. 230.

17. Como salientam também tanto José Pedro Paiva ("Revisitar o Processo Inquisitorial do Padre Antônio Vieira"), quanto Sérgio Augusto Kalil (*Autos do Processo do Padre Antônio Vieira: Elementos Jurídicos e Retóricos da Defesa*), Dom Veríssimo de Lencastre estava entre os apoiadores do "partido" de Vieira e, por extensão, do próprio. Segundo Kalil, "O posicionamento de Lencastre é estranho aos procedimentos da inquisição que poderia já agregar ao processo a matéria discutida por Vieira em público, independentemente de estar impressa, visto que o crime de heresia já se consubstancia em pensamento já exteriorizado, em conformidade com os preceitos inquisitoriais vigentes. Diante disso, é provável que Lencastre já estivesse exercendo a defesa política de Vieira" (Sérgio Augusto Kalil, *Autos do Processo do Padre Antônio Vieira: Elementos Jurídicos e Retóricos da Defesa*, p. 99).

18. Adma Muhana, "O Processo Inquisitorial de Vieira: Aspectos Profético-Argumentativos".

19. Antônio Vieira, *Os Autos do Processo de Vieira na Inquisição*, p. 118.

adequadamente é uma reclamação reincidente[20], haja vista ainda a extensão e complexidade do assunto em questão, a respeito do qual já faz ali uma breve explanação. Requer, por isso, mais tempo e descanso, como também, mais clareza quanto aos pontos em que é acusado. Aproveita, por fim, para alertar a respeito de seus êmulos, dentro e fora da Companhia de Jesus, como ainda em Roma. Por fim, requer que a "pureza de sua doutrina" não careça do que é devido a

um religioso da Companhia de Jesus, teólogo, e mestre de teologia, pregador d'el--rei de Portugal, e ministro seu na cúria romana e outras cortes, confessor nomeado do sereníssimo infante, superior e visitador-geral das missões do Maranhão, com os poderes do seu geral, e tão benemérito da Igreja e fé católica, como consta de dez anos que se empregou na conversão da gentilidade, e de muitas disputas que teve com todo o gênero de hereges em França, Holanda, Inglaterra e outras partes, sendo mui conhecido em toda a Europa por sua pessoa e escritos, os quais se leem e pedem de toda a parte com grandes instâncias, e ele suplicante tem muitos que dar ao prelo, que só (como dito é) se dilatam por este impedimento, e será coisa mui indigna desta opinião, e sem confiança para mais subir ao púlpito, nem se aplicar a outras obras do serviço de Deus a que totalmente se tem dedicado há tantos anos, sendo certo que nos motivos deste seu impedimento, não só teve parte a diligência de seus êmulos, mas também a astúcia do Demônio, que por esta via quis estorvar, como tem estorvado grandes serviços de Deus, que é o que ele suplicante mais sente, e vossa senhoria deve não permitir, senão remediar e atalhar como espera...[21]

E assim encerra sua petição, da qual nada logrou, a não ser que lhe dissessem que a censura vinha de Roma, pouco mais de uma semana depois. O que nos interessa, neste momento, é ressaltar como a estrutura da petição, texto entregue por Vieira antes da prisão e acirramento dos exames, assemelha-se ao do "Memorial", no ponto diametralmente oposto do processo, dois anos após intensos debates. São basicamente os mesmos pontos os destacados pelo réu, na mesma ordem, ainda que o segundo texto seja, como era de se esperar, mais longo e detalhado.

---

20. Segundo Kalil: "Em nova Citação datada de 11 de setembro de 1665, ordena-se que Vieira entregue a defesa, visto que caso não o faça, 'se sentenciará à final a causa [...] na forma do termo que nos autos se tem feito'. Ao que Vieira, mais uma vez à margem, responde trazendo aos autos fundamentos jurídicos em sua defesa. Inicialmente, invoca o adágio latino *legitime impedito non currit tempus*, ou seja, 'impedimento legítimo não permite cômputo do tempo'. [...] Para Vieira, devido ao fato de estar doente ou convalescendo e, portanto, impedido legitimamente de trabalhar, os prazos determinados pelo inquisidor não poderiam fluir. Desta forma, os três prazos concedidos a Vieira para apresentar a defesa não deveriam ser computados" (Sérgio Augusto Kalil, *Autos do Processo do Padre Antônio Vieira: Elementos Jurídicos e Retóricos da Defesa*, p. 105).

21. Antônio Vieira, *Os Autos do Processo de Vieira na Inquisição*, p. 130.

O JESUÍTA DIANTE DO JUÍZES: ALGUMAS QUESTÕES RETÓRICAS SOBRE OS AUTOS...

Em ambos, porém, o réu aponta a possível incompreensão de suas ideias, fato esse nada surpreendente em virtude de sua "novidade" e dificuldade. Daí o imperativo do esclarecimento, de que as duas longas representações que entrega posteriormente servem de testemunho, como também a chamada "Apologia", sintetizadas em seus pontos fulcrais no "Memorial", todos esses textos eruditos, em que se empilham centenas de menções a autores, tanto conhecidos, como obscuros, capazes assim de impressionar pessoas menos versadas em teologia... Mas que não conseguiram, como se sabe, alcançar o objetivo almejado.

Ali se encontra a "presunção" de que Vieira reclama ser injustamente acusado, no fato de se perceber que julgava que a matéria escapava do alcance intelectual de seus juízes, como também de que era vítima de uma perseguição, de vingança. É isso que dá azo a reclamar, na 5ª ponderação do "Memorial", de que se tiravam ilações falsas de seus escritos, que seus argumentos eram retorcidos contra a sua "tenção". Todas essas reclamações, vale notar, reaparecerão no texto que encaminhará ao Papa Clemente x para pedir a anulação de sua sentença. São as primeiras que aparecem no documento, aliás. Ali registra Vieira "serem todos os ditos juízes, exceto um só, de profissão canonistas, e de nenhum modo inteligentes das matérias que se tratavam, pertencentes todas à teologia escolástica e positiva"[22]. E o mesmo valia para os qualificadores[23]. Seu examinador, Alexandre da Silva, merece um comentário em destaque: "[...] lhe foi dado por examinador um inquisidor de profissão canonista, e tão falto de ciência da teologia e Escrituras, cujas matérias examinava, que ele mesmo confessava claramente que daquelas matérias não entendia coisa alguma e que temia dizer algumas heresias"[24].

Assim, no "Memorial", decerto já sabedor de que de nada mais valia sua erudição teológica, de que o apego adamantino dos inquisidores a alguns pontos controversos, como o da suspeita de judaísmo, advinda da tese do reino temporal de Cristo, e ainda a da suspeita de erro milenarista, levara-o a um beco sem saída, Vieira se concentra, em um último esforço, na defesa de sua própria pessoa, se não lhe defendiam mais as suas ideias.

Vale notar que, ao lado da organização temporal do "Memorial" a que nos referimos acima, já presente na "Petição", como vimos – as ponderações se iniciam com as ideias do réu e terminam com as considerações acerca de seu

---

22. Antônio Vieira, "Defeitos do Juízo, Processo e Sentença na Causa do Padre Antônio Vieira, Estando Preso na Inquisição...", em *Obra Completa*, tomo IV, volume II: *Escritos Sobre os Judeus e a Inquisição*, p. 150.
23. *Idem*, pp. 151-153.
24. *Idem*, p. 156.

caráter, numa espécie de construção em anel –, encontra-se ainda nesse documento um princípio de disposição de teor claramente defensivo: ao passo que quase todas as ponderações possuem um padrão comum de extensão (de uma página e meia a duas páginas e meia, na edição de Muhana[25]), a ponderação 4ª, exatamente no meio do texto, e a 8ª, e última, superam em mais de três vezes a extensão das demais (com mais de oito e nove páginas, respectivamente, na mesma edição). É evidente, portanto, a importância delas: é ali que se encontra o cerne da defesa do jesuíta. Há que se destacar então uma grande diferença entre a "Petição" e o "Memorial": neste último, tem-se a defesa do caráter do próprio Vieira. Contrariamente às sumárias referências da petição, que ocupam um parágrafo, nove páginas esmiúçam agora os mesmos pontos, numa última tentativa de demover o Tribunal de uma condenação que parecia iminente[26].

★ ★ ★

É muito tentador lermos o processo de Vieira como um repositório de informações diretas sobre o caso e, especialmente acerca do que nos interessa, do réu. No entanto, como nos alertou o crítico João Adolfo Hansen em diversos de seus textos, lê mal Vieira quem não atenta para as categorias retórico-poéticas e teológico-políticas por meio das quais ele opera. Como o próprio Vieira deixa muito claro no fim da *Petição*, é homem de poder religioso e de poder real. Conforme afirma Hansen:

> Sua ação *no* Brasil e *no* Maranhão, *para* o Brasil e *para* o Maranhão ou *sobre* eles é mediação ou conciliação da generalidade dos interesses da Companhia de Jesus e da generalidade dos interesses da Coroa. Sempre trabalha para os últimos, que levanta, argumenta e conclui em nome da "razão de Estado" soberana em a partir principalmente de 1659, de sua tese profética do Quinto Império, a que subordina todos, sacralizando a dinastia dos reis Bragança. Defende com energia os interesses da Companhia, mas nunca os defende contra a Coroa, antes contra a rapina usurária de brichotes e mazombos, que compara a trombas-d'água chupadas das miseráveis lágrimas dos miseráveis do lugar[27].

25. Utilizamos aqui, por conveniência, a edição de 2008, a qual, de qualquer forma, encontra-se reproduzida também na edição das *Obras Completas* de Vieira.

26. Como afirma Muhana: "o que está em causa no Processo de Vieira (ao fim de tantas páginas é preciso reconhecer), menos do que suas sentenças, é sua pessoa. E o que os inquisidores lhe exigem, tão-só (vale dizer, a custo da própria vida), é que protagonize a história fiel que com tanto rigor e verossimilhança instauraram: uma história na qual ele é a um só tempo ignorante, presunçoso, mal-intencionado, culpado" (Adma Muhana, "O Processo Inquisitorial de Vieira: Aspectos Profético-Argumentativos").

27. João Adolfo Hansen, "Cartas de Antônio Vieira (1626-1697)", em Antônio Vieira, *Cartas do Brasil*, p. 15. Grifos do original.

Ainda que no texto em questão o crítico abordasse as cartas de Vieira, buscaremos demostrar mais pontualmente que o mesmo vale para o processo do jesuíta e para as controvérsias em relação ao procedimento do Santo Ofício.

No primeiro caso, por sua ligação com Roma, de onde vieram as censuras à carta do bispo do Japão, Vieira devia obediência ao tribunal. E é por isso que, já no início do "Memorial", essa posição é reforçada. No entanto, é preciso notar que Vieira procura cavar um fosso entre o tribunal e seus membros, entre a cabeça da Inquisição e o corpo, já que a ruptura de seu "direito natural" de defesa, como o jesuíta aventa, permitir-lhe-ia esses pequenos atos de aparente desobediência. Ainda segundo Hansen, a posição de Vieira é sempre a de um tipo religioso subordinado às diretivas da Companhia de Jesus:

> Tipo que, noviço, padre, mestre de retórica, teólogo, privado e valido de reis, amigo de aristocratas, inimigo da Inquisição, Superior de missão catequética, defensor de índios, afrontador de colonos, diplomata, orador sacro, profeta, não é uma subjetividade burguesa definida como unicidade de sujeito civil dotado de direitos liberais. Na sua representação como remetente, os interesses da monarquia e da Companhia de Jesus convergem, constituindo-o como tipo dotado de um caráter ou *éthos* principal, *prudência*, *recta ratio agibilium* da Escolástica que lhe controla o humor colérico legível em afetos secundários, como raiva, desgosto, decepção, amargura, ironia[28].

De fato, a questão do *ethos* é fundamental para nossa argumentação. Como mostra Ruth Amossy, os estudos sobre *ethos* foram herdados da retórica pela linguística contemporânea e hoje se encontram disseminados pela pragmática e pela linguística da enunciação, para citar os exemplos mais comuns[29]. No entanto, sob o ponto de vista da retórica tradicional, a questão era vista por um prisma um pouco diferente. Já em Aristóteles via-se o *ethos* como atrelado a uma imagem de si produzida pelo discurso, não necessitando de uma correspondência com o caráter real do emissor do discurso. Cícero, por sua vez, ainda que em muito devedor ao estagirita, defenderia a necessidade de haver uma ligação entre a pessoa do discurso e a pessoa real, o *vir bono dicendi peritus*. Além disso, Cícero defendia que a *inventio* do discurso deveria se dividir em três partes: *ethos* (a apresentação do caráter do emissor e do seu cliente), *pathos* (o despertar das emoções dos destinatários do discurso) e *logos* (os argumentos racionais), no que também tinha Aristóteles como precursor, conforme nos

---

28. *Idem*, pp. 21-22. Grifos do original.
29. Ruth Amossy, "Da Noção Retórica de Ethos à Análise do Discurso", em Ruth Amossy (org.), *Imagens de Si no Discurso: a Construção do Ethos*.

ensina Jakob Wisse em sua clássica obra sobre o assunto[30]. Eram, portanto, três meios de persuasão (*pisteis*). No caso do *ethos*, seu objetivo seria tornar o emissor confiável para o juiz; por isso, seu lugar mais comum de utilização seria o prólogo. Mais ainda, o uso do *ethos* seria mais pertinente ao gênero deliberativo; enquanto que o do *pathos*, ao judiciário[31].

O que tenho tentado dizer é que a *inventio*, tanto da "Petição", quanto do "Memorial", é formada a partir de um mesmo bloco de argumentos e ideias que não sofre alterações consideráveis de um texto para o outro. Mesmo a *dispositio* é basicamente a mesma. O que muda é o aprofundamento dos pontos problemáticos, com uma alteração considerável na oitava ponderação.

A oitava ponderação apresenta uma estrutura que se diferencia das demais, como que se descolando das anteriores. As primeiras três ponderações funcionam como uma espécie de *narratio*, pois ali se encontra, como vimos, uma descrição sucinta da origem do processo: a ideia do livro não escrito (1ª), os papéis efetivamente escritos (2ª), as reprovações (3ª). Segue a 4ª ponderação que, conforme mencionado acima, é uma das mais longas do "Memorial", justamente em virtude de ser uma *argumentatio*, que responde pontualmente as censuras, seguindo, basicamente, o seguinte esquema:

"O que foi entendido" *versus* "o que eu quis dizer" + autores que sustentam minhas ideias = doutrina sã [erro de interpretação dos censores].

É na 4ª ponderação que se esmiúçam as questões doutrinais; por isso, o "Memorial" se aproxima ali daquilo que Granada chamaria de um gênero didascálico ou magistral, típico do discurso teológico. Para aumentar sua credibilidade como intérprete das escrituras, o *ethos* de Vieira de estudioso respeitado é fundamental, ponto que abordará no início da 8ª ponderação, fazendo um relato de sua formação.

Antes disso, a *probatio* segue na 5ª e 6ª ponderações. A 5ª ponderação, como vimos, trataria acerca dos erros de interpretação dos juízes e suas causas, as quais, segundo o réu, teriam a ver, ainda que não o diga ali expressamente, com a má-fé deles, forçando conclusões supostamente necessárias de seus argumentos, mas que não o eram. A 6ª, por sua vez, ilustra o cerceamento de sua defesa: a dificuldade do assunto, a falta de tempo para deslindá-lo, a falta de livros etc. De qualquer modo, Vieira encerra essa ponderação com a desistência e retratação das suas ideias:

---

30. Jakob Wisse, *Ethos and Pathos from Aristotle to Cicero*, p. 2.
31. *Idem*, p. 35.

Pelo que, e por tantas outras razões de incapacidade, quantas concorrem em mim no estado presente, não será maravilha que em alguma ou muitas destas respostas haja errado, por mais não saber nem alcançar, do que tudo me retrato e peço perdão, esperando juntamente da benignidade deste tribunal, que suposto haverem ficado tão defeituosas as ditas respostas por todas as causas sobreditas, e mui particularmente pela minha última desistência, se me supram e hajam por supridos todos os ditos defeitos[32].

A 7ª ponderação, em que trata de seus inimigos, é uma *confutatio*, alertando os juízes da "malícia dos delatores", por espírito de emulação, e mesmo por desatenção, relatando ideias que Vieira não teria dito por não tê-lo ouvido devidamente. Aqui, porém, não se menciona mais o Santo Ofício de Roma, como fizera na "Petição"...

Assim, a 8ª ponderação, pelo esquema retórico tradicional, deveria trazer um epílogo, com uma peroração, como o é claramente o último parágrafo da "Petição", em que Vieira menciona seus predicados, como vimos acima, antepondo-as ao seu pedido. No entanto, pelo seu tamanho, como que adquire uma estrutura própria, assumindo as feições de um panegírico, de um curioso discurso epidíctico em louvor de si próprio, um elogio e um encômio, o que, como vemos a seguir, não deixava de causar certo embaraço ao réu:

Esta última ponderação, o fora melhor fazê-la outrem, do que eu, pois sou forçado nela a falar por mim, e de mim, mas o fazê-lo forçado, será desculpa das ignorâncias que disser, que assim S. Paulo a tudo o que disse, sendo tão verdadeiro, quando obrigado a falar de si se valeu da mesma desculpa, dizendo: – *quasi incipiens loquar vos me coegistis*[33].

A *captatio benevolentiae* introduz aquele que talvez seja o mais longo excerto da obra vieiriana em que o jesuíta trata de si próprio. É bom que se diga que ali não há nada de inédito, nada que Vieira não tenha dito em algum outro lugar, ainda que de forma fragmentada. São informações que encontramos nas cartas, nos sermões e em outras passagens dos autos, e dizem respeito a sua formação, a sua atividade política e, sobretudo, a sua atividade missionária.

Uma rápida *partitio* divide o texto em dois tópicos, a saber, nas respostas a duas acusações que Vieira dizia ter sofrido nos exames: a de suspeito e a de presumido. Começando desta última, Vieira divide-a em duas subpartes, cada qual em um parágrafo. A primeira delas diz respeito ao fato de abordar algo novo, diferente do que haviam dito os autores do passado. Retomando a tópica

---

32. Antônio Vieira, *Os Autos do Processo de Vieira na Inquisição*, p. 297.
33. *Idem*, p. 299.

dos "anões sobre os ombros dos gigantes", Vieira afirma que só se lançou a essa viagem porque tinha o farol dos autores que amiúde mencionava e que, se enxergou coisas que eles não haviam visto, isso se devia somente ao fato de que o jesuíta se encontrava em um tempo mais adequado para compreendê-las, conforme a sentença que, com frequência, repete em seus textos proféticos, a de que "o tempo é o melhor intérprete de profecias". Já a segunda diz respeito à presunção de se achar apto a escrever acerca de tão grave assunto. Afirma Vieira:

> Confesso, com tudo que se me pode replicar, que ainda em seguimento de outros autores, não era esta empresa para um homem tão idiota, como eu agora tenho acabado de conhecer que o sou; mas esta culpa tiveram em parte meus prelados, os quais de idade de dezessete anos me encomendaram as ânuas das províncias, que vão a Roma historiadas na língua latina, e de idade de dezoito anos me fizeram mestre da Primeira, onde ditei, comentadas, as tragédias de Sêneca, de que até então não havia comento; e nos dois anos seguintes comecei um comentário literal e moral sobre Josué, e outro sobre os Cantares de Salomão em cinco sentidos; e indo estudar filosofia de idade de vinte anos, no mesmo tempo compus uma filosofia própria; e passando à teologia me consentiram os meus prelados que não tomasse postila, e que eu compusesse por mim as matérias, como com efeito compus, que estão na minha província, onde de idade de trinta anos fui eleito mestre de teologia, que não prossegui por ser mandado a este reino na ocasião da Restauração dele[34].

A modéstia afetada configura o *ethos* prudente, como ensina Hansen, que revela, negando-o, o caráter excepcional de estudioso daquele que estava apto a dissertar sobre o assunto, tendo sido reconhecido desde a juventude como dotado de talento incomum. A narrativa segue, fazendo menção a seus estudos em Portugal, onde foi, segundo Vieira mesmo, "mais morador da livraria, que da cela"[35], complementados por suas viagens pela Europa, onde conhecera as melhores bibliotecas e consultara os homens mais doutos, lendo as principais obras sobre o assunto a que pretendia se lançar. E conclui:

> Estas são as diligências que fiz em toda a minha larga vida, sendo por mar e por terra meus companheiros inseparáveis os livros, e estas são também as partes que eu lia e ouvia dizer se devia compor o bom intérprete das escrituras, donde resultaram as razões e aparências, porque eu, com pouca culpa, e outros com não pouca temeridade, se enganaram comigo, entendendo que na minha insuficiência havia capacidade para uma obra que tanto excedia a limitação do meu cabedal e talento[36].

34. *Idem*, p. 300.
35. *Idem, ibidem.*
36. *Idem, ibidem.*

A afetação de modéstia não oculta, como vimos, os afetos secundários de que fala Hansen, manifestados nessas passagens pela evidente ironia, mas também pela amargura de não receber o tratamento de que se julgava merecedor por parte de seus juízes, como uma espécie de *exemplum* fracassado de intérprete de profecias.

Na sequência, Vieira aborda as suspeitas de fé do, em suas palavras, "indigno religioso" que era processado. Relata então a conhecida eficácia de seus sermões para a correção dos costumes, um ponto fundamental, pois uma das fontes da antipatia dos dominicanos com Vieira seria a polêmica ensejada pelo *Sermão da Sexagésima*, em que se debatia justamente a pregação mais frutuosa. A seguir, menciona sua solidariedade, dando exemplos pungentes de seu desprendimento:

> [...] e se era de homem que não amasse a Cristo, nem cresse na sua fé e contínuo socorro de todos os pobres, que são neste mundo os substitutos do mesmo Cristo, aos quais chegou a dar-lhes a sua própria cama, dormindo daí por diante em uma esteira de tábua, sem jamais se negar a pobre, coisa alguma que houvesse em casa aonde ele se achava, tendo dado a mesma ordem a todas as outras? E porque naquelas terras não havia botica, a mandava ir todos os anos deste reino, a grandes despesas, para a fazer comum de todos os enfermos, assim pobres, como ricos, procurando e ajudando a que se fizesse um hospital para os soldados que morriam ao desamparo, solicitando as causas dos presos, e intercedendo por eles, e livrando muitos, e mandando à cadeia muito freqüentes esmolas, e informando-se dos párocos e dos confessores, das necessidades que havia ocultas, as quais remediava também ocultamente, e com maiores socorros do que se podia esperar de quem professava pobreza?[37]

Há, na sequência, um crescendo patético, quando Vieira narra os esforços empreendidos para o ministério dos sacramentos, em meio à selva, sobretudo para os índios:

> Ou se era de homem que nem cresse, nem amasse a Cristo, o cuidado e a vigilância, e as vigílias e indústria que tinha, para que nenhum gentio ou catecúmeno morresse sem batismo, nem algum batizado sem confissão, indo muitas vezes quatro e seis léguas a pé, e muitas vezes quinze e vinte, atravessando bosques e rios, sem ponte nem caminho, caminhando de dia e de noite para confessar a um índio enfermo? E posto que nem as suas forças, nem as suas virtudes eram para outros maiores trabalhos, ao menos fazia que os empreendessem seus companheiros, indo alguns deles distância cinquenta léguas, e sessenta, a acudir a um moribundo, só na dúvida de se poder achar ainda vivo, posto que se afirmasse estaria já o índio morto, como verdadeiramente se achava[38].

---

37. *Idem*, p. 301.
38. *Idem, ibidem.*

Esse primeiro e longo parágrafo sobre as suspeitas de fé adota uma estrutura argumentativa de fundo entimemático, por via da expressão anafórica "e se não era de homem que amasse a Cristo" e variantes, depois da qual o réu insere um exemplo de seu comportamento cristão. Assim, o entimema, que, como dizia Aristóteles[39], deveria predominar no gênero judiciário, mescla-se ao *ethos*, buscando o convencimento dos juízes. No caso, o zelo pela dispensa dos sacramentos é um comportamento cristão. Vieira afirma os sacrifícios que fez para atender a todos, mesmo gentios. Logo, Vieira seria um cristão exemplar. O fato de a Inquisição chegar, a partir das mesmas premissas, a uma conclusão diversa mostraria, como o jesuíta tantas vezes alegou, um erro de juízo motivado pelas paixões que obnubilavam a visão do tribunal. Por isso, seu julgamento estava viciado desde o início.

Em seguida, é o zelo missionário que vai tomar conta do restante do documento. Vieira não deixa de mencionar os conflitos ocorridos no Grão-Pará, que ocasionaram sua expulsão de lá, e que, em Portugal, darão ensejo a uma série de sermões a respeito da pregação e da conversão, entre eles o já mencionado *Sermão da Sexagésima*. Não por acaso, um eco dessa prédica aparece logo a seguir, no "Memorial", ao se referir a ele que, "em tantos conflitos do mar e da terra, expôs tantas vezes a vida às setas dos bárbaros, e à fúria dos elementos, sem bastarem estas demonstrações, não sendo feitas na sua cela, senão na face do mundo, para o não arguirem de inimigo de Cristo"[40].

É impossível não ouvir ali um eco da passagem do início da *Sexagésima* acerca dos pregadores que são encontrados com mais "Paço" e daqueles que são encontrados com mais "passos". Aquele ora acusado de herege colocara sua vida em perigo para levar a palavra de Cristo a todos, fazendo das palavras, obras, outro tema já presente na *Sexagésima*. De fato, essa é a tônica de um "*ethos* jesuítico" que aflora no "Memorial" e que Vieira julgava ser uma das causas, se não a principal, de seu processo: uma antipatia, por assim dizer, ao "modo jesuíta de proceder", para usar uma expressão de John O'Malley[41].

A caridade, isto é, a maior das virtudes teologais, toma conta do parágrafo seguinte, no qual o jesuíta narra seu desprendimento diante dos bens materiais para auxiliar os náufragos da Ilha Graciosa, dividindo dinheiro e bens entre eles, sem falar na preocupação com o auxílio espiritual de todos, os quais não abandonou em nenhum momento. A mesma caridade e o mesmo desprendimento são ressaltados no fato de ter abandonado a sequência dos estudos em Teologia

39. Aristóteles, *Retórica*, 1418a.
40. Antônio Vieira, *Os Autos do Processo de Vieira na Inquisição*, p. 302.
41. John W. O'Malley, *The First Jesuits*.

para se lançar ao perigo da catequização dos bárbaros, para a qual teve de estudar diversas línguas e compôs seis catecismos, em seis línguas diferentes[42]. O sucesso da conversão dependia, porém, de diversos recursos apelativos aos "olhos de gente rude, que só se governa pelos sentidos", nas palavras do próprio réu, para os quais teria despendido mais de cinquenta mil cruzados[43]. Apesar disso, a maior dificuldade para a conversão sempre fora a cobiça dos colonos, causa justamente da expulsão dos jesuítas de lá, como sabemos. Conclui então Vieira: "Mas agora, sobre a impunidade que logram, estarão muito satisfeitos desta sua ação, pois não consentiram que na sua terra pregasse a fé um homem a quem o santo ofício prendeu por crime contra ela"[44].

À conversão dos bárbaros, Vieira emenda os relatos das conversões dos "hereges", no caso, de católicos convertidos ao protestantismo, como quatro índios canarins, que tinham ido parar na Inglaterra, e um grumete português, que andava ferido em um navio holandês e que morreu confessado nas mãos do jesuíta, sem falar ainda em um ateu, convertido em Roma[45].

Mais importantemente, cita seu empenho na conversão dos judeus, ponto fundamental de seu processo, uma vez que vinha acusado de judaísmo. Não hesita em trazer à tona novamente, já que o faz alhures, nos autos, o caso de sua disputa com Menasseh ben Israel, rabino de origem portuguesa que havia se estabelecido, como tantos outros judeus de origem portuguesa, em Amsterdã. E arremata, como fizera anteriormente, em tom de ironia: "Mas agora poderá também ser que cuidem que me pareceram bem os argumentos do seu Manassés"[46].

Por fim, relata ainda seu empenho até para a conversão dos Turcos, "que só restavam entre os inimigos da fé"[47], para arrematar novamente de forma, se não irônica, mas também lamuriosa: "Assim que, estes e outros semelhantes desserviços, são os que têm feito e procurado fazer à fé de Cristo este outra vez tão indigno religioso, que sobre este merece o nome de ímpio, de sacrílego, blasfemo, e outros mais feios e de maior horror"[48].

Prossegue então o réu à *confutatio*, onde se ocupa mormente de negar as acusações de simpatias judaizantes. Inicialmente, aborda a questão dos papéis em favor da "gente de nação", os quais, segundo ele, teriam todos sido feitos em serviço do rei D. João IV. Entre suas sugestões, destaca a ideia de proibir o

---

42. Antônio Vieira, *Os Autos do Processo de Vieira na Inquisição*, p. 303.
43. *Idem*, p. 304.
44. *Idem*, p. 305.
45. *Idem*, pp. 305-306.
46. *Idem*, p. 306.
47. *Idem, ibidem.*
48. *Idem, ibidem.*

casamento entre cristãos novos e velhos, acerca da qual recomendara o rei que consultasse o Santo Ofício. Essa talvez seja a última estocada que o religioso faz aos inquisidores, pois acreditava evidente que ele fizera mais para a erradicação das heresias que seus juízes, cujo rigorismo e despeito colocava tudo a perder. Soma-se a isso a suposta ideia do livro "Conselheiro Secreto", que Vieira ideara compor para a conversão dos judeus, do qual, como afirma no "Memorial", desistira "[...] porque me disseram em Lisboa pessoas inteligentes, que o santo ofício o não havia de deixar imprimir"[49].

Trata, a seguir, de mostrar sua pureza genealógica, afirmando não possuir qualquer ligação familiar ou de amizade com cristãos novos, com exceção de um mercador. Do mesmo modo que acreditava que Bandarra fosse cristão velho, o que lhe levara a crer que suas trovas não possuíam mácula.

Surge então o epílogo, onde a nota predominante é a da obediência, ainda que temperada de ironia, novamente, ou de sarcasmo até mesmo:

Finalmente, seja a última prova da minha fé, o rendimento do juízo, e segura obediência dela, ainda contra as evidências certíssimas da própria consciência; pois sendo assim verdadeira e indubitavelmente, e conhecendo com toda a interior certeza, que o sentido e disposição em que as minhas suposições foram interpretadas e censuradas, é totalmente diverso daquele em que as proferi, e do que supus nelas, e do que pretendi significar por elas, entendo e creio, contudo, que as ditas censuras são muito justas, e as ditas interpretações muito verdadeiras, e as aceitei, venero, e sigo muito de meu coração, sem embargo de se julgarem antes de eu perguntado nem ouvido; e se dilatei tanto tempo este inteiro e total rendimento, foi, não quanto à aceitação das censuras, que desde o primeiro dia foram aceitadas por mim, senão quanto à desistência das razões da minha inocência, e pureza da tenção em que tinha proferido as proposições censuradas, foi pela razão do escrúpulo, e que não tive quem me segurasse a ignorância, como procurei por todas as vias que me foram possíveis[50].

Como se vê, no seu próprio voto de obediência imiscuem-se sub-repticiamente as mesmas acusações que chegarão, anos depois, no pedido de anulação da sentença enviado ao Papa Clemente X: as acusações vieram de interpretações retorcidas do que disse, sem ter sido claramente arguido a respeito delas. Mais que por pretensão e contumácia, sua defesa teria sido então movida por seu escrúpulo, para provar a probabilidade de suas ideias, até lhe ser revelado que as censuras provinham de Roma, quando então teria desistido de tudo. Para o réu, o que só lamenta é o prejuízo que sua condenação traria para aqueles que

49. *Idem, ibidem.*
50. *Idem*, p. 308.

converteu, deixando mais uma vez entrever sua censura ao procedimento de um tribunal da fé que, paradoxalmente, estaria trabalhando contra ela. Assim, num jogo de espelhos, a figura do réu e de seus juízes inverter-se-ia por um momento, permitindo a mais que perfeita imitação de Cristo por parte do jesuíta. Afirma Vieira: "Este escândalo, Senhores, e a afronta de uma religião também emérita da fé como a Companhia de Jesus, é o que só sinto, e tenho sentido neste trabalho"[51]. E, na verdade, como deixa entrever ao final do "Memorial", a insistência na defesa foi pelo que isso acarretaria de descrédito a sua ordem: "Mas sabe o mesmo Senhor, que se em mim não houvera mais que eu, sem os respeitos do hábito que tenho vestido, nem uma só palavra havia de ter falado em meu descargo, pondo toda a causa aos pés de Cristo crucificado, deixando-a toda à disposição da divina providência..."[52].

Como protótipo de jesuíta, pregador de renome, missionário devotado, a condenação de Vieira equivale, por extensão, à condenação da Companhia, e, pelo menos na visão dos jesuítas, era uma vingança e um ato de emulação decorrente de antigas querelas entre as duas ordens.

Por fim, faz uma *petitio*, solicitando a piedade do mesmo tribunal que, de tantas formas, antes, durante e após o processo, haveria de continuar desqualificando.

★ ★ ★

Depois de sua passagem por Roma e do sucesso na suspensão do Santo Ofício português, Vieira volta a Lisboa e, em 1680, é nomeado para o Conselho de Estado por D. Pedro II. Segundo Vainfas, Vieira teria dito: "*Quod Inquisitores ex fidei viverent, Patres vero pro fide morerentur*", ou seja, "Enquanto os inquisidores vivem da Fé, os Padres morrem pela Fé"[53]. Evidentemente, Vieira se referia aos padres da Companhia de Jesus.

A frase, dita tantos anos já depois do fim do processo, revela, de forma lapidar, a forma como Vieira via o processo. O Santo Ofício, autocentrado, investigando o que havia sido dito em vez de se preocupar com o que devia ser feito – entenda-se, ser feito para a consumação do Reino de Cristo, causa última da cristandade – desempenhava um papel paradoxalmente contrário às crenças que protestava defender. Falhava como promotor da fé. Criava hereges em vez de combatê-los. Mais ainda, imiscuindo-se nos negócios do reino e tendo sido,

---

51. *Idem, ibidem.*
52. *Idem*, pp. 308-309.
53. Ronaldo Vainfas, *Antônio Vieira: Jesuíta do Rei*, p. 253.

em sua maioria, simpático à causa filipina, era antiportuguês. Os dominicanos, em especial, com seu pregar alambicado, produziam sermões não frutuosos, os quais, nas palavras de Pécora, equivaleriam a um "falso testemunho"[54]. Assim, por extensão, era o funcionamento do Santo Ofício. Preocupavam-se com posição e poder. Por isso, pode-se dizer que, atravancando a chegada do Quinto Império, o Santo Ofício desempenhava um papel demoníaco. Não por acaso Vieira, ainda na "Petição", como vimos anteriormente, protestava contra o demônio: "... sendo certo que nos motivos deste seu impedimento, não só teve parte a diligência de seus êmulos, mas também a astúcia do Demônio, que por esta via quis estorvar, como tem estorvado grandes serviços de Deus...". Esses "grandes serviços de Deus" eram não apenas o trabalho missionário da Companhia de Jesus, mas o que isso implicava: o advento do Reino de Cristo na Terra. E, para isso, o trabalho de interpretação das profecias, para o qual Vieira certamente acreditava ser a pessoa mais capacitada, era fundamental. Sua condenação seria, portanto, uma vitória do demônio.

Assim, como este artigo procurou brevemente demonstrar, a análise dos autos de Vieira, tanto quanto a de seus sermões, passa pela consideração das categorias retórico-poéticas e teológico-políticas caras a suas circunstâncias de produção, na esteira do que ensina Hansen[55]. No caso, especialmente no tocante ao "Memorial", há que se considerar, além das circunstâncias judiciárias típicas do processo inquisitorial em Portugal, como muito bem fez Kalil[56], as peculiaridades de um texto que se mostra retoricamente misto, ou seja, predominantemente pertencente ao gênero judiciário, mas, ao final, convertendo-se em epidíctico. Com isso, é preciso resgatarem-se os elementos persuasivos (*pisteis*) acionados para a invenção dessas partes: *ethos*, *pathos* e *logos*, conforme o caso. Quanto ao *ethos*, não só a prudência é fundamental, como também a caridade, a fim de Vieira afastar a acusação de heresia, para a qual a defesa teológica de suas interpretações, ao final do processo, já não se mostrava suficiente. Por fim, a defesa o caráter de Vieira passa ainda pela defesa de um "*ethos* jesuítico", no sentido em que seu processo é amplificado e teatralizado também como um embate entre sua ordem e a dominicana, e, por fim, entre os servos de Cristo e os do demônio, pela implementação do Reino de Cristo na Terra.

---

54. Alcir Pécora, *Teatro do Sacramento: A Unidade Teológico-Retórico-Política dos Sermões de Antônio Vieira*, p. 35.
55. João Adolfo Hansen, "Letras Coloniais e Historiografia Literária".
56. Sérgio Augusto Kalil, *Autos do Processo do Padre Antônio Vieira: Elementos Jurídicos e Retóricos da Defesa*.

REFERÊNCIAS BIBLIOGRÁFICAS

AMOSSY, Ruth. "Da Noção Retórica de Ethos à Análise do Discurso". *In:* AMOSSY, Ruth (org.). *Imagens de Si no Discurso: a Construção do Ethos*. 2. ed. São Paulo, Contexto, 2011.

ARISTÓTELES. *Retórica*. 2. ed. Trad. M. A. Júnior, P. F. Alberto e A. N. Pena. Lisboa, Imprensa Nacional, 2005.

AZEVEDO, João Lúcio de. *História de Antônio Vieira*. São Paulo, Alameda, 2008.

BANZA, Ana Paula. "A 'Retórica Cativa de Vieira': dos Sermões à Representação". *Românica*, n. 17, 2008, p. 24.

CAMARINHAS, Nuno. "Bibliotecas de Magistrados – Portugal, Século XVIII". *Encontro da Associação Portuguesa de História Económica e Social*. Guimarães, 2008 (Comunicação).

CUNHA, Jerónimo da. *Arte de Bachareis, ou Prefeito Juiz: na qual se Descrevem os Requesitos, e Virtudes Necessárias a hum Ministro*. Lisboa, Officina de João Bautista Lerzo, 1743.

FIGUEIREDO, Antonio Pereira de. *Elementos da Invençam, e Locuçam Retorica, ou Principios da Eloquencia*. Lisboa, Off. Patriarcal de F. L. Ameno, 1759.

FUMAROLI, Marc. *L'Âge de l'Éloquence: Rhétorique et* Res Literaria *de la Renaissance au Seuil de l'Époque Classique*. Genève, Droz, 1980.

_____. *L'Âge de l'Éloquence: Rhétorique et* Res Literaria *de la Renaissance au Seuil de l'Époque Classique*. Paris, Neuauflage Albin Michel, 1994.

GRANADA, Fray Luis de. *Retórica Eclesiástica*. New York, IVE Press, [s. d.].

HANSEN, João Adolfo. "Cartas de Antônio Vieira (1626-1697)". *In:* VIEIRA, Antônio. *Cartas do Brasil*. Organização e Introdução de João Adolfo Hansen. São Paulo, Hedra, 2003.

_____. "Letras Coloniais e Historiografia Literária". *Matraga*, n. 18, jan.-jun. 2006, pp. 13-44,

KALIL, Sérgio Augusto. *Autos do Processo do Padre Antônio Vieira: Elementos Jurídicos e Retóricos da Defesa*. Tese de Doutorado em Teoria e História Literária, Universidade Estadual de Campinas, Campinas, 2018.

LIMA, Wallas Jefferson de & SILVA, Edson Santos. "'Mostra-me por que me Julgas Assim': A Petição de António Vieira ao Conselho Geral da Inquisição Portuguesa (1665)". *Confluenze*, vol. XI, n. 1, 2019, pp. 190-215.

MARTINI, Marcus De. *As Chaves do Paraíso: Profecia e Alegoria na Obra de Padre Antônio Vieira*. Tese de Doutorado em Estudos Literários, Universidade Federal de Santa Maria, Santa Maria, 2011.

MENDES, Margarida Vieira. *A Oratória Barroca de Vieira*. 2. ed. Lisboa, Caminho, 2003.

MUHANA, Adma. "O Processo Inquisitorial de Vieira: Aspectos Profético-Argumentativos". *Semear*, vol. 2, [s. d.]. Disponível em: http://www.letras.puc-rio.br/Catedra/revista/2Sem_02.html.

O'MALLEY, John W. *The First Jesuits*. Cambridge, Harvard University Press, 1993.

PAIVA, José Pedro. "Revisitar o Processo Inquisitorial do Padre António Vieira". *Lusitania Sacra*, n. 23, jan.-jun. 2011, pp. 151-168.

PÉCORA, Alcir. *Teatro do Sacramento: A Unidade Teológico-Retórico-Política dos Sermões de Antonio Vieira*. São Paulo/Campinas, Edusp/Editora da Unicamp, 2008 (1. ed. 1994).

_____. "Vieira, a Inquisição e o Capital". *Topoi*, n. 1, 2000, pp. 178-196.

_____. "A Exegese do Capital". *Folha de S. Paulo*, [s. d.]. Disponível em: http://www1.folha.uol.com.br/fol/brasil500/histpadre9.htm.

QUINTILIAN. *Institutio Oratoria*. Books I-III. Trad. H. E. Butler. Cambridge, Harvard University Press, 1980 (Loeb Classical Library).

RÉGENT-SUSINI, Anne. "Religious Discourse and Legal Discourse in Seventeenth--Century France: The Example of Bossuet". *In:* HAMMOND, Nicholas & MORIARTY, Michael (ed.). *Evocations of Eloquence: Rhetoric, Literature and Religion in Early Modern France. Essays in Honour of Peter Bayley*. Bern, Peter Lang AG/International Academic Publishers, 2012.

SILVA, Janice Theodoro da. "A Retórica do Cativo: Padre Antônio Vieira e a Inquisição". *In*: NOVINSKY, Anita & CARNEIRO, Maria Luiza Tucci (org.). *Inquisição: Ensaios Sobre Mentalidade de Heresias e Arte*. São Paulo, Expressão e Cultura, 1992.

VAINFAS, Ronaldo. *Antônio Vieira: Jesuíta do Rei*. São Paulo, Companhia das Letras, 2011.

VIEIRA, Antônio. "Defeitos do Juízo, Processo e Sentença na Causa do Padre Antônio Vieira, Estando Preso na Inquisição. Representados ao Sumo Pontífice, Clemente X, e ao Padre Geral da Companhia de Jesus. De que resultou o Breve que o dito Santíssimo Padre lhe concedeu, em que isenta ao Padre Vieira da Jurisdição dos Inquisidores de Portugal". *Obra Completa*, tomo IV, vol. II: *Escritos Sobre os Judeus e a Inquisição*. Direção de José Eduardo Franco e Pedro Calafate. São Paulo, Loyola, 2016.

_____. "Defesa do Livro Intitulado 'Quinto Império' que É a Apologia do Livro *Clavis Prophetarum* e Respostas das Proposições Censuradas pelos Inquisidores, Estando Recluso nos Cárceres do Santo Oficio de Coimbra (1666)". *Obras Escolhidas*. Prefácios e notas de António Sérgio e Hernâni Cidade. Lisboa, Livraria Sá da Costa Editora, 1952, vol. VI.

_____. *De Profecia e Inquisição*. Brasília, Senado Federal, 1998.

_____. *Os Autos do Processo de Vieira na Inquisição*. 2. ed. rev. e amp. Edição, transcrição, glossário e notas de Adma Fadul Muhana. São Paulo, Edusp, 2008.

WISSE, Jakob. *Ethos and Pathos from Aristotle to Cicero*. Amsterdam, Adolf M. Hakkert, 1989.

9

O Cornélio Galo de Propércio
Unus Fiat e *Pluribus*[1]

Paulo Martins
UNIVERSIDADE DE SÃO PAULO

QUESTÕES INICIAIS

Muito já se discutiu acerca dos nomes apresentados por Propércio no *Monobiblos* como interlocutores de sua narrativa elegíaca cujo cerne é o romance, ou melhor, o *affair* entre o *ego*, poeta-amante, e uma tal Cíntia. Basicamente a questão, pelo menos até a década de 1970, para a absoluta maioria dos estudiosos, resumia-se, no que concerne ao *Monobiblos* de Propércio, ao livro *Cynthia*[2]:

---

1. Este trabalho foi apresentado parcialmente em três eventos: no XXI Congresso da Sociedade Brasileira de Estudos Clássicos (SBEC) em dezembro 2017, no IV Encontro "Traduções dos Clássicos no Brasil (São Paulo, Maio de 2018) e no I Panorama de Estudos Poéticos e Retóricos em Setembro de 2018. Agradeço a Greg Woolf a acolhida no ICS da University of London entre janeiro e fevereiro de 2018, onde e quando este texto foi finalizado. Agradeço aos organizadores do I Panorama o convite para publicação neste livro.

2. Ver P. Burman (ed.), *Sex. Aurelii Propertii Elegiarum Libri IV*, p. 1. Nele há o resgate do frontispício dos códices propercianos e como os editores se comportaram a dar o nome à obra de Propércio. *Sex. Propertii Nautae Monobiblos ad Cynthiam* aparece em Joseph Scaliger, que segue o códice Vaticano. *Aurelii Propertii Nautae Vmbri Incipit Liber Elegiarum vel Cynthia* na primeira edição de D'Orvilliano. *Sex. Avrelii Propertii Cynthia. Monobiblos* por Broukhusius a partir de mais antiga atestação, isto é, Marcial em 14.189: "*Cynthia – facundi carmen iuvenale Properti –/Accepit famam, non minus ipsa dedit*" (Cíntia, poemas joviais do facundo Propércio,/concedeu-lhe fama e não menos que a própria lhe deu).

quem são Tulo, Basso, Galo e Pôntico[3] elencados pelo poeta? Os filólogos do século XIX e da primeira metade do século XX apostavam que tais referências só podiam ser concretas, reais, extraídas da vida romana. Para tanto, os estudiosos tomavam como paradigmático o caso de Catulo cuja Lésbia em seus poemas parece decalcar certa personalidade de época, a saber, Clódia Pulcra[4], alvo de invectivas de Cícero no *Pro Caelio*. Afora a passagem de Apuleio na *Apologia*, 10, degastada pelo uso, em que é apontado que alguns nomes femininos, apresentados pelos poetas, dissimulam outras personalidades da sociedade romana, como que desvendando um "mistério" donde: *Lésbia* é Clódia, *Cíntia* é Hóstia, *Perila* é Metela e *Délia*, Plânia[5]. Por seu turno, é inegável também que há a explicitação de figuras historicamente documentadas em Propércio, haja vista a indicação de Augusto[6] ou de César[7], de Mecenas[8], ou mesmo, como já o fizera Catulo 28 vezes[9], de si mesmo, como se operasse uma autoidentificação poética, uma assinatura ou, simplesmente, uma cilada poética em que o poeta constrói a autoreferência para dissimular uma *fides* ou, efetivamente, para depositar sobre os versos a subjetivação do *ego*-elegíaco, apresentando *avant la lettre* a "sinceridade" do eu-poético[10]: "sic igitur prima moriere aetate, Properti?/sed morere; interitu gaudeat illa tuo!" (Morrerás assim, ainda jovem, Propércio?/ Mas que morra! E que ela se alegre com o teu fim!)[11], ou ainda melhor, pois em primeira pessoa do singular: "Has pono ante tuam tibi, Diva, Propertius Aedem/Exuvias, tota nocte receptus amans" (Estes restos te ofereço ante a teu

---

3. Ver P. Martins, "Propércio Recidivo", sobre os interlocutores no *Monobiblos*.
4. Ver Oliva Neto: "Poema 79. [...] Lésbio: provavelmente Públio Clódio Pulcro, o tribuno da plebe acusado por Cícero de incesto com a irmã Clódia. Deve-se admitir que o incesto, aludido pela passagem 'Lésbia o quer mais, abona, pelo paralelismo Lésbio/Clódio, a identificação Lésbia/Clódia. O jogo de palavras com Pulcro', adjetivo significando 'belo' e o sobrenome de Clódio, presente no epigrama, já havia sido feito por Cícero na Carta a Ático, 1, 16, 10: *pulcellus puer*"; "Poema 58. [...] Célio: no poema, é êmulo da persona Catulo. Possivelmente seja Marco Célio Rufo, amigo de Cícero, que no *Discurso em Defesa de Célio* defendeu-o da acusação feita por Clódia, que para muitos é Lésbia, de tentar envenená-la" (J. A. Oliva Neto (org.), *O Livro de Catulo*, pp. 242, 208). E Otis: "We can debate who Lesbia was or whether Corinna ever existed but we can deny that Catullus was actually in love with a real girl or that Ovid was writing with his tongue in his cheek" (B. Otis, "Propertius' Single Book", p. 1).
5. Ver P. Martins, *Elegia Romana. Construção e Efeito*, p. 28.
6. Prop., 2.10; 3.11; 3.12 e 4.6. Salvo indicação em contrário, todas as traduções são próprias.
7. *Idem*, 1.21; 2.1; 2.7 2.16; 2.31; 2.34; 3.4; 3.9; 3.11; 3.18; 4.1; 4.6 e 4.11.
8. *Idem*, 2.1 e 3.9.
9. Catull., 6; 7; 8; 10; 11; 13; 14; 38; 44; 46; 49; 51; 52; 58; 68; 72; 76; 79 e 82 (em alguns poemas ocorre mais de uma vez).
10. Prop., 2.24; 2.34; 3.3; 3.10; 4.1; 4.7.
11. *Idem*, 2.8.17-18.

templo, Diva, eu, / Propércio, te aceito, amante, por toda uma noite)[12]. E mesmo estas figuras históricas – e não se pode negar que Propércio seja uma – devem ser matizadas pelos gêneros que as circunscrevem, afora o fato de as distinções, que se observam na caracterização das personagens no gênero elegíaco e nos gêneros historiográficos, por exemplo, obviamente diferirem quanto a suas regras e regulagens.

Assim, é certo que posso pensar em pelo menos duas vertentes interpretativas diante dos nomes inscritos no *Monobiblos*: a primeira localiza os nomes como referência histórica que dão suporte à sinceridade do poeta que trata de si ao produzir poesia; a segunda toma a referência nominal a serviço do constructo poético que guia a narrativa por intermédio de uma bricolagem ética. Uma recompõe a subjetividade da poesia de matiz confessional; a outra estrutura uma subjetivação fictícia que confunde os leitores porque registra uma diversidade ética que foge a um critério de coerência exclusiva interna e externa. Aquela oferece uma linearidade plana e achatada de caracteres obedientes e obsequiosos; esta subverte a unidade personalizada, reproduz circunstâncias múltiplas e "incoerentes" absolutamente coincidentes com nós mesmos (καθ' ἡμᾶς assim como Διονύσιος δὲ ὁμοίους εἴκαζεν, e isto ensinara a *Poética*)[13]. A primeira hipótese, por fim, defende um instantâneo, um retrato de identidade; a segunda é, apenas, um rascunho de um desenho construído, que pode ou não ter sido delineado a partir de uma persona real.

Micaela Janan, valendo-se de um instrumental lacaniano a fim de desvendar "the obscure logic that governs Propertius' poetry", informa que os poemas de Galo – a ele dedicados no *Monobiblos* – são um campo particularmente rico para examinar a poética elíptica de Propércio, já que esta série de poemas, ainda que se resolvam em torno de um mesmo nome, se recusa a ser observada tanto em conjunto como separadamente como narrativa[14]. É fato, para Janan, que Propércio não nos oferece quaisquer auxílios, ao contrário, ela crê que ele nos dificulta, pois que nos abandona, leitores, deixando as conexões lógicas da narrativa deliberada e tentadoramente obscuras para que nós as desvendemos[15] – sejam elas temporais, causais, condicionais, consecutivas etc. Ainda que dis-

---

12. *Idem*, 2.14. 27-28.
13. Como Dionísio efigiou os semelhantes [a nós] Arist., *Po.*, 1448a 4-6..
14. M. Janan, The Politics of Desire. Propertius IV, pp. 33-34.
15. Otis também leva em consideração certo grau de dificuldade do texto properciano. "Propertius is in many respects the most enigmatic of all Roman poets [...]. There is enough conventionality to make us doubt the truth of almost all his amatory experiences. There is enough disconcerting truth to make us doubt the conventionality. There is irony where we should expect seriousness; seriousness where we should expect irony" (B. Otis, "Propertius' Single Book", p. 1).

HIDRA VOCAL: ESTUDOS SOBRE RETÓRICA E POÉTICA...

corde dos meios de que se vale a *scholar*, sua posição sobre a dificuldade encontrada na narrativa properciana como um todo ou nas séries episódicas que podem ser aferidas no decurso dos cinco livros – como prefiro entender[16] – é fundamental. Efetivamente, existe nas coleções de Propércio uma grande narrativa composta de outras tantas, e tanto a continente quanto as contidas podem ser consideradas disjuntivas, dado que a conexão lógica, que deve regê-la e/ou regê-las, não obedece obrigatoriamente a uma ortodoxia narrativa, antes é operada por moto vário, mesmo que alguma semelhança, por exemplo, possamos verificar entre a história de Cíntia e a de Galo; afinal a mesma diversidade ética encontrada na primeira, pode ser observada no segundo. Nesse sentido, da mesma forma que Galo, interlocutor privilegiado de Propércio, é desenhado em 5, 10, 13, 20 e, mesmo, 21[17], quase como se fosse "the younger poet's doppelgänger" e, dessa forma, multifacetado e inconsistente ou incoerente quanto ao seu ἦθος, exatamente assim *Cynthia* é alvo do "most egregiously inconsistent portraiture". Entretanto, apenas Galo, ainda de acordo com Janan, apresenta dificuldades insuperáveis sob a perspectiva de uma coerência, tanto para quem tenta dividi-lo entre diversas personagens, como para quem deseja assimilá-lo numa única[18]. Ainda assim continuo apostando na última hipótese.

ESTRUTURA EDITORIAL POSSÍVEL DO *MONOBIBLOS*

A complexidade da narrativa do *Monobiblos* aponta, pois, para a complexidade dos caracteres lá desenhados. E essa me parece determinada pela estrutura binária do livro, que, de um lado, desenvolve-se em torno de uma história de amor, de outro, em torno de uma "história do gênero poético", de sorte que os caracteres assumem uma ambivalência poética. O *ego*-elegíaco é ao mesmo tempo amante e poeta; Cíntia, amada e poesia e os interlocutores, rivais amorosos e êmulos poéticos. A considerar essa ambivalência, o livro assume papel curioso, pois que como meio e memória ora registra a história de amor em que o sujeito da enunciação poética é um *magister amoris*, ora sustenta a história literária do gênero em que o mesmo sujeito é *magister poesis*. O livro, portanto, deve atender duas matérias distintas, sujeitas a duas τέχναι (*artes*): amatória e poética. Propércio vê-se obrigado a traduzir esta ambivalência de matéria na estrutura do livro.

---

16. Ver P. Martins, "Ekphrasis, Digression and Elegy: The Propertius' Second Book" e *Pictura Loquens, Poesis Tacens: Limites da Representação*, pp. 70-85.

17. Em que pese todas as opiniões contrárias à relação com Cornélio Galo que no caso da elegia, ou do epigrama 21, beiram ao cem por cento, já que tanto Butler como Cairns não acreditam que o Galo de 21 possa ser apontado como decalque do poeta elegíaco.

18. Ver M. Janan, *The Politics of Desire. Propertius IV*, p. 35.

O CORNÉLIO GALO DE PROPÉRCIO: *UNUS FIAT* E *PLURIBUS*

King nos apresenta uma hipótese para a construção editorial do *Monobiblos* em que a estruturação do livro estaria decalcada, em certa medida, na história de amor e nos destinatários das elegias[19]. Por conseguinte, os poemas 1 e 22, ambos dedicados a Tulo, além de enfatizar, tematicamente e por contraste, a escolha de um modo de vida oposto ao do interlocutor do *ego*-elegíaco, enquadram o livro como um todo, circunscrevem-no, o primeiro poema apresentando a vida do *ego*-elegíaco no primeiro ano de sua vida com Cíntia; o último servindo como amostragem de certos aspectos de sua "vida" anterior ao *affair*. De forma semelhante, os outros dois poemas dedicados ao mesmo interlocutor, Tulo, o 6 e o 14, estão a serviço da estruturação editorial cuidadosamente elaborada por simetrias, pois que retêm os grupos centrais de poemas, a saber: a) 2, 3, 4 e 5; b) 7, 8A, 8B, 9; c) 10, 11, 12 e 13, restando ainda mais dois grupos circunscritos por 14 e 22, também dedicados a Tulo: d) 15, 16, 17 e 18; e) 19, 20, 21 e 22. No que diz respeito aos caracteres e suas funções nessa estrutura editorial, King propõe que cada um dos destinatários – interlocutores do *ego*-elegíaco, como costumo chamar –, nos poemas, representa uma "atitude tradicional particular" sobre o amor à qual se opõe o *ego*-elegíaco, *Propertius*. Tulo, assim, é aquele que está a serviço dos valores romanos mais tradicionalmente tidos como honrados o que contrasta frontalmente com a posição do enunciador. Galo, por sua vez, o endereçado nas elegias 5, 10, 13, 20 e 21, "encarna" outra visão para o poeta-amante, uma vez que é construído como alguém que possui uma atitude pouco séria em relação à *puella* – clara ironia –, pelo menos nos primeiros quatro poemas da série, isso sem mencionar sua posição de rival (*aemulus*) no que diz respeito à *Cynthia*. Já Pôntico pode ser comparado, sob o ponto de vista da "nobreza" de valores a Tulo, embora aquele não esteja ligado a estrutura de poder como este, mas ao gênero poético elevado recusado por Propércio sistematicamente: a épica. Afinal, em 11 o poeta demonstra a ineficácia desse gênero no que diz respeito ao amor e em 9 vaticina: "*Plus in amore ualet Mimnermi uersus Homero*" (Mais no amor vale o verso de Mimnermo do que Homero)[20]. Basso, por fim, o quarto interlocutor do livro, cuja função é exortar o poeta-amante a procurar outras meninas, opõe-se também à Cíntia de Propércio[21], agindo aos moldes

---

19. J. King, "Propertius' Programmatic Poetry and the Unity of the 'Monobiblos'", pp. 116-117.
20. Prop., 1.9.11.
21. J. King, "Propertius' Programmatic Poetry and the Unity of the 'Monobiblos'", p. 118). Vale ainda observar que Helslin identificou Pôntico e Basso como referências a uma contenda poética entre Propércio e Horácio (P. Heslin, "Metapoetic Pseudonyms in Horace, Propertius and Ovid", pp. 51-72). Para Pôntico e Basso ver também P. Martins, "Propércio Recidivo", pp. 231-234.

de um poeta iâmbico, introduz no *Monobiblos* um outro polo genérico em confinidade, assim como Pôntico o faz em relação à poesia épica.

Posso ecoar essa estrutura narrativa proposta por King, aplicando a metáfora da *scripta puella* traduzida por Wyke[22], ou seja, Cíntia não é apenas uma personagem, relacionada à vida amorosa do poeta, mas associada, em igual medida, à "gramática de sua poesia". Assim, entendendo *Cynthia* como poesia[23], as oposições, encetadas por Galo, Pôntico e Basso, além de amorosas, são genéricas, o que, portanto, redesenha a estrutura do livro a partir de dois vetores narrativos paralelos: um a história de amor e outro a história do gênero em suas confinidades. Entre 1901 e 1906, Franz Skutsch, comentando a cena de voyeurismo explícito em 1.10, já afirmara que a observação de Propércio pode significar um relato de como Propércio leu as elegias de amor de Galo em vez de como ele testemunhou o ato sexual de Galo. "Ich finde nur eine ausreichende Erklärung: Properz erzählt als gesehen, was er in einer Dichtung des Gallus gelesen hat", afirma Skutsch[24]. O filólogo alemão ainda informa que, embora não houvesse esta identificação com Cornélio Galo, indubitavelmente a personagem Galo de Propércio seria um poeta: "Der Gallus des Properz wäre also in jedem Fall ein Dichter, auch wenn er nicht Cornelius Gallus wäre"[25]. Por meu turno, creio que *Propertius*, poeta-amante, é operado nas duas possibilidades ao mesmo tempo, isto é, personagem de romance, personagem produtor de poesia, adequando-se tanto à *Cynthia* – poesia e amada –, como a *Gallus*, poeta e rival, pelo que soa perfeita a referência a ele como *aemulus* no século XVI[26], cujo campo semântico percorre os dois universos: o poético e o amatório.

Sob a perspectiva editorial, tendo em vista o confinamento dos cinco blocos de quatro poemas cada no *Monobiblos*, proposto por Joy King, podemos entrever dois aspectos curiosos referentes à nossa questão. O primeiro é a constituição

---

22. M. Wyke, "Written Women: Propertius' Scripta Puella", pp. 47-61; M. Wyke, "Mistress and Metaphor in Augustan Elegy", pp. 25-47); M. Wyke, *The Roman Mistress: Ancient and Modern Representations* (ver P. Martins, "Propércio Recidivo", pp. 227-54).

23. Ver P. Martins, "Propércio Recidivo", pp. 228-229.

24. F. Skutsch, *Aus Vergils Frühzeit II. Gallus und Vergil*, p. 144.

25. "O Galo de Propércio seria um poeta em qualquer caso, mesmo que ele não fosse Cornélio Galo" (*idem*, p. 145).

26. J. Scaliger, *Catullus, Tibullus, Propertius. Nova editio Ios. Scaliger recensuit. Eiusdem in eosdem Castigationum Liber*, pp. 170-171. O OLD consigna: "aemulus, i2 *1 A rival, competitor, emulator 2 A rival in love 3 A diligent imitator, zealous practitioner b A diligent or assiduous follower, disciple 4 One equal in ability*". Se aplicarmos a Galo fica clara a ambiguidade em as acepções 2 e 4, já que 3 só faria sentido se aplicado a Propércio por contingência de anterioridade histórico-cronológica. Ver para o sentido 4 Quint., *Inst.* 10. 1. 123: "*M. Tullius, qui ubique, etiam in hoc opere Platonis aemulus extitit*." Ver para o sentido 2 Ov., *Rem.* 768: "*Aemulus est nostri maxima causa mali*".

O CORNÉLIO GALO DE PROPÉRCIO: *UNUS FIAT* E *PLURIBUS*

de uma estrutura simétrica e paralela a mais no livro, já que Galo, como representante da poesia elegíaca, aparece uma vez no primeiro bloco, nenhuma no segundo, duas vezes no terceiro, nenhuma vez no quarto e, uma vez no quinto bloco, isto é, temos assim: 1, 0, 2, 0, 1 (poemas: cinco no 1º grupo, dez e treze no 3º grupo e vinte no 5º grupo). Desconsidero, pois, o 21, sobre o qual irei me ater mais adiante. O segundo aspecto a ser considerado diz respeito às posições das elegias 10 e 20 como significativas, pois que fecham a primeira parte do livro e a segunda, supondo que os dois epigramas finais devam ser considerados à parte. Assim o livro teria vinte elegias – e dois epigramas – as quais determinariam o poema 10 como fechamento da primeira parte e o 20, o da segunda. A se considerar esta estrutura e essas indicações nominais de Galo em Propércio, isto é, nas elegias 10 e 20, posso traçar um paralelo com o Virgílio das *Éclogas* uma vez que lá, Galo aparece na Écloga de fechamento, isto é, a 10ª e na 1ª da segunda parte a 6ª[27]. Além disso, na 6ª Écloga Virgílio apresenta o mito de Hilas, que aparece em Propércio na elegia 20, enquanto na elegia 10 assim como na 10ª Écloga tem-se a delimitação do amor heterossexual de Galo, que contrasta com o homosexual da última elegia do livro, produzindo assim uma relação quiasmática com as *Éclogas* de Virgílio, afinal a 6ª Écloga deve ser aproximada da 20ª Elegia, enquanto a 10ª Écloga, da 10ª Elegia[28].

Não se contrapondo a esta estrutura editorial proposta por King, Cairns[29] pôs em relevo a função dos destinatários, Tulo e Galo, objetivando uma estrutura narrativa do *Monobiblos*. Para o estudioso, tanto o primeiro como o segundo devem ser considerados patronos do livro em questão e a distribuição simétrica, eu diria a *ordo* ou a τάξις, das elegias dedicadas a eles denuncia a relevância desse duplo patronato, cujos significados só podem estrar a serviço da representação de um *uir militaris*, de um lado, e de um *uir amans*, de outro lado, de sorte que ambos plasmam a narrativa de acordo com o seguinte ritmo tripartite: a) Tulo (1), Galo (5), Tulo (6); b) Galo (10); c) Galo (13), Tulo (14), Galo (20), a serviço da ambivalência aqui defendida.

---

27. Entendo que a colocação na 6ª Écloga – e não na 5ª, como poderíamos questionar – deve-se ao fato de Virgílio entremear as éclogas dialogadas (ímpares) com as monológicas (pares) de sorte que a confinidade genérica entre a elegia e a bucólica teria mais esse dado a ser observado.

28. F. Cairns, "Propertius and the Origins of Latin Love-Elegy", em Hans-Christian Günther (ed.), *Brill's Companion to Propertius*, pp. 84-85. Agradeço a Alexandre Hasegawa a sugestão dessa possível relação em minha conferência no XXI Congresso da SBEC em São Paulo, em 2017. Rosati adverte ainda que, por exemplo, a Cíntia de 1.8 pode muito bem dialogar com a Licóride da 10ª écloga (G. Rosati, "Il Rivale, o il Triangulo del Desiderio", em C. Santini & F. Santucci (org.), *I Personaggi dell'Elegia di Properzio*, p. 256).

29. Ver F. Cairns, "Propertius 1.4 and 1.5 and the 'Gallus' of the Monobiblos", p. 90.

Quanto aos epigramas 21 e 22, conquanto sejam parte da estrutura editorial, eles definitivamente marcam uma quebra importante no livro, uma vez que se trata de uma obra de elegias e não de epigramas, em que pese a confinidade genérica[30]. Nesse sentido parece-me consensual entendê-los como σφραγῖδες do livro, suas assinaturas, seus selos, que, pelo fato de serem duas e não uma σφραγίς apenas, assoma um caráter inolvidável a ambos. Mas, por que dois epigramas ou duas σφραγῖδες? Esta é a pergunta que inicialmente devemos fazer e para qual aponto duas possibilidades. A primeira é a apresentação de dois aspectos: a demarcação de temas de base elegíaca, a saber, o lamento em *nostro gemitu*, em nosso lamento, em 21 e em seguida em 22, a assinatura propriamente dita que imprime ao livro o efeito de *fides* desejado, de matiz confessional: *qualis et unde genus* (quais e de onde são meus antepassados). Por outro viés, os dois epigramas salientam, de um lado, a valorização do gênero do livro com a referência por contiguidade a Galo em 21 e a importância da *amicitia – pro nostra semper amicitia –*, leia-se "patronagem", para a consecução do livro, no caso de Tulo em 22. Outra questão, decorrente dessa última, a ser indicada para os dois epigramas é o fato de que seus destinatários atendem a uma natureza diversa entre si, isto é, enquanto Tulo representa a voz do poder romano, tanto político como econômico, Galo está a serviço da dicção genérica da elegia, amor e lamento.

Nicholson[31], por sua vez, propõe que 21 e 22 em contraste com a elegia 20 – mítica *par excellence* – são poemas mais concretamente históricos, portanto não nos surpreende que esses tenham sido avaliados como "estranhos ao corpo poético da coleção". DuQuesnay[32] já havia corroborado a hipótese de que esse epigrama-epitáfio segue mais a inscriptibilidade dos epitáfios do que serve ao fazer poético, de sorte que opera a linguagem de reais inscrições romana, favorecendo sua associação a um indivíduo histórico específico.

Na verdade esta mescla genérica consubstanciada pelos epigramas 21 e 22, a meu ver, corresponde à proposição de Richard Thomas[33] de que Propércio transita entre dois mundos, criando espaços disjuntivos (*disjoined*) cujas camadas de personalização e de autobiografia tornam-se metáforas para a própria composição, numa habilidosa e instruída competição com os outros elegíacos

---

30. Ver B. Gentili, "Epigramma ed Elegia", em O. Reverdin (ed.), *L'Épigramme Grecque*, vol. 14.
31. N. Nicholson, "Bodies without Names, Names without Bodies: Propertius 1.21-22", p. 143.
32. I. M. Duquesnay, "In Memoriam Galli: Propertius I XXI", em A. J. Woodman & J. Powell (ed.), *Author and Audience in Latin Literature*, p. 55.
33. R. Thomas, "Propertius and Propertian Elegy's Epigram Riffs", em A. Keith (ed.), *Latin Elegy and Hellenistic Epigram. A Tale of Two Genres in Rome*, p. 69.

O CORNÉLIO GALO DE PROPÉRCIO: *UNUS FIAT* E *PLURIBUS*

– incluo principalmente Cornélio Galo –, com Catulo, com Virgílio bucólico e com Horácio lírico, no último caso incluo o epódico. Assim, esses epigramas são apresentados, além da função de selo ou assinatura, como parte importante e essencial do jogo, pressuposto pelo gênero que manipula e construído por Propércio que já dialogara com seus êmulos nas vinte primeiras elegias do *Monobiblos*.

NO RASTRO DOS COMENTÁRIOS

Apresento a seguir os descaminhos dessas narrativas, a saber, a da confissão e a da construção, tendo como ponto inicial as edições e comentários a Propércio dos quais um dos mais antigos, mais precisamente, o terceiro mais antigo comentador moderno, Jean Passerat (1608), cuja observância às passagens dos anteriores, de Filippo Beroaldo (1486-1487) e de Joseph Scaliger (1577)[34], é facilmente observada pela atestação, apresenta uma curiosa decifração de Galo, pois que nos comentários às quatro primeiras ocorrências (1.5; 1.10; 1.13 e 1.20) não coloca em questão sua identificação, dedica-se a explicar o sentido que a figura Galo oferece em cada uma de suas ocorrências, entretanto nas suas notas ao 1.21 apresenta: "Gallvm.] plures Galli eodem tempore fuerunt, hic Cornelius Gallus, Propertij nostri propinquus, vt apparet ex elegia quae proxime sequitur, cuius meminit sup. eleg. 5. 10. 13. & 20. hic eum periisse bello Perusino significat, elegia proxima,& vlt.lib.2"[35]. Depreendemos, pois, que, desde o Renascimento, a pluralidade em torno do nome Galo encaminhava à discussão para sua relação direta com identificação de diversas personagens, todas elas inseridas num contexto histórico, uma vez que a assunção de uma unidade múltipla que atendesse a ideia, de que "ὁμαλῶς ἀνώμαλον δεῖ εἶναι" (deve ser incoerente coerentemente)[36], não estava sendo observada, sequer posta à mesa, ainda que tão antiga. Entretanto não encontrei até pelo menos meados do século XIX, nenhuma afirmação peremptória sobre a questão, como Skutsch confirma em 1906[37], fazendo pesar sobre Hertzberg (1843-45)[38] a responsabili-

---

34. J. Scaliger, *Catullus, Tibullus, Propertius. Nova editio Ios. Scaliger recensuit. Eiusdem in eosdem Castigationum Liber.*

35. J. Passerat, *Ioannis Passeratii, Professoris et Interpretis Regii Commentarii in C. Val. Catullum, Albium Tibullum, et Sex. Aur. Propertium cum tribus accuratissimis rerum, verborum, autorum & emendationum indicibus*, pp. 241-242.

36. Arist., *Po.*, 1454a 27-28.

37. F. Skutsch, *Aus Vergils Frühzeit II. Gallus und Vergil*, p. 144.

38. W. A. B. Hertzberg (ed.), *Sex. Aurelii Propertii elegiarum libri quattuor.*

HIDRA VOCAL: ESTUDOS SOBRE RETÓRICA E POÉTICA...

dade da disseminação da ideia a que agora me oponho, isto é, o afastamento de Cornélio Galo e da mesma referência em todos os cinco poemas, 5, 10, 13, 20 e 21.

Alguns exemplos desse procedimento, qual seja, a tentativa de identificação dessas personagens, localizando-as longe da *res ficta*, da construção, da modelagem ética, podem ser resumidos pelos comentários de H. E. Butler em 1905[39], reproduzido praticamente de maneira idêntica na edição conjunta de 1933 com E. A. Barber[40], quando positivamente, tratando da elegia 1.5, afirma que o Galo que nela está inscrito não pode ser confundido com o Galo de 1.21, que morrera durante a infância de Propércio, tampouco deve ser identificado com o poeta Cornélio Galo, desafortunado prefeito do Egito, já que, de acordo com os versos: *"nec tibi nobilitas poterit succurrere amanti: / nescit Amor priscis cedere imaginibus"* (Nem sua estirpe poderá socorrer você amante: / o Amor não sabe ceder às priscas imagens)[41], esse Galo teria origem nobre o que não corresponde à história de vida do poeta elegíaco. Butler, como Hartzberg já o fizera, associou, este Galo a Élio Galo, sucessor de Cornélio na prefeitura do Egito em 26 a.C.[42] É dissonante, entretanto, à edição J. Didot de 1832[43] da Bibliotheca Classica Latina ou Collectio Auctorum Classicorum Latinorum, que para a mesma elegia 1.5 propõe: "Diversos Gallos Propertius memorat, de quibus (fictum an verum hujus nostri nomen fuerit) cf. not. ad Vitam poetae Chronolog. ann. 714". Desse comentário devemos reter a possível diversidade de Galo; a ação da memória operada pelo poeta e a dúplice e ardilosa natureza do nome, isto é, *fictum* ou *uerum*. A edição em questão remete os poemas 10, 13, e 20 à essa nota genérica de 1.5[44]. A nota da edição Didot não instaura o dissenso, mas sobretudo impõe uma retomada de Philippo Berolado (1486-1487) e Joseph Scaliger[45], que são expertos, logo lacunares, e, a meu ver, ambíguos já que o último propõe "Manifestum enin Gallum aemulum fuisse Propertii, et hunc primum coepisse Cynthiam amare ac orasse Propertium, ut sibi pararius et proxeneta esse uellet inter se et illam in amoribus novis". Sob a perspectiva que defendo e, ecoado por Skutsch, Scaliger apresenta dois termos que

39. H. E. Butler (ed.), *Sexti Properti Opera Omnia.*
40. H. E. Butler & E. A. Barber (ed.), *The Elegies of Propertius*, p. 161.
41. Prop., 1.5.23-4.
42. H. E. Butler (ed.), *Sexti Properti Opera Omnia*, p. 131.
43. Ver também P. Burman (ed.), *Sex. Aurelii Propertii Elegiarum Libri IV*, p. 50, que refaz o percurso crítico dos séculos XV, XVI, XVII e XVIII, nos quais, ao que tudo leva a crer, o posicionamento de Scaliger (ed., *Catullus, Tibullus, Propertius*) é preponderante.
44. N. E. Lemaire (ed.), *Sexti Aurelii Propertii. Elegiarum. Libri Quatuor. Cum Nova Textus Recensiose, Argumentisque et Commentario Novo*, p. 60.
45. J. Scaliger, *Catullus, Tibullus, Propertius. Nova editio Ios. Scaliger recensuit. Eiusdem in eosdem Castigationum Liber*, pp. 170-171.

O CORNÉLIO GALO DE PROPÉRCIO: *UNUS FIAT* E *PLURIBUS*

devemos considerar intensamente, *aemulus* e *proxeneta* os quais encaixam-se perfeitamente na hipótese de que Propércio opera dois vetores no *Monobiblos*: o amoroso/sexual e o poético[46].

Parece-me que a hipótese defendida por Butler encontra fundamentos em Hertzberg[47] – "De Gallo autem, cui elegia inscripta, fortasse Aelio, quem cavendum est ne cum Cornelio confundas" – e em Paley[48], que comentara em 1.5 que este homem, que aparece no v. 23 – *"nec tibi nobilitas poterit succurrere amanti"* –, era de nobre de nascimento, um rival, ou um amigo, ou alguém da relação próxima de Propércio. Afirma ainda Paley que Hertzberg tem uma longa tese para provar quem Galo não era. Admite o comentador que alguns pensaram que esse era Élio Galo, cuja esposa é aludida, curiosamente, sob o nome de Aretusa[49]. Em 1.10, Paley nada acrescenta além da própria alteração da dicção entre o *ego*-elegíaco e Galo, nesse caso, bem mais amistoso.

Em 1929, Paganelli, na edição da Guillaume Budé Les Belles Lettres, reafirma a tese de Butler ao propor que o Galo de 1.5 não seria Cornélio Galo da 10ª Écloga de Virgílio, mas que poderia ser um certo Élio Galo que sofrera um desastre militar na Arábia[50]. Nas elegias 10[51] e 13[52], Paganelli faz remissão à nota proposta em 5, levando-nos a inferir que sua hipótese defende ser a mesma figura o Galo de 5, 10 e 13, contudo é lacunar ao se calar diante da referência da elegia 20. Quanto à elegia 21 reverbera o mesmo argumento de Butler.

P. J. Enk informa que desconhece quem seja o Galo de 1.5, mas que seguramente não é Cornélio Galo, afinal esse nascera vinte anos antes de Propércio[53]. Galo também não seria um parente do poeta, pois também não possuiria as *priscae imagines gloriae* e tampouco poderia ser identificado com Élio Galo, cujo *status* seria o mesmo de Galo, o poeta. Com isso, o *scholar* descarta todas as possibilidades de identificação de *Gallus* aventadas, *in limine* e faz reverberar essa mesma carência de identificação nos comentários às elegias 10, 13, e 20, afora manter-se lacunar neste momento em relação ao poema 21. Tal ausência de consenso em relação aos poemas citados e a lacuna à penúltima peça do livro

---

46. Ver P. Martins, "Sobre a Metapoesia em Propércio e na Poesia Erótica Romana: o Poeta Rufião", pp. 125-159.

47. W. A. B. Hertzberg (ed.), *Sex. Aureliii Propertii elegiarum libri quattuor*, vol. 3, p. 19.

48. F. A. Paley (ed.), *Sex. Aurelii Propertii Carmina. The Elegies of Propertius*, p. 15.

49. Ver Virg., *Ecl.* 10.1.

50. D. Paganelli (ed.), *Properce. Élégies*, p. 12, n. 1.

51. *Idem*, p. 18.

52. *Idem*, p. 21.

53. J. P. Enk (ed.), *Sex. Propertii Elegiarum Liber I (Monobiblos) cum Prlegominis, Conspectum Librorum e Commentationum ad IV Libros Propertii Pertinentium, Notis Criticis, Commentario Exegetico*, p. 55.

em questão deixam entrever por uma greta dúvida do comentador: a recusa do referente histórico, a meu ver, sugere sua opção por uma *persona ficta Gallus* ainda que não seja explicitada. Vale dizer também que os comentários às elegias 10, 13 e 20 apenas tratam da *persona* circunscrita às condições narrativas e poéticas delas próprias e do livro.

Camps, por sua vez, nos seus comentários à mesma 1.5 afirma que nada sabemos sobre este Galo, à exceção daquilo que está dito na própria elegia que o circunscreve e ainda nas elegias 10, 13 e 20 que também seriam endereçadas ao mesmo Galo. Entretanto, apesar de ser menos rígido, ainda vaticina: "He is not Cornelius Gallus or Aelius Gallus, for neither of them was of noble ancestry"[54]. Já Richardson, centrado na mesma 1.5, ainda que com menor incisividade, apresenta o mesmo argumento de Butler, informando que: "presumably the Gallus addressed in 1.10 and 1.13, perhaps also the Gallus of 1.20, but otherwise unidentified. Since he is of noble family, he cannot be either Cornelius Gallus, the poet, or Aelius Gallus, second prefect of Egypt"[55].

Fedeli firmou em seus comentários ao primeiro livro posição contrária à identificação com Cornélio Galo, entretanto corretamente assinala que 5, 10, 13 e 20 sejam endereçadas a mesma pessoa[56]. Riccardo Scarcia, em edição de 1987 anotada por ele mesmo e introduzida por Paolo Fedeli, praticamente sela posição acerca da questão "Galo", já que, mesmo que afirme que a identificação é controversa, defende que a personagem não deve ser Cornélio Galo, mas talvez um Lélio ou Élio Galo "di pallida fisionomia per noi (anche in 1.10; 1.13 e 1.20; altre persone ancora: Galli de 1.21 e 4.1"[57]. Por seu turno, Verger inaugura, em 1989, um posicionamento mais equilibrado acerca da questão, uma vez que, em momento algum, busca associar a imagem de Galo a alguma figura historicamente construída, mas, sobretudo, ocupa-se em aferir sua funcionalidade poética, isto é, de que maneira o poeta se vale da construção de um ἦθος específico a serviço da estrutura poética. O comentador também crê que a personagem é a mesma em 1.5; 1.10; 1.13 e 1.20[58]. Mas em 1990, com a edição do novo volume da *Loeb Classical Library* a cargo de G. P. Goold, que veio a substituir a edição e tradução de H. E. Butler de 1912, nota-se a manutenção da tendência e a ampliação das possibilidades onomásticas para o caso de Galo. Goold não produz um comentário efetivo, entretanto, no índice onomástico

---

54. W. A. Camps (ed.), *Propertius Elegies. Book I*, p. 57.
55. L. Richardson Jr. (ed.), *Propertius Elegies I-IV*, p. 160.
56. P. Fedeli (ed.), *Sesto Properzio. Il Primo Libro delle Elegie*, pp. 153-155. Ver também as páginas de Fedeli relativas aos comentários às elegias 10, 13, 20 e 21, i. e., pp. 164-165; 251; 300-301; 453-454; 485-488.
57. R. Scarcia; P. Fedeli & L. Canali (ed.), *Sesto Properzio Elegie*, pp. 74-75.
58. A. R. de Verger (ed.), *Propercio. Elegías.*

apresenta quatro entradas para o nome Galo, assim dispostas: a) um amigo aristocrático de Propércio (1.5; 1.10; 1.13 e 1.20); b) um parente de Propércio, morto na guerra da Perúgia em 41 a.C. (1.21); c) um filho de Árria (4.1) e d) Cornélio Galo (2.34)[59]. Em 2001, Francisca Moya e Antonio Ruiz de Elvira propõem pela primeira vez em uma edição de Propércio a seguinte nota: "puede ser Cornelio Galo, el poeta elegíaco amante de Licoris, aquí, al parecer, enamorado de Cintia"[60].

Em 2002 e 2014, duas traduções da obra completa de Propércio foram editadas em português, a primeira por uma equipe da Universidade de Lisboa coordenada por Aires Nascimento e a segunda no Brasil, realizada por Guilherme Gontijo Flores. Ambas edições oferecem uma copiosa gama de notas e repercutem no caso em questão o posicionamento mais ortodoxo da crítica, ainda que Gontijo Flores opere a questão de maneira mais arejada ao admitir a possibilidade da referência a Cornélio Galo, no rastro de Verger e de Moya e Elvira. Entretanto ainda retoma a discussão referencial sobre *nobilitas* (1.5.23) que irei tratar adiante de forma mais precisa, além de aventar a possibilidade de admissão Élio Galo como referência[61], porém assume que o interlocutor em 5, 10, 13 e 20 são os mesmos[62]. A edição portuguesa, por seu turno, assim nos propõe a reflexão sobre o tema:

A identificação de Galo não é patente, parecendo excluir de todas as figuras conhecidas com tal nome. Não se trata certamente do mesmo Galo celebrado em 1.21, pois perde a vida quando nosso poeta ainda era um adolescente; também não é o poeta Cornélio Galo, pois era de família humilde e aqui estamos perante alguém de origem aristocrática; advogam os comentadores que não será tão pouco Élio Galo, que sucedeu a Cornélio Galo no Egipto, embora pertencesse à classe equestre. Talvez seja o mesmo a quem dedica Propércio outras composições: I, 10, 13, 20. O seu nome apenas surge no último dístico: indício de que a própria identidade interessa menos que sua função (acentua P. Fedeli). Serve uma situação elegíaca que supõe a concorrência no amor (sem que haja de admitir-se uma partilha) e constrói a argumentação dissuasora sobre as consequências negativas e irremediáveis da paixão[63].

Curiosamente, entre 2005 e 2007 foram publicadas três obras importantes sobre Propércio: a de Simone Viarre[64] e as de Stephen Heyworth[65]. A primeira

---

59. G. P. Goold (ed.), *Propertius. Elegies*, p. 476.
60. F. Moya & A. R. de Elvira (ed.), *Propercio. Elegías*, p. 170.
61. G. G. Flores (org.), *Elegias de Sexto Propércio*, p. 328.
62. *Idem*, p. 341.
63. A. A. Nascimento (coord.), *Propércio. Elegias*, p. 275.
64. S. Viarre (ed.), *Properce. Élégies*.
65. S. Heyworth, *Cynthia. A Companion to the Text of Propertius*; S. Heyworth (ed.), *Propertius Elegos*.

HIDRA VOCAL: ESTUDOS SOBRE RETÓRICA E POÉTICA...

ofereceu uma nova edição e tradução para a coleção Les Belles Lettres que veio a substituir a obra de D. Paganelli; o segundo, a edição para a Oxford University Press (coleção Oxford Classical Texts), que substituiu a de E. A. Barber, afora a tradução e os comentários aos quatro livros, publicados no volume *Cynthia. A Companion to the Text of Propertius*, também publicado pela Oxford. Essas publicações apresentam, ao fim e ao cabo, o estado da questão "Galo" hoje. Viarre referenda a história preponderante da crítica nos dois últimos séculos, sustentando a existência de apenas personas homônimas chamadas Galo em Propércio, sendo aquele dos poemas 5, 10, 13 e 20 do primeiro livro um e um outro, o do poema 21 do mesmo livro[66]. Para ela nenhum dos dois seria identificado com Cornélio Galo; claramente repercutindo Fedeli, a *scholar* sustenta seu argumento nas obras de Syme[67] e Heyworth[68], a exemplo do que já fizera Verger[69], é absolutamente lacunar, o que, ao contrário do que possa parecer, a meu ver, referenda uma postura mais lúcida, que tem suas bases nos trabalhos de Cairns de 1983 e de 2006. Afirma Heyworth que ao longo do seu comentário sobre o poema 21 se absteve de identificar o falante "Galo", apesar de sua presença no verso 7. Embora seja possível, continua Heyworth[70], que um parente morto do poeta tenha o mesmo nome daquele elegíaco (o destinatário de I V, X, XIII e XX), a coincidência é algo impressionante, o que Propércio poderia ter evitado com tranquilidade, omitindo o nome nesse ponto. O "silêncio" de Heyworth, quanto à identificação, é a confirmação de que, conquanto tenhamos um material que possa estar associado ao mundo concreto e, portanto, ser depositário de aspectos históricos, ainda assim esse mesmo material é operado pelo poeta de acordo com as regras de um gênero poético, o que, em certa medida, acaba por aproximar a ficção da realidade. Explico: se a persona poética é construída segundo os ditames de um gênero, o fato de ela existir ou não pouco importa, pois o que vale é o seu estatuto como enunciado poético e não sua vida em sociedade.

CONTRA A CORRENTE

O principal argumento, que afasta o Galo properciano do *Monobiblos* de Córnélio Galo é a referência aos versos 1.5.23-24, dedicados à ideia da *nobilitas* da persona, aduzido pela primeira vez por Hertzberg entre 1843 e 1845, ecoado

---

66. S. Viarre (ed.), *Properce. Élégies*, p. 174.
67. R. Syme, "The Origin of Cornelius Gallus", pp. 39-44; R. Syme, *History in Ovid*, pp. 99-103.
68. S. Heyworth, *Cynthia. A Companion to the Text of Propertius*.
69. A. R. de Verger (ed.), *Propercio. Elegías*.
70. S. Heyworth, *Cynthia. A Companion to the Text of Propertius*, p. 99.

por Paley em 1853, referendada por Butler tanto em 1903 como em 1933, com Barber, defendida por Camps em 1961, Richardson Jr. em 1976 e Viarre em 2007, pelo menos, afora a adesão de Ronald Syme em 1973; parece-me estreito, pois que impõe ao verso uma função estritamente referencial, afastando-o da conotação e da multivalência poética. A base da argumentação são os seguintes versos aos quais devo assomar algumas considerações:

> *nec tibi* nobilitas *poterit sucurrere amanti:*
> *nescit Amor* priscis *cedere* imaginibus.

O conceito de *nobreza* a que se referem os autores acima elencados funda-se basicamente na ideia de cidadão cuja origem em princípio é aristocrática e, dessa forma, deve ser lido e observado restritivamente, haja vista a largura semântica passível de ser atribuída a ele[71]. É bem verdade, entretanto, que o OLD para a referida passagem (1.5.23-24) remete à entrada 3, isto é, "nobility of rank or birth", mas o mesmo dicionário na acepção 1 propõe "renown, celebrity" e na 2 "distinction, illustriousness". Parece-me óbvia a opção do OLD e dos comentadores, já que de acordo com o *ius imaginum*[72] apenas os nobres teriam direito aos *funera gentilicia* e consequentemente à exposição de suas *imagines, figurae* ou *effigies*[73] nos *columbaria*, nos *atria* da *domus*, de sorte que a ideia de *priscae imagines* encaminha a seleção do sentido para o ponto de vista

71. Cf. Salles, "A história da República permite compreender como a aristocracia getilícia da época arcaica abriu caminho à nobreza do último século da República, graças à abertura a magistraturas e aos plebeus ricos no Senado, graças também à autorização para casamentos mistos entre patrícios e plebeus. [...] A partir do século II a.C., a nobreza inclui apenas famílias consulares. O *homo nouus*, aquele que completa o *cursus honorum* sem ser nobre, funda a nobreza de sua família. [...] Para os inimigos da nobreza tradicional, no fim da República, essa se dedica aos seus prazeres e se desinteressa cada vez mais com a vida da cidade. Então ela se tornou indigna de conservar as responsabilidades do Estado, porque perdeu o senso de civismo e de solidariedade coletiva" (C. Salles, *L'Antiquité Romaine*, pp. 152-154).
72. Ver: P. Martins e R. S. S. Amato, "Imagens Antigas Retoricamente Referenciadas", em A. Muhana, M. Laudanna & L. A. Bagolin (org.), *Retórica*, pp. 125-145; P. Martins, *Pictura Loquens, Poesis Tacens: Limites da Representação*, pp. 230-246. Nista afirma que em aproximadamente 70 a.C. quem possuía o *ius imaginum* eram todos aqueles que tivessem alcançado pelo menos a edilidade curul, esse *ius*, portanto, confirma o privilégio dos descendentes a ter sua máscara mortuária (*imago*) junto com todos os seus ancestrais exibida privadamente no vestíbulo da casa e publicamente nos *funera gentilicia*. Dessa maneira, o objeto do *ius* torna-se parte do culto dos ancestrais e de sua memória eterna enquanto os descendentes herdam a *gloria*, a *virtus* e a *fama* (L. Nista, "Ius Imaginum and Public Portraiture", em M. L. Anderson e L. Nista, *Roman Portraits in Context. Imperial and Private Likenesses from the Museo Nazionale Romano*, p. 33). Ver também Cic., *Rab. Post.* 7.16; Cic., *Leg. Agr.* 2.1; Cic., *Ver.* 2.5.36; V. Max., 5.8.3; Sal., *Jug.* 4.5.6 e Pol., 7.53-4.
73. Ver P. Martins, *Imagem e Poder. Considerações sobre a Representação de Otávio Augusto*, pp. 107-134.

estritamente referencial. Contudo deve-se ter em mente que há em Roma a vulgarização dos retratos, isto é, ao contrário do que ocorrera nos séculos III e II a.C. na República, período em que a natureza artística estava absolutamente subordinada ao estamento social do representado, durante a Júlio-Claudiana muitos passam a ter acesso aos retratos, tanto é que Plínio, o Velho[74], aponta que as imagens deixam de ser uma referência à nobreza e passam a ser uma referência à riqueza, portanto a *nobilitas* que garantiria legalmente o uso dessas imagens deixa de ser um critério, bastando recursos econômicos para possui-las. É fato também que além das *imagines* dos ancestrais gregos e romanos endinheirados colecionavam também em suas bibliotecas as mesmas *priscae imagines*, velhas imagens, contudo representativas dos grandes nomes das letras e da filosofia, aos quais Zanker e Di Cesare chamam *intelectuais*[75], por isso, a meu ver, guardavam relação não com a nobreza de sangue necessariamente, mas com a glória, com a fama e com o renome, portanto associados aos sentidos 2 e 3 do OLD para *nobilitas*. Leila Nista adverte que as galerias de retratos de intelectuais gregos e romanos, diversamente do que ocorre com as máscaras ancestrais, são relevantes para marcar a vida cultural dos proprietários e, portanto, significativas na sua esfera pública, já que garante ao proprietário, penso eu, uma *auctoritas* cultural. Ocorre também, entretanto, um diletantismo dissimulado dado que o proprietário pode usá-las como mero artefato decorativo[76].

Fato é que se pode ler o adjetivo *priscae* no sentido de membros mais antigos da *gens*, o que encaminha a análise para o argumento de imagens dos antepassados e, nesse sentido, *nobiles* seria relativo a nobres de origem, contudo não assumindo tal restrição de sentido de *priscae* e apenas observando a ideia de anterioridade cronológica, o termo *imagines* ganha outro contorno que convém plenamente ao estabelecimento de um cânone, esse entendido como grupo de

---

74. Plin., *Nat.* 35.4-5: "*et inter haec pinacothecas veteribus tabulis consuunt alienasque effigies colunt, ipsi honorem non nisi in pretio ducentes, ut frangat heres [35.5] furisque detrahat laqueus. Itaque nullius effigie vivente imagines pecuniae, non suas, relincunt. iidem palaestras athletarum imaginibus et ceromata sua exornant, Epicuri voltus per cubicula gestant ac circumferunt secum*" (E enquanto isso cobrem-se as galerias de quadros antigos e cultuam-se os retratos de estrangeiros, pensando as pessoas que para a própria glória conta apenas o preço das obras, que um herdeiro irá fazer em pedaços ou a que o laço de um ladrão irá dar sumiço [35.5]. É por isso que, por não serem representações vivas de ninguém, deixam eles para a posteridade retratos do seu dinheiro, não de si próprios. Essas mesmas pessoas adornam com retratos de atletas suas palestras e salas de exercícios, carregam pelas alcovas bustos de Epicuro e circulam com eles). Tradução de Antônio da Silveira Mendonça.

75. Ver R. Di Cesare, "Ritratti di Intelletuali tra Mondo Greco e Romano", em E. La Rocca, C. P. Presice e A. Lo Monaco, *Ritratti. Le tante Facce del Potere*, pp. 93-108; P. Zanker, *The Mask of Socrates: The Image of the Intellectual in Antiquity*.

76. Ver L. Nista, "Ius Imaginum and Public Portraiture", pp. 38-39.

personalidades e/ou obras cuja significância ou relevância reflete um posicionamento absolutamente idiossincrático do colecionador ou admirador dessas *imagines*. Assim os proprietários das bibliotecas em que estavam alocadas e dispostas as *priscae imagines* assumiriam papel análogo ao dos autores que em sua obra descortinam para seus leitores quais são seus êmulos, ou como outros preferem, suas influências. Propércio, nesse sentido, no fechamento do livro 2B, ou simplesmente 2, na elegia 34 aponta o registro de sua interlocução poética:

> *haec quoque perfecto* ludebat *Iasone Varro,*
> *Varro Leucadiae* maxima flamma *suae;*
> *haec quoque* lasciui cantarunt *scripta* Catulli,
> *Lesbia quis ipsa notior est Helena;*
> *haec etiam* docti confessa *est pagina* Calui,
> *cum* caneret *miserae* funera Quintiliae.
> *et modo formosa quam multa Lycoride* Gallus
> mortuus *inferna* uulnera lauit *aqua!*
> *Cynthia quin* uiuet uersu laudata *Properti,*
> *hos inter si me ponere* Fama uolet[77].

> Varrão, findo seu Jasão, igual ousou tais linhas,
> Varrão com fogo forte de sua Leucádia;
> os versos do devasso Catulo cantaram isso,
> Lésbia ficou mais famosa que Helena;
> isso confessou a página do douto Calvo,
> cantando a morte da infeliz Quintília.
> E, há pouco, Galo morto quantas feridas purgou
> com águas infernais por bela Licóride!
> Mas Cíntia viverá louvada pelos versos de Propércio
> se entre esses poetas a Fama desejar me alocar.

Diversas questões podem ser discutidas a partir do excerto acima para além do cânone properciano que, diga-se de passagem, deve ser completado com as referências a Mimnermo[78] e a Calímaco e Filetas[79]. É curiosa a seleção de autores: Varrão (*c.* 116-27 a.C.), Catulo (*c.* 84-54 a.C.), Calvo (82-47 a.C.), Galo (70-26 a.C.) e Propércio (*c.* 50-15 a.C.), pois *in limine* faz crer ser apenas uma proposta de ordem cronológica dos autores, por outro lado também é

---

77. Prop., 2B.34.85-94.
78. *Idem*, 1.9.11.
79. *Idem*, 3.1.1.

descartada a interface genérica já que não há registro de que Varrão[80] e Calvo tenham escrito elegias, o que não configura, portanto, a lista como o cânone *elegíaco* de Propércio. O fato de não ter citado Tibulo (*c.* 55-19 a.C.)[81] é notável; mas é justificável cronologicamente[82] não citar Ovídio (43-18 d.C.).

Se observarmos os quatro dísticos do trecho, vermos que o último, isto é, a poesia de Propércio é resultante de características impressas nos anteriores, a saber, o fogo do amor no primeiro (*maxima flamma*), a devassidão no segundo (*lasciui... Catulli*), a expertise e as exéquias da amada no terceiro (*docti... Calui* e *funera... Quintiliae*) e a morte do poeta e a purgação de seus males (*Gallus mortuus* e *ulnera lauit*) no quarto. Outra questão sobrevém: todos os autores estão ligados a amantes, Leucádia, Lésbia, Quintília, Licóride e Cíntia, o que nos faz supor que são motivos de poesia ou texto, como Helena – motivo poético da *Ilíada* ainda que não seu tema, de sorte que essas poderiam ser a própria poesia, *scripta puella*. Por outro lado, é importante o obséquio com que o poeta enuncia o gênero epidítico laudatório: no v. 85 *ludebat* (escrevia poemas de amor), no v. 87 *cantarunt* (celebraram), *confessa est* no v. 89 (foi admitida), *caneret* no v. 90 (cantara em verso), no v. 92 *lauit* (purgou, lavou), no v. *uiuet* (viverá), no v. 93 *laudata* (louvada) finalizando a hipérbole seguida de *exempla poetica*. Somados a esses versos podemos acrescer instrumentos da força do amor que faz a notoriedade da amante: Lésbia é mais conhecida (*notior*) que Helena e o poeta é dependente da *scripta puella* e deverá galgar a Fama se ela o desejar, o que claramente depende da recepção de sua poesia. A ideia do cânone, associada à ideia de notoriedade, apresentadas na poesia de Propércio, me faz supor que a *nobilitas* de 1.5.23-4 não deve ser lida sob a perspectiva de nobreza.

Cairns, considerando um argumento etimológico, justifica o sentido de renome, observado os termos *nobilitas* e *nobilis* em relação ao verbo *nosco*, fato que justifica perfeitamente nossa leitura. Diz o estudioso que "The substantial complex of etymologies within Propertius 1,5 embracing the problematic lines 23f. may be intended by Propertius as a 'proof' of the eulogistic contention that Gallus has nobilitas: the proof consists in the fact that he is notus 'known' i.e. as a poet. It can hardly be a coincidence that the poet Gallus seems himself, in his elegiac persona, to have made claims to be notus"[83]. Assoma-se a isso os versos de Ovídio em *Amores*:

---

80. Ov., *Tr.* 2.439-2440.
81. Dos livros inquestionáveis quanto à autoria, o primeiro teria sido publicado entre 30-26 a.C. e o segundo antes de 19 a.C.
82. É digno de nota que tanto *Heroides* quanto *Amores* (os três livros) não poderiam ter sido conhecidas de Propércio à época da publicação do livro 2B (25-23 a.C.), uma vez que a datação corrente dessas obras é de 19 a.C. para a primeira e de 16-15 a.C. para a segunda.
83. F. Cairns, "Propertius 1.4 and 1.5 and the 'Gallus' of the Monobiblos", p. 86.

O CORNÉLIO GALO DE PROPÉRCIO: *UNUS FIAT E PLURIBUS*

Gallus *et Hesperiis et* Gallus notus *Eois,*
Et sua cum Gallo nota *Lycoris erit*[84].

Assim, tanto Cornélio Galo, poeta-amante como sua Licóride, amante-
-livro-poesia – ela também uma *scripta puella* – são reconhecidos, são *notus* e
nota respectivamente nos "quatro cantos do mundo", *per orbem*.

Nesse sentido, o cânone literário da elegia, proposto por Propércio, ou por
Ovídio, ou por Quintiliano[85], aponta, creio, para as mesmas *priscae imagines*,
mantidas nas bibliotecas, que são *priscae* por precederem ao enunciador daí
reconhecidas e renomadas – *notae* e detentoras de *nobilitas*, ou simplesmente
afamadas. Nesse sentido, Propércio, depois de elencar em 2B.34 os poetas de
seu cânone, a saber, Varrão, Catulo, Calvo e Galo, propõe: "hos inter si me po-
dere Fama uolet"[86]. Esse verso pode ser lido como se minha "nobreza", minha
distinção me permitir que eu seja posto entre esses poetas. Thomas enfatiza a
posição de Alfonsi[87], reiterando o argumento de que a caracterização de Galo
como um nobre é apenas uma "rhetorical exaggeration", uma *amplificatio*, portanto, entende que isto é perfeitamente aceitável, afinal, se Horácio foi capaz de
"injetar sangue nobre nas veias de Mecenas", então com muita tranquilidade
Propércio poderia conceder estirpe nobre a Galo[88].

Entendo que o cânone poético explícito, ou as *priscae imagines*, passa a ser
lugar-comum deste gênero de sorte que Ovídio, anos mais tarde, em *A Arte de
Amar*[89], nos dá a dimensão de seu cânone, nomeia: Calímaco e Filetas (v. 329),
Safo (v.331), Menandro (v. 332), Propércio (v. 333), Galo e Tibulo (v. 334), Varrão
(v. 335) e termina dizendo: "Forsitan et nostrum nomen miscebitur istis" (E
certamente meu nome irá se juntar a esses)[90]. Em *Amores* 1.15, Ovídio, mais uma
vez desfia sua própria filiação cultural, sua memória, além de redimensionar
o fazer poético tendo em vista a tópica da perenidade horaciana: "Mortale est,
quod quaeris, opus. mihi fama perennis/ quaeritur, in toto semper ut orbe
canar" (É mortal a obra que buscas. Minha fama é perene/ busque-se sempre
para que sempre em todo o mundo eu seja cantado)[91], daí enuncia os *nomina*:
Homero (vv.9-10), Hesíodo (vv. 11-12), Calímaco (vv. 13-14), Sófocles (v. 15),

---

84. Ov., *Am*. 1.15.29-30.
85. Quint., *Inst*. 10.93.
86. Prop., 2B.34.94.
87. L. Alfonsi, "L'Elegia di Gallo".
88. R. Thomas, "New Comedy, Callimachus, and Roman Poetry", p. 54.
89. Ov., *Ars* 3329-3335.
90. *Idem*, 3339.
91. Ov., *Am*. 7-8.

Arato (v. 16), Menandro (vv. 17-18), Ênio (vv. 19-20), Varrão (vv. 21- 22), Lucrécio (vv. 23-24), Virgílio, épico e bucólico, (vv. 25-26), Tibulo (vv. 27-28) e Galo, três vezes em dois versos, 29-30, como já vimos.

Ainda em relação ao dístico 1.5.23-4, mais exatamente ao pentâmetro *nescit Amor priscis cedere imaginibus*, posso considerar que o termo *Amor* foi tomado do plural *Amores*, que remete ao nome da obra de Cornélio Galo, dedicada à Licóride. Esse argumento alinha-se com a leitura que Skutsch fez do poema 1.10, em que defende que o voyeurismo não é sexual, mas poético[92]. Isto é, observar Galo com Lícoride significaria lê-lo. Logo, posso ter o termo *Amor* como poesia de *Amor* ou dos *Amores*. Nesse sentido, essa poesia de Amor, que é a poesia de Galo, desconhece (*nescit*) ceder a antigas imagens (*priscis imaginibus*), *priscae imagines*, já que, em que pese a contenda da paternidade da elegia romana estar *sub iudice*, dividida entre Catulo e Galo, antes delas não havia exemplo para esse gênero tipicamente romano em cujo o malogro amoroso é central, de modo que nos restariam antes de ambos Calímaco, Filetas e os arcaicos como Mimnermo e Arquíloco, aquele aos quais Quintiliano parece referir na *Institutio*:

Elegia *quoque Graecos prouocamus, cuius mihi tersus atque elegans maxime uidetur auctor Tibullus. Sunt qui Propertium malint. Ouidius utroque lasciuior, sicut durior* Gallus.

Também na *elegia* rivalizamos com os gregos. Parece-me que desses o auctor Tibulo é maximamente terso e elegante. Outros preferem Propércio. Ovídio é mais lascivo que ambos, assim como *Galo* é mais rude[93].

THE TURNING POINT

Como apontei há pouco, parece-me claro que os epigramas 21 e 22 fogem à estrutura editorial ortodoxa de um livro de elegias, justamente por não serem elegias. Entretanto, a estrutura editorial proposta por King, com a qual concordo, os considera basilares e essenciais ao livro, conquanto suas temáticas funerária e autobiográfica não se encaixem aparentemente na estrutura do todo elegíaco, tampouco suas características epigramáticas sejam condizentes com as demais elegias e em Propércio haja uma nítida interferência da poesia epigramática helenística como parte operante da argumentação.

Entretanto, como já salientei amparado em Cairns, os interlocutores Galo e Tulo, em 21 e 22 respectivamente – suposta identidade do primeiro como

---

92. F. Skutsch, *Aus Vergils Frühzeit II. Gallus und Vergil.*
93. Quint., *Inst.* 10.93.

O CORNÉLIO GALO DE PROPÉRCIO: *UNUS FIAT E PLURIBUS*

coincidente com a das elegias 5, 10, 13 e 20 – estabelecem a ligação de um descompasso genérico com o *framing* bipartido do livro entre o *uir amans* e o *uir militaris* representados pelo duplo patronato do *Monobiblos*. Mais do que limitar dois tipos de personas poéticas, indicam dois eixos formais e compositivos na base do novo gênero elegíaco, fundado por Cornélio Galo: o epigrama de cunho funerário e o de matiz confessional. É justamente nesse sentido que Richard Thomas adverte que "It is the hypothesis of the current study that Propertius elegy was capable of reverting to or otherwise playing with one of its major source genres, that of epigram, as produced espiacially in the Hellenistic period from the first quarter of third century BCE. This hypothesis is demonstrable and unproblematic in the case of the two poems that end the Monobiblos (1.21 and 1.22)"[94].

Galo, mesmo que rivalize, em certa medida, importância com Tulo no *Monobiblos*, é *persona* central por representar paradigmaticamente não somente um gênero poético qualquer como Pôntico (épica) ou Basso (iâmbica), mas o gênero poético eleito por Propércio para sua obra. Assim, sua responsabilidade no livro supera a do patrono convencional como Tulo ou Mecenas – observe--se 2A.1 – já que representa o cerne da própria poesia de Propércio. Donde se o consideramos como *figura* tangida pela realidade de Cornélio Galo, daí sua "ação" no constructo poético de Propércio funciona como uma daquelas *priscae imagines* cara ao poeta em sua obra e, quem sabe, em sua biblioteca. A nobreza de Cornélio Galo, portanto, justifica-se pela importância dada a ele pelo próprio poeta.

REFERÊNCIAS BIBLIOGRÁFICAS

ALFONSI, L. "L'Elegia di Gallo". *Rivista di Filologia e di Istruzione Classica*, vol. 21, 1943, pp. 46-56.

BURMAN, P. (ed.). *Sex. Aurelii Propertii Elegiarum Libri IV. Cum Commentario perpetuo Petri Burmanni Secundi et Multis Doctorum Notis Ineditus*. Trajecti ad Rhenum, Barth Wild, 1780.

BUTLER, H. E. (ed.). *Sexti Properti Opera Omnia*. London, Archibald Constable, 1905.

_____. (ed.). *Propertius*. London/New York, William Heinemann/G. P. Putnam's Sons, 1912.

_____. & BARBER, E. A. (ed.). *The Elegies of Propertius*. Oxford, Clarendon, 1933.

CAIRNS, F. "Propertius 1.4 and 1.5 and the 'Gallus' of the Monobiblos". *PLLS*, n. 4, pp. 61-103, 1983.

_____. *Sextus Propertius. An Agustan Elegist*. Cambridge, Cambridge University Press, 2006.

---

94. R. Thomas, "Propertius and Propertian Elegy's Epigram Riffs", p. 67.

_____. "Propertius and the Origins of Latin Love-Elegy". *In:* GÜNTHER, Hans-Christian (ed.). *Brill's Companion to Propertius.* Leiden/Boston, Brill, 2006.

CAMPS, W. A. (ed.). *Propertius Elegies.* Book I. Cambridge, Cambridge University Press, 1961.

COLEMAN, R. (ed.). *Vergil Eclogues.* Edited by Robert Coleman. Cambridge, Cambridge University Press, 2001. (Cambridge Greek and Latin Classics).

DI CESARE, R. "Ritratti di Intelletuali tra Mondo Greco e Romano". *In:* LA ROCCA, E.; PRESICE, C. P. & LO MONACO, A. *Ritratti. Le tante Facce del Potere.* Roma, Musei Capitolini/MondeMostreTutti, 2011.

DUQEUSNAY, I. M. "In Memoriam Galli: Propertius I XXI". *In:* WOODMAN, A. J. & POWELL, J. (ed.). *Author and Audience in Latin Literature.* Cambridge, Cambridge University Press, 1992.

ENK, J. P. (ed.). *Sex. Propertii Elegiarum Liber I (Monobiblos) cum Prlegominis, Conspectum Librorum e Commentationum ad IV Libros Propertii Pertinentium, Notis Criticis, Commentario Exegetico. Pars Altera.* Leiden, Brill, 1946.

FEDELI, P. (ed.). *Sesto Properzio. Il Primo Libro delle Elegie.* Firenzi, Olschki, 1980.

FLORES, G. G. (org.). *Elegias de Sexto Propércio.* Belo Horizonte, Autêntica, 2014.

GAGLIARDI, P. "Orfeo e l'Ombra di Cornelio Gallo nei Poeti Augustei". *Wiener Studien,* vol. 126, 2013, pp. 101-126.

GENTILI, B. "Epigramma ed Elegia". *In:* REVERDIN, O. (ed.). *L'Épigramme Grecque.* Genève, Fondation Hardt, 1967, vol. 14, pp. 37-68.

GIARDINA, G. (ed.). *Properzio. Elegie.* Roma, Ateno, 2005.

GOELZER, H. (ed.). *Virgile. Bucoliques, Géorgiques, Énéide.* Paris, Garnier, 1920.

GOOLD, G. P. (ed.). *Propertius. Elegies.* Cambridge/London, Harvard University Press, 1990.

HESLIN, P. "Metapoetic Pseudonyms in Horace, Propertius and Ovid". *Journal of Roman Studies,* n. 101, 2011, pp. 51-72.

HERTZBERG, W. A. B. (ed.). *Sex. Aureliii Propertii elegiarum libri quattuor.* Halle, Lippert, 1843-1845, 3 vols.

HEYWORTH, S. *Cynthia. A Companion to the Text of Propertius.* Oxford, Oxford University Press, 2007.

_____. (ed.). *Propertius Elegos.* Oxford, Clarendon, 2007.

HUTCHINSON, G. O. "Propertius and the Unity of the Book". *JRS,* n. 74, 1984, pp. 99-106.

JANAN, M. *The Politics of Desire. Propertius IV.* Berkeley, University of California Press, 2001.

KING, J. (1975). "Propertius' Programmatic Poetry and the Unity of the 'Monobiblos'". *The Classical Journal,* n. 71, vol. 2, 1975, pp. 108-24.

_____. "The Two Galluses of Propertius' Monobiblos". *Philologus,* n. 124, vol. 1, 1980, pp. 212-30.

LEMAIRE, N. E. (ed.). *Sexti Aurelii Propertii. Elegiarum. Libri Quatuor. Cum Nova Textus Recensiose, Argumentisque et Commentario Novo.* Parisiis, Didot, 1832.

MARTINS, P. *Elegia Romana. Construção e Efeito.* São Paulo, Humanitas, 2009.

_____. *Imagem e Poder. Considerações sobre a Representação de Otávio Augusto.* São Paulo, Edusp, 2011.

_____. *Pictura Loquens, Poesis Tacens: Limites da Representação.* Tese de Livre-Docência, Faculdade de Filosofia, Letras e Ciências Humanas, Universidade de São Paulo, São Paulo, 2013.

_____. "Os Romanos, o Direito, a Imagem e a Morte". *In:* FAVERSANI, Fábio & JOLY, Fábio Duarte (org.). *As Formas do Império Romano*. Ouro Preto, Editora da Ufop, 2014, pp. 81-94.

_____. "Sobre a Metapoesia em Propércio e na Poesia Erótica Romana: O Poeta Rufião". *Classica – Revista Brasileira de Estudos Clássicos*, n. 28, vol. 1, 2015, pp. 125-159.

_____. "Ekphrasis, Digression and Elegy: The Propertius' Second Book". *Classica – Revista Brasileira de Estudos Clássicos*, n. 30, vol. 1, 2017, pp. 175-192.

_____. "Propércio Recidivo". *Translatio*, n. 14, 2017, pp. 227-254.

_____. & AMATO, R. S. S. "Imagens Antigas Retoricamente Referenciadas". *In:* MUHANA, A.; LAUDANNA, M. & BAGOLIN, L. A. (org.). *Retórica*. São Paulo, Annablume, 2012, pp. 125-145.

MOYA, F. & ELVIRA, A. R. de (ed.). *Propercio. Elegías*. Madrid, Cátedra, 2001.

NASCIMENTO, A. A. (coord.). *Propércio. Elegias*. Tradução portuguesa Aires A. Nascimento, Maria Cristina Pimentel, Paulo F. Alberto e J. A. Segurado e Campos. Texto latino e introdução de Paolo Fedeli. Lisboa/Assis, Accademia Properziana del Subasio/ Centro de Estudos Clássicos da Faculdade de Letras, 2002.

NETHERCUT, W. "Propertius 1. 21. 5-6". *Classical Philology*, n. 63, vol. 2, 1968, pp. 141-143.

_____. "The SFRAGIS of the Monobiblos". *The American Journal of Philology*, n. 92, vol. 3, 1971, pp. 464-472.

NICHOLSON, N. (1998-9) "Bodies without Names, Names without Bodies: Propertius 1.21-22". *CJ*, n. 94, 1998-1999, pp. 143-61.

NISTA, L. "Ius Imaginum and Public Portraiture". *In:* ANDERSON, M. L. & NISTA, L. *Roman Portraits in Context. Imperial and Private Likenesses from the Museo Nazionale Romano*. Roma, De Luca, 1988, pp. 33-39.

OLIVA NETO, J. A. (org.). *O Livro de Catulo*. São Paulo, Edusp, 1996.

OTIS, B. "Propertius' Single Book". *Harvard Studies in Classical Philology*, n. 70, 1965, pp. 1-44.

PAGANELLI, D. (ed.). *Properce. Élégies*. Paris, Guillaume Budé Les Belles Lettres, 1929.

PALEY, F. A. (ed.). *Sex. Aurelii Propertii Carmina. The Elegies of Propertius*. London/Cambridge, John W. Parker and Son/John Deighton, 1853.

PASSERAT, J. *Ioannis Passeratii, Professoris et Interpretis Regii Commentarii in C. Val. Catullum, Albium Tibullum, et Sex. Aur. Propertium cum tribus accuratissimis rerum, verborum, autorum & emendationum indicibus*. Parisiis, [s. ed.], 1608.

RICHARDSON JR., L. (ed.). *Propertius Elegies I-IV*. Norman, University of Oklahoma Press/ American Philological Association, 1976.

ROSATI, G. "Il Rivale, o il Triangulo del Desiderio". *In:* SANTINI, C. & SANTUCCI, F. (org.). *I Personaggi dell'Elegia di Properzio*. Assisi, Accademia Properziana del Subasio, 2008, pp. 251-272.

ROSEN, R., & FARRELL, J. "Acontius, Milanion, and Gallus: Vergil, Ecl. 10.52-61". *Transactions of the American Philological Association (1974-)*, n. 116, 1986, pp. 241-254.

ROSS, D. O. *Backgrounds to Augustan Poetry: Gallus, Elegy and Rome*. Cambridge, Cambridge University Press, 1975.

SALLES, C. *L'Antiquité Romaine*. Paris, Larousse, 2000.

SCARCIA, R.; FEDELI, P. & CANALI, L. (ed.). *Sesto Properzio Elegie*. Milano, Biblioteche Universale Rizzoli, 1987.

SCALIGER, J. *Catullus, Tibullus, Propertius. Nova editio Ios. Scaliger recensuit. Eiusdem in eosdem Castigationum Liber*. Lutetiae, [s. ed.], 1577.

Skutsch, F. *Aus Vergils Frühzeit*. Leipzig, B. G. Teubner, 1901.

_____. *Aus Vergils Frühzeit II. Gallus und Vergil*. Leipzig, B. G. Teubner, 1906.

Syme, R. "The Origin of Cornelius Gallus". *The Classical Quarterly*, n. 32, vol. 1, 1938, pp. 39-44.

_____. *History in Ovid*. Oxford, Oxford University Press, 1978.

Thomas, R. "New Comedy, Callimachus, and Roman Poetry". *HSCPH*, n. 83, 1979, pp. 179-206.

_____. "Propertius and Propertian Elegy's Epigram Riffs". *In:* Keith, A. (ed.). *Latin Elegy and Hellenistic Epigram. A Tale of Two Genres in Rome*. New Castle upon Tyne, Cambridge Scholars Publishing, 2011, pp. 67-86.

Verger, A. R. de (ed.). *Propercio. Elegías*. Madrid, Gredos, 1989.

Viarre, S. (ed.) *Properce. Élégies*. Paris, Les Belles Lettres, 2005.

White, P. "Amicitia and the Profession of Poetry in Early Imperial Rome". *The Journal of Roman Studies*, n. 68, 1978, pp. 74-92.

Wyke, M. "Written Women: Propertius' Scripta Puella". *Journal of Roman Studies*, n. 77, 1987, pp. 47-61.

_____. "Mistress and Metaphor in Augustan Elegy". *Helios*, n. 16, vol. 1, 1989, pp. 25-47.

_____. *The Roman Mistress: Ancient and Modern Representations*. Oxford, Oxford University Press, 2002.

Zanker, P. *The Mask of Socrates: The Image of the Intellectual in Antiquity*. Berkeley, University of California Press, 1995.

10

Espelho de uma Vida Humana

Adma Muhana

UNIVERSIDADE DE SÃO PAULO

Após a descoberta do *Exame das Tradições Fariseias* – único livro de Uriel da Costa e que estivera desaparecido desde o século XVII até 1990 (quando um exemplar foi encontrado por H. P. Salomon, na Dinamarca) –, releituras de seus escritos foram realizadas, numa tentativa de confrontar as informações anteriores de que se dispunha com aquelas que o *Exame das Tradições Fariseias* apresentava. Isso afetou principalmente a leitura do *Exemplar Humanae Vitae*, até então o único escrito íntegro tido por da autoria de Uriel da Costa.

Sua primeira menção se deu no livro *Judaismus oder Judenthumb* (Hamburgo, 1644) do padre luterano Johannes Muller (1526-1672), uma das principais obras antijudaicas do protestantismo alemão, que relata a infeliz vida de Uriel da Costa e a corrobora com um trecho do penúltimo parágrafo do *Exemplar*. Mas, ainda no século XVII, o *Exemplar Humanae Vitae* foi publicado como apêndice ao livro *De Veritate Religionis Christianae Amica Collatio cum Erudito Judaeo* (Amsterdam, 1687), do teólogo remonstrante Phillip van Limborch, que deu notoriedade ao texto, apresentando-o como um testamento de Uriel da Costa, cuja cópia fora encontrada no espólio de seu tio-avô Simon Episcopius, falecido em 1643. A habilidade na construção do *ethos* do autor é tão rigorosa que, inadvertidamente, muitos estudiosos passaram a considerá-lo uma "autobiografia espiritual"[1] e propuseram um Uriel da Costa romântico, atemporal, universal, paradigma de um combate essencial entre a fé e a razão.

Todavia, como, na voz de Uriel da Costa, o *Exemplar* exibe um testemunho da insubordinação das autoridades judaicas da *nação portuguesa* às leis de um Estado cristão – punindo um dos seus membros segundo as leis judaicas e à revelia do Estado neerlandês –alguns estudiosos duvidaram da sua veracidade, uma vez que o caso de Uriel servia como uma luva, perfeita demais, aos opositores da presença dos judeus na Holanda. Aparentes incongruências relativas a datas, omissões de acontecimentos, entonações cristãs e citações do Novo Testamento conduziam a que se duvidasse de que Uriel da Costa fosse o verdadeiro autor do *Exemplar*, sugerindo ter sido escrito por um cristão-velho, quando não fosse uma construção do próprio Van Limborch. Foi nesse sentido que o estudioso italiano Omero Proietti editou há poucos anos um livro dedicado a demonstrar que o *Exemplar Humanae Vitae* não poderia ter sido escrito por Uriel da Costa[2]. Seus argumentos principais são a divergência entre o §52 citado por Müller e o texto publicado por Van Limborch (ver infra); a brevidade de referências, no *Exemplar*, acerca da vida de Gabriel da Costa no Porto (durante os anos de 1608-14); a pretensa omissão nele do *herem* sofrido por Uriel da Costa em Hamburgo-Veneza (em 1618) e da sua residência em Hamburgo (ocorrida entre 1614-23); as "criptocitações" neotestamentárias da *Versio Sixtoclementina* no *Exemplar* (quando o *Exame* utilizava principalmente a Bíblia de Pagnini e a de Ferrara); e a caracterização do fariseu evangélico do *Exemplar*, não coincidente com o fariseu histórico, tal como aparece no *Exame*. Restaria responder por que Van Limborch se daria ao trabalho de inventar um texto cujas objeções ao cristianismo ele mesmo refuta no seu livro, na dissertação que anexa em apêndice intitulada *Brevis Refutatio Argumentorum quibus Acosta Omnem Religionem Revelatam Impugnat* – o que não é lembrado por O. Proietti.

Não desprezando a hipótese de manipulações no texto original por parte de Van Limborch – sendo esta, aliás, uma prática habitual até o século XVIII nos editores de textos alheios – penso que, numa abordagem menos positiva, todas as pretensas impossibilidades trazidas por Proietti para considerar que não foi Uriel da Costa quem redigiu o *Exemplar* podem ser minimizadas, quando não dissolvidas. Senão, vejamos.

As omissões acerca de episódios da vida no Porto, em Hamburgo ou em Utrecht não parecem significativas, uma vez que o *Exemplar* não constitui uma "autobiografia" mas uma espécie de "retrato ético", para o qual se dis-

---

1. H. Salomon, "Introdução", em Uriel da Costa, *Exame das Tradições Farisaicas*, p. 31.
2. Omero Proietti, *Uriel da Costa e l'Exemplar Humanae Vitae*.

pensam minúcias narrativas; além disso, tais omissões evitam que Uriel seja identificado a um judeu imperfeito, censurado desde sua chegada à Europa do Norte, e que houvesse permanecido ligado ao cristianismo ou interessado em ganhos financeiros: o *ethos* que expõe exibe-o como um judeu pleno, pouco importando para a narrativa detalhar a sua vida cristã pregressa na Península, ou o *ban* sofrido logo após seu ingresso na *nação*, ou a sua dedicação aos negócios de açúcar herdados do pai, acerca dos quais não há uma palavra sequer no *Exemplar*, tampouco no *Exame*. Todavia, há menção clara do *ban* no §10: "Consequentemente fui por eles excomungado e excluído da comunicação com todos os fiéis, e os meus próprios irmãos, de quem anteriormente eu fora mestre, com medo deles passavam por mim na rua sem me saudar".

Quanto às citações neotestamentárias da versão sixtoclementina no *Exemplar*, não seria necessário propor uma autoria cristã-velha para justificar sua presença ali: o juvenil desvelo de Uriel "à leitura dos Evangelhos" (§3) e seus estudos acerca das incompatibilidades entre os livros de Moisés e o Novo Testamento (§5) seriam razões suficientes para tanto. Nem elas consistiriam em "criptocitações": a identificação e reconhecimento das passagens bíblicas era certamente muito mais comum no século XVII do que hoje e o autor do *Exemplar* não julgaria estar ocultando-as aos leitores; aliás, tal como nunca se demonstrou um criptojudaísmo em Uriel da Costa, seria difícil encontrar um criptocristianismo no *Exemplar*. Embora Uriel adote as Bíblias de Pagnini e Ferrara para suas citações veterotestamentárias, quando alude a passagens neotestamentárias (uma vez que naquelas, como é evidente, não consta o Novo Testamento), surgem ecos da Bíblia cristã utilizada na Península, a *Vulgata*, disponível nos próprios círculos cristãos de Amsterdã; um dos quais, inclusive, parece que Uriel frequentou nos últimos anos de vida[3]. As doze pretensas "criptocitações" da *Vulgata* no *Exemplar*, portanto, que Proietti arrola como provas, consistem mais propriamente em ecos de lugares-comuns bíblicos, familiares a qualquer letrado do século XVII, sobretudo a um que acabara de romper com a *nação*, cuja leitura dos Evangelhos lhe era familiar e que na juventude, até, havia frequentado um curso de direito e obtivera o cargo de tesoureiro de uma colegiada. Quanto ao §52, que no livro de Müller caracteriza um desgraçado

---

3. A partir de investigação de Vaz Dias, sabe-se que em junho de 1639 Uriel da Costa transferiu seus bens a sua criada, Digna Jacob, com quem vivia maritalmente. Em 1641, Digna é referida como viúva de Adam Romes, um dos pseudônimos que Uriel adotara (cf. H. Salomon, "Introdução", p. 53). Podemos supor, portanto, que desde aquele junho de 1639 Uriel já se deliberasse ao suicídio e iniciasse a escritura do seu "testamento" – o qual, evidentemente, nunca poderia ter sido "*composto subito prima di uccidersio dopo aver tentato di uccider um suo parente*" (O. Proietti, *Uriel da Costa e l'Exemplar Humanae Vitae*, p. 181).

(*quid miser faciet*), por que não se conjugaria com o revoltado da versão de Van Limborch? Haver duas versões apresentando variantes, sendo a de Müller anterior a 1644, apenas mostra que o texto foi copiado e circulou manuscrito entre grupos judaicos e não judaicos desde pouco depois do suicídio de Uriel da Costa[4].

Finalmente, a caracterização do fariseu evangélico do *Exemplar*, não coincidente com o fariseu histórico do *Exame*, apontada por Proietti, parece antes provir do avanço das reflexões de Uriel, entre seu escrito de 1623 – quando a discussão se situava entre a destituição dos saduceus pelos fariseus no segundo século – e o escrito de 1640 – quando os fariseus aparecem identificados com as autoridades judaicas contemporâneas que teriam se apossado da Sinagoga, enquanto descendentes daqueles primeiros fariseus. Não propriamente um deslize para o "fariseu evangélico", o que se estabelece no *Exemplar* é uma relação de proporcionalidade entre ambos os grupos de fariseus, cujo elemento comum é a permissão de aplicação de suas mesmas leis, com seus banimentos e flagelações, na Holanda do mesmo modo como no Império Romano. E a semelhança proporcional de uns e outros fariseus mostra-se tão mais profunda quanto sua ação punitiva, permitida no Estado romano pagão, continuava a sê-lo no neerlandês cristão.

A dificuldade maior para Proietti aceitar o *Exemplar* como sendo um escrito de Uriel da Costa parece provir, justamente, dessa amarga censura que seu autor faz da liberdade legislativa das autoridades judaicas em Amsterdã, cuja comunidade pugna pela autonomia na formulação e aplicação de suas leis – censura que lhe parece não convir a um membro da própria comunidade. Todavia, levando em consideração que Uriel da Costa já não pertencia à *nação portuguesa* em 1640, tendo sido ele expulso da *nação* mais de uma vez, e sabendo-se que, antes da sua morte, rejeitara inclusive o nome judeu que adquirira por ocasião da sua conversão ao judaísmo, é possível demonstrar que o vitupério que nele aparece contra as autoridades da *nação portuguesa*, suas leis e sua autonomia, é condizente com o que lemos no *Exame* e nos demais escritos seus relativamente à sua concepção da Lei, em sentido teológico-jurídico, e tal como aparece nos autores da Segunda Escolástica, em sua interpretação ao "Tratado das Leis" da *Suma Teológica*.

Não exatamente confirmar ou recusar a autoria de Uriel da Costa no *Exemplar*, é meu propósito mostrar que esse texto cabe na pena de alguém que, tendo

---

4. Para um quadro das relações filosóficas entre escritores judeus e não-judeus na Holanda de Espinosa, especialmente no que diz respeito ao caso de Uriel, ver o sempre presente livro de M. Chaui, *A Nervura do Real: Imanência e Liberdade em Espinosa*, p. 155 ss.

ESPELHO DE UMA VIDA HUMANA

estudado direito canônico, se define como um jurista hebreu[5]. Gabriel da Costa, que certamente assistira aos cursos do famoso Francisco Suárez na Universidade de Coimbra e lera seu *Tractatus De Legibus ac Deo Legislatore* (Tratado das Leis e de Deus legislador), editado em 1612 (mas que, composto durante trinta anos, corria manuscrito desde muito antes de sua publicação), após sua conversão ao judaísmo não abandonou suas reflexões acerca das leis e do Deus legislador. Essas giravam em torno da relação entre a Lei Divina (em sua feição Antiga e na Nova), as leis humanas, a Lei Natural e a Lei Eterna. Por via do padre Francisco Suárez, principalmente, o ensino de Aristóteles na lição de Tomás de Aquino, não só na teologia mas no direito, dominaram a Universidade de Coimbra; seu comentário ao "Tratado das Leis" se tornou um texto definitivo acerca da lei natural e do direito das gentes, protagonizando o entendimento que os pensadores da Europa fixaram acerca dos povos do Novo Mundo. Como veremos, é essa discussão que retoma no confronto que o *Exemplar* estabelece entre a Lei judaica tal como era praticada na *nação* e a Lei natural.

Afinal, o *Exemplar Humanae Vitae* é uma peça – ousaríamos dizer, perfeitamente acabada – de retórica judiciária, compatível com o *ethos* que Uriel-Gabriel apresenta desde seus primeiros escritos dirigidos à *nação*. Lembremos que seus escritos anteriores, tanto as *Propostas contra a Tradição* como o *Exame das Tradições Fariseias*, são textos que discutem as leis judaicas, e aquele que escreve o *Exame* (indubitavelmente o judeu-novo Uriel da Costa) faz questão de assinar na folha de rosto: "Uriel, jurista hebreu". É desta condição – a de um ex-estudante de direito canônico cristão, que está apto a conhecer também o direito judaico – que o *Exemplar* encontra sua legitimidade e de onde são extraídos seus lugares-comuns argumentativos e suas provas.

Ter sido o *Exemplar* escrito em latim (um latim elegante, aliás) – fato que O. Proietti estranha, por supor, romanticamente, que perto da morte Uriel se valeria da língua materna –, também é compatível com a formação de Uriel da Costa e com a destinação do escrito. Muito diverso das *Propostas* e do *Exame*, que visavam à leitura dos judeus da *nação portuguesa*, o *Exemplar* é texto que visa prioritariamente o entorno neerlandês. Nesse sentido, é compreensível que

---

5. Embora se tenha por certo que Gabriel da Costa abandonou a faculdade de cânones em 1608, onde ingressara em 1600, sem ter feito as provas que lhe permitiriam colar grau, o próprio Uriel não põe em discussão seu título: "inda que nam professei logica, e philosophia, nem serei tam desemparado da notícia della, e que sei que cousa sam definiçoens, que isto me foi neçessario saber para o que professei" (Uriel da Costa, "Exame das Tradições Fariseias", em A. Muhana, *Uriel da Costa e a Nação Portuguesa: Edição Diplomática e Estudo do Exame das Tradições Fariseias*, p. 130); "Assi em diferentes estudos gastei a idade, e posto que minha profissam foi estudar direito, a curiosidade me levava tambem a saber o que diziaõ os Theologos, e a revolver seus escritos" (*idem*, pp. 133-134).

tenha circulado em setores protestantes avessos à presença judaica na Holanda, podendo ser este mesmo um dos fins pretendidos pela escritura do *Exemplar* por parte do banido e desgraçado Uriel da Costa – o qual, inclusive, pode ter, ele mesmo, facilitado a sua divulgação na Holanda e em Hamburgo, legitimando sua vida nos estreitos círculos que pôde alcançar fora da *nação*.

Quanto ao título, Proietti mostra que Müller provavelmente desconhecia qualquer titulação para o texto que tinha entre as mãos, não o referindo uma vez sequer. O manuscrito que serviu de base para a edição de Van Limborch, todavia, traz o título *Exemplar Humanae Vitae*, o qual pode trazer à memória versos da *Arte Poética* horaciana[6], como defende Proietti, ou não. O fato de Horácio ser um dos autores citados por Van Limborch em cartas, ao passo que não há rastros de sua presença no *Exame*, não nos parece relevante para a atribuição da autoria: Limborch pode ter dotado de título o escrito de Uriel (o que tampouco seria incomum no século XVII a editores de textos alheios), o qual, embora parco em citações de poetas, não desconheceria a obra de Horácio, um dos autores mais lidos nos diversos cursos de Humanidades da Península. Mais importante do que essa distante lembrança, no entanto, é o sentido dos versos de Horácio – relativo à imitação dos costumes pelos poetas doutos –, que não parece se relacionar a qualquer interpretação do *Exemplar*.

Epifânio da Silva Dias, em 1912, apropriadamente traduziu o título como *Espelho da Vida Humana*[7]; Castelo Branco Chaves, como *Exemplo da Vida Humana*, em 1937[8]. Ambas as traduções visam a dar conta do vocábulo *Exemplar*, que em português significa "exemplo", "imagem", "modelo", "paradigma". Com efeito, todas essas acepções estão presentes no texto, cuja primeira pessoa se mostra no *retrato* de um homem de caráter, um exemplo entre muitos, de alguém que foi banido por seus pares em razão de sua desobediência às leis; no caso, um, cujo "nome que eu tinha quando cristão em Portugal, era Gabriel da Costa; entre os judeus, fui, com leve alteração, chamado Uriel" (§53)[9]. Este, como muitas vezes o *Exemplar* enfatiza, não passava de um entre muitos; um, incapaz de ir contra a razão da multidão. É este retrato que, emoldurado como num espelho, apresenta o percurso de vida de um português tornado judeu e de um judeu tornado apenas homem. "Uma vida humana" quer dizer, no

---

6. Vv. 317-318: "Respicere exemplar vitæ morumque jubebo Doctum imitatorem, et veras hinc ducere voces".
7. Cf. Uriel da Costa, *Exemplar Humanae Vitae*, trad. Epifânio da Silva Dias, em Samuel da Silva, *Tratado da Imortalidade da Alma*.
8. Uriel da Costa, *Exame das Tradições Farisaicas*, edição de H. Salomon, pp. 576-584.
9. "nomen meum, quod habui in Portugallia Christianus, Gabriel a Costa, inter Judæos, [...] paucis mutatis, Uriel vocatus sum".

ESPELHO DE UMA VIDA HUMANA

texto, a vida de um que é dotado de razão, uma razão natural, dada por Deus, a todos a quem se pode chamar de homem. Porém, menos que uma *vida*, no sentido moderno de uma expressão biográfica cronológica, uma *vita*, no sentido de uma descrição ética justificadora, a ser consentida pelos destinatários: "a verdadeira história de uma vida, um papel exibido no vaníssimo teatro do mundo por uma vaníssima e instabilíssima vida" (§53)[10]. Ou seja, uma cena apresentada a espectadores a quem o texto se dirige, os únicos que poderiam ser juízes da sua causa, "honestos, prudentes e humanos" (§27)[11]. A vida ali exposta é a eles que se expõe, distinguidos que são dos designados "doutores judeus de agora", "anciãos e deputados da nação judaica", "egrégios juízes" (por ironia), *malæ bestiæ*.

A pessoa do texto – diz a primeira linha do *Exemplar*, atento às nomeações – nasceu no Porto, de cujo nome Portugal deriva. Os *topoi personarum* de origem, estado, ânimo, estudos e ofício aparecem, convalidando seu caráter: bela casa, servos, instrução católica e costumes fidalgos, transmitidos pelo pai cristão, cumpridor da honra e da honestidade. A eles se coadunam o estudo do direito, a piedade, o pudor, o horror à soberba e à insolência: princípios nobres, ações justas, raciocínios corretos. Até o fim do texto, o temor da desonra e do viver desarrazoado aparecem como o principal motor para as ações desse Gabriel que, como veremos, adota uma ética aristotélico-tomista a orientar suas decisões.

Embora saibamos que muitos dos descendentes de cristãos-novos saem da Península nesses anos a fim de fugirem à perseguição do Santo Ofício e de manterem seus negócios em países onde não sejam molestados, o que o texto oferece como causa para a fuga de Portugal da família Costa é o conflito religioso em que Gabriel teria se envolvido, não aceitando mais a religião católica na qual se criara e sem aceitar tampouco viver desprovido de princípios religiosos. Assim – diz o texto – compartilha suas dúvidas com os irmãos e os convence a ir aonde pudessem professar a lei de Moisés, a única compartida tanto por cristãos como por judeus. O efeito dessas afirmações para os leitores é que, embora não pudesse encontrar quietação na religião católica, Gabriel da Costa não agira por devassidão, ou por ser um agnóstico, ou por libertinagem; pelo contrário, a dedução prevista é que se tratava de um indivíduo piedoso, *direito*, que, depois de ter fervorosamente obedecido os ritos cristãos com vistas à salvação, fora levado pela razão a se voltar para outra religião, que aparentava

---

10. "Habetis vitæ meæ historiam veram; et quam personam in hoc mundi vanissimo theatro ego egi, in vanissima et instabilissima vita mea, exhibui vobis".

11. Cf. §30.

199

HIDRA VOCAL: ESTUDOS SOBRE RETÓRICA E POÉTICA...

ser mais verdadeira. Nenhum outro interesse o movera, nenhum desprezo pelas instituições; *a contrario*, seu empenho na justiça fora o que ocasionara a perda de proveitos pessoais na terra natal.

Na hipótese de que é um texto escrito por Uriel da Costa entre 1639 e 1640, após todas as censuras que as autoridades judaicas da *nação portuguesa* de Amsterdã e Hamburgo lhe tinham imposto – de ateísta, epicurista, saduceu etc. –, iniciar sua justificativa acerca do desterro de Portugal por uma demonstração ética, que refutasse pressupostos morais contrários a si, é necessário. Ademais, essa demonstração estabelecia relação de causa com a recusa de Uriel em aceitar a prática da Lei, tal como era observada pela Sinagoga, ao afirmar que pensara fazer "cousa do agrado de Deus, se defendesse a Lei com isenção" (§8). Vale dizer, a resolução de pôr por escrito sua discordância acerca da interpretação da Lei feita pelos chamados sábios de Israel traduzia, não pertinácia ou desobediência, mas piedade. Embora sem as nomear, o *Exemplar* se refere às breves *Propostas contra a Tradição*, opúsculo que Uriel enviara às autoridades de Hamburgo em 1616 e que fora censurado pelo rabino Leão de Módena[12]; não sendo essas censuras admitidas por Uriel, deram ocasião ao primeiro *herem* das autoridades judaicas contra si, como menciona.

A reprovação oficial das *Propostas* levara Uriel a persistir em escrever um livro em que argumentasse mais estendidamente pela "justiça da sua causa e provasse claramente à luz da própria Lei o infundado dos ensinamentos e práticas dos fariseus e o contraste em que tanto as suas instituições como as suas tradições estavam com a Lei de Moisés" (§11). Esse livro é o protótipo do *Exame das Tradições Fariseias*, cujo original foi roubado pelo médico Samuel da Silva, seu conhecido. A fim de acusar Uriel perante as autoridades neerlandesas e isentar os demais membros da *nação* das mesmas opiniões, o médico extrai do manuscrito de Uriel da Costa três capítulos em que esse discorria acerca da mortalidade da alma e publica uma refutação aos mesmos, num livro que intitula *Tratado da Imortalidade da Alma*. A dimensão dessa denúncia pode ser melhor aquilatada quando sabemos que a Holanda exigia dos descendentes de cristãos-novos portugueses a serem acolhidos em seus territórios uma declaração de crença em Deus e na imortalidade da alma[13]. Tanto no *Exame* como

---

12. As *Propostas* foram editada por C. Gebhardt, em *Die Schriften des Uriel da Costa*, pp. 22-26, numa tradução portuguesa parcial da versão hebraica, a qual foi feita pelo rabino Moses Raphael de Aguilar em 1639.

13. Artigo 2 do *Remonstrantie nopende de ordre dije in de landen van Hollandt ende Westvrieslandt dijent gestelt op de Joden*, de Hugo Grotius. Cf. David Kromhout & Adri Offenberg (ed.), *Hugo Grotius's Remonstrantie of 1615*.

ESPELHO DE UMA VIDA HUMANA

no *Exemplar*, Uriel afirma que não enviara seu livro à imprensa e que o escrevera com a única finalidade de defender suas opiniões para aqueles que delas quisessem ser juízes; mas que, dada a animosidade dos pretendidos leitores, isto é, os membros da *nação portuguesa*, desistira da sua publicação[14]. Essa afirmação combate a declaração de Samuel da Silva, no princípio do *Tratado da Imortalidade da Alma*, em que embasava seu próprio empenho em escrevê-lo e publicá-lo por ter se deparado com os originais do livro de Uriel da Costa, prestes a ser impresso, e julgando-o ofensivo não só à comunidade judaica, mas à cristandade como um todo[15]. A narração nunca traça uma história objetiva, sendo sempre uma prótase argumentativa – diz Roland Barthes.

A consequência é que, após a publicação do *Tratado da Imortalidade da Alma*, Uriel decide-se a reescrever o livro que lhe tinham surrupiado e o edita na mesma tipografia, a do cristão Paulo Van Ravestyn. Ampliado, o novo livro agrega uma *Reposta* aos comentários de Samuel da Silva, refutando-os, e se intitula *Exame das Tradições Fariseias*. Nessa época, o jurista hebreu se afasta do judaísmo, ao concluir que os livros de Moisés não eram um ditado da Lei Divina mas uma mera invenção humana, por estarem em conflito com a Lei da Natureza.

Aqui termina a *narratio*, primeira parte do *Exemplar*, e se inicia uma discussão acerca do conflito entre a lei natural e a lei de Moisés ou "qualquer outra lei positiva" (isto é, humana), que preenche a parte final do escrito. Nela reside a principal notação deste Uriel que descobre no direito sua imagem ética, ou seja, sua justificação perante os membros da *nação portuguesa* e para além dela.

O percurso que assim se apresenta no *Exemplar* é o de uma sucessiva recusa, da Lei da Graça para a Lei Escrita, e dessa para a Lei Natural, a qual Uriel adota, por fim. A recusa da Lei da Graça (Nova, ou cristã) se devera, em parte, às "dificuldades" que apresentava, as quais o *Exemplar* não especifica, mas que podemos supor serem as mesmas que outras religiões apresentam como incongruências do cristianismo: a existência de um Deus-homem, gerado por uma Virgem, Uno e Trino, ressurecto etc. Porém, o principal motivo de rejeição

---

14. "Continuei a querer falar, tomei trabalho, sobre escrever, e com força quiz mostrar a verdade do que dizia. ensinoume o tempo que todo o que nisto gastasse seria perdido, e que não era conveniente perseverar em querer dar bom conselho a quem o não queria ouvir, e sobre isso pagava mal. recolhi os escritos, e não os quiz publicar" (Uriel da Costa, "Ao Leitor", em "Exame das Tradições Fariseias").

15. "Tendo notícia que o contrariador que nos obriga a escrever tratava de imprimir um livro, e desejando muito vê-lo, alcançamos um só caderno, que testemunhamos fielmente ser escrito de sua própria mão" (Samuel da Silva, *Tratado da Imortalidade da Alma*, cap. 8, em Uriel da Costa, *Exame das Tradições Farisaicas*, p. 474).

da Lei Nova em proveito da Antiga, por parte de Gabriel da Costa, proviera de que, havendo contradição entre ambas as leis, e levando-se em conta que "no Antigo Testamento criam tanto os judeus como os cristãos, [e] no Novo Testamento só os cristãos" (§5), parecera-lhe mais razoável seguir apenas a Lei Antiga – razão de fé e não fé sem razão.

A Lei Escrita do Antigo Testamento, todavia, a Lei de Moisés, a que o Uriel do *Exemplar* diz ter cumprido com convicção e piedade, considerando-a dada por Deus ao povo judeu, logo se lhe apresenta inconciliável "com os costumes e ordenações dos judeus" (§8), sobretudo os relativos a uma vida depois da morte. A esse desacordo seguira-se o exame da própria lei de Moisés, a qual, porém, só é recusada por Uriel no momento em que a confronta com a lei da Natureza, a única que julga dada por Deus aos homens, indubitavelmente. "Assentei por fim que a Lei de Moisés não era de Deus, mas somente invenção humana, como outras sem conto que tem havido no mundo. É que muitos pontos brigavam com a lei da Natureza, e Deus, autor da Natureza, não podia estar em contradição consigo mesmo, e está-lo-ia se propusesse aos homens praticarem actos contrários à Natureza, de que se dizia autor" (§16)[16].

Este é o ponto central acerca da adoção da Lei Natural, que se expressa, no *Exemplar*, pela rejeição da Lei Antiga após a da Lei Nova. E não se trata meramente de uma negação teórica ou íntima; ela implica atos de rejeição ostensiva às cerimônias religiosas, com tudo o que isso acarretaria de penas judiciais no âmbito da *nação*. Tais penas culminam num novo *herem* e, mais tarde, numa sentença de flagelação ritual para a suspensão do mesmo *herem*. Cabe enfatizar que a negação da Lei Antiga, por parte de Uriel da Costa, em momento algum avança para a da existência de Deus, ou a do seu governo do universo.

A doutrina cristã – com Isidoro de Sevilha e São Tomás, bem como sua releitura pelos autores da chamada Segunda Escolástica, o franciscano Francisco de Vitoria e os jesuítas Luís de Molina, Gabriel Vásquez e Francisco Suárez, entre outros – reconhecia naquelas três leis uma manifestação de Deus às criaturas racionais, com níveis históricos de validade e progressivos de perfeição, em relação ao fim último do homem, a beatitude e *visio Dei*. Suas contradições eram meramente aparentes, desde que consistiam em inscrições da Lei Eterna no mundo, sendo distintas apenas quanto à sua aplicação (respectivamente, o gênero humano, na Lei Natural; o povo judeu, na Lei Escrita; a cristandade,

---

16. "Tandem statui legem Mosis non esse, sed tantum inventum humanum, quemadmodum alia innumera in mundo fuerunt: Multa enim pugnabant cum lege naturæ, et non poterat Deus autor naturæ contrarius esse sibi ipsi, et esset sibi contrarius, si contraria naturæ hominibus facienda proponeret, cujus autor dicebatur".

ESPELHO DE UMA VIDA HUMANA

na Lei da Graça). Pois a Lei Natural, isto é, a "lei da razão natural", ou da *recta ratio*" – uma vez que a razão é a natureza do homem[17] – consistia na "participação da lei eterna pela criatura racional",[18] e todo aquele que possuísse uma alma racional seria capaz de voluntariamente acatá-la. Essas leis distinguiam-se, entre outros aspectos, em termos de sua presença na história humana: enquanto a validade da Lei Antiga se extinguiu na Revelação, e a da Lei Nova se esgotará na glória, a Lei Natural era mantida válida desde sempre e para todos, sendo fundamento de todas as mais leis humanas. Em Tomás de Aquino, em Suárez, a Lei Natural era o que permitia distinguir o bem e o mal[19], sendo regra da moral e da política, confundida com a própria reta razão. E, só na medida em que fossem conformes à reta razão, as leis humanas teriam natureza de lei[20]; caso contrário, seriam iníquas (razão pela qual o Uriel ironiza-as, as cristãs e as judaicas, no fim do *Exemplar*), caso em que deveriam ser desprezadas, em favor da Lei, a Natural. Análoga à Lei Eterna[21] – que governava todas as criaturas, racionais e irracionais, e o próprio universo –, a Lei Natural, além disso, era o único metro passível de julgar equitativamente pagãos e judeus, gentios e cristãos, índios e indianos. No tomismo, essa teologia jurídica conciliava a lei do Evangelho com a ética secular, representada pela *Ética a Nicômaco*, além de apresentar como unidas, no universo criado, a física, a teologia e a política.

Assentado em razões como essas, o *Exemplar* justifica o abandono da Lei Antiga em proveito da Lei Natural, a verdadeira Lei do Deus legislador. Não judaica, não cristã, não maometana, não vinculada a uma religião ou lei positiva, humana, tratava-se de uma lei primária, sinônima da reta razão, cuja renúncia lançava os homens na insânia, ou seja, na irrazão:

> Sei bem que aqueles inimigos, para me desacreditarem perante a multidão indouta, costumavam dizer: "Ele não tem religião nenhuma; não é judeu, não é cristão,

---

17. *"Ratio hominis est natura"* (Tomás de Aquino, *Quaestiones Disputatae de Malo*, 14, 2).
18. *S. Theol.*, Iª, IIª, qu. 91, a.2.
19. "O lume da razão natural, pelo qual discernimos o bem e o mal, e que pertence à lei natural, não é senão a impressão em nós do lume divino" (*idem, ibidem*).
20. *Idem*, Iª, IIª, qu. 93, a.3.
21. Cf. J.-F. Courtine, *Nature et Empire de la Loi. Etudes Suaréziennes*, p. 98: "Para Suárez, a lei, definida como 'lei natural', quer dizer 'lei da razão natural', é tão paradigmática que a lei eterna, ela mesma, não se deixa mais definir em sentido lato senão por analogia com a lei natural". Courtine aponta a uma distinção entre Suárez e Tomás, que não cabe aprofundar aqui (cf. M. Beuchot, "La Ley Natural en Suárez", *Derechos Humanos y Naturaleza Humana*). Para uma conceituação das leis no padre Antônio Vieira, contemporâneo de Uriel, ver também os estudos precisos e inspiradores de J. A. Hansen; entre outros, o "Prefácio: A Chave dos Profetas, Deus, Analogia, Tempo", em Padre António Vieira, *Obra Completa*, tomo III, vol. V: *A Chave dos Profetas*, e "Educando Príncipes no Espelho", em *Agudezas Seiscentistas e Outros Ensaios*.

não é maometano". [...] Ah cego fariseu, que, olvidando aquela lei, que é a primitiva, e existiu desde sempre e sempre há-de existir, só fazes menção das outras leis que só posteriormente começaram a existir, e que tu próprio condenas, exceptuando a tua, a respeito da qual, queiras ou não queiras, também os mais julgam conformemente à recta razão, que é a verdadeira norma daquela lei natural, que tu esqueceste e que bem desejas sepultar, para pores sobre o colo dos homens o teu execrando jugo, desalojá-los da sã razão e torná-los parecidos a loucos (§§37-39).

Ao considerar tanto a Lei Nova como a Antiga contraditórias à Lei Natural, tendo-a por a única plena e concedida por Deus, Uriel repudia cristianismo e judaísmo, desviando-se de seus mentores. Para Tomás de Aquino como para Suárez, a Lei Natural, sendo o fundamento das leis do Antigo e do Novo Testamento, sofria alterações apenas no que dizia respeito aos preceitos morais, cerimoniais e judiciais dessas leis. Ambas eram expressão da Lei Divina, aperfeiçoamentos sucessivos na história humana da Lei Natural e imagens da Lei Eterna (metáforas dela, dizia Suárez). Mas, diferentemente daquelas, uma vez que a Lei Natural fora dada a todas as criaturas racionais, permitia que qualquer um se salvasse, isto é, participasse da glória, inclusive os que nunca houvessem tido conhecimento do Deus único[22], como os indígenas do Novo Mundo, por exemplo. Para tanto, bastaria seguir seu princípio universal – a todos acessível, e não exclusivo de um povo ou de uma religião – por isso mesmo que provinha da razão natural (forma própria do homem, para a qual naturalmente ele se inclina virtuosamente etc.)[23]. Qual fosse: praticar e procurar o bem e evitar o

---

22. Contrariamente, nem os teólogos judeus nem os cristãos aceitavam tal salvação naqueles que houvessem nascido no judaísmo ou no cristianismo, respectivamente. Na teologia judaica, os sete preceitos noaquitas são identificados a uma lei natural dada por Deus ao gênero humano, por meio de Noé, comportando proibição de idolatria, assassínio, roubo, blasfêmia, certas relações sexuais tidas por incestuosas ou adulterinas, ingestão da carne de um animal vivo e instituição de uma justiça civil que garantisse a aplicação dos seis princípios anteriores. Segundo o judaísmo rabínico, essa lei natural permitia a certos gentios serem salvos. Daí a questão colocada aos judeus-novos da *nação*, como Uriel: para operar a salvação, a lei natural deveria ser tida como dada pelo Deus de Israel a todos os homens, ou bastaria ser cumprida como um princípio universal da razão, independentemente da religião? Porque, se bastasse ser cumprida como ditada pela razão natural, um não-judeu e um judeu poderiam ser igualmente salvos; e, se assim fosse, desapareceria para um não-judeu a necessidade de, para ser salvo e gozar das felicidades prometidas por Deus, pertencer ao povo de Israel. Esta é a conclusão a que chegam muitos dos que optam por não aderir plenamente ao *judaísmo*, ou dele se afastam, julgando injusta uma lei divina que rejeitasse os demais povos, excetuando o judeu (Cf. A. Muhana, *Uriel da Costa e a Nação Portuguesa*, pp.183-84).

23. "Pertence à lei da natureza aquilo para que o homem naturalmente se inclina e nisto está incluído o que é próprio ao homem, inclinar-se para agir segundo a razão" (*S. Theol.*, Iª, IIª, qu. 94, a.4). E "por ser a alma racional a forma própria do homem, a inclinação natural é inerente a qualquer homem em vista de agir segundo a razão e isto é precisamente o agir segundo a virtude" (*S. Theol.*, Iª, IIª, qu. 94, a.3).

mal[24]. Sobre este se assentavam os demais preceitos universais da lei Natural: *1.* conservar a vida e impedir sua destruição; *2.* cumprir o que a natureza ensina a todos os animais, como a união dos sexos e a educação dos filhos; e *3.* agir conforme a natureza da razão, que lhe é própria, como conhecer a verdade sobre Deus e viver em sociedade[25]. É a essa lei que Uriel tece seus louvores:

> Digo pois, que esta lei é comum a todos os homens e neles inata pelo próprio facto de serem homens. Liga a todos uns aos outros pelos laços de mutuo amor, desconhecendo divisões, que são a origem primordial de todos os ódios e dos maiores males. É a mestra da moral, estabelece a distinção do justo e do injusto, do feio e do belo. Tudo quanto há excelente na lei de Moisés ou em qualquer outra, a lei natural encerra-o em si integralmente na perfeição; e se há algum desvio, por pequeno que seja, desta regra natural, para logo surgem as contendas. para logo há a divisão dos espíritos, e não pode encontrar-se sossego (§40).

Já a Lei Antiga, escrita ou mosaica, para Tomás de Aquino, consistiria numa modificação da Lei Natural pelo acréscimo de mandamentos dados por Deus a Moisés.[26] Teve sua validade na medida em que estabelecia um pacto de aliança entre Deus e os judeus, não por si, mas "para obterem uma certa prerrogativa de santidade, pela reverência a Cristo, que desse povo devia nascer"[27]. Por isso, sua exclusividade fora evidenciada por meio de preceitos morais (relativos aos costumes), cerimoniais (concernentes ao culto divino) e judiciais (que determinavam a relação dos homens entre si)[28], os quais perderam validade depois da Revelação e da imposição da Lei da Graça (sobretudo os cerimoniais e, em grande parte, os judiciais).

Tais preceitos, ou acréscimos à Lei Natural pela Lei Mosaica, por sua vez, são os que Uriel denuncia como excrescentes, provenientes da malícia dos Doutores e fonte de discórdias nas famílias e na coletividade – ao contradizerem de uma só vez a natureza e a política:

> Que preceitos soberanos tem a lei de Moisés, ou qualquer outra, que digam respeito á sociedade humana, para que os homens vivam bem e em concórdia uns com os outros? Sem dúvida o primeiro é honrar os pais; o segundo não violar os bens alheios ou seja a vida ou a honra ou as outras cousas úteis para a vida. Qual destes preceitos, dizei-me,

---

24. "bonum est faciendum et prosequendum, et malum vitandum", *S. Theol.*, Iª, IIª, qu. 94, a. 2.
25. *Idem, ibidem.*
26. *S. Theol.*, Iª, IIª, qu. 98, a. 5.
27. *Idem, ibidem.*
28. *S. Theol.*, Iª, IIª, qu. 99, a. 4.

não se contém na lei natural e regra certa que está gravada nos corações? Por impulso natural amamos os filhos, os filhos amam os pais, o irmão ama o irmão, o amigo o seu amigo. Por impulso natural desejamos a conservação intacta do que é nosso e aborrecemos os que nos perturbam a paz, os que por violência ou por fraude nos querem tirar o que é nosso. Deste nosso desejo sai uma conclusão evidente, e é que nós não devemos praticar o que nos outros condenamos. Efectivamente, se condenamos os outros que invadem o que e nosso, desde logo a nós mesmos nos condenamos se invadirmos o alheio. E aqui temos já facilmente tudo que é capital em qualquer lei. O que respeita á alimentação, deixemo-lo aos médicos; eles nos farão saber assaz apropriadamente qual é a comida que faz bem á saúde, qual, pelo contrário, é a que a prejudica. No que toca ás mais cerimónias, ritos, regulamentos, sacrifícios, dízimos (fraude insigne para uma pessoa se gozar do trabalho alheio sem fazer nada), ai, ai!... choramos por serem tantos os labirintos em que nos meteu a malícia dos homens (§§41-42).

Nas *Propostas* e no *Exame das Tradições Fariseias*, Uriel se insurgira sobretudo contra os preceitos judiciais e cerimoniais, ou como contrários à lei de Moisés, ou como introduzidos ilegitimamente pelos Doutores. Quanto à "lei de boca", ou Torá, nenhuma autoridade reconhecia nela, por supor que, desprezando a literalidade do ditado divino e atendo-se a sentidos figurados instáveis, compunha interpretações inadequadas da lei Escrita. Ali,

[...] não se põe ainda a defesa de uma religião natural, como no *Exemplar*, mas se insiste em uma conciliação entre razão e Lei, especificando-se a primeira por vezes em razão natural, e englobando, a segunda, a chamada lei natural [...]. É este binônio "lei e razão" que aparece no texto do jurista Uriel-Gabriel, dando positividade e certeza ao saber humano acerca da ordem divina, para além dos sentidos, ou da Tradição Oral que pretende interpretá-la.[29]

No *Exemplar*, porém, sequer há binômio, mas uma inteira unidade, e de inspiração nitidamente tomista: a reta razão "é a verdadeira norma daquela lei natural" (§39) e "vivemos como é de dever quando vivemos conformemente à razão" (§42). Conservar a vida e os bens, e agir segundo os princípios da Lei Natural na coletividade são a própria Lei e o direito, o viver segundo a natureza humana. Só há bem viver, com honestidade e decência, quando se vive *rationaliter*; caso contrário, é preferível a morte – a qual Uriel busca, quando não vislumbra saída para a desonra que recaiu sobre si[30]. Sua própria honestidade é

---

29. A. Muhana, *Uriel da Costa e a Nação Portuguesa*, p. 89 e ss.
30. "Nem tudo o que é útil se segue que seja belo. Belo certamente não é o retirar-se com ignomínia e deixar o campo aos violentos e injustos. [...] Ora, se se põe entre as cousas mais formosas pelejar até

ESPELHO DE UMA VIDA HUMANA

demonstração da sua razão natural e submissão voluntária à Lei Natural. A ele, que ostenta um *ethos* fidalgo e que fora cabeça da família Costa, responsável pela conversão dos seus membros ao judaísmo, os conflitos familires provocados pela jurisdição das autoridades religiosas da *nação* – os quais afetam seu negócio de família, levam ao repúdio público dos seus irmãos e sobrinhos, e alcançam até o desmancho de um seu noivado – esses conflitos parecem-lhe especialmente injustos, porque irracionais, impiedosos e ilegais.

Vejamos agora outro ponto, e é, que males brotam quando a gente se aparta muito da lei natural. Dissemos que há um laço natural de amor entre os pais e os filhos, entre os irmãos e entre os amigos. Este laço desata-o e desfá-lo a lei positiva, seja ela a de Moisés ou a de qualquer outro, quando ordena que o pai, o irmão, o cônjuge, o amigo, mate ou traia por amor da religião o filho, o irmão, o cônjuge, o amigo; e uma lei assim quer uma cousa superior ao que pode ser efectuado por criaturas humanas, e que, se se efectuasse, seria o maior atentado contra a Natureza, sendo que a Natureza tem horror a semelhantes actos. [...] Estas e outras calamidades sem conto foi uma falsa religião, maldosamente inventada pelos homens, a que as acarretou à humanidade. Não sou eu próprio um, entre muitos, que fui grandemente enganado por tais impostores e, acreditando neles, me deitei a perder? Falo por experiência.

Nesse ponto do *Exemplar*, há uma convergência pontual com o "Tratado das Leis" da *Suma*, no que diz respeito aos preceitos morais da Lei da Graça. Tomás de Aquino considera que uma das perfeições da Lei Nova em relação à Antiga reside na sua moderação das cerimônias exteriores, que pouco acrescentavam à Lei Natural, ao contrário do amplo cerimonial judaico; aquela perfeição da Lei da Graça se manifestava também, inversamente, pela dilatação dos preceitos morais, baseados na caridade, difíceis de cumprir por aqueles pouco virtuosos. Nesse primado cristão dos preceitos morais sobre os cerimoniais e os jurídicos, Uriel admite também uma superioridade da Lei Nova:

Reconhecendo este ponto, são muito para louvar os verdadeiros cristãos, que mandaram embora todas as cousas deste género, conservando só o que interessa á moralidade. Não vivemos como é de dever, quando observamos muitas futilidades; vivemos, porém, como é de dever quando vivemos conformemente à razão. Alguém dirá que a lei de Moisés ou a lei do Evangelho contém alguma cousa mais alevantada e perfeita, e vem a ser o amarmos os nossos inimigos, preceito que não se contem na lei natural. Respondo-lhe

morrer em defesa da pátria, por isso que a pátria é alguma cousa que nos pertence, por que razão não há-de ser belo pelejar até morrer em defesa da honra própria, que é pessoalmente nossa e sem a qual não podemos viver arrazoadamente?" (§§35-36).

como acima disse. Se nos apartamos da Natureza e pretendemos descobrir alguma cousa mais levantada, para logo surge a luta, perturba-se o sossego. [...] Ora se não é de todo impossível, segundo a ordem natural, fazer bem aos inimigos (o que pode fazer-se sem haver amor), por isso que, geralmente falando, somos por natureza propensos á piedade e compaixão, não devemos já negar em absoluto que uma tal perfeição se compreende na lei natural (§§ 42-43).

Essa concessão a uma superioridade moral do cristianismo, todavia, não é suficiente para que a censura de Uriel às religiões positivas deixe de englobar judaísmo e cristianismo: "Andam sempre a dizer: sou judeu, sou cristão; crê em mim, não te enganarei. Ah alimárias ruins! Aquele que não diz nada disto e só faz profissão de ser homem, é muito melhor do que vós" (§51). Ou seja, a rejeição ao judaísmo, no *Exemplar*, não traduz uma profissão de fé cristã, como pretende O. Proietti, muito embora seja congruente com a doutrina da Lei presente nos autores cristãos que Uriel da Costa estudara; tanto quanto sua censura às "tradições fariseias" provinha igualmente de uma perspectiva cristã do judaísmo, comum aos judeus-novos da *nação portuguesa*, instruídos na Península. Oriunda de uma ética aristotélica, é a doutrina tomista-suareziana da Lei Natural que Uriel da Costa aciona para fazer face à Lei Mosaica em sua aplicação positiva, legal, punitiva, numa Amsterdam cristã.

A demonstração ética de Uriel vinca o retrato de uma alma racional que segue a Lei Natural, mais próxima de Deus do que as chamadas Leis divinas – a do Antigo e a do Novo Testamento – e de qualquer das Leis humanas que, baseadas nessas, se afastavam daquela. Evidencia por suas ações que os preceitos morais mais elevados, sejam os da Lei Antiga, sejam os da Nova, ele os segue por provirem da Lei Natural, à qual aquiesce a reta razão. Assim, na apresentação do seu *ethos*, o pudor inato, a aversão aos soberbos e insolentes, a obstinação em conhecer a Lei Eterna e a vontade divina, a piedade natural, a defesa intransigente da Lei, a não aceitação em viver desonrado, a tristeza irada pelo rompimento dos laços familiares, a insistência em permanecer na *nação*, a decisão de pugnar pela "verdade e pela liberdade natural do homem" (§33) – todas essas virtudes éticas são demonstrativas da observância da Lei Natural infundida por Deus. Seus poucos e virtuosos preceitos, oriundos da reta razão, não se confundem com as religiões: são a própria concórdia, na sociedade; a honra, no indivíduo; a justiça, na natureza.

Contentai-vos com estabelecer entre vós leis justas e racionais, premiar os bons, punir devidamente os maus, livrar de violências os que padecem violências, para que não bradem que neste mundo não se faz justiça e que não há quem salve o fraco das garras do forte. Sem dúvida, se os homens quisessem nortear-se pela recta razão e viver em conformidade com a Natureza, amar-se-iam todos uns aos outros; cada qual, na proporção de suas forças, acudiria á desventura do próximo, ou pelo menos ninguém ofenderia outrem só pelo gosto de ofender. Proceder de modo contrário é proceder contrariamente á natureza humana; e se muitos destes actos se praticam, é porque os homens têm inventado diversas leis opostas á Natureza (§§49-50).

REFERÊNCIAS BIBLIOGRÁFICAS

BEUCHOT, M. "La Ley Natural en Suárez". *Derechos Humanos y Naturaleza Humana*. México, UNAM, 2000.

CHAUI, Marilena. *A Nervura do Real: Imanência e Liberdade em Espinosa*. São Paulo, Companhia das Letras, 1999.

COSTA, Uriel da. *Exame das Tradições Farisaicas*. Acrescentado com SILVA, Semuel da. *Tratado da Imortalidade da Alma*. Introdução, leitura, notas e cartas genealógicas por H. P. Salomon e I. S. D. Sasson. Braga, Edições APPACDM Distrital de Braga, 1995.

_____. *Exame das Tradições Fariseias*. *In*: MUHANA, Adma. *Uriel da Costa e a Nação Portuguesa: Edição Diplomática e Estudo do Exame das Tradições Fariseias*. São Paulo, Humanitas/Fapesp, 2016.

_____. *Exemplar Humanae Vitae*. Trad. Epifânio da Silva Dias. *In:* SILVA, Samuel da. *Tratado da Imortalidade da Alma*. Lisboa, Imprensa Nacional-Casa da Moeda, 1982.

COURTINE, J.-F. *Nature et Empire de la Loi. Etudes Suaréziennes*. Paris, Vrin/EHESS, 1999.

GEBHARDT, C. (ed.). *Die Schriften des Uriel da Costa*. Amsterdam, Curis Societatis Spinozanae, 1922.

HANSEN, João Adolfo. "Educando Príncipes no Espelho". *Agudezas Seiscentistas e Outros Ensaios*. Org. Cilaine Alves Cunha e Mayra Laudanna. São Paulo, Edusp, 2019.

_____. "Prefácio: A Chave dos Profetas, Deus, Analogia, Tempo". *In:* VIEIRA, Padre António. *Obra Completa*, tomo III, vol. V: *A Chave dos Profetas*. Lisboa, Círculo dos Leitores, 2013.

KROMHOUT, David & OFFEBBERG, Adri (ed.). *Hugo Grotius's Remonstrantie of 1615*. Facsimile, Transliteration, Modern Translations and Analysis by David Kromhout & Adri Offenberg. Leiden/Boston, Brill, 2019.

MUHANA, Adma. *Uriel da Costa e a Nação Portuguesa: Edição Diplomática e Estudo do Exame das Tradições Fariseias*. São Paulo, Humanitas/Fapesp, 2016.

PROIETTI, Omero. *Uriel da Costa e l'Exemplar Humanae Vitae*. Macerata, Quodlibet, 2005.

SALOMON, H. "Introdução". *In:* COSTA, Uriel da. *Exame das Tradições Farisaicas*. Acrescentado com SILVA, Semuel da. *Tratado da Imortalidade da Alma*. Introdução, leitura, notas e cartas genealógicas por H. P. Salomon e I. S. D. Sasson. Braga, Edições APPACDM Distrital de Braga, 1995.

11

O Príncipe Excelente
O *Clarimundo* de João de Barros como Modelo Régio Dirigido ao Futuro Rei D. João III

Flávio A. F. Reis
UNIVERSIDADE ESTADUAL DO SUDOESTE DA BAHIA

A obra de que tratamos foi publicada pela primeira vez em 1522, nas prensas do impressor Germão de Galharde, em Lisboa, composta pelo letrado João de Barros, na altura, moço de câmara do príncipe D. João, filho de D. Manuel I e da Rainha D. Maria de Castela[1]. Da editio princeps, de 1522, há apenas dois exemplares completos e um fragmento, sendo um deles da Biblioteca de Vila Viçosa, o fragmento da Biblioteca Nacional de Lisboa e, o outro exemplar completo, de que nos valemos, pertencente à Biblioteca Nacional de Madrid[2]. Trata-se de um impresso elegante, legível, com portada na qual estampa-se a figura de Clarimundo e a genealogia dos reis portugueses desde D. Sancho e D.

---

1. Acerca de D. João III, dirigimos o leitor ao excelente estudo realizado por Ana Isabel Buescu, *D. João III*, para a coleção "Reis de Portugal".
2. *Prymeira Parte da Crónica do Emperador Clarimundo donde os Reys de Portugal Desçendem*, de João de Barros. Lisboa, Germão de Galharde, 1522. Biblioteca Nacional de Madrid (R-11-727). Há um exemplar da segunda impressão, de 1555, na Biblioteca do Paço Ducal de Vila Viçosa. As outras edições são: 1601: *Clarimundo*, Lisboa, António Alvarez, a custa de André Lopes e outra a custa de Hierónimo Lopes. 1742: *Chronica do Emperador Clarimundo*, Lisboa, Na Officina de Francisco da Sylva, 1791: *Chronica do Emperador Clarimundo, donde os Reis de Portugal Descendem, Tirada da Linguagem Ungara em a nossa...*, Lisboa, Officina de Joao Antonio da Silva. Desta edição há um exemplar na biblioteca do Instituto de Estudos Brasileiros da USP. 1953: *Crónica do Imperador Clarimundo*, com pref. e notas do prof. Marques Braga, Lisboa, Sá da Costa.

HIDRA VOCAL: ESTUDOS SOBRE RETÓRICA E POÉTICA...

Henrique até D. João III. Saiu das prensas de Germão de Galharde, impressor francês radicado em Portugal. Galharde imprimiu também outras narrativas de aventuras de cavaleiros, como as três partes do Florando de Inglaterra, impressas em 1545[3].

No caso do *Clarimundo*, as manchas trazem tipos em letra gótica menor, cada capítulo é introduzido por uma letra ornamentada e os *folios* são enumerados nos versos, do lado direito superior da página com números romanos. A obra compõe-se pela "Tavoada" dos três livros; por dois prólogos: "Prólogo feyto depoys desta obra imprensa", dirigido ao rei D. João III e um "Prólogo sobre a trasladaçam da primeira parte da cronica do emperador Clarimundo...", dedicado ao príncipe D. João; a "Concordançia que o trasladador faz antre dous cronistas sobre a vinda de dom Anrique nestes reynos despanha e sobre sua genealogia."; por 114 capítulos, divididos em três livros: o *libro primeiro*, do fólio III ao LIII, do capítulos I ao XXXIIII [*sic*] (34 capítulos); o *libro segundo*, do fólio LIII ao CXXIII r., do capítulo XXXV ao LXXVIII (43 capítulos) e o *libro terçeyro*, do fólio CXXIII r. ao CLXXVI, do cap. LXXIX ao CXIIII (35 capítulos)[4]. Há um evidente equilíbrio na extensão dos capítulos, ordenados em três livros: o livro primeiro trata da família, do nascimento, da criação e da sagração do herói como cavaleiro, além de várias batalhas, entre elas, o embate com os gigantes Learco e Pantafasul para libertar a rainha Briaina, que reconhece em Belifonte seu filho Clarimundo. O primeiro livro conclui-se com a chegada e os combates da Ilha Perfeita. Nesse livro chama-se Belifonte e Cavaleiro das Lágrimas Tristes. O livro segundo trata dos amores do cavaleiro, os feitos em armas, os episódios de corte, sobretudo em Constantinopla. Nesse livro ocorre a aventura na qual Clarimundo, encantado pelo "vaso de esquecimento" dado de Farpinda, torna-se o "Cavaleiro Descuidado" que a tudo respondia "em metro". O terceiro livro trata das "grandes cousas" que profetizou o Sábio Fanimor sobre os reis de Portugal, a traição de cavaleiros, as lutas entre cristãos e turcos, o casamento com a princesa Clarinda de Constantinopla[5].

---

3. Cf. Aurélio Vargas Díaz-Toledo, "Os Romances de Cavalaria Portugueses na sua Versão Impressa", *Os Livros de Cavalarias Portugueses dos Séculos XVI – XVIII*.

4. No apêndice final encontra-se um cotejo entre a "tavoada" de capítulos da *editio princeps* (reimpressão de 1555 e a editada de 1601) e as edições de 1742 (base das posteriores).

5. O exemplar da *editio princeps* utilizado é cópia digital do livro que pertenceu à biblioteca de Pascual de Gayangos, célebre estudioso ibérico de narrativas de cavalarias. Ademais, é curioso que a narrativa de João de Barros compartilhe a mesma encadernação que o livro *Espelho de Cristina*, de Cristine de Pisan, impresso em 1518 a mando da Rainha velha, D. Leonor. Embora sejam obras de dois impressores diferentes – Germão de Galharde e Herman de Campos – e estampadas com quatro anos de distância, a encadernação com os livros geminados não parece compor uma compilação desatada de obras, mas reunir em volume único obras de gênero semelhante, ou seja, obras de ensinamento

Os preceitos latinos provenientes de obras, tais como as preceptivas de Cícero, Horácio e Quintiliano, reverberam nas composições quinhentistas, regulam os gêneros, as tópicas e os ornamentos comentados pelos letrados[6]. No *Clarimundo*, tanto pelo que seu título propõe, como pela ordenação e constituição do *caráter* do príncipe cavaleiro, sobreleva-se a proeminência do gênero demonstrativo ou encomiástico. João de Barros ajuizou sua obra de juventude como "hua pintura metaphorica de exercitos, e vitorias humanas, nesta figura racional do Emperador Clarimundo". A noção de "figura" está para a ideia de "pintura", que na chave epidítica diz respeito ao exemplo, à *evidentia*, à demonstração da virtude. "Racional" está para a *arte*, no sentido retórico, da operação de artifícios que compõem efeitos provenientes do engenho, em oposição ao acaso que regula a natureza. O binômio, portanto, diz respeito à composição do caráter de Clarimundo como "figura" encomiástica da Casa Real Portuguesa, artifício de discurso panegírico que opera pela proporção entre o passado e o presente pressuposta na genealogia epidítica.

Segundo a *Institutio* de Quintiliano, entende-se por demonstração uma *evidens probatio*, ou seja, uma prova evidente que tenha meio de provar as coisas duvidosas pelas coisas certas[7]. Assim, a prova reside no *argumentum*, entendido como razão que fornece a prova, da qual infere-se um pensamento em terceira relação, confirmando-se o que é duvidoso a partir do sabido. Com isso, conhecemos também que os melhores argumentos residem naquilo que se pode perceber pelos sentidos – os olhos, a audição – e dos quais temos sinais: *quae sensibus percipiuntur, ut quae uidemus, audimus, qualia sunt signa*. Assim, Quintiliano defende que, para melhor se servir dos argumentos, é necessário conhecer o valor (*uis*) e a natureza (*natura*) de cada coisa com seus efeitos ordinários, sendo aquilo que os gregos chamaram de *eikon* e Quintiliano chama de *credibilia* (verossímil). Nesse ponto, importa destacar a noção de *sedes argumentorum* ou lugares-comuns ou então lugares que fornecem os argumentos, as tópicas do discurso e sua regulação pelo decoro, ou seja, adequação, com o

---

moral: numa, as excelências e virtudes do príncipe figuradas no caráter do Clarimundo; noutra, as virtudes das princesas, das mulheres burguesas e das religiosas.

6. Para tanto, dirigimos o leitor à pioneira e histórica obra de Ernst Robert Curtius, *Literatura Europeia e Idade Média Latina*, sobretudo os capítulos IV – "Retórica" e VIII – "Poesia e Retórica".

7. Quintiliano, *Inst. Oratória*, V, 10, 8: "Utrumque autem quamquam diuersi auctores eodem modo finiunt, ut sit: ratio per ea, quae certa sunt, fidem dubiis adferens, quase natura est omnium argumentorum, neque enim certa incertis declarantur" (Autores, que se opõem porém em outros pontos, estão de acordo para definir um (os epiquirema) e outros (a apodixe) da mesma maneira: o meio de provar as coisas duvidosas pelas coisas certas, sendo isto próprio de todos os argumentos, porque não se pode provar o certo pelo incerto).

gênero, a matéria, o interlocutor e as circunstâncias de enunciação. Desse modo, posto que os argumentos se dividem entre pessoas e coisas e que aspectos como a causa, o tempo, o lugar, a ocasião, o instrumento e a maneira sejam elementos acidentais, rememoremos os lugares-comuns de pessoas. *1.* A família (*genus*), porque acredita-se que os filhos parecem com seus pais e esses com seus ancestrais e esta semelhança é muitas vezes a causa dos atos honestos ou vergonhosos. *2.* A nação (*natio*), porque cada uma tem seus costumes próprios e a mesma coisa não é recebida do mesmo modo por um bárbaro, um romano ou um grego. *3.* A pátria (*patria*), porque as leis, as instituições, as opiniões dos cidadãos se diferenciam. *4.* O sexo (*sexus*), sendo dado que se acredita mais facilmente em um roubo da parte de um homem que de uma mulher, contrário do que ocorre com o envenenamento. *5.* A idade (*aetas*), porque as conveniências variam com os anos. *6.* A educação e a disciplina (*educatio et disciplina*), porque importa saber por quem e como fora instruído. *7.* Características físicas (*habitus corporis*), diz-se dos argumentos relativos à feiúra ou à beleza, à força, às vontades e seus contrários. *8.* A fortuna (*fortuna*), porque não se pode esperar os mesmos atos de um pobre ou de um rico, de um homem que tenha muitos amigos e parentes de outro que não tenha nenhum. Há também grandes diferenças entre um homem célebre e um desconhecido, magistrado e particular, pai e filho, estrangeiro e cidadão, livre e cativo, solteiro e casado, entre um pai de família e um homem sem filhos[8].

Na composição da narrativa de cavalaria, João de Barros vale-se de uma prática letrada longeva, mista e diversificada, articulando a narrativa que o fundamenta com preceitos retórico-poéticos de composição do caráter. Assim, a obra desdobra os lugares-comuns do discurso epidítico, passo a passo, sobretudo no que diz respeito à educação do príncipe Belifonte/Clarimundo:

Belifonte (q[ue] assi avia nome Clarimundo por causa da fonte onde o Grionesa achara e da beldade [de] sua fermosura:) estava naquela ylha avondosa que com o reyno de çezilia confyna. e creçia assy em virtude e cortesia como em esforço e desposiçam. E depois de Grionesa mãdar trazer de greçia huu[m] grande fylosofo pera o ensinar em todallas artes que a tal pessoa convinham e elle ser nysso muy perfeito. gastava o tempo em ler as cousas dos cavaleiros passadose folgava de ouvir os presentes faziã louvando muyto este exerciçio. E enfadandose as vezes nisto hia a montear por ser auto de guerra onde matava muitos por porcos:veados;e outras alymarias feras: e[m] que levava tanto gosto que o mais do te[m]po de sua mocidade em quanto nam reçebeo ordem de cavalaria neste desenfadamento gastou[9].

---

8. Cf. Quintiliano, *Inst. Orat.*, V, 10, 23-30.
9. *Clarimundo*, cap. X, fol. XI.

O PRÍNCIPE EXCELENTE: O *CLARIMUNDO* DE JOÃO DE BARROS...

Retoricamente, o capítulo x dramatiza as tópicas de "elogio do soberano" e evidencia o binômio recorrente da educação áulica: as armas e as ciências, o *topos* da *sapientia et fortitudo*, tão celebrado em obras de corte do século xv e xvi: o *Orlando Innamorato* propõe a conversação noturna sobre armas e ciências; Ariosto evoca a tópica no canto 20 do *Orlando Furioso*, "uns armas seguem, outros estudos cultos"; e, por fim, o célebre verso do Canto vii de Os *Lusíadas*, que recoloca a tópica na formulação "Numa mão sempre a espada, e noutra a pena". Ademais, pela chave do discurso epidítico, a narrativa compõe-se pela dramatização de uma série de lugares-comuns relativos à educação de príncipes: a beleza física (beldade), as virtudes morais (virtude, cortesia, esforço, disposição), a sabedoria, a coragem, a força. Ou seja, segundo um costume retórico antigo, o elogio de reis mobiliza o que Curtius chamou de "quatro primazias naturais" tais como a nobreza, a força, a beleza e a riqueza, que se associam, por sua vez, às virtudes[10]. Essas tópicas, além do elogio e da elevação do príncipe, simulam os esforços dos príncipes nos embates reais: simulam nos animais e nas caçadas as guerras. Essa simulação, no caso do Clarimundo, é bastante eloquente, dado que seu inimigo potencial, ao longo de toda a narrativa, será o infiel turco. Nesse sentido, o narrador realiza, desde já, uma proporcionalidade na qual o pequeno Clarimundo está para o adulto e as "alimárias" estão para os inimigos, os turcos infiéis. Com isso, desde a figuração da infância há uma propaganda para a "guerra santa", a única justificável, segundo os ensinamentos de Frei Antonio de Beja, dirigido ao rei D. Manuel. Para Isabel Almeida, a descrição do capítulo x, sobre a educação de Belifonte, pode ser entendida como "um esquisso da disciplina a seguir por qualquer cavaleiro", no entanto, como lembra Almeida, Belifonte tem como fim a ascensão ao trono de Constantinopla. Desse modo, não se trata da educação de qualquer fidalgo, mas do futuro imperador, do futuro soberano de Constantinopla e fundador da linhagem dos reis portugueses. Nesse sentido, João de Barros certamente emulou na sua diegese uma educação, segundo a prática e os costumes de seu tempo que, na formulação de Isabel de Almeida, é uma educação "tocada de humanismo, deixando na crônica fabulosa, por este viés, um sinal: como por uma coincidência própria dos grandes destinos, Clarimundo recebe criação adequada a um rei"[11].

Ademais, ainda conforme Isabel Almeida, os autores de narrativas de aventuras de cavaleiros, de Barros a Baltasar Gonçalves Lobato, autor da *Crônica do famoso príncipe Don Clarisol de Bretanha*, ocupam-se da matéria sobre a educação

---

10. Ernst Robert Curtius, "Heróis e Soberanos", *Literatura Europeia e Idade Média Latina*, pp. 188-189.
11. Cf. Isabel de Almeida, *Livros Portugueses de Cavalaria: Do Renascimento ao Maneirismo*, p. 167.

principesca, assunto de primeira ordem nas dinâmicas de corte, como podemos observar numa passagem do *Palmerim de Inglaterra*, dedicado ao rei D. Sebastião:

> [...] muito devem olhar os reis na criação e costume de seus filhos, tendo tal vigilância neles que saibam que são exercitados em obras virtuosas, pera que depois ao tempo do despedir vão descansados com cuidar que deixam a seu súditos rei e amigo deles, e não dissipador de seus povos, como algumas vezes acontece a reis novos, a que o esquecimento de seus pais deixou criar em vícios ou em conversação de homens viciosos, que exercitando seus costumes usam pior deles quando o tempo e a fortuna lhe dá poder quando o possam fazer[12].

Voltando à passagem sobre a educação de Clarimundo, há um elemento que merece destaque: o Infante educa-se "em ler as cousas dos cavaleiros passados, e folgava de ouvir as que os presentes faziam, louvando muito este exercício". Ou seja, Barros, diferentemente de alguns moralistas de seu tempo, insere a narrativa de batalhas e feitos como leitura adequada para a educação do príncipe. Desse modo, em sentido mais estrito, justifica-se propriamente a empreitada da escrita do *Clarimundo*, livro evidentemente composto com muitas partes para o ensinamento dos preceitos adequados a príncipes.

Assim, os procedimentos mínimos da educação principesca preconizada no capítulo x do Clarimundo compõem-se das seguintes diretrizes: os cuidados do príncipe devem ser atribuídos a fidalgos de linhagem, como é caso de Grionesa e como fora o caso de Drongel e Urbina, nobres súditos do rei Adriano; o treinamento no uso de armas e na arte da caça; o fortalecimento do espírito por meio de leituras edificantes dos feitos do passado e do presente e a tutela de mestres excelentes (no caso, vindos de Grécia).

Faz-se necessário acrescentar que, embora a descrição pressuponha uma empiria, do ponto de vista da constituição da fábula, isto é, o conjunto de ações, trata-se de uma descrição decorosa, segundo os ditames do discurso epidítico, no que diz respeito ao elogio da educação. Nesse sentido, convém ao príncipe ser educado, pelo treinamento corporal, para a guerra; pela edificação humanista e moral, para o governo dos homens e, de modo conveniente, as tópicas dramatizadas vão deslindando a figura de um modelo de príncipe, conformado num discurso fabuloso que dramatiza tópicas que levam ao deleite e ao ensinamento. Além disso, como já mencionamos, em se falando de tópicas, os elementos que compõem a educação principesca

---

12. *Palmerim de Inglaterra, apud* Isabel de Almeida, *Livros Portugueses de Cavalaria: Do Renascimento ao Maneirismo*, p. 168.

corroboram o binômio quinhentista de excelência civil composto pela habilidade nas armas e nas letras[13].

Entendendo a narrativa cavaleiresca de João de Barros como uma figuração da monarquia portuguesa – "pintura metaphorica de batalhas e vitorias humanas" – e o caráter do Clarimundo como "figura racional", a representação do príncipe na narrativa, numa chave epidítica, figura o próprio príncipe português, num artifício de proporcionalidade metafórica ou, se quisermos, um monumento de reconhecimento e legitimação do poder monárquico da Casa de Avis. Nesse sentido, proporcionalmente, o rei cumula-se dos atributos tantas vezes figurados na narrativa e atribuídos a Clarimundo, tais como: defensor e protetor, justiceiro, virtuoso, corajoso, atributos esses que garantem o equilíbrio entre as diferentes forças, salvaguardando sempre a fé e as virtudes. Isso se evidencia em toda a obra, compondo nas virtudes do cavaleiro a unidade do livro: no capítulo XXXVI e seguintes do livro II, Clarimundo está curado de sua chaga de nascença pela força do amor de Clarinda e enfrenta aventuras que colocam à prova sua temperança e fidelidade. Nesse mesmo capítulo XXXVI, Clarimundo encontra-se na Alemanha, no ducado de Singona, onde sua fama é celebrada pelo povo: "Este é aquele Clarimundo, as obras do qual são glória do mundo. Do que ele era espantando, vendo que o conheciam em parte tão desviada de sua conversação". Esse capítulo introduz uma secção da narrativa na qual Clarimundo, consagrado como guerreiro virtuoso, príncipe de Hungria e servidor de Clarinda, demonstra seu merecimento ao trono de Constantinopla por suas virtudes principescas, sobretudo pela pureza de seu amor. Desse passo em diante passará por aventuras que colocarão à prova sua fortaleza e fidelidade, de acordo com a lei regente do mundo, segundo o dito final do capítulo XXXVI:

---

13. Sobre isso, embora imbuído de certo idealismo, merece destaque o excelente texto "Armas e Letras. Um Topos do Humanismo Cívico", de Luís de Sousa Rebelo, publicado no livro *A Tradição Clássica na Literatura Portuguesa*. Dele, destacamos a seguinte passagem, útil para o enriquecimento das considerações propostas: "É com efeito, nesse quarto de século do reinado de D. João III (1521-1550) que o tópico das armas e das letras atinge a sua consumação ideológica, passando a ser copiosamente glosado, em contextos diversos, e integrado num ideal de Humanismo Cívico *sui generis*, que difere do que em Itália se havia concebido e com o qual o pensamento dos letrados de 1385 ainda tinha tido as suas afinidades. O intelectual português de formação humanística encontra-se, então, em completa sintonização com a política cultural da Coroa e pronto a aceitar o empenhamento cívico que a adesão a tal política dele irá exigir. João de Barros salienta, com particular insistência, no seu Panegírico de D. João III (1533), que já não é possível manter-se o conflito entre as armas e as letras, em virtude do interesse que por estas tem o monarca, em cuja Corte elas florescem com invulgar esplendor. E defende vigorosamente a ideia de que o bom conselho e a autoridade das letras são essenciais ao governo da nação, seja na paz ou na guerra, devendo aqueles, que têm a obrigação de aconselhar o Rei, ser "prudentes e discretos", se não forem letrados" (pp. 208-209). Cf. também Ernst Robert Curtius, "Heróis e Soberanos", pp. 174-179.

"Esta é a qualidade da Fortuna, começar em pouco para vir a muito". Nesse sentido, observando a *dispositio* das matérias nos três livros, a narrativa de João de Barros narra em parte do livro II e na integralidade do livro III as aventuras que figuram as virtudes principescas de Clarimundo e, por consequência, o merecimento de sua coroação como imperador de Constantinopla e a veracidade dos vaticínios sobre sua nobre descendência em terras lusitanas.

Em outra direção, mesmo nas passagens nas quais se figuram os vícios, o artifício retórico resulta numa amplificação da virtude implicada na construção do seu contrário, tal como na descrição das relações entre o tirano Filenor e seus súditos:

> Fylenor era tam aspero e cruel que convertia a vontade de todos em odio contrelle. e muytos estavam aly a q[eu] ele tinha morto pay irmãos marido e outros parentes: por que quando matou seu irmão por alguu[n]s nam consentyrem no que queria vingouse depois nelles e por esta causa todos desejavam deo ver destroido[14].

O ensinamento dessa passagem evidencia um contraexemplo para o governante: para Filenor pinta-se um caráter notadamente tirânico, caracterizado por vícios como a cólera, a desmesura, a violência, de tal modo que seu fim exemplar enfatiza as diferenças entre os vícios de Filenor e seu contrário evidente: Clarimundo (conhecido no episódio como Belifonte) e suas virtudes. O repúdio à desmesura e à tirania revela-se no fim daquele que as encarnavas: "derrubado do cavalo por Belifonte, com pé preso, fez-se em mil pedaços". A hipérbole, figura de pensamento abundante no *Clarimundo*, cumpre sua função mais recorrente como artifício de elocução: a amplificação das virtudes ou vícios figurados na dramatização encomiástica. A cena conta ainda com a alegria do povo diante do extermínio da tirania: "E a este tempo já o povo da cidade saía em tanta quantidade, que cobria o campo, e todos juntamente a uma só voz davam graças a Deus"[15].

Com isso, observa-se que a representação do tirano, em vários momentos da narrativa, figura-se como antiexemplo, configurando a necessária dicotomia dos textos de ensinamento moral. Esse aspecto, se nos lembrarmos dos livros de ensinamento de príncipes e, sobretudo, do *Policraticus* de John de Salisbury, encontra-se recorrentemente na tratadística de educação áulica, sobretudo naquela que se vale dos exemplos históricos, contrapondo as dicotomias dos caracteres célebres da Antiguidade segundo suas virtudes e vícios. Quanto a

---

14. *Prymera Parte da Cronica do Emperador Clarimundo donde os Reys de Portugal Desçendem*, fl. xv r.
15. *Idem*, fl. xv v.

isso, é interessante ler uma passagem citada por Isabel Almeida do *De Regnandi Peritia*, obra dedicada a Carlos v por Agostinho Nifo, imitador de Maquiavel:

Invero troverai brevemente illustrati en questi libri tanto i comportamenti tirannici quanto quelli regali, così come nei libri di medicina si parla sia di veleni che di antidoti: i primi perché tu li eviti, i secondi per imitarli[16].

Nos livros de cavalaria em geral, sobretudo no *Clarimundo*, esse contraste é fartamente explorado, estabelecendo oposições de tal modo marcantes que ao leitor não há meios de escapar. Nesse sentido, numa dimensão do ensinamento, não há lugar para ambiguidades morais como se valorizará nos romances recentes, mas tão somente busca-se evidenciar o exemplo e enaltecê-lo pelo *chiaroscuro* da narrativa: assim, o rei exemplar, em oposição ao tirano, será aquele que se rege pela razão, pelo decoro, pelo comedimento, pela discrição e pela justiça, virtudes essas demonstradas nos feitos, nas relações estabelecidas com as dezenas de personagens, muitas vezes eficazes antagonistas que rapidamente desaparecem na narrativa, mas, por sua vez, sobrelevam o caráter do protagonista.

REFERÊNCIAS BIBLIOGRÁFICAS

ALMEIDA, Isabel de. *Livros Portugueses de Cavalaria: Do Renascimento ao Maneirismo*. Tese de Doutorado, Universidade de Lisboa, 1998.

BUESCU, Ana Isabel. *D. João III*. Lisboa, Temas e Debates, 2008 (Reis de Portugal).

CURTIUS, E. R. *Literatura Europeia e Idade Média Latina*. Trad. Teodoro Cabral e Paulo Rónai. Rio de Janeiro, Instituto nacional do Livro, 1957.

DÍAZ-TOLEDO, Aurélio Vargas. "Os Romances de Cavalaria Portugueses na sua Versão Impressa". *Os Livros de Cavalarias Portugueses dos Séculos XVI – XVIII*. Lisboa, Pearlbooks, 2012.

REBELO, Luís de Sousa. "Armas e Letras. Um Topos do Humanismo Cívico". *A Tradição Clássica na Literatura Portuguesa*. Lisboa, Horizonte, 1982.

---

16. Agostino Nifo, "De Regnandi Peritia", *apud* Isabel de Almeida, *Livros Portugueses de Cavalaria: Do Renascimento ao Maneirismo*, p. 207.

12

O Autorretrato de Montaigne

Elaine C. Sartorelli

UNIVERSIDADE DE SÃO PAULO

São muitos os títulos recentes acerca da "história da subjetividade", ou, para usar um termo de Foucault, nome seminal dessa abordagem, da "arqueologia" do sujeito. Sem aprofundar questões já debatidas em outras partes[1], e longe de tentar oferecer resultados conclusivos, esta investigação se deterá no cenário literário no qual se deu o surgimento em cena da *naturalidade* ou do *talento inato*. Em outras palavras, naquele momento em que o discurso passou a significar a autoexpressão de um escritor que reflete sobre si mesmo e exibe sua *sinceridade*, sem que ela reproduza efeitos de uma convenção genérica. Isso se deu no século XVI, momento histórico e cultural importante para "a constituição do sujeito como objeto para ele mesmo"[2]. Trataremos, portanto, do chamado sujeito moderno, o qual, segundo Renaut, se define por duas "propriedades": autorreflexão e autofundação[3]. E se é certo que ele teria surgido, como tal, com Montaigne e seu livro como autorretrato, procuraremos demonstrar em que

---

1. A tese de Telma Birchal e os trabalhos de Delruelle, Lecoint e Taylor, citados na Bibliografia, são apenas alguns exemplos.
2. Michel Foucault, *apud* J. Larrosa, "Tecnologias do Eu e Educação", em T. T. Silva (org.), *O Sujeito da Educação: Estudos Foucaultianos*, p. 55.
3. A. Renaut, *The Era of the Individual: a Contribution to a History of Subjetivity*, p. 76.

medida esse homem moderno que reflete sobre si mesmo e, ao fazê-lo, funda a si mesmo, é, no entanto, tributário da tradição clássica. Será nossa intenção ainda demonstrar que o elo entre o mundo antigo e Montaigne é Erasmo de Rotterdam. Erasmo preparou o caminho de Montaigne, e este é, por assim dizer e em certo sentido, o fruto mais perfeito que a árvore que aquele plantou poderia ter gerado.

Nos últimos anos de sua vida, Erasmo, que morreu em 1533, havia dedicado muito de seu tempo e energia em polêmicas defendendo, por um lado, o ensino do latim, e, por outro, o uso do latim como língua viva, adaptada a todas as circunstâncias. No primeiro caso, investia contra os "bárbaros" que recusavam a cultura clássica; no segundo, atacava os "ciceronianos", ou seja, aqueles que, por devoção ao orador romano, chegaram a proibir o emprego de qualquer vocábulo ou construção gramatical que não pudessem ser encontrados em seus discursos[4]. Impedidos de usar em latim não apenas as palavras do léxico cristão, mas também os nomes dos objetos, vestimentas e comidas que não existiam em Roma, os "ciceronianos" reservavam a língua latina para aquelas situações artificiais, em que a prioridade era a disputa pela exibição de habilidades oratórias. Para esses humanistas, o latim de todos os momentos de Erasmo soava como uma língua rebaixada e abastardada. Sua pronúncia com sotaque do Norte e sua escrita repleta de neologismos, helenismos e vocábulos cristãos indignos da elevação do idioma clássico, ao lado da acusação de que jamais revisava seus textos, fizeram com que fosse apelidado de *batauus barbarus*. De seu nome, fez-se o trocadilho *Erras, mus*[5]...

Contra esses italianos, o holandês publicou em 1528 o diálogo satírico *O Ciceroniano*, em que fazia a defesa da imitação composta, ou seja, a assimilação de vários modelos, contra a imitação exclusiva de Cícero. Uma vez que não apenas zombou impiedosamente dos ciceronianos, como apontou vários defeitos de Marco Túlio e ainda trouxe um catálogo de autores, da Antiguidade aos seus contemporâneos, que mostrava que absolutamente ninguém jamais havia conseguido atender às exigências do ciceronianismo, este texto despertou a ira não apenas de seus oponentes nessa questão, mas até mesmo a de seus amigos. Se em 1511, quando da publicação do *Elogio da Loucura*, suas ironias encontraram um público bem disposto para com suas críticas e sátiras, agora, em pleno cisma reformista, já não parecia ser possível rir-se impunemente. As reações contra o holandês, cuja posição se encontrava enfraquecida pela falência de seu

---

4. Ver, por exemplo, "Erasmo e os Ciceronianos", capítulo desta pesquisadora no livro *Cícero: Obra e Recepção*, organizado por I. T. Cardoso e M. Martinho.

5. Erras, rato.

projeto irenista pela eclosão da Reforma, foram brutais[6]. E uma delas, talvez a mais virulenta, partiu do italiano Giulio Bordone, que, com pseudônimo e sob o disfarce de uma vida toda inventada, havia se instalado em Agen, na Aquitânia. Sob o nome de Julius Caesar Scaliger, "the most vicious of Erasmus' French critics"[7], lançou de sua pequena cidade no Sul da França sua *Oratio Prima*, ou primeiro discurso *Pro M. Tullio Cicerone, contra Desiderium Erasmum Roterodamum*. O silêncio gélido de Erasmo (que não apenas não lhe respondeu como deu a entender publicamente que acreditava que o livro era de autoria de seu velho adversário Aleandro) levou o até então obscuro polemista a escrever uma *Oratio Secunda*. Cheia de "insultes criardes"[8], a obra de Scaliger contra Erasmo já foi chamada "the most signal monument of literary bitterness and inconsistency which the annals of controversy can display"[9]. Seguindo todas as regras do vitupério, e sem nenhum escrúpulo em intercalar críticas de teor literário a maledicências *ad hominem*, Scaliger fez fama internacional ao ousar atacar um nome como Erasmo de forma tão temerária e verdadeiramente truculenta.

Tal celebridade lhe rendeu posição "autocrata" na República das Letras local[10], época em que conheceu pessoalmente os jovens Montaigne e La Boétie.

É preciso lembrar aqui que o pai de Montaigne, Pierre de Eyquem, senhor de Montaigne, por alguma razão que não poderia ser senão por admiração expressamente à pessoa de Erasmo, ou indiretamente, a tudo aquilo que o holandês representava, decidiu, de forma absolutamente extravagante, que seu primogênito Michel aprenderia o latim como primeira língua. Ele no-lo conta no ensaio 26 do livro I, "Da Educação das Crianças"[11].

> Não é que o bem falar não seja bonito e bom, mas não é tanto como o apregoam, e lamento que toda a vida se passe nisso. Desejaria em primeiro lugar conhecer bem a minha língua e em seguida as dos vizinhos com quem tenho relações. O latim e o grego são sem dúvida belos ornamentos mas custam caro demais. Pois direi aqui o modo de aquisição mais barato que de costume, modo esse experimentado por mim mesmo. Quem quiser que o adote.

---

6. Ver, por exemplo, o capítulo "Erasmo sob Ataque: As Respostas de Scaliger e Dolet ao *Ciceroniano*", publicado por esta pesquisadora no livro *Vozes Clássicas, Ecos Renascentistas*.

7. J. H. M. Salmon, *Renaissance and Revolt: Essays in the Intellectual and Social History of Early Modern France*, p. 33.

8. E. V. Telle (ed.), *L'Erasmianus siue Ciceronianus d'Etienne Dolet* (1535), p. 428.

9. E. Smedley (ed.), "Ciceronianism", *Encyclopaedia Metropolitana, or Universal Dictionary of Knowledge*, p. 667.

10. M. E. Lowndes, *Michel de Montaigne. A Biographical Study*, p. 91.

11. As traduções dos *Ensaios* são de Sérgio Milliet.

Meu falecido pai, tendo procurado por todos os meios, entre homens de saber e de inteligência, a melhor forma de educação, percebia os inconvenientes do método então em uso. Disseram-lhe que o tempo que levávamos a aprender as línguas que a gregos e romanos nada haviam custado era o único motivo por que não podíamos alcançar a grandeza de alma e os conhecimentos dos antigos. Não creio que essa seja a única causa, mas o que importa no caso é a solução que meu pai encontrou. Logo que desmamei, antes que se me destravasse a língua, confiou-me a um alemão, que morreu médico famoso na França e que ignorava completamente o francês mas possuía perfeitamente o latim. Esse alemão, que meu pai mandara vir de propósito e pagava muito caro, ocupava-se continuamente de mim. Dois outros menos sábios do que ele acompanhavam-me sem cessar quando folgava o primeiro. Os três só me falavam em latim. Quanto aos outros de casa, era regra inviolável que nem meu pai, nem minha mãe, nem criados ou criadas, dissessem em minha presença senão as palavras latinas que haviam aprendido para se entenderem comigo. Excelente foi o resultado. Meu pai e minha mãe adquiriram conhecimento suficiente dessa língua para um caso de necessidade e o mesmo aconteceu com as outras pessoas que lidavam comigo. Em suma, tanto nos latinizamos que a coisa se estendeu às aldeias circunvizinhas, onde ainda hoje se conservam, pelo uso, vários nomes latinos de artífices e ferramentas. Quanto a mim, aos seis anos não compreendia mais o francês ou o dialeto da terra do que o árabe. Mas sem método, sem livros, sem gramática, sem regras, sem chicote e sem lágrimas, aprendera um latim tão puro quanto o do meu professor[12].

12. "Ce n'est pas à dire que se ne soit une belle et bonne chose que le bien dire, mais non pas si bonne qu'on la faict; et suis despit dequoy nostre vie s'embesongne toute à cela. Je voudrois premierement bien sçavoir ma langue, et celle de mes voisins, où j'ay plus ordinaire commerce. C'est un bel et gran agencement sans doute que le Grec et Latin, mais on l'achepte trop cher. Je diray icy une façon d'en avoir meilleur marché que de coutume, qui a esté essayée en moy mesme. S'en servira qui voudra. Feu mon pere, ayant fait toutes les recherches qu'homme peut faire, parmy les gens sçavants et d'entendement, d'une forme d'institution exquise, fut advisé de cet inconvénient qui estoit en usage; et luy disoit-on que cette longueur que nous mettions à apprendre les langues, qui ne leur coustoient rien, est la seule cause pourquoy nous ne pouvions arriver à la grandeur d'ame et de cognaissance des anciens Grecs et Romains. Je ne croy pas que ce en soit la seule cause. Tant y a que l'expédient que mon pere y trouva, ce fut que, en nourrice et avant le premier desnouement de ma langue, il me donna en charge à un Alleman, qui dépuis est mort fameux medecin en France, du tout ignorant de nostre langue, et tres-bien versé en la Latine. Cettuy-cy, qu'il avoit faict venir exprès, et qui estoit bien cherement gagé, m'avoit continuellement entre les bras. Il en eust aussi avec luy deux autres, moindres en sçavoir, pour me suivre, et soulager le premier. Ceux-cy ne m'entretenoient d'autre langue que Latine. Quant au reste de sa maison, c'estoit une reigle inviolable que ny luy mesme, ny ma mere, ny valet, ny chambrière, ne parloyent en ma compaignie qu'autant de mots de Latin que chacun avoit apris pour jargonner avec moy. C'est merveille du fruict que chacun y fit. Mon pere et ma mere y apprindrent assez de Latin pour l'entendre, et en acquirent à suffisance pour s'enservir à la nécessité, comme firent aussi les autres domestiques, qui étaient plus attachez à mon service. Somme, nous nous Latinisames tant qu'il en regorgea jusques à nos villages tout autour, où il y a encores, et ont pris pied par l'usage, plusieurs appellations latines d'artisans et d'utils. Quant à moy, j'avois plus de six ans avant que j'entendisse non plus de François ou de Perigoudin que d'arabesque. Et, sans art, sans livre, sans grammaire ou precepte, sans fouet et sans larmes, j'avois appris du latin, tout aussi pur que mon maistre d'eschole le sçavoit".

Na segunda metade do século XVI, Montaigne representou o caso, já então absolutamente único, de alguém para quem a língua latina era o idioma materno. O latim é, para ele, a língua daquilo que, nele, é *original* e *natural*, ou seja, espontâneo e reativo. Como é parte de sua *natureza*, é algo que não pode ser modificado. Por meio de uma citação em latim de Lucano (IV, 239-240) estabelece uma inesperada mas significativa comparação entre sua familiaridade com a língua latina e o comportamento dos animais selvagens que, ainda que domesticados, sentem o chamamento do instinto "se um pouco de sangue lhes toca a boca sedenta" (*si torrida paruus venit in ora cruor*). Nas poucas vezes em que se viu tomado de comoção, foram palavras latinas que lhe vieram à mente e à boca.

Não se arrancam as raízes das tendências originais; dissimulam-se tão somente. Assim a língua latina é para mim como minha língua materna; compreendo-a melhor do que o francês. Mas há quarenta anos não a utilizo nem para falar nem para escrever. Entretanto, quando me vi tomado de forte emoção, o que me aconteceu duas ou três vezes na vida, uma destas vendo meu pai cair inanimado em meus braços, minhas primeiras palavras foram em latim. Valendo-se das circunstâncias, a natureza, há muito reprimida, ressurgia[13].

Temos em Montaigne, então, uma combinação extraordinária e completamente singular de circunstâncias: aquele menino que, como se fosse de encomenda para o ideal erasmiano, havia aprendido latim como primeira língua, língua falada e cotidiana, formou-se intelectualmente em um ambiente cultural profundamente marcado pelos desdobramentos da controvérsia ciceroniana após a intervenção de Erasmo na polêmica.

Dentre todas as questões importantes a que Erasmo ofereceu sua interpretação no *Ciceroniano*, uma nos interessa aqui mais direta e propriamente. Para abordá-la, no entanto, vamos antes rodeá-la.

Primeiramente, é preciso lembrar que Erasmo escreveu o *Antibarbari*, uma das maiores defesas da cultura clássica de todos os tempos. Nele, o holandês preceitua não apenas a leitura, mas o convívio com os autores antigos a ponto da memorização e os transforma em exemplos não apenas literários, mas também morais, inclusive para os cristãos. Escreveu ainda o *De Copia*, manual em que ensinava como adquirir abundância, a fim de variar elocução e matéria.

---

13. "On n'extirpe pas ces qualitez originelles, on les couvre, on les cache. Le langage latin m'est comme naturel, je l'entens mieux que le François, mais il y a quarante ans que je ne m'en suis du tout poinct servy à parler, ny à escrire: si est-ce que à des extremes et soudaines emotions où je suis tombé deux ou trois fois en ma vie, et l'une, voyent mon pere tout sain se renverser sur moy, pasmé, j'ay tousjours eslancé du fond des entrailles les premieres paroles Latines: nature se sourdant et s'exprimant à force, à l'encontre d'un long usage".

Por exemplo, apresentou 195 possibilidades de dizer algo tão cotidiano quanto "tuae litterae me magnopere delectarunt". Essa obra de 1512 foi assombrosamente bem sucedida, com sessenta edições nos primeiros dezoito anos após sua primeira aparição, e atingiu a marca impressionante de 165 edições até 1569, o que dá uma média de três reedições por ano[14], dados que fazem dele o mais editado e influente dos manuais de oratória do século XVI (sendo que a própria palavra *oratória* era já no mínimo imprópria, uma vez que já estamos em plena era do livro impresso e que se tratava de escrever, não de declamar; de ser lido, não ouvido). Erasmo, que jamais cogitou escrever em qualquer outra língua que não o latim e que, por seus helenismos, era chamado "greguinho", *graeculus*, é, assim, uma espécie de campeão da Antiguidade e das virtudes retóricas clássicas, que sistematizou e divulgou incansavelmente.

É importante ressaltar ainda o papel de Quintiliano na proposta erasmiana para a formação da pessoa. O texto integral da *Institutio Oratoriae* foi descoberto por Poggio Bracciolini em 1415, e, desde então, o ideal humanístico de despertar e aperfeiçoar as tendências morais latentes nos alunos pôde penetrar também nas instituições de ensino, que, até então, imitavam a rigidez da vida monástica. Mas foi principalmente sob Erasmo que aquilo que era teoria da persuasão para o bem veio a se tornar uma teoria da educação.

Além disso, para Erasmo, é a literatura que nos torna humanos. Em seu universo todo feito de diálogos, mesclas e amálgamas, o holandês acreditava que alguém só se torna bom por meio de encontros com os "melhores autores". E, uma vez que ele ignorou sempre solenemente as línguas vernáculas, isso significava leitura dos clássicos. Por isso, previa em seu programa educacional uma gradação de autores da Antiguidade adequados para cada idade. Vale lembrar que essas recomendações levavam em conta não apenas a faixa etária, mas as tendências e pendores de cada um.

Mas Erasmo é ainda talvez o nome mais influente na história das boas maneiras, ou da etiqueta para a coexistência de desconhecidos em ambientes compartilhados. Assim, dedica boa parte de sua pedagogia à civilidade. Domar o corpo, pois, caminha ao lado do aprendizado das disciplinas humanísticas. O decoro do corpo (gestos, roupas, movimentos, expressões faciais, velocidade da caminhada etc) é também parte central da educação erasmiana, juntamente com a nutrição do intelecto trazida pela leitura dos clássicos. Assim, de acordo com Enterline, o programa erasmiano que pressupunha alcançar a *copia* retórica inaugurou um *curriculum* educacional no qual os escolares eram induzidos à

---

14. P. Mack, *A History of Renaissance Rhetoric. 1380-1620*, p. 76.

autorregulação, ou, poder-se-ia talvez dizer, a uma pesada repressão do corpo[15]. Se o cristianismo já havia regulamentado a sexualidade e os jejuns, o humanista tratou de sublinhar a linha divisória entre homens e o mundo animalesco. A partir dele, que levou seu cuidado ao ponto de observar mesmo a menor minúcia do comportamento social, todo tipo de secreção estava banida, de cuspir ou assoar o nariz na manga da roupa a urinar ou defecar à vista de outrem. Odores, ruídos corporais e excreções de qualquer tipo foram relegadas não apenas à vida privada, mas a lugares ocultos onde ninguém poderia vê-los, ouvi-los ou cheirá-los. Seu manual *De Civilitate Morum Puerilium*, por exemplo, é cheio de regras para contenção do corpo e seus gestos, expressões e secreções. Eis porque o vemos tão preocupado com temas como mastigação, espirros, catarro, gazes e suores quanto com a *latinitas*.

Sua concepção de educação tinha como objetivo afastar-se dos instintos e tornar-se uma pessoa civilizada, em toda a semântica da palavra, isto é, alguém com *urbanitas*. E esse processo de autoaprimoramento, que é também uma autoconstrução, é, *pari passu*, aquisição de cultura clássica. Para isso, apoiou-se nas propostas pedagógicas de Quintiliano para defender uma educação que permitiria que o melhor de cada um emergisse, em uma concepção de *natura* que é totalmente humana. Ser *natural*, para ele, significa possuir erudição e boas maneiras, fluência em latim e um refinamento que inclui a higiene pessoal.

Mas o humanista erasmiano é também aquele cujo discurso, autêntico e sincero, é sua autoexpressão. Há uma relação de consequência e necessidade entre o interior da pessoa e aquilo que ela fala ou escreve. Em outras palavras, o discurso de um orador é a manifestação externa daquilo que ele tem em seu interior, revelando-o. Assim, segundo Defaux, o desprezo de Erasmo pelos sofistas se deve ao fato de que, para ele, o discurso destes é "pura exterioridade"[16]. E, sendo assim, é puro artifício. Na melhor das hipóteses, é *fucus*. Em vez de o autor se dar a conhecer por meio dele, ele lhe serve de disfarce, por detrás do qual se oculta. Para Erasmo, no entanto, o discurso é "o espelho mais fiel e menos mentiroso da alma" (*certissimum minimeque mendax animi speculum*), porque há uma relação necessária entre aquilo que um homem é, essencialmente, e a forma como ele se expressa.

Há um outro conceito fundamental aqui, no qual a participação de Erasmo foi, uma vez mais, decisiva. E, uma vez mais, ela se deu na controvérsia ciceroniana sobre a imitação. É o conceito de *ingenium*, o qual representava um talento natural e inato para a poesia, ou algo como uma predisposição ao

---

15. L. Enterline, *The Rhetoric of the Body from Ovid to Shakespeare*, p. 25.
16. G. Defaux, *Marot, Rabelais, Montaigne: l'Écriture comme Présence*, p. 31.

furor, esse estado platônico de arrebatamento que reapareceu, por exemplo, em Boccaccio como um pendor incontornável e determinante para as letras[17]. Mas se esse *furor* poético separava o poeta, eleito, do restante dos mortais, não o individualizava ainda. Mesmo no Renascimento neoplatônico, falar do estilo de um autor seria pensar mais na categorização universalizante que em um caráter especificamente pessoal. Até Erasmo.

Antes dele, Pico della Mirandolla e Poliziano já haviam começado a esboçar o que virá a ser a concepção moderna de indivíduo, e é significativo que isso se dê no campo das controvérsias sobre imitação. Com esses autores, e com Erasmo, definitivamente, surgirá o *genius*, ou seja, o homem com seus talentos e pendores, seu estilo pessoal, sua individualidade. Com ele, decididamente, o talento e aquilo a que hoje chamamos inspiração se voltam para o natural, o inato. Não há, portanto, e nem pode haver, um discurso único, que seja o mesmo para todos. Há uma pluralidade de *genii*, os quais requerem uma pluralidade de modelos, e por isso a incessante busca erasmiana da *copia* e a constante defesa da *varietas*.

Com Erasmo, surge, pois, "essa retórica do *pectus*"[18]. E isso se deu precisamente no *Ciceroniano*, que versava sobre imitação e modelos. Sua prescrição é de que esta deveria se dar não apenas em conformidade com o público, o tema e as circunstâncias, mas também, e principalmente, de acordo com o gosto pessoal do imitador. Erasmo coloca a primazia no orador, e, para isso, toma de Poliziano a comparação entre o imitador e a abelha. Como esta, aquele coleta pólen de várias flores e, digerindo este material variegado, produz, em si mesma e de si mesma, o mel. Este é o resultado dos ingredientes mas também do processo de ingestão, digestão e transformação, após colher toda beleza possível a fim de filtrá-la através de seu coração, de tal forma que o resultado dessa operação seja o resultado de seu próprio talento, não um centão ou um mosaico.

Ao contrário de seus detratores, Erasmo não prioriza o esforço e o trabalho árduo, mas o prazer, a *alacritas*. Quando aquilo que se estuda e pratica vai ao encontro da *natura* do aspirante à eloquência, tudo colabora para o benefício deste; quando, no entanto, isso não ocorre, as inclinações naturais não são educadas, mas inutilmente torturadas. A uma moral do esforço, do trabalho, Erasmo opõe a natureza, o talento inato que se pode aperfeiçoar, não contrariar[19].

---

17. Ver J. Lecointe, *L'Idéal et la Difference: la Perception de la Personalité à la Renaissance*.
18. *Idem*, p. 42.
19. Michel Magnien (ed.), *Scaliger. Orationes duae contra Erasmum*, p. 25.

Logo, a primeira coisa que se deve examinar é esta: para qual estilo oratório a natureza te forjou. E, com efeito, se os astrólogos têm alguma credibilidade, ninguém é afortunado por acaso naquilo que é incompatível com seu nascimento. Quem nasceu para as musas nunca terá êxito na guerra. Quem nasceu para a guerra nunca escreverá bons poemas. Quem nasceu para o casamento nunca será um bom monge. Quem nasceu para a agricultura nunca achará próspero o palácio, e vice-versa[20].

O mel do imitador é, portanto, seu estilo pessoal, a síntese única, a mistura de suas leituras, referências e modelos e sua *natureza*. É essa natureza que o leitor deseja encontrar. Assim, Erasmo é aquele que insiste que os textos são valiosos não tanto "porque palavras significam ideias, mas porque palavras podem transmitir presença e possibilitar que o leitor encontre o autor (seja ele Cristo, Cícero ou um amigo contemporâneo distante) como se fosse em pessoa"[21]. Suas obras têm especial predileção por mimetizar conversas reais: diálogos, colóquios, cartas familiares, declamações, e, no entanto, ele foi o grande nome daquele primeiro momento do livro impresso, em que, após a revolução de Gutenberg, os humanistas desenvolveram uma problemática da *escrita*, do "falar ao papel". Para ele, traduzir, comentar, editar, anotar, parafrasear são formas equivalentes a conversar (*lectio colloquium quoddam esse videtur*). Nesse sentido, quase não importa se sua conversação se estabelece com amigos vivos ou com autores clássicos, mortos havia séculos. Faz sentido, portanto, que tenha ignorado as línguas vernáculas, uma vez que o latim é único idioma capaz de dialogar com o passado clássico, com a República das Letras de seus contemporâneos e com toda a cristandade futura.

Para procurá-lo, como se fosse em pessoa, devemos, pois, buscá-lo nas letras escritas (e somente em latim, que não era sua língua materna). Embora ele não o diga com essas palavras, os textos são o retrato de seu autor.

Mas se a singularidade só pode ser exercida se forem conhecidas as disposições naturais, e estas podem ser aprimoradas, mas jamais devem ser negadas ou violadas, então poder-se-ia dizer que isso é retórica?...

Se o discurso é a expressão sincera de um indivíduo, uma manifestação de seu *genius*, por que, então, ensinar quase duzentas formas de dizer uma coisa? A resposta que esta investigação oferece não pode ser senão aquela segundo a qual o *De Copia* não pretendia ensinar duzentas maneiras de mentir, mas antes

---

20. "Illud igitur in primis inspiciendum est, ad quod dicendi genus te natura finxerit. Etenim, si qua fides astrologis, nemo temere fortunatus est, in eo a quo genesis abhorret. Qui Musis natus est, nunquam felix erit in bello. Qui bello natus est, nunquam scribet felicia poemata. Qui coniugio natus est, nunquam erit bonus monachus. Qui agriculturae natus est, nunquam huic erit aula prospera et contra" (Cic., 1047-1050). As traduções do *Diálogo Ciceroniano* são da autora.
21. C. M. Furey, *Erasmus, Contarini, and the Christian Republic of Letters*, p. 11.

representava a tentativa de conferir a cada um a possibilidade de se expressar da forma mais precisa. E esta seria aquela que mais conviesse às circunstâncias, ao tema e ao auditório, mas também, e principalmente, à *natureza* do autor. Seu modelo é Paulo, que "é tão mutável que, por vezes, parece dizer coisas contraditórias", mas que é em toda parte "perfeitamente coerente consigo mesmo" (denique dum sese accommodat omnibus, tam varius est, ut interdum videatur contrarius sibi, ac pugnantia loqui, quum sibi maxime constet undique) (LB 782 AB). O contraexemplo é o ciceroniano, que, ao produzir um discurso cuja intenção é parecer de outrem, não pode senão mentir.

Um pequeno trecho do *Ciceroniano* resume essa questão, em todos os seus ângulos. Quando Nosópono, candidato a novo Túlio, defende sua atitude de ler apenas Cícero porque "aqueles que passam muito tempo ao sol adquirem uma cor e que aqueles que passam longo tempo sentados em uma perfumaria levam consigo o perfume do lugar, quando se vão", a resposta é que isso é algo que vem "de fora", que não pertence a ele.

Tudo o que levam consigo é uma tintura na pele e uma aura que imediatamente se desvanece. Que aqueles que se contentam com esta glória se demorem nos odores aromáticos e nas roseiras de Cícero e aqueçam-se ao sol dele! Se há bons aromas, eu preferiria desaguá-los no meu estômago, transportá-los por minhas veias, não somente para aspergir meus vizinhos com um leve perfume, mas também para aquecer-me todo e tornar-me mais vigoroso, de forma que, toda vez que o assunto o exija, saia de mim uma voz que possa parecer saída de um ânimo sadio e bem nutrido. Pois um discurso que prenda o ouvinte, que o comova e que o arraste ao estado de espírito que desejar nasce das entranhas mais profundas, e não da epiderme.

A retórica dos sofistas/ciceronianos é "tintura na pele", é "uma aura", e, como os "aromas", fixam-se sobre a pele. O discurso verdadeiro, no entanto, é aquele que é ingerido, assimilado, transportado através das veias a fim de nutrir. É o discurso das "entranhas mais profundas, não da epiderme".

O perfume que adere à pele vem "de fora" e permanece "por fora". Já o pólen ingerido pela abelha é transformado "dentro" dela e, a partir dela, produz o mel. O mel veio de fora, mas, processado interiormente, volta para o mundo exterior sob outra forma, diferente dos seus componentes iniciais. A imitação voltada para "parecer" Túlio é exterior, é um perfume que impregna as roupas ou a pele, mas a imitação proposta por Erasmo é aquela em que os modelos são mandados "para dentro" do corpo, digeridos, processados, transformados. Quando esse imitador produz um discurso, este tem o sabor dos "ingredientes", seus modelos e referências, mas é um produto absolutamente único. Erasmo valoriza, pois, a singularidade e, como insinua Chomarat, introduz a subjetividade "antes de Montaigne"[22].

Se a insistência de Erasmo na variedade adquirida a partir da leitura dos modelos antigos só era possível pelas redescobertas dos textos da Antiguidade clássica realizadas pelos humanistas, sua sinceridade, ou seja, a coincidência entre discurso e pensamento, parece ser algo tributário, senão mesmo típico, do cristianismo. Este, como primeira grande máquina de propaganda em escala global, visava a garantir a adesão de todos a uma crença. Mas isso se dava, e essa era a novidade, apelando à interioridade de cada um. Trata-se não de imposição, mas de conversão, e esta não pode ser senão escolha, a qual é tomada depois de uma experiência que só podia ocorrer dentro e, portanto, só podia ser individual. Foi nesse sentido que o cristianismo inventou uma vida interior, frequentemente contrária àquela identidade social advinda de coisas tais como origem, pátria ou posição social. Nesse sentido, o cristianismo trouxe uma noção nova de responsabilidade, segundo a qual o homem poderia ser livre interiormente, ainda que escravo exteriormente. Diferentemente de religiões de práticas e ritos, no cristianismo contava, antes de tudo, a fé. Atos exteriores, por si só, nada significavam; era a sinceridade do crente que tornava os atos significativos.

Uma vez que existe uma vida "interior", existe, também, um discurso que mapeia a alma. Foi nesse ambiente que surgiu o gênero *confissões*, foi nesse universo que surgiu a autobiografia voltada não apenas para o registro dos fatos, mas também dos eventos anímicos, como a de Pedro Abelardo, o filósofo da *intenção*.

Aqui faz-se necessário lembrar que Erasmo, monge reticente, era, por outro lado, um cristão que se declarava totalmente convicto. Um dos fundamentos de sua polêmica contra os ciceronianos é que, uma vez que estes, por lealdade a Cícero, proibiam o léxico cristão, o holandês os acusará de formar uma seita. No gravíssimo momento em que a Reforma dividia a cristandade, os ciceronianos o atacavam por questiúnculas gramaticais, que lhe pareciam absolutamente ociosas. Ademais, seu conceito de *genius* emergiu da polêmica ciceroniana, e Erasmo chamava aos ciceronianos pagãos, porque sua devoção a Cícero os impedia de conceder à religião seu jargão próprio.

Estamos, pois, em um cenário em que se admite a existência de disposições inatas, singulares e intransferíveis, que não podem ser simplesmente passadas do modelo ao imitador, o qual também deve procurar escrever para expressar

---

22. J. Chomarat, *Grammaire et Rhétorique chez Érasme*, p. 729.

essas particularidades e se dar a conhecer ao leitor por meio delas. De outra forma, o texto seria como pintar um retrato "de fora", ou seja, sem o *pectus*. Daí a anedota contada por Hipólogo acerca de certo Múrio, que, tendo encomendado seu retrato a um pintor, foi sendo sucessivamente pintado conforme as roupas que usava, a barba daquele dia, a luz do ambiente, as transformações que seu rosto sofria em decorrência de resfriados etc. Esse retrato, por mais realista que fosse, conseguiria apenas representar aspectos exteriores, acidentais. A conclusão é que, por mais que alguém conseguisse reproduzir Cícero quanto a suas expressões, características, vocabulário etc, jamais conseguiria reproduzir "aquele famoso coração de Cícero" (*pectus illud Ciceronis*)[23].

23. "Certo pintor desse tipo nos levou ao riso não faz muito tempo. 690. Havia aceitado retratar ao vivo nosso camarada Múrio e, como não podia reproduzir a verdadeira forma deste homem, olhava-o em volta, caso houvesse algo notável em seu corpo ou vestimenta. Havia começado no verão e em grande parte já havia acabado o quadro; havia pintado o anel que usava, havia pintado a algibeira e o cinto; em seguida pintou-lhe cuidadosamente o chapéu na cabeça. Deu-se conta de que no indicador da mão esquerda havia uma cicatriz e também a pintou com exatidão. Em seguida, na direita, ali por onde a mão se une ao braço, viu uma grande protuberância e não a deixou por menos. Representou também, por sua vez, uns quantos pelos em sentido contrário no supercílio direito. Da mesma forma, pintou à esquerda da boca uma cicatriz, vestígio de um ferimento. Quando retornou, pois voltava com frequência a seu modelo, pintou-lhe um novo queixo, uma vez que o viu de barba feita; depois, quando a barba lhe havia crescido um pouquinho, porque ao modelo lhe agradava mais assim, mudou-lhe o queixo outra vez. Nesse ínterim, sobreveio a Múrio uma febrezinha e, como costuma acontecer, esta, ao retroceder, produziu-lhe uma erupção no lábio. O pintor reproduziu a pústula... Chegou enfim o inverno, e o modelo colocou um chapéu diferente, e o pintor mudou também a pintura. Aquele vestiu roupas de inverno com peles; este pintou essa nova roupa. O rigor do frio havia lhe mudado a cor e sua pele, como costuma acontecer, havia se contraído; este mudou toda a pele; aquele havia apanhado um catarro que lhe havia danificado o olho esquerdo e que lhe havia posto o nariz um pouco mais inchado e muito mais avermelhado, de tanto assoar-se frequentemente; este lhe pintou um novo olho e um novo nariz. 695. Se alguma vez via o modelo despenteado, reproduzia-lhe os cabelos desalinhados; por outro lado, se o via penteado, compunha-lhe a cabeleira; se acaso Múrio adormecia enquanto estava sendo pintado, representava-o adormecido; aquele tomara por conselho médico um remédio que lhe acrescentava algo de velho; este lhe mudou a cara. Se tivesse podido retratar a verdadeira e genuína forma do homem, não teria recorrido a estes *parerga*. Assim, pois, se imitarmos Cícero deste modo, com razão Horácio nos gritará isto: *Ó imitadores, servil rebanho, como vosso tumulto me leva tantas vezes ao riso, tantas vezes à zombaria!* Mas supõe que em Cícero tenhamos representado com sucesso tudo o que há num homem que um pintor perfeito possa retratar; onde está aquele famoso coração de Cícero, onde sua invenção de temas tão copiosa, tão fértil, onde seu método de disposição, onde o desenvolvimento de suas proposições, onde sua ponderação ao tratar os argumentos, onde seu poder de mover as paixões, onde seu encanto para deleitar, onde sua memória tão fértil e rápida, onde seu conhecimento de tantos temas, onde, enfim, aquela famosa inteligência que se respira até hoje em seus escritos, onde aquela famosa genialidade que produz uma peculiar e secreta energia? Se faltam estas coisas, quão fria será a imagem de nossa imitação!" (*Cic.*, 689-695).

Pois, se o texto deve se passar pelas veias e sair do coração, e se ele deve ser o espelho do escritor, que, por meio dele, se apresenta e se mostra, resulta então que, necessariamente, um texto só pode ser um autorretrato.

Estamos a um passo da subjetividade moderna inaugurada por Montaigne...

Em seus Ensaios (essays, "tentativas"), cuja primeira edição data de 1580, Montaigne realiza sua "captatio beneuolentiae au Lecteur" afirmando, primeiro que tudo, sua sinceridade: "C'est icy un livre de bonnefoy, lecteur". E, em seguida, sua ausência de propósito; a única finalidade de seu livro é "la commodité particuliere de mes parens et amis: à ce que m'ayant perdu (ce qu'ils ont à faire bientost) ils y puissent retrouver aucuns traits de mes conditions et humeurs, et que par ce moyen ils nourrissent plus entiere et plus vifve, la connoissance qu'ils ont eu de moy". Seu texto é seu retrato, e Montaigne deseja ser visto "en ma façon simple, naturelle et ordinaire, sans contention et artifice". Afinal, seu livro é um autorretrato ("car c'est moy que je peins"). *Au vif* e em sua *forme naïfve*, ele de bom grado se pinta por inteiro e inteiramente nu ("volontiers peint tout entier, et tout nud"). Pela primeira vez nas letras, o escritor afirma que ele e sua matéria coincidem completa e necessariamente: "je suis moy-mesmes la matiere de mon livre", e sem nenhuma outra finalidade que não seja dar-se a conhecer. E ele não é tampouco um escritor arquetípico e indiferenciado, mas um homem singular, localizado no espaço ("de Montaigne") e no tempo ("ce premier de Mars mille cinq cens quatrevingts").

Eis aqui, leitor, um livro de boa-fé.

Adverte-o ele de início que só o escrevi para mim mesmo, e alguns íntimos, sem me preocupar com o interesse que poderia ter para ti, nem pensar na posteridade. Tão ambiciosos objetivos estão acima de minhas forças. Votei-o em particular a meus parentes e amigos, e isso a fim de que, quando eu não for mais deste mundo (o que em breve acontecerá), possam nele encontrar alguns traços de meu caráter e de minhas ideias e assim conservem mais inteiro e vivo o conhecimento que de mim tiveram. Se houvesse almejado os favores do mundo, ter-me-ia enfeitado e me apresentaria sob uma forma mais cuidada, de modo a produzir melhor efeito. Prefiro, porém, que me vejam na minha simplicidade natural, sem artifício de nenhuma espécie, porquanto é a mim mesmo que pinto. Vivos se exibirão meus defeitos e todos me verão na minha ingenuidade física e moral, pelo menos enquanto o permitir a conveniência. Se tivesse nascido entre essa gente de quem se diz viver ainda na doce liberdade das primitivas leis da natureza, asseguro-te que de bom grado me pintaria por inteiro e nu[24].

---

24. "C'est icy vn Liure de bonne foy, Lecteur. Il t'aduertit dés l'entrée, que ie ne m'y suis proposé aucune fin, que domestique et priuee: ie n'y ay eu nulle considération de ton seruice, ny de ma gloire: mes forces ne sont pas capables d'vn tel dessein. Ie l'ay voué à la commodité particulière de

Montaigne, pois, escreveu o livro para que seus conhecidos pudessem encontrar nele traços do seu *caráter*, ou seja, para que convivessem com seu livro quando ele já não estivesse presente, como se o livro fosse ele mesmo. Por isso, deseja mostrar-se em sua *simplicidade natural* e *sem artifícios*. Afinal, nesse livro, ele *pinta* a si mesmo a fim de que, nesse autorretrato, todos possam ver sua *ingenuidade*. Essa palavra, cuja raiz compartilha com *genius*, diz respeito às qualidades inatas, uma vez que, em latim, *ingenuitas* denotava a condição do nascimento livre. Se tivesse nascido ainda mais livre, como, por exemplo, os indígenas brasileiros de que falará depois, ele voluntariamente pintaria a si mesmo por inteiro e todo nu.

Montaigne, que afirma querer oferecer ao mundo uma pintura de si mesmo, feita de palavras. E não apenas um retrato, mas um retrato de si mesmo todo, inteiro, todo nu. Nas palavras de Nakam, "Il y reproduit son corps. Le livre lui-même est un corps vivant"[25]. Em nossa opinião, Montaigne não reproduz seu corpo; mas antes *produz* sua individualidade por meio da prática da *copia*, a qual deve servir para apreender diferenças, levá-las em conta. As tentativas (*essais*) de se expressar mostram que Montaigne está procurando duzentas maneiras de *se* dizer.

Mas, como no caso do retrato de Múrio, não se trata do retrato exterior. Se o fosse, seu retrato teria de ser refeito todo o tempo, uma vez que, como nos lembra Rigolot, a palavra *visage* aparece nos Ensaios principalmente para designar uma quantidade[26]. Montaigne fala em "tous visages" (I, 20, 86), "toute espece de visage" (I, 34, 220), "plusieurs visages" (III, 13, 1087), "divers visages" (I, 14, 54; I, 40, 252; II, 12, 515), "cent visages" (I, 26, 151; I, 50, 302), "mille visages" (III, 9, 983), "tant de visages" (I, 24, 129; II, 12, 475; II, 12, 546; II, 12, 579; II, 32, 726; II, 33, 734). E, finalmente, ele se refere a "l'infinie diversité de visages" (III, 13, 1076). Um retrato tão mutável, tão aparentemente inalcançável, e todas essas faces no plural não parecem ter a intenção de nos dar uma descrição técnica e

---

mes parens et amis: à ce que m'ayans perdu (ce qu'ils ont à faire bien tost) ils y puissent retrouuer aucuns traicts de mes conditions et humeurs, et que par ce moyen ils nourrissent plus entière et plus visue la connoissance qu'ils ont eu de moy. Si c'eust esté pour rechercher la faueur du monde, ie me fusse mieus paré et me presanterois en vne marche estudiee. Ie veux qu'on m'y voye en ma façon simple, naturelle et ordinaire, sans contantion et artifice : car c'est moy que ie peins. Mes défauts s'y liront au vif et ma forme naifue, autant que la reuerence publique me l'a permis. Que si l'eusse esté entre ces nations qu'on dit viure encore souz la douce liberté des premières loix de nature, ie t'asseure que ie m'y fusse tres-volontiers peint tout entier, et tout nud. Ainsi, Lecteur, ie suis moy-mesme la matière de mon liure, ce n'est pas raison que tu employes ton loisir en vn subiect si friuole et si vain. A Dieu donq. De Montaigne, ce premier de mars, mille cinq cens quatre vins".

25. G. Nakam, *Montaigne. La Manière et la Matière*, p. 205.
26. F. Rigolot, *Les Metamorphoses de Montaigne*, p. 151.

precisa. É um retrato que não poderia ser pintado de fora, mas apenas de dentro. É um retrato não dos traços físicos, mas da essência. A despeito disso, ou por causa disso, Montaigne diz que ele está pintando não apenas um retrato, mas um autorretrato no qual ele se mostra "tout entier, tout nud".

Segundo Blanchard, Montaigne faz seu retrato pela mescla de três outros "retratos" (o do amigo, La Boétie; o da dama; e o do selvagem, ou seja, o do canibal brasileiro tupinambá)[27]. Isso não é exatamente biográfico... É antes uma escrita que se serve do retrato, não apenas, ou não exatamente, como ocasião de representação, ainda que literária ou genérica, mas como possibilidade de refletir sobre a imagem. A imagem não como representação, mas como *constituição*.

Nesse sentido, teremos aqui, nos traços físicos que Montaigne nos oferece como autodescrição (quase calvo, de cabelos grisalhos, com uma barbicha cinza) praticamente uma descrição genérica de filósofo, que não o singulariza. Mas sua descrição de si em relação à história de seu tempo (a descoberta do Novo Mundo, por meio do tupinambá) e como produto da sede de cultura de seu pai e interlocutor de La Boétie, por exemplo, representam uma máscara. Mas uma máscara que, longe de o ocultar, revela-o em sua singularidade.

Mas há algo de importante ainda. Cave diz que o retrato, ou, ao menos, o desejo de constituir um retrato, ou, diríamos, de se constituir em retrato, é prisioneiro deste dilema: lá onde a singularidade e a individualidade são buscadas, pratica-se ainda o empréstimo, ou seja, a imitação[28]. O sujeito (palavra agora revestida de novo significado) desejoso de se exprimir deve, para ser legitimado, falar uma língua compartilhada por todos, povoada pelas referências acessíveis a todos. Montaigne tem a ambição de ser individual, pessoal, singular, ele mesmo. Ele diz: "Les autheurs se communiquent au peuple par quelque marque particulière et estrangère; moy le premier par mon estre universel, comme Michel de Montaigne, non comme grammairien ou poëte ou jurisconsulte" (III, 2, 805). Ele é, pois, Michel de Montaigne. Mas quem é Michel de Montaigne se não um *escritor* herdeiro da tradição clássica e que se impôs a si mesmo a tarefa de se apresentar, inteiro e nu, por meio de palavras? Ele inventa um gênero novo, mas isso mesmo implica uma vontade de recuperar, na constituição de uma representação nova, a herança. Montaigne foi também um grande leitor, um grande amante de textos e de monumentos. Em suma, ele foi um conservador.

Montaigne, o inventor da subjetividade, o primeiro *eu mesmo* da literatura, confortável na instabilidade, na impermanência, naquilo que é transitório e fugaz, foi também, e primitivamente, um homem clássico, que aprendeu o la-

---

27. M. E. Blanchard, *Trois Portraits de Montaigne: Essai sur la Représentation à la Renaissance*, p. 24.
28. T. Cave, *The Cornucopian Text. Problems of Writing in the French Renaissance*, p. 288.

tim como língua nativa, que conhecia todo o monumento da literatura antiga, que fez de Plutarco seu interlocutor e que é, ele mesmo, a mais extraordinária tentativa de colocar Erasmo em prática. A obra de Montaigne é uma demonstração da *copia*, cujo assunto é Montaigne mesmo.

Em outro momento, ele afirma que "ce ne sont mes gestes que j'escris, c'est moy, c'est mon essence" (II, 6). "Les autheurs se communiquent au peuple par quelque marque particulière et estrangère;moy le premier par mon estre universel, comme Michel de Montaigne, non comme grammairien ou poëte ou jurisconsulte" (III, 2, 805). Este, Michel de Montaigne, dirá depois que seu livro é seu "moy mesme" e, com isso, terá influência decisiva na teorizações sobre autoria e subjetividade. Longe de acreditar que "seja você mesmo" é, como hoje em dia, uma ruptura com a tradição, o sujeito moderno montaigneano é precisamente o resultado da soma de suas disposições naturais com os modelos herdados da Antiguidade. Erasmo, o homem que esteve em toda parte sem se encaixar em parte alguma, é seu antepassado.

Além disso, naquele momento, no século XVI, havia a novidade do retrato, já não apenas dos reis e dos nobres, mas dos homens comuns. Não mais do rei pintado como um deus grego em um cavalo em pose bélica, mas do rosto. O retrato como representação realística do homem comum é uma invenção do século XVI, e visa a mostrar a especificidade, a singularidade de cada um. Vemos, então, rostos (a parte mais identificável do corpo de alguém), e, para melhor garantia da identificação, os artistas acrescentam à composição objetos ou roupas que assegurem o reconhecimento do retratado (livros, uma pena, um astrolábio etc). Roupas e chapéus também contribuem para o estabelecimento de sua posição social. Assim, uma efígie permite construir uma identidade por meio de uma máscara – máscara que não esconde, mas revela o caráter. O século XVI representa o apogeu desse processo crescente de descoberta e apresentação (mais do que representação) do individual. O retrato do século XVI é um novo gênero, cujo desenvolvimento foi sem dúvida facilitado por uma novidade: o uso generalizado do espelho. Esse processo, típico do Renascimento, foi chamado por Greenblatt de *self-fashioning*[29]. A autoexpressão daquilo que é natural é, portanto, cultural. É concomitante à autoconstrução.

O retrato de Montaigne tem como modelo o canibal tupinambá. Um homem todo nu, ou seja, sem as roupas, chapéus e medalhas, símbolos exteriores de poder e de legitimação social.

Mas o canibal é alguém que come outras pessoas. Tudo aquilo que ele é, ele o leva consigo, dentro dele. É exatamente a mesma coisa que Montaigne faz – ele

---

29. S. Greenblatt, *Renaissance Self-Fashioning. From More to Shakespeare*.

"come" os clássicos e os digere e os assimila e os transforma em algo de diferente. Erasmo, como seu mestre Poliziano, prescrevia ser como a abelha. Montaigne, como o tupinambá, "come" suas referências para se alimentar e tudo aquilo que ele é agora e doravante é já interior, está nele, é ele. Então, a constituição do autor moderno, a subjetividade estabelecida por Montaigne, não é originalidade ou ruptura, mas um banquete no qual todos os clássicos foram consumidos e digeridos.

REFERÊNCIAS BIBLIOGRÁFICAS

BARRAL-BARON, Marie. *L'Enfer d'Érasme. L'Humaniste Chrétien Face à l'Histoire*. Genève, Droz, 2014.

BIRCHAL, T. S. *Montaigne e seus Duplos: Elementos para uma História da Subjetividade*. Tese de Doutorado em Filosofia, Universidade de São Paulo, 2000.

_____. & SILVA, F. L. *O Eu nos Ensaios de Montaigne*. São Paulo, Humanitas, 2007.

BLANCHARD, M. E. *Trois Portraits de Montaigne: Essai sur la Représentation à la Renaissance*. Paris, A. G. Nizet, 1990.

CAMPION, Edmund J. *Montaigne, Rabelais, e Marot as Readers of Erasmus*. Lewiston/ Queenston/Lampeter, Edwin Mellen, 1995.

CAVE, T. *The Cornucopian Text. Problems of Writing in the French Renaissance*. Oxford, Oxford University Press, 1985.

CHOMARAT, J. *Grammaire et Rhétorique chez Érasme*. Paris, Belles Lettres, 1984, 2 vols.

DEFAUX, G. *Marot, Rabelais, Montaigne: l'Écriture comme Présence*. Paris, Champion-Slatkine, 1987.

DELLANEVA, J. (ed.). *Ciceronian Controversies*. Cambridge, Harvard University Press, 2007. (The I Tatti Renaissance Library).

DELRUELLE, E. *Metamorfoses do Sujeito. A Ética Filosófica de Sócrates a Foucault*. Trad. Susana Silva. Lisboa, Instituto Piaget, 2009.

ENTERLINE, L. *The Rhetoric of the Body from Ovid to Shakespeare*. Cambridge, Cambridge University Press, 2000.

ÉRASME. *Éloge de la Folie et Autres Écrits*. Édition de J. C. Margolin. Paris, Gallimard, 2010 (Folio Classique).

ERASMO. *Diálogo Ciceroniano*. Trad. e notas Elaine C. Sartorelli. Paris/São Paulo, Lavoir/ Folha de S. Paulo, 2015.

ERASMO DE ROTERDÃ. *Diálogo Ciceroniano*. Tradução, introdução e notas de E. C. Sartorelli. São Paulo, Unesp, 2013.

ERASMUS. *Opera Omnia* I/2. Amsterdam, [s. ed.], 1971.

_____. *Dialogus Ciceronianus*. Berkeley, University of California Library, 1919.

FUMAROLI, Marc. *L'Age de l'Eloquence. Rhétorique et Res Literária de la Renaissance au Seuil de l'Époque Classique*. Gèneve, Droz, 1996.

FUREY, C. M. *Erasmus, Contarini, and the Christian Republic of Letters*. Cambridge, Cambridge University Press, 2006.

GREENBLATT, S. *Renaissance Self-Fashioning. From More to Shakespeare*. Chicago/London, The University of Chicago Press, 1984.

LARROSA, J. "Tecnologias do Eu e Educação". *In*: SILVA, T. T. (org.). *O Sujeito da Educação: Estudos Foucaultianos*. Petrópolis, Vozes, 1994.

LECOINT, Jean. *L'Idéal et la Difference: La Perception de la Personalité à la Renaissance*. Genève, Droz, 1993.

LEVI, A. H. T. (ed.) *Desiderius Erasmus. The Collect Works of Erasmus. Literary and Educational Writings*. Edited by A. H. T. Levi. Toronto, University of Toronto Press, 1986.

LOWNDES, M. E. *Michel de Montaigne. A Biographical Study*. Cambridge, Cambridge University Press, 1898, vol. 6.

MACK, P. *A History of Renaissance Rhetoric. 1380-1620*. Oxford, Oxford University Press, 2011.

MAGNIEN, Michel (ed.). *Scaliger. Orationes duae contra Erasmum*. Gèneve, Droz, 1999.

MANN-PHILIPS, Margaret. "Érasme et Montaigne". *Colloquia Erasmiana Turonensia*. Paris, J. Vrin, 1972, vol. 1, pp. 479-501.

MONTAIGNE, Michel de. *Les Essays de Montaigne d'après l'Exemplaire de Bordeaux*. Disponível em "The Montaigne Project": https://www.lib.uchicago.edu/efts/ARTFL/projects/montaigne/

_____. *Ensaios*. Trad. e notas de Sérgio Milliet. São Paulo, 34, 2016.

MORRIS, C. *The Discovery of the Individual. 1050-1200*. Toronto/Buffalo/London, University of Toronto Press/Medieval Academy of America, 2004.

NAKAM, G. *Montaigne. La Manière et la Matière*. Paris, H. Champion, 1991.

NAUERT, C. G. (ed.). *Desiderius Erasmus. The Correspondence of Erasmus. Letters 1658 to 1801 (January 1526 - March 1527)*. Toronto/Buffalo/London, University of Toronto Press, 2003.

RENAUT, A. *The Era of the Indivídual: a Contribution to a History of Subjetivity*. New Jersey, Princeton University Press, 1997.

RIGOLOT, F. *Les Metamorphoses de Montaigne*. Paris, Presses Universitaires de France, 1988.

SALMON, J. H. M. *Renaissance and Revolt: Essays in the Intellectual and Social History of Early Modern France*. Cambridge, Cambridge University Press, 1987.

SARTORELLI, E. C. "Erasmo e os Ciceronianos". *In*: CARDOSO, I. T. & MARTINHO, M. (org.). *Cícero: Obra e Recepção*. Coimbra, Imprensa da Universidade de Coimbra, 2019.

_____. "Erasmo sob Ataque: As Respostas de Scaliger e Dolet ao Ciceroniano". *Vozes Clássicas, Ecos Renascentistas: Intertextualidade, Epigrama, Autores Revisitados*. São Paulo, Humanitas, 2017.

SCOTT, I. *Controversies over the Imitation of Cicero as a Model for Style and Some Phases of their Influence on the Schools of the Renaissance*. New York, Columbia University, 1910.

SMEDLEY, E. (ed.). "Ciceronianism". *Encyclopaedia Metropolitana, or Universal Dictionary of Knowledge*. London, [s. ed.], 1845.

TAYLOR, C. *As Fontes do Self: A Construção da Identidade Moderna*. São Paulo, Loyola, 2005.

TELLE, E. V. (ed.). *L'Erasmianus siue Ciceronianus d'Etienne Dolet (1535)*. Introduction, fac-similé de l'édition originale du De Imitatione Ciceroniana. Commentaires et appendices. Genève, Droz, 1974.

13

A "Visão Imaginária"
Apontamentos Sobre Imaginação e Retórica na Inglaterra de William Shakespeare

Lavinia Silvares
UNIVERSIDADE FEDERAL DE SÃO PAULO

> *As imagens nos ocorrem mesmo quando*
> *estamos de olhos fechados.*
> ARISTÓTELES, *De Anima.*

> *A visão imaginária de minha alma*
> *Mostra tua sombra aos meus olhos cegos.*
> SHAKESPEARE, Soneto 27.

Quando uma série de transformações políticas e sociais desestabiliza a rígida ordem dos regimes absolutistas europeus ao longo do século XVIII, a retórica – até então compreendida como doutrina fundamental para as composições artísticas – se fragmenta e desprende de outras disciplinas historicamente ligadas a ela, sobretudo a poética, a ética e a lógica[1]. À medida que a retórica passa a ser vista como um instrumento persuasivo típico do âmbito aristocrático e de seus

---

1. Cf. Brian Vickers, "Rhetoric and Poetics", em Charles Schmitt & Quentin Skinner, *The Cambridge History of Renaissance Philosophy*; Peter Mack, *A History of Renaissance Rhetoric, 1380-1620*. Para uma discussão mais ampla desse tema, ver especialmente Vickers ("Rhetoric and Poetics", p. 715), em que aponta o isolamento de termos retórico-poéticos como "a product of post-Romantic literary theory, deriving from a period in which traditional rhetoric had been banished from education". O presente artigo sobre imaginação na Inglaterra de Shakespeare foi originalmente pensado para uma comunicação oral, e apresenta apenas uma visão mais panorâmica sobre um assunto complexo e profundamente dinâmico. Para uma discussão de viés comparatista entre o conceito de imaginação no Romantismo inglês e na era elisabetana, recomenda-se a pesquisa de Jonathan Bate, *Shakespeare and the English Romantic Imagination*, em especial o primeiro capítulo, intitulado "Shakespeare, Imagination, Romanticism".

discursos, a função que desempenhava como força formativa das composições literárias na época de Shakespeare, Cervantes e Góngora perdeu muito de seu apelo para as novas gerações de artistas que buscavam introduzir conceitualizações renovadas das artes, de seu domínio criativo e de sua função estética.

Ao mesmo tempo, na virada do século XVIII para o XIX, o conceito de "imaginação" passa a ser concebido como fonte fundadora da composição artística, promovendo a ressignificação de um termo até então profundamente ancorado em interpretações específicas da teoria aristotélica da *phantasia* apresentada no tratado *De Anima*. Neste capítulo, proponho explorar brevemente algumas ideias sobre a especificidade histórica da noção de imaginação na poética dos séculos XVI e XVII e mostrar como ela é fundamental na construção daquilo que Shakespeare chama de "visão imaginária" da alma, responsável pela criação de todo um universo de ficção atrelado ao âmbito do hipotético, do verossímil, do relativo, do imanente, do acidental. É sobretudo nesse ponto que a teoria da imaginação romântica contrasta com a conceitualização anterior de base aristotélica, quando os românticos passam a referi-la ao âmbito do verdadeiro, do autônomo, do expressivo, do imaterial e do transcendente. Nem é preciso dizer como essa diferença fundamental do significado e da função da faculdade imaginativa impacta sobre a recepção das obras de Shakespeare, no Romantismo, mas ainda hoje, considerando a permanência de muitos elementos desses pressupostos teóricos na nossa crítica contemporânea. Por exemplo: ainda parece fazer sentido perguntar qual era afinal a perspectiva de Shakespeare sobre o discurso humanista de seu tempo. O que não parece fazer sentido, porém, e para desespero geral, é a resposta a essa pergunta: não se sabe, é impossível dizer qual era a perspectiva de Shakespeare sobre o discurso humanista de seu tempo. Os personagens de Hamlet, Rei Lear, Ricardo III, Macbeth revelam em suas falas e em suas ações um conhecimento íntimo desses princípios humanistas, encenando um malabarismo discursivo que ora enaltece e reforça, ora rebaixa e viceniza os mesmos princípios, tratados no teatro shakespeariano como lugares comuns importantíssimos da tópica moral sobretudo ligada ao âmbito político do reino. A versatilidade das estratégias de composição de Shakespeare produz não a expressão direta de uma convicção única, transcendente e verdadeira sobre o discurso humanista de seu tempo (usado aqui como um exemplo), mas sim a expressão verossímil de um lugar-comum pautada sobre as circunstâncias específicas e portanto relativas de cada enunciado de ficção. É importante sublinhar o quanto a noção de imaginação dessa poética de base aristotélica explica o fenômeno da circunstancialidade dos discursos em Shakespeare, pois, diferentemente de uma posterior concepção romântica da imaginação, que tem a ver com a autenticidade e a autonomia da invenção artística, ela não postulava a verdade como essência de sua expressão. É importante ressaltar essa diferença na conceitualização da imaginação não apenas a fim de evitar uma abordagem transistórica das práticas artísticas dos séculos XVI e XVII, mas também, e sobretudo, para atender às demandas contemporâneas da interpretação de sua complexidade e da natureza da fatura artística, de suas estratégias de composição e de produção de efeitos.

A fragmentação da retórica como doutrina fundamental e formativa das composições literárias nos variados gêneros foi parte constitutiva e, ao mesmo tempo, resultado dos projetos iluministas e românticos que, em sua diversidade, propuseram a unificação das experiências artísticas sob a égide de uma potência criativa atrelada à imaginação[2]. No lugar das categorias antigas da retórica que preceituavam técnicas distintas para as composições nos diferentes gêneros – o lírico, o épico, o trágico etc –, essas novas propostas buscavam integrar as artes no domínio dinâmico da imaginação, enfatizando a individualidade e a força subjetiva dos processos criativos não raro por meio de metaforizações desse processo no *ethos* do "artista inspirado", do "gênio autêntico" etc. Essa ideia se tornou cristalizada em diversas proposições poéticas, como na imagem do grande poeta romântico inglês, John Keats, quando disse, em 1820: "My imagination is a monastery, and I am its monk" (Minha imaginação é um monastério e eu sou o seu monge)[3]. Tal concepção verticalizada de uma voz interior que habita o domínio da imaginação criativa e que se expressa a partir dela passa a substituir a noção mais estrutural da prescrição retórica para as representações miméticas entendidas como objetos externos materializados no corpo da tradição (*consuetudo*). Não raro, os poetas românticos usavam os personagens de Shakespeare para construir analogias que expressavam o domínio da imaginação como a força catalisadora das produções artísticas. Coleridge, por exemplo, escreveu páginas e páginas analisando a complexidade de Hamlet como um indivíduo que simbolizava o próprio equilíbrio, ainda que precário, entre o mundo real e o imaginário. Lord Byron exaltava a vivacidade da imaginação de Hamlet e, num processo de identificação extraordinário, ele disse: "precisamos amar Hamlet como amamos a nós mesmos". Desde Goethe a Vitor Hugo houve uma profusão de análises da psicologia de Hamlet e de outros personagens shakespearianos em que a imaginação figurava como fonte de onde brotavam as mais intensas

---

2. Cf. Jonathan Bate, *Shakespeare and the English Romantic Imagination*; Jürgen Klein, "Genius, Ingenium, Imagination: Aesthetic Theories of Production from the Renaissance to Romanticism", em Frederick Burwick & Jürgen Klein (ed.), *The Romantic Imagination*.
3. John Keats, *The Letters of John Keats*, p. 464. Todas as traduções para o português, neste capítulo, são da minha autoria, exceto quando diferentemente indicado.

emoções, inclusive a mais profunda melancolia. Nesses arrazoados românticos, percebe-se com nitidez o abandono das categorias retóricas de composição poética como formativas desses efeitos de grande impacto, da teoria aristotélica das paixões como fundamento doutrinário desses efeitos, da versatilidade técnica como responsável pelas estratégias de composição que produzem os diversos matizes da linguagem poética.

Em seu célebre prefácio ao livro *Lyrical Ballads*, publicado em 1798, William Wordsworth afirma que os poetas tinham de se libertar dos modos convencionais de expressão artística para que a verdadeira "poesia da natureza" pudesse emergir. Empregando a metáfora da amizade para construir seu argumento, ele diz: "the power of any art is limited; and he will suspect that if I propose to furnish him with new friends it is only upon condition of his abandoning his old friends" (o poder de toda arte é limitado; e eu só proponho a companhia de novos amigos para quem se dispuser a abandonar os seus velhos amigos)[4]. Ao propor o abandono dos "velhos amigos" a quem os poetas por séculos haviam recorrido para a composição de seus versos, Wordsworth introduz não apenas a ideia de ruptura em relação às convenções até então vigentes, mas a substituição delas por novas formas poéticas que depois vão constituir o chamado verso romântico. Certamente, a retórica é aqui entendida como um desses "velhos amigos" a quem se deve abandonar. Logo em seguida, no prefácio, Wordsworth propõe que, para a composição de seus poemas, os poetas devem "choose incidents and situations from common life, and to relate or describe them, throughout, as far as was possible in a selection of language really used by men, and, at the same time, to throw over them a certain colouring of imagination" (selecionar acontecimentos e situações extraídos da vida comum, e empregar até onde seja possível uma linguagem realmente usada pelos homens para narrá-los ou descrevê-los, e, ao mesmo tempo, jogar sobre eles um certo colorido de imaginação)[5]. Essa ideia de expressão poética, em que os assuntos são vistos como um dado empírico a ser extraído da vida comum e transmitidos numa linguagem que deve igualmente refletir a experiência real é em si mesma um decisivo abandono da "velha amiga" retórica, que por séculos preceituou uma seleção convencional das tópicas para a invenção e dos estilos para a elocução, em que os "acontecimentos e situações" jamais seriam extraídos diretamente da experiência empírica – entendida como algo absolutamente acidental e transitório –, mas articulados de acordo com a verossimilhança de sua representação. Como alertava Horácio, na *Arte Poética*, sem a lente da convenção, a imagem

---

4. William Wordsworth, "Preface", *Lyrical Ballads and Other Poems*, p. 24.
5. *Idem*, p. 7.

inventada permanece disforme, desproporcional, desajustada e portanto inco-municável no âmbito coletivo da tradição.

Nos séculos XVI e XVII, a definição de poesia e, mais amplamente, de toda composição que hoje se entende como artística, era fundamentada muito fortemente em diversas premissas aristotélicas apresentadas não apenas na *Poética*, mas em grande parte nos tratados que constituíam a base dos saberes ensinados desde as escolas de gramática até as universidades – principalmente a *Retórica*, o *Organon*, o *De Anima* e a *Ética a Nicômaco*[6]. Durante o século XVI, novas edições latinas desses tratados de Aristóteles foram impressas, muitas delas com comentários, glosas e interpretações de estudiosos da época. Em seu tratado *The Defense of Poetry*, de 1595, o célebre poeta e cortesão inglês Philip Sidney apresenta a seguinte definição de poesia: "Poesy therefore is an art of imitation, for so Aristotle terms it in his word mimesis, that is to say, a repre-senting, counterfeiting, or figuring forth – to speak metaphorically, a speaking picture – with this end: to teach and delight" (A poesia portanto é uma arte de imitação, pois assim Aristóteles a define com a palavra mimesis, que significa representar, contrafazer, figurar; em termos metafóricos, é uma pintura falante – com a finalidade de ensinar e deleitar)[7]. Essa ideia da poesia como "pintura falante", atribuída por Plutarco a Simônides de Ceos, poeta lírico grego, era lugar comum na época de Sidney e foi absorvida em vários gêneros, inclusive nas peças de Shakespeare – como na célebre cena do *Mercador de Veneza*, quando os príncipes que querem se casar com Pórcia abrem os baús que vão revelar quem será o pretendente escolhido. Dentro de cada baú, havia uma "pintura falante", nem sempre muito auspiciosa[8]. A referência que fundamenta essa ideia de forma mais imediata é a noção do *eikonopoiós*, ou seja, do poeta como criador de imagens, conforme se define na *Poética* de Aristóteles[9]; mas a doutrina mais ampla que sustenta essa ideia vem de outras proposições aristotélicas sobre o funcionamento da mente e da imaginação; e também sobre os procedimentos da composição retórica. Através da expressão poética, as imagens do mundo da ficção emergem como uma segunda natureza mediada e sustentada pela força da verossimilhança. Pertencente ao âmbito simbólico da representação, a poe-sia pode materializar as imagens mais fantásticas e inacreditáveis, desde que

---

6. Cf. Brian Vickers, "Rhetoric and Poetics"; T. W. Baldwin, *William Shakespeare's Small Latine & Lesse Greeke*; João Adolfo Hansen, *A Sátira e o Engenho: Gregório de Matos e a Bahia do Século XVII*; Peter Mack, *A History of Renaissance Rhetoric, 1380-1620*.
7. Philip Sidney, *Sir Philip Sidney – The Major Works*, p. 217.
8. Cf. Lavinia Silvares, " 'Engenhoso Artifício': o Emblema e sua Apropriação no Teatro de Shakespeare".
9. Aristótle, *Poetics*, 1460b9.

reguladas pelo decoro e verossimilhança, variando de acordo com a adequação da representação; assim, pode-se empregar desde a linguagem mais lasciva na elegia erótica até a voz mais circunspecta do soneto religioso e, no teatro, produzir a diversidade de vozes faladas pelos variados personagens, em que a única autonomia é a da própria verossimilhança da voz – é ela que fala. É nesse sentido que poesia é, metaforicamente, "pintura falante". Como explica João Adolfo Hansen acerca da "lógica da imagem" nas artes do século XVII:

> Hoje, o plástico e o pictórico são irredutíveis ao discurso; no século XVII, diferentemente, havia continuidade entre a poesia, a prosa, a escultura e a pintura, pois o fundamento delas era mimético. Assim, um mesmo lugar-comum podia ser representado em artes diferentes, como a poesia e a pintura, pois o que importava era o modo da imitação segundo os gêneros: a pintura histórica encenava tópicas discursivas encontradas na história e na poesia; a poesia épica e a história encenavam as tópicas com efeitos visualizantes de *evidentia*[10].

Amparada pela verossimilhança que é circunstancial e jamais universal ou generalizante, a poesia é uma arte de fingimento que não reivindica laços imediatos com a verdade, como diz Sidney. Em uma esclarecedora passagem de seu tratado sobre a poesia, Sidney afirma que os poetas nunca mentem. Seria impossível um poeta mentir porque, por princípio, ele não tem a pretensão de estar dizendo a verdade:

> Quanto ao poeta, ele nada afirma, e portanto nunca mente. Pois, conforme creio, mentir é afirmar ser verdadeiro aquilo que é falso. Quanto a outros, sobretudo o historiador, que afirma muitas coisas, é possível que o conhecimento limitado dos seres humanos não permita que deixem de falar muitas mentiras. Mas o poeta, como disse antes, nunca afirma nada. O poeta não desenha círculos ao redor de tua imaginação para te obrigar a crer que é verdade aquilo que ele escreve[11].

Concluindo seu argumento com um exemplo bem didático, Sidney maldosamente transfere um eventual erro de indiscrição – no sentido de não saber discernir o que é verdadeiro ou falso – à ignorância do leitor, eximindo o poeta de qualquer culpa. E diz: "creio que ninguém é tão simplório a ponto de dizer que Esopo mentiu em suas fábulas sobre os animais falantes; pois, quem acha que a intenção de Esopo era realmente dizer a verdade merece figurar entre os animais que ele descreve"[12].

---

10. João Adolfo Hansen, *Agudezas Seiscentistas e Outros Ensaios*, p. 195.
11. Philip Sidney, *Sir Philip Sidney – The Major Works*, p. 235.
12. *Idem, ibidem.*

Essa perspectiva da poesia como arte de fingir ou figurar, pertencendo ao reino hipotético da ficção, está ancorada em ainda outra noção aristotélica: a de fantasia – traduzida mais sistematicamente como "imaginação" por autores italianos a partir de fins do século XV – e entendida como faculdade inata essencialmente independente (mas não desconectada) da esfera do juízo. Em seu tratado *De Anima* (*Peri Psyches*), Aristóteles distingue o processo intelectivo que discerne o que é verdadeiro e falso, ou o que é certo e errado, da capacidade psíquica de imaginar formas, ideias ou situações hipotéticas que aparecem como visões – *phantasmata* – nos "olhos da mente". Ele afirma: "as imagens nos ocorrem mesmo quando estamos de olhos fechados. Tampouco é imaginação aquilo que não admite o erro, como o conhecimento ou a inteligência, pois a imaginação pode ser falsa"[13]. Porém, sem essas imagens produzidas a partir das experiências perceptivas e sensoriais e também de reminiscências absorvidas pela faculdade imaginativa, nenhum raciocínio poderia existir, pois "a alma nunca pensa sem uma imagem mental"[14].

Essa noção do funcionamento da imaginação como faculdade não necessariamente atrelada à verdade ou mesmo à realidade empírica fundamenta o próprio conceito de invenção e composição das artes, sobretudo nas definições de poesia e de sua função ao longo dos séculos XVI e XVII. Em seu tratado *The Advancement of Learning* (*O Progresso do Conhecimento*), publicado em 1605, Francis Bacon analisa como os diferentes tipos de conhecimento são produzidos na mente humana e de qual faculdade mental eles dependem, atribuindo a história à memória, a poesia à imaginação e a filosofia à razão. Francis Bacon define a poesia nos seguintes termos:

> Poesia é uma parte do conhecimento relacionada à medida das palavras, com muita restrição, mas em determinados aspectos extremamente livre, e depende de fato da imaginação; a qual, por não estar atrelada às leis da matéria, pode a seu bel prazer juntar aquilo que a natureza separou, ou separar aquilo que a natureza juntou, e a partir disso criar uniões e divórcios não legítimos entre as coisas[15].

Assim, a faculdade da imaginação permitia a concepção de imagens que poderiam ser ilusórias, pertencentes ao âmbito do hipotético – uniões ou divórcios "não

---

13. Aristotle, *De Anima*, 428a15.
14. *Idem*, 432a. Para uma análise profunda sobre o regramento dialético-retórico da metáfora poética, ver João Adolfo Hansen, *A Sátira e o Engenho: Gregório de Matos e a Bahia do Século XVII*, sobretudo o capítulo 4, "O Ornato Dialético e a Pintura do Misto". Para um estudo sobre as bases aristotélicas da imagem metafísica na poesia elisabetana, ver Albert James Smith, *Metaphysical Wit*, sobretudo o capítulo 7 ("Metaphysical Wit").
15. Francis Bacon, *The Advancement of Learning*, p. 135.

HIDRA VOCAL: ESTUDOS SOBRE RETÓRICA E POÉTICA...

legítimos", no sentido de não previstos ou não regulados pela natureza, sem pretensões à verdade, e portanto também sem uma ligação direta ou essencial com as esferas do juízo e da prudência – algo que será depois analisado e discutido também por Baltasár Gracián, nos seus tratados. Mais especificamente, a imaginação era compreendida como uma das faculdades internas da percepção, localizada na parte sensitiva da alma, e não na parte puramente intelectiva. O poder inventivo da imaginação, que ocorre internamente, nos "olhos da mente", intensifica a potência psíquica da visualização e da sensação de presença contínua das formas e emoções que não estão imediatamente disponíveis aos sentidos externos do corpo. No *De Anima*, Aristóteles desenvolve a ideia de uma capacidade exclusivamente humana de ver as coisas de olhos fechados, de modo a ativar as reminiscências e também de transcendê-las, atribuindo ou acrescentando formas e ideias às imagens que nos ocorrem mentalmente. Esse aspecto restitutivo ou repositivo da imaginação em relação a experiências e sensações que estão ausentes da esfera empírica ou dos sentidos externos do corpo foi, como se sabe, amplamente explorado na poesia e no teatro dos séculos XVI e XVII, constituindo a base doutrinária para diversas imagens relativas ao âmbito do amor, da saudade, do sonho, da reflexão metafísica etc. No soneto 27, por exemplo, Shakespeare reproduz todo o imaginário de um percurso mental capaz de materializar, através da faculdade da imaginação, o corpo ausente da pessoa amada:

> Weary with toil, I haste me to my bed,
> The dear repose for limbs with travel tired;
> But then begins a journey in my head,
> To work my mind, when body's work's expired:
>
> For then my thoughts, from far where I abide,
> Intend a zealous pilgrimage to thee,
> And keep my drooping eyelids open wide,
> Looking on darkness which the blind do see:
>
> Save that my soul's imaginary sight
> Presents thy shadow to my sightless view,
> Which, like a jewel hung in ghastly night,
>
> Makes black night beauteous and her old face new.
> Lo! thus, by day my limbs, by night my mind,
> For thee and for myself no quiet find[16].

16. William Shakespeare, *The Complete Works*, p. 1195.

No soneto, a "visão imaginária" dos olhos da mente é capaz de recriar na ausência as formas e os objetos que os sentidos do corpo absorveram na experiência, despertando novos sentimentos e reanimando a alma presa às privações cruéis de uma "noite horrenda". Assim, a imaginação se torna "a própria escuridão que os cegos veem": a faculdade perceptiva existe apenas "na cegueira" da visão interior, mas é capaz de repor os objetos ausentes do desejo. Essa encenação lírica da potência criativa da imaginação evidencia também, por analogia e de um modo metapoético, a capacidade da própria poesia de recriar, via representação, as imagens de tudo que está ausente do âmbito mais imediato da percepção dos sentidos.

Também pela via da representação, nas produções miméticas as imagens são submetidas ao crivo da verossimilhança e do decoro para que possam ser traduzidas, por assim dizer, do âmbito nascente da imaginação para os canais compreensíveis da fala conforme concebidos e codificados pela invenção retórica. Trata-se de um percurso que vai do particular ao âmbito coletivo do domínio artístico, fora do qual a imagem poética não existe. Essa operação é exemplarmente encenada numa passagem de *Sonho de uma Noite de Verão*, a peça cômica de Shakespeare que opera justamente com as fronteiras de imaginação e realidade, de ilusão e percepção; nela, Shakespeare emprega diversas técnicas da simulação e do desengano que vão lançar os personagens em situações insólitas e fazer com que, através do processo imaginativo, se opere uma via performática de reversão, cura ou correção de seus males. Considerando a instabilidade da Fortuna, cuja roda ora eleva ora rebaixa a sorte dos humanos, o duque Teseu reflete sobre a capacidade inventiva da imaginação, e faz o seguinte discurso:

> The poet's eye, in a fine frenzy rolling,
> Doth glance from heaven to earth, from earth to heaven;
> As imagination bodies forth
> The forms of things unknown, the poet's pen
> Turns them to shapes and gives to airy nothing
> A local habitation and a name[17].

O processo de composição poética fundamentado nas convenções miméticas da retórica não é uma expressão direta da imaginação – do âmbito das visualizações, dos *phantasmata*, ou das "coisas desconhecidas". Sem o trabalho instrumental da "pena do poeta" ("poet's pen"), que traduz para o domínio

---

17. William Shakespeare, "A Midsummer Night's Dream", vv. 1.7-12, em *The Complete Works*.

HIDRA VOCAL: ESTUDOS SOBRE RETÓRICA E POÉTICA...

coletivo da tradição o que antes não tinha forma, a imagem não é poética, mas um "aéreo nada" ("airy nothing"), uma figura sem contornos e sem fisionomia.

De modo inverso, os poetas românticos concebem a poesia como expressão direta da imaginação, atribuindo um protagonismo à faculdade inventiva que toma o lugar da preceituação retórico-poética para a invenção e elocução[18]. Nesse contexto, os "velhos amigos" a que Wordsworth se referia foram de fato abandonados em favor das novas formas de se pensar a criação poética a partir dos estímulos sensoriais, perceptivos e intelectivos processados pelo corpo do artista. Em seu tratado *A Defense of Poetry*, de 1821, Shelley apresenta a seguinte definição de poesia:

A poesia, em um sentido geral, pode ser definida como a expressão da imaginação: ela é congênita à origem do homem. O homem é um instrumento sobre o qual se exerce uma série de impressões externas e internas, como as alternâncias de um vento sempre mutável sobre uma lira eólia, que, com seu movimento, fazem-na produzir uma melodia sempre variada[19].

A ênfase romântica nas impressões sensoriais processadas através da imaginação foi ao mesmo tempo influenciada pela teorização contemporânea da individualidade subjetiva e constitutiva dela, concebendo uma consciência da finitude da vida humana mesmo quando afirma sua transcendência: "Um poeta participa do eterno, do infinito e do uno; no que diz respeito a suas concepções, tempo, lugar e quantidade não existem"[20]. Nesse contexto, a faculdade da imaginação se impõe como potência autônoma criativa, capaz de processar as experiências variadas da vida vivida ou imaginada e transformá-las em uma verdade poética: "A poesia é uma espada refulgente, sempre nua, que desgasta a bainha que deveria contê-la"[21]. Shelley relaciona a verdade poética à beleza que também passa a ser característica fundamental do verso romântico: "ser poeta é apreender o verdadeiro e o belo, em suma, o bem que existe na relação e que vigora, em primeiro lugar, entre existência e percepção e, em segundo, entre percepção e expressão"[22]. A agência da imaginação no processo criativo se tornou um dos baluartes do discurso romântico sobre as artes, introduzindo novas perspectivas sobre as produções artísticas de certa forma ainda muito presentes na crítica literária até hoje. Diferentemente da noção aristotélica de

18. Ver, a respeito, Brian Vickers, "Rhetoric and Poetics".
19. Percy B. Shelley, *Uma Defesa da Poesia*, p. 171.
20. *Idem*, p. 174.
21. *Idem*, p. 182.
22. *Idem*, p. 173.

fantasia que, como vimos, se atrelava não ao âmbito da verdade, mas do hipotético ficcional regulado pela verossimilhança das convenções, as proposições românticas definem a imaginação como o próprio agente que reúne, discerne e transforma em verdade poética as imagens difusas resultantes dos processos sensoriais e perceptivos trazidos pela individualidade do artista. Como admite o poeta John Keats:

> *I am certain of nothing but the holiness of the Heart's affections and the truth of Imagination. What the imagination seizes as Beauty must be truth – whether it existed before or not.*

De nada tenho certeza além da santidade das emoções do coração e da verdade da Imaginação. O que a Imaginação toma como Beleza tem de ser verdade – independentemente se existiu ou não[23].

Para concluir, é importante ressaltar que a permanência do mesmo nome – "imaginação" – ao longo dos séculos para referir a uma noção tão dependente do âmbito epistemológico em que ela se insere nos induz a crer ou mesmo a tomar por certa a continuidade de sua significação. No entanto, ao perceber que as noções que fundamentam a composição e a invenção nas artes não são transistóricas – ou seja, elas não têm o mesmo sentido e nem a mesma função em épocas e âmbitos culturais distintos – é possível ampliar o conhecimento, aprofundar a interpretação e embasar a análise desses textos literários que pertencem a essa alteridade de espaço e tempo. No caso de Shakespeare, é um consenso dizer que a recepção romântica de sua obra consiste em si mesma em um grande monumento à literatura, pois mobiliza várias construções de sentido, de interpretação e de crítica que foram decisivas para uma percepção profunda de sua riqueza artística. Retomar a especificidade da noção de imaginação nos séculos XVI e XVII não enfraquece a força desse monumento, mas nos faz enxergar melhor tanto a grandeza das concepções românticas quanto a da obra shakespeariana em nosso próprio tempo.

REFERÊNCIAS BIBLIOGRÁFICAS

ARISTOTLE. *De Anima*. Ed. and Tr. by W. D. Ross. Oxford, Clarendon, 1984.
_____. *Poetics*. Ed. and Tr. by S. Halliwell. Cambridge, Harvard University Press, 1995.
BACON, Francis. *The Advancement of Learning*. Auckland, The Floating Press, 2010.
BALDWIN, T.W. *William Shakespeare's Small Latine & Lesse Greeke*. Champaign, University of Illinois Press, 1944.

---

23. John Keats, *The Letters of John Keats*, p. 480.

BATE, Jonathan. *Shakespeare and the English Romantic Imagination*. Oxford, Clarendon, 1989.

BUNDY, Murray W. "'Invention' and 'Imagination'". *Renaissance Journal of English and German Philology*, vol. 29, n. 4, pp. 535-545, 1930.

COLERIDGE, Samuel Taylor. "Chapter 13 [Imagination] of Biographia Literaria". *In:* MELLOR, Anne K. & MATLAK, Richard (ed.). *British Literature 1780-1830*. San Diego, Harcourt, 1996.

ENGELL, James. *The Creative Imagination: Enlightenment to Romanticism*. Cambridge/ London, Harvard University Press, 1981.

HANSEN, João Adolfo. *A Sátira e o Engenho: Gregório de Matos e a Bahia do Século XVII*. 2 ed. Cotia/São Paulo, Ateliê/ Editora da Unicamp, 2004.

_____. *Alegoria: Construção e Interpretação da Metáfora*. São Paulo, Hedra, 2006.

_____. *Agudezas Seiscentistas e Outros Ensaios*. Org. Cilaine Alves Cunha e Mayra Laudanna. São Paulo, Edusp, 2019.

KEATS, John. *The Letters of John Keats*. Cambridge, Cambridge University Press, 2011.

KESSLER, Eckhard. "The Intellective Soul". *In:* SCHMITT, Charles & SKINNER, Quentin (ed.). *The Cambridge History of Renaissance Philosophy*. Cambridge, Cambridge University Press, 1990, pp. 485-534.

KLEIN, Jürgen. "Genius, Ingenium, Imagination: Aesthetic Theories of Production from the Renaissance to Romanticism". *In:* BURWICK, Frederick & KLEIN, Jürgen (ed.). *The Romantic Imagination*. Amsterdam, Rodopi, 1996.

MACK, Peter. *A History of Renaissance Rhetoric, 1380-1620*. Oxford, Oxford University Press, 2011.

PARK, Katherine. "The Organic Soul". *In:* SCHMITT, Charles & SKINNER, Quentin (ed.). *The Cambridge History of Renaissance Philosophy*. Cambridge, Cambridge University Press, 1990, pp. 464-484.

SHAKESPEARE, William. *The Complete Works*. New York, Gramercy, 1975.

SHELLEY, Percy B. *Uma Defesa da Poesia*. Trad. Enid Abreu Dobránszky. São Paulo, Iluminuras, 2002.

SIDNEY, Phillip. *Sir Philip Sidney – The Major Works*. Ed. Katherine Duncan-Jones. Oxford, Oxford World's Classics, 2002.

SILVARES, Lavinia. *Nenhum Homem É uma Ilha: John Donne e a Poética da Agudeza*. São Paulo, Editora da Unifesp, 2015.

_____. "Guerra de Olhares: Emulação e Agudeza em Vênus e Adônis (1593), de William Shakespeare". *Matraga*, vol. 20, n. 3, 2013, pp. 47-69.

_____. " 'Engenhoso Artifício': o Emblema e sua Apropriação no Teatro de Shakespeare". *Gragoatá*, n. 22, 2017, pp. 727-749.

SMITH, Albert James. *Metaphysical Wit*. Cambridge/New York, Cambridge University Press, 1991.

VICKERS, Brian. "Rhetoric and Poetics". *In:* SCHMITT, Charles & SKINNER, Quentin (ed.). *The Cambridge History of Renaissance Philosophy*. Cambridge, Cambridge University Press, 1990, pp. 715-745.

_____. *English Renaissance Literary Criticism*. Oxford, Oxford University Press, 2003.

WORDSWORTH, William. "Preface". *Lyrical Ballads and Other Poems*. London, Wordsworth Poetry Library, 2003.

YATES, Frances. *The Art of Memory*. London/New York, Routledge, 1966.

14

Tratado Político (1715), de Sebastião da Rocha Pita, e o Gênero Histórico dos Séculos XVII/XVIII

Eduardo Sinkevisque

Em retórica, é costume dizer que, ao tratar de matérias altas, como as da história, o locutor não necessita fazer prólogo ou introdução. Sendo o assunto que me traz aqui o gênero histórico, particularmente a atualização e performance dele no Tratado Político (1715), de Sebastião da Rocha Pita, poderia abster-me de fazer prolegômenos ou proêmio. Entretanto, mais do que o decoro da circunstância e da ocasião, a sincera gratidão obriga-me a lembrar que esta minha fala é oriunda do mestrado que defendi em 2000, com a generosa orientação do Professor João Adolfo Hansen, homenageado neste evento.

No século XVIII ibérico, a escrita da *história* pertence ao sistema das Belas--Letras. Ela é uma das modalidades de escrita, um dos gêneros do discurso. Não se confunde com a *história* como ciência, nem com a literatura. Literatura é uma invenção do século XIX. Ela é ficção em oposição ao não ficcional (outros discursos). A invenção da literatura atrela-se aos nacionalismos dos Estados nacionais. É uma expressão do "eu" condicionado, sem preceito, sem regra no sentido retórico. Nos séculos XVI, XVII e XVIII, da chamada "Literatura Colonial", o conjunto disperso e não homogêneo de textos (cartas, sermões, poemas, histórias etc., e seus subgêneros) produzidos no (ou sobre) o Estado do Brasil são conceituados de Belas-Letras. No sentido de *arte retórica*, as Belas-Letras são textos prescritivos (doutrinários) de gêneros e subgêneros variados (epidíticos,

HIDRA VOCAL: ESTUDOS SOBRE RETÓRICA E POÉTICA...

ou demonstrativos – encomiástico, vituperador; deliberativo e judicial). A literatura é regida pela livre-iniciativa, por valores de mercado, por concorrências mercadológicas etc. As Belas-Letras são entendidas como Arte Liberal, sem que se vise lucro. Nos séculos XVI, XVII, XVIII, mais verossímil é conceituar os textos de práticas letradas. Assim, como a literatura é uma invenção do século XIX, a *história* como ciência também o é. Mas não é com o conceito oitocentista de *história* que penso devemos lidar quando lemos objetos do século XVIII, como o *Tratado Político*, de Sebastião da Rocha Pita, que editei comparando dois manuscritos[1].

História, no século XVIII, não se restringe a obras etiquetadas *história* apenas. Tratados, arrazoados, relatos vários e variados são *histórias* também; memórias, memoriais, notícias, narrações várias e variadas são também caracterizadas, no Setecentos, como *história*. O gênero é praticado em dispersão e em variações de usos, a exemplo de *Elogio da Vida, e Ações de Luis do Couto Feliz. Extraído da Obra Tácito português ou Traduçam Política* (1715), de Júlio de Melo de Castro; do anônimo da *Memória da Aclamação do Senhor Rei D. Joao V na Cidade da Bahia* (1707); da *Primeira Notícia dos Gloriosos Sucessos que Tiveram as Armas de Sua Magestade na Província da Beira, e Particularmente do que Houve junto à Vila de Monsanto em Onze de Junho no Combate, que Teve com o Inimigo, o Exército de S. Magestade Comandado pelo Marquês das Minas* (1704); da *Narraçao Histórica das Calamidades de Pernambuco, Succedidas desde o Ano de Mil Setecentos e Sete até o de Mil Setecentos e Quinze, na qual se Noticia os Levantes dos Povos de suas Capitanias* (1707-1715), de Manoel dos Santos.

História é, no século XVIII, como dicionariza Rafael Bluteau, palavra derivada do grego *eido* ("vejo", que, no passado quer dizer "sei"). "História é narração de coisas memoráveis, que tem acontecido em algum lugar, em certo tempo, &, com certas pessoas, ou nações"[2]. Narrativa histórica, no século XVIII, é subgênero do epidítico (ou demonstrativo) alto, com elementos do judiciário, que ajuizam o passado e do deliberativo, que aconselham os fazeres futuros contingentes.

O *Tratado Político* (1715), de Sebastião da Rocha Pita (1660-1738), fidalgo da Casa de Sua Magestade, Caveleiro Professo da Ordem de Cristo e Coronel da Ordenança da cidade da Bahia, pode ser interpretado como pertencente ao gênero *tratado*, pois faz uso de máximas políticas e tem um caráter prescritivo, doutrinário; mas, pode ser definido como *prosa histórica*, em virtude de narrar

---

1. Sebastião da Rocha Pita, *Tratado Político (1715)*. Consultei o manuscrito depositado na Biblioteca da Universidade de Coimbra e, depois o manuscrito sob a guarda da Biblioteca Nacional do Rio de Janeiro.
2. Rafael Bluteau, *Vocabulário Português e Latino [...]*.

ações particulares, em ordem natural, sequencial, em estilo médio ou temperado, cujo uso de tropos e figuras é com juízo. Como espelho de príncipe, o *Tratado* ensina a boa governança. A organização do *Tratado* tem três partes distintas: "Dedicatória", "Prólogo" e "Discursos". Os "Discursos", por sua vez, se subdividem em três, ou seja, "Discurso Primeiro", "Discurso Segundo" e "Discurso Terceiro". Cada um deles é composto por uma parte nomeada, pelo letrado, de "Argumento", e outra que é o "Discurso" propriamente dito. Os "Argumentos" constituem-se como parágrafos únicos e iniciais dos "Discursos" e apresentam uma margem reduzida em relação ao restante do texto, o que lhes confere destaque visual. Eles são uma tábua das matérias a serem abordadas e indicam o modo com que se apresentará a narração, pois, uma vez estabelecida uma ordem de matérias no chamado *argumento*, ela será facilmente reconhecida ao longo do texto. Dentre as matérias contidas nos "Argumentos", destacam-se algumas, as quais serão utilizadas pelo narrador como uma espécie de *probatio* das questões a que se propõe para confecção do texto.

Essas matérias podem ser chamadas de *tópicas*, podendo esse conceito ser aplicado às outras, e ainda a várias máximas políticas, tropos e figuras de linguagem, como metáforas, metonímias, hipérboles e eufemismos, entre outros expedientes do fazer textual, identificados no *Tratado*. O texto tem uma folha de rosto, não numerada, em que constam o título, o subtítulo e a quem é oferecido, e, em seu verso, por quem é composto. Na sequência são apresentados a "Dedicatória", o "Prólogo" e os "Discursos".

Na "Dedicatória" Rocha Pita pede proteção e amparo ao Senhor D. Pedro Antônio de Noronha. O letrado afirma que os motivos de dedicar o texto ao vice-rei residem na origem nobre deste. Por outro lado, é uma demonstração de humildade. O letrado adverte que, caso o capitão de mar e terra, a quem dedica o tratado, venha a julgar excessivo o texto apresentado, lembre-se de que "nos mapas cabem imensas zonas" e de que "um membro só basta para representar a grandeza de um só corpo" – em uma nítida referência, em modéstia afetada, à representação da monarquia, sendo o rei a cabeça e os súditos, o corpo – tornando-se justificável, em pequeno espaço, narrar tamanha matéria. Rocha Pita representa-se na possibilidade de ser indigno de oferecer tão sublime obra a tão venerado capitão. No final da "Dedicatória" dos manuscritos que consultei encontram-se a data e a assinatura do tratadista.

No "Prólogo" são apresentadas as razões que levaram à escrita do *Tratado*, com a finalidade de se fazer a memória dos princípios e fins das antigas monarquias, bem como os objetivos do texto e o modo como o letrado vai dispor a matéria. Assim, Sebastião da Rocha Pita indica dez tópicas que orientarão sua prática. São elas o "passado, as mudanças do tempo", as mudanças da "fortuna, os estrondos marciais, as pretensões das coroas, o temor do aumento das monarquias, o ciúme do poder dos vizinhos, as políticas dos Estados, os interesses das Repúblicas e a comoção geral" que introduziram novas e várias cenas "no teatro de Europa".

Rocha Pita diz ajuizar nos primeiros dois *Discursos* das coisas presentes pelo exemplo das passadas e discorrer, no terceiro e último, sobre o estado em que se achavam os negócios militares e políticos no tempo em que estava escrevendo o texto.

Desse modo, intenta "ponderar motivos sem indagar maiores circunstâncias". Pede desculpas pelo risco de causar fastio ao marquês de Angeja, em virtude de haver muitos exemplos, à semelhança de muitos casos idênticos em seus discursos. Rocha Pita enuncia que fará a exposição de eventos e ações desde o princípio do mundo até o tempo presente.

O "Discurso Primeiro", em linhas gerais, é um desenho, que tem em primeiro plano o *argumento*. A partir dos outros parágrafos, pintam-se quadros em que as *tópicas* são demonstradas, com ampla e exaustiva exemplificação de casos particulares, em favor da ideia geral de que os homens construíram reinos, de tudo quiseram se apoderar e viram sua ruína devido à sua ambição e à falta de fundamentação na religião católica. O texto defende que para cada porção da terra é necessário haver governantes próprios com limites para seus domínios, visando o equilíbrio e conservação do mundo.

No "Discurso Segundo", Sebastião da Rocha Pita apresenta uma única *tópica* no *argumento*, com a qual orientará e defenderá a ideia de que Portugal foi escolhido para ser o maior império do mundo. As razões apoiam-se no argumento de nunca ter havido cismas, alterações, inconstâncias e o surgimento de heresiarcas nesse reino, como aconteceu em França, Espanha, Grécia, Roma e Alemanha, que levassem à dúvida do fundamento e firmeza da religião católica como base da monarquia portuguesa.

No "Discurso Terceiro" percebe-se que o letrado compôs os dois primeiros discursos de forma a somar argumentos para este terceiro, que é o discurso fundamental para o propósito da escrita do *Tratado*, ou seja, justificar o auxílio de D. Pedro II a Carlos III, rei de Áustria, na invasão de Castela.

Sebastião da Rocha Pita escreveu o *Tratado Político* com objetivo de demonstrar que a ação de D. Pedro II no rompimento de paz com Castela em favor do rei Carlos III fundamenta-se na tópica da *guerra justa*, tópica teológico-político-retórica com a qual se argumenta em favor da conservação ou ampliação da monarquia[3]. Para tanto, a linha de raciocínio é silogística e segue o modelo

---

3. Tópica teológico-político-retórica que conceitua as guerras como necessárias para aumento e conservação das monarquias. O rei pode declarar a guerra quando julgar justo e necessário, por

TRATADO POLÍTICO (1715), DE SEBASTIÃO DA ROCHA PITA, E O GÊNERO HISTÓRICO...

proposto pelos gêneros demonstrativo e deliberativo da *Retórica* aristotélica, podendo-se entender o primeiro discurso como sendo uma premissa maior – "só no equilíbrio das potências é possível conservar o mundo" – o segundo, como uma premissa menor – a escolha de Portugal para ser o "maior império do mundo equilibra as potências" – e o terceiro, como uma conclusão – "Portugal deve declarar guerra a Castela para a conservação do mundo".

Entretanto, este mesmo expediente retórico pode ser observado na organização de cada um dos três discursos. No primeiro, após apresentar a premissa maior de que os homens erigiram reinos, os quais vieram a se arruinar, devido à sua ambição de governar o mundo todo e não de equilibrá-lo em potências distintas com limites próprios, e à falta de fundamentação na religião católica, na premissa menor são demonstrados e exemplificados exaustivamente casos particulares em favor dessa afirmação, concluindo-se que a conservação do mundo só pode ser obtida através do equilíbrio das repúblicas.

No segundo discurso, toda uma afirmação em chave teológica é utilizada, a partir da premissa maior de que Deus escolhe os reinos constantes na fé católica, para defender a ideia de que Portugal sempre teve constância e fide-

ser esta uma prerrogativa sua, de governante, além de ser a guerra gloriosa a quem a empreende e ter fortalecido todos os impérios que a fizeram, como ensina a história *mestra da vida*, lida nos séculos XVII e XVIII em chave ciceroniana. Essa tópica é definida por João Botero (*Da Razão de Estado*) como um dos argumentos ou uma das razões para se conceituar Razão de Estado, ao articular a noção de que uma guerra empreendida para *ampliação* ou *conservação* da Monarquia é *guerra justa*. A unidade teológico-político-retórica é hipótese com a qual João Adolfo Hansen (nos anos 1980) lê a poesia atribuída a Gregório de Matos Guerra. Depois, com qual Alcir Pécora (nos anos 1990) lê os sermões do Padre Antônio Vieira. Em linhas gerais, por teológico-político pode se entender o campo doutrinário das ideias e pensamentos aristotélico-tomistas da chamada "segunda escolástica" mobilizados nas Letras dos séculos XVI, XVII e XVIII, na doutrina do poder absoluto. Os lugares-comuns dessa doutrina são quase sempre interpretados providencialmente nos diversos gêneros discursivos que as práticas letradas desempenham. Por retórico, pode-se entender retóricas em usos. Em outras palavras, as atualizações de Aristóteles (*Retórica*, *Poética*, *Ética*); Cícero (*Do Orador*, principalmente), de Quintiliano (*Instituição Oratória*), entre outras. Reposições (atualizações) de gêneros (demonstrativo, deliberativo, judicial) e de categorias da invenção, da disposição e da elocução. Nos séculos XVI/ XVII/XVIII, letrados/artífices não separam esses três conceitos, mas os entendem como unidade indivisível. Em oposição às leituras românticas (a respeito de Gregório de Matos/Vieira), esses trabalhos, semelhantes nas diferenças, operam indução, não deduções, pois não aplicam critérios exteriores aos objetos estudados; ao contrário, propõem "arqueologias", reconstruções de modelos, levando em conta os modos de pensamento das invenções (retóricas) dos textos, bem como as constituições, circulação e recepção dos textos. Na nota à segunda edição de *A Sátira e o Engenho*, Hansen adverte que sua tese "reconstitui a primeira legibilidade normativa da sátira atribuída desde o século XVIII ao poeta seiscentista Gregório de Matos e Guerra. É legibilidade modelada como retórica do conceito engenhoso e teologia-política neo-escolástica, incluindo-se na racionalidade de Corte da 'política católica' portuguesa do século XVII" (João Adolfo Hansen, *A Sátira e o Engenho. Gregório de Matos e a Bahia do Século XVII*, p. 23) lidade, únicas, na religião católica, concluindo-se, portanto, que Portugal foi o escolhido, entre tantos outros reinos, para ser o maior império do mundo.

Assim, Rocha Pita chega a seu propósito, já afirmado no *argumento* do terceiro discurso, com a premissa maior de que as guerras são necessárias para aumento e conservação das monarquias, sendo que o letrado discorre na premissa menor a respeito de Portugal ter empreendido uma *guerra justa* contra Castela e, consequentemente, conclui que a monarquia portuguesa será conservada. Ocorre que, dentro da premissa menor do rompimento de paz com Castela, Rocha Pita repete a técnica do silogismo, de forma a provar que, apesar de D. Pedro II sempre ter se conservado neutro diante das dissensões em Europa, um rei pode declarar a guerra quando julgar justo e necessário, por ser esta uma prerrogativa do governante, além de ser a guerra gloriosa a quem a empreende e ter fortalecido todos os impérios que a fizeram. Dessa forma, a declaração de guerra torna D. Pedro II mais glorioso e justo, além de mais fortalecido o reino de Portugal. Como se não bastasse, é feito o desmembramento dessa premissa menor em dois outros silogismos, para fundamentar a justificativa tanto do emprego da guerra a Castela, como da ajuda ao rei Carlos III. No primeiro, mostra que todos os impérios que temeram o aumento dos vizinhos declararam guerra fora de seus reinos. Como Portugal se viu temeroso do aumento de Castela, declarou a guerra. No segundo, apresenta uma vasta exemplificação de ser próprio da grandeza de um rei dar ajuda a um príncipe católico, da mesma linhagem e amigo. Como Carlos III é um rei católico e descendente da casa real portuguesa, a atitude de D. Pedro II é grandiosa, heróica.

A tópica da amizade[4], atualizada por Rocha Pita, desde os antigos tem usos políticos. No século XVIII é entendida como *concórdia*, harmonia entre as partes do corpo político.

Tanto em Portugal (e na Espanha) quanto no Estado do Brasil, no século XVIII, a história não se diferencia do encômio, como propõe a tratadística do gênero, a exemplo do *Como se Deve Escrever a História*, de Luciano de Samósata (século II d.C.), carta satírica lida como tratado nos séculos XVII/XVIII. Ao contrário, o gênero histórico setecentista é encomiástico. Lembro de histórias como *Panegírico do Ill.mo e Exc.mo Sr. Sebastião José de Carvalho e Mello, Primeiro*

---

4. Os usos da tópica da amizade remontam a Aristóteles, da *Ética a Nicômaco*, a Sêneca, *Da Tranquilidade da Alma*, das *Cartas a Lucílio*, e a Cícero dos *Ofícios* e *Da Amizade*, por exemplo. Aristóteles, na *Ética a Nicômaco*, conceitua amizade como uma virtude, ou como algo que implica virtude. Ali, a tópica da amizade é articulada à tópica da felicidade, que identifica o ser feliz com o bem fazer e agir. Os antigos diferenciam amizade como virtude de amizade como utilidade. Penso que a segunda modalidade da tópica é a aplicada por letrados dos séculos XVII e XVIII, porque modalidade política, não apenas mimética ou estilística.

Marquês de Pombal [...] (1772) e de *Elogio do Rey D. João V* (1741), de Francisco Xavier de Oliveira; do *Elogio Histórico* (1786), de Bernardo de Brito; da *História Panegírica* (1752) e do *Elogio Histórico e Panegírico do Rei D. João V* (1751), de José da Natividade. Lembro que o Tratado Político (1715), oferecido a D. Pedro Antônio de Noronha, conde de Vila Verde, marquês de Angeja, vice-rei e Capitão Geral de mar e terra dos Estados da Índia e Brasil, faz o elogio a uma decisão tida como acertada, como louvável, portanto elogiável. Como disse, elogia a ação de D. Pedro II ter empreendido guerra justa contra Castela, ou seja, Rocha Pita elogia a posição de Portugal na Guerra de Sucessão da Espanha (1703). Lembro também que a *História da América Portuguesa* (1730), também de Rocha Pita, é dedicada a D. João V, fazendo o elogio de suas ações. E, ainda, que a *História da América Portuguesa* finda-se, justamente, com a morte de D. João V, como se com a morte do monarca findasse a *história*.

Para um leitor contemporâneo a nós, as formas do elogio são sempre bajulação. Para letrados portugueses, ou luso-brasileiros setecentistas, a bajulação é mau uso do gênero encomiástico, é afetação. As histórias encomiásticas do Setecentos luso-brasileiro garantem os efeitos proporcionais da representação do encarecimento. Ou seja, sem bajulação, nem a demasia da adulação, nem com exagero vicioso, nem com excessiva severidade; muito menos com desdém ou rusticidade; contudo, com a justa medida da paga aos favores, sejam aqueles que incentivam as Belas-Letras/Belas-Artes, no caso do mecenato, sejam aqueles do privilégio, no caso das mercês. Mecenato e mercês podem ser definidos como subespécies da política clientelista dos favores. Mecenato é patrocínio. No século XVIII, mecenato inclui a mercê, mas nem toda mercê pressupõe mecenato[5].

No século XVIII luso-brasileiro, a *História da América Portuguesa* (1730) é elogiada por meio da categoria *crônica*. Por sua vez, no século XIX brasileiro, a *história* de Rocha Pita passa a ser pensada em oposição à escrita da história nacional. Ocasião em que a categoria *crônica* deixa de ser mobilizada para o

---

5. Por exemplo, o poderoso, como Mecenas, encomenda um poema para a circunstância X ou Y e, em pagamento, faz ao letrado uma mercê, que pode ser dinheiro, um título, uma roupa nova, um favor etc. Ao mesmo tempo, faz-se a mercê como uma doação, uma dotação, um favor também para pessoas que não são letrados. Em todos os casos, fazem-se mercês, mas a mercê que ocorre na relação de mecenato é específica da relação do protetor/protegido. Basílio da Gama foi preso porque aluno dos jesuítas. Quando Maria Amália, a filha de Pombal, casou-se, Basílio escreveu um epitalâmio para ela, o *Epitalâmio da Excelentíssima Senhora D. Amália* (1769). Pombal gostou do poema, mandou soltá-lo e o fez secretário particular. Logo depois, Basílio escreveu *O Uraguay*, como pagamento, talvez, e continuou protegido de Pombal. Os "favores" parecem ser mais fluidos e mais perversos, particularizados nas nomeações, no resultado das causas judiciais etc. Não há a necessidade do pagamento direto do trabalho, mas o trabalho é patrocinado pelo elogiado.

elogio, passando a ser mobilizada para o vitupério. Varnhagen, nos prefácios de sua *História Geral do Brasil*, critica Pita por ser cronista.

Penso ser oportuno falar sobre o modo como a *História da América Portuguesa* foi recebida em sua época, uma vez que o *Tratado Político*, ao que se saiba não teve recepções coetâneas, tendo permanecido manuscrito até 1971 quando Heitor Martins o editou cheio de gralhas pelo INL (Instituto Nacional do Livro). Edição que critico no livro que preparei com outro estabelecimento do texto, acompanhado de índices e notas, com prefácio e orelha de João Adolfo Hansen e texto de quarta capa de Temístocles Cézar.

Explicito essa espécie de recepção setecentista a Rocha Pita a partir da leitura de Frei Boaventura de S. Gião, D. Antônio Caetano de Souza e de D. José Barbosa, pois isso permite que se formulem critérios de leitura sobre o conceito de *história* no século XVIII. Essa recepção é mediada por noções sobre a elocução do texto e sobre a relação com o interlocutor. Por exemplo, a partir da explicitação de termos como "fastio", "divertir", "conceituosa" e "discreto".

Refiro-me a três aprovações da *História da América Portuguesa*. O primeiro censor, Frei Boaventura de S. Gião, diz que a *História* de Pita é "a única que temos seguida e completa dos dilatados e riquíssimos domínios". Agradece o empenho de Rocha Pita ao escrever a obra, chamando-a de "história política", principalmente, reconhecendo muito da "história natural". Entre outros elogios, o censor lê na obra o modelo do gênero histórico romano. O segundo censor, D. Antônio Caetano de Souza, elogia a disposição e boa ordem do livro, indicando que a leitura será feita com "gosto e sem fastio" e cujo "estilo" observa-se "grave, especioso e agradável". Caetano de Souza considera a obra "bem ornada, sem artifício e culta, sem afetação", afirmando não ser uma "história viciada nem adulterar a verdade". O terceiro censor, D. José Barbosa, diz que "esta grande porção do mundo", o Brasil, esteve como "incógnita" até a data da leitura da obra de Pita, por falta de "historiador" capaz de tal empreitada. Compara a *História* de Rocha Pita com a de Pero Magalhães de Gandavo, chamando seu texto de "brevíssimo tratado". Refere-se aos outros letrados anteriores a Pita como autores de crônicas gerais do Brasil, citando Frei Manuel Calado, Frei Rafael de Jesus, Duarte de Albuquerque Coelho, Francisco de Brito Freire e Frei João José de Santa Tereza. Lê a *História da América Portuguesa* como sendo escrita com "elegância", tendo apenas o "defeito de não ser mais dilatada para que os leitores se pudessem divertir com maior torrente de eloquência".

Observo que esse termo "divertir-se" pode ser lido como deleite, prazer, uma noção elocutiva, portanto. Essa noção indica que a história é pensada em suas funções de ensinar e deleitar.

Divertir no sentido, talvez, de distrair, romper a monotonia, entendido como proveniente da digressão. Afirma que o letrado escreve "sucessos" com "artificiosa brevidade", denominando-o de "Novo Colon" por ter escrito tal *história*. O parecer é favorável, pois, segundo D. José Barbosa, a *História* "não ofende nem a fé católica, nem os bons costumes", cujos méritos fazem com que a Europa veja que o "Brasil não cede" àquele continente "na qualidade dos escritores".

Outras duas licenças que foram concedidas à edição impressa da *História da América Portuguesa* podem ser referidas no conjunto da recepção coetânea. A primeira é a aprovação do R. P. M. Manoel Guilherme, qualificador do Santo Ofício, examinador das três Ordens Militares. Nela, admira-se "a frase verdadeiramente portuguesa, desafetada, pura, concisa e conceituosa", cujo *autor* "desempenha todas as leis da história". Conceituosa, além dos sentidos de ser obra ajuizada, parece indicar consonância com as prescrições de Baltasar Gracián, do *tratado* poético-retórico *Agudeza e Arte de Engenho*, por ser considerada obra em que há "conceito", sentenciosa, capaz, portanto, de formular "conceitos", sentenças. O qualificador (e examinador) diz, contudo, que essas "leis são muitas e de difícil observância". São as seguintes leis enumeradas pelo R. P. M. Manoel Guilherme: ajustar a narrativa aos anos a que se refere; observar o tempo; distinguir os lugares; demarcar terras; individuar sucessos. A segunda licença é a aprovação do Paço, de Martinho de Mendonça de Pina e de Proença, da Academia Real da História Portuguesa. Nela, é possível ler que o tom e as considerações dignificam Rocha Pita, uma vez que Pina vê a obra como "digna de louvor" e de "prêmio", pois é "bem adornada", cujos "adornos poéticos" são de "largos episódios, frequentes figuras e discretos panegíricos", qualificando a obra de acordo com as "leis de história".

Proponho ler a *história*, a escrita da *história* setecentista, considerando sua organização, suas partes constituintes e o "efeito" por elas causado. Ou seja, verificar aquilo que permite ao leitor afirmar sobre sua condição como gênero.

Neste sentido, penso em observar que tipo de paixões a historiografia suscita na audiência, no leitor/vedor. Por ser pertencente ao "estilo médio", "temperado", tendendo ao "grave", o gênero histórico setecentista pretende levar os ouvintes a se convencerem da legitimidade e das virtudes implicadas nas matérias com as quais a história se ocupa e de personagens que retrata. No caso, o efeito produz a presença soberana do Estado monárquico.

Entendo sua forma como a de uma escrita de gênero demonstrativo-deliberativo-judicial, de variante alta. E sua função como didática, em estilo médio ou temperado. Tratam-se de matérias altas, mas em estilo médio ou temperado, cujos juízos são prudentes e honestamente dissimulados, e o uso de metáforas é controlado, ponderado.

O gênero demonstrativo (ou epidítico) tem a função de louvor ou censura. Louvar o belo e censurar o torpe. Louvar o bom, o útil. Censurar o mal, o inútil. Louvar a virtude, censurar o vício. Discurso que faz elogio ou vitupério. Elogia-se ou vitupera-se sobre o presente. O gênero demonstrativo tem funções aconselhadoras. Aconselha-se o que é bom e conveniente em uma causa. Dissuade-se o mau e o inconveniente. Delibera-se sobre o futuro. O gênero judicial é aquele em que se acusa ou se defende uma causa passada. Com ele, julga-se o passado. Sua finalidade é o justo ou injusto.

Os procedimentos de leitura propostos possibilitam reconstruir o funcionamento do gênero histórico do mundo católico português do século XVIII em uma chave arqueológica ou de *escavação* de uma forma *mentis*, isto é, de um modo de pensamento.

Antes de terminar, gostaria de falar sobre a questão conceitual da analogia, fundamental para a escrita da *história* no Setecentos Ibérico. Utilizada para permitir o encontro do humano com o divino, na *história*, analogia tem sentido tomista de participação que as criaturas têm em Deus enquanto Seus efeitos. Ela é estabelecida, escolasticamente, na relação entre o natural e o divino e utilizada no discurso como base para o "ornato", entre conceitos engenhosos e os sinais divinos no mundo, entre as figuras da técnica discursiva e as da providência. Esse é o tipo de prova aceita como verdade no gênero histórico luso-brasileiro do Setecentos. As provas são análogos de Deus que, em sentido tomista, levam à *verdade*. A *verdade* proposta por meio da narrativa histórica setecentista é forjada por tópicas teológico-político-retóricas providenciais, associadas à relação paternal de Deus para com o povo. Vontade de Deus associada à providência, como eleição.

Minha hipótese é que, por ser um tratado político, e por ser lugar-comum tanto em seus discursos quanto nos papéis volantes e encadernados do Setecentos a presença da tópica do "remédio", aplicada à metáfora do corpo, quando se faz referência ao "corpo político" em ocasiões em que é necessário deliberar sobre a coisa pública, Rocha Pita ministre, ao fazer *história*, todo um repertório de "remédios" para a boa "saúde" do reino. As tópicas tanto do *Tratado Político* quanto da *História da América Portuguesa* funcionam como elenco de conselhos administrados nos negócios públicos pelo governante, a exemplo do que ocorre em tantos livros tidos como "espelhos de príncipes".

REFERÊNCIAS BIBLIOGRÁFICAS

Bluteau, Rafael. *Vocabulário Português e Latino [...]*. Coimbra, Colégio das Artes da Companhia de Jesus, 1712.

Gracián, Baltasar. *Agudeza y Arte de Ingenio*. Edição, introdução e notas de Evaristo Correa Calderón. Madrid, Castalia, 1987, 2 tomos.

Hansen, João Adolfo. *A Sátira e o Engenho. Gregório de Matos e a Bahia do Século XVII*. 2. ed. Cotia/São Paulo, Ateliê/Editora da Unicamp, 2004.

Pécora, Alcir. *Teatro do Sacramento: A Unidade Teológico-Retórico-Política dos Sermões de Vieira*. São Paulo/Campinas, Edusp/Eitora da Unicamp, 1994.

Pita, Sebastião da Rocha. *Tratado Político (1715)*. Estudo Introdutório, transcrição, índices, notas e estabelecimento do texto por Eduardo Sinkevisque. Prefácio de João Adolfo Hansen. São Paulo, Edusp, 2014.

_____. *Tratado Político*. Edição preparada por Heitor Martins. Brasília, Instituto Nacional do Livro, 1972.

_____. *História da América Portugueza, desde o Anno de 1500 de seu Descobrimento até o de 1724*. Lisboa, Off. de Joseph Antônio da Sylva, 1730.

Título	*Hidra Vocal: Ensaios sobre Retórica e Poética*
	(em Homenagem a João Adolfo Hansen)
Organizadores	Maria do Socorro Fernandes de Carvalho
	Marcelo Lachat
	Lavinia Silvares
Editor	Plinio Martins Filho
Produção Editorial	Aline Sato
	Camyle Cosentino
Revisão	Carolina Bednarek
Capa	Camyle Cosentino
Editoração Eletrônica	Camyle Cosentino
Formato	16 x 23 cm
Tipologia	Aldine 721 Lt BT
Papel do Miolo	Chambril Avena 80 g/m^2
Papel de Capa	Cartão Supremo 250 g/m^2
Número de Páginas	264
Impressão e Acabamento	Lis Gráfica